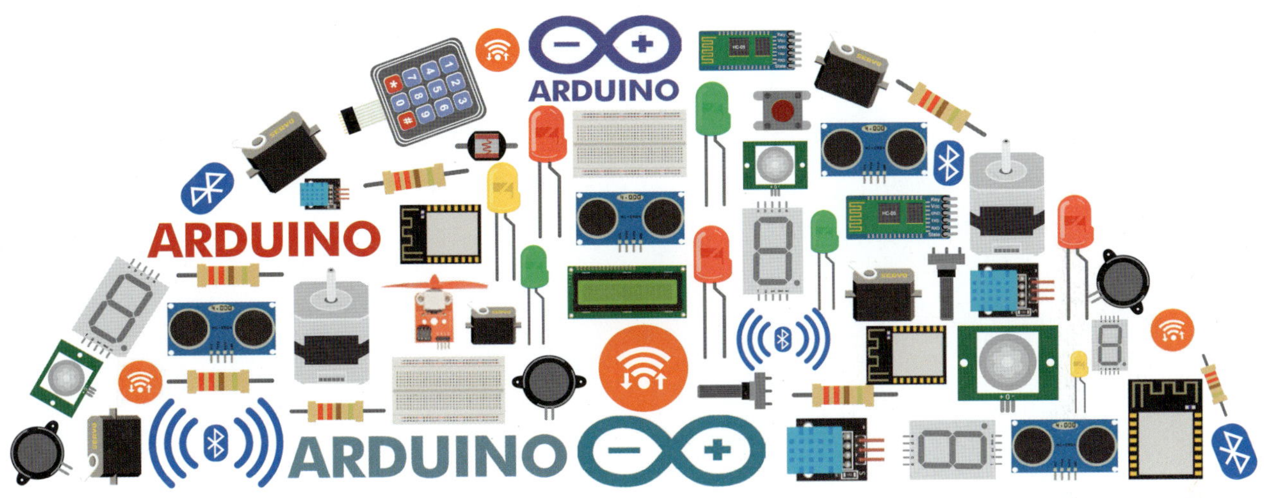

만들면서 배우는

아두이노와 40개의 작품들

기초 작품부터 다양한 사물인터넷 및 인공지능 작품 만들기까지

만들면서 배우는

아두이노와 40개의 작품들

기초 작품부터 다양한 사물인터넷 및 인공지능 작품 만들기까지

초판 1쇄 발행 | 2021년 03월 25일
2 판 1쇄 발행 | 2024년 12월 25일

지은이 | 장문철
펴낸이 | 김병성
펴낸곳 | 앤써북

출판사 등록번호 | 제 382-2012-0007 호
주소 | 경기도 파주시 방촌로 548
전화 | 070-8877-4177
FAX | 031-942-9852
도서문의 | 앤써북 http://answerbook.co.kr

ISBN | 979-11-93059-42-5 13000

[안내]

• 책에서 설명한 사례 그림 또는 캡처 화면 일부가 모자이크 처리되어 있는데, 이는 각 콘텐츠 개발사와 창작자의 권리를 보호하기 위해서입니다. 책을 보시는데 약간의 불편함이 있더라도 이점 양해바랍니다.
• 이 책은 다양한 전자 부품을 활용하여 예제를 실습할 수 있습니다. 단, 전자 부품을 잘못 사용할 경우 파손 외 2차적인 피해가 발생할 수 있으니, 실습 시 반드시 책에서 표시된 내용을 준수하여 사용해야 함을 고지합니다.

Preface

머리말

아두이노를 이용하여 40개의 작품을 만들어보면서 아두이노에 대해 재미와 흥미를 느꼈으면 좋겠다는 바람으로 책을 집필하였습니다.

아두이노의 여러 부품들을 다루어보았는데 실제 작품을 만들 때 막막했거나 어디서부터 시작해야 될지 몰라 어려웠던 경험이 있었습니다.
그래서 다양한 작품들을 구성하여 작품을 만드는데 필요한 방법 등을 40개 실습 작품에 녹였습니다.
작품이 중심이 되는 책이다보니 부품이나 기능에 대한 세세한 설명보다는 작품을 만드는데 필요한 부분의 설명이 강조되어 있습니다.

작품을 만들 때 전체를 한번에 만드는 것이 아니라 기능, 부품별로 테스트를 하고 정상동작이 되는 것을 확인 후 다음 기능, 부품을 추가하여 작품 완성할 수 있도록 구성하였습니다.
여러가지의 기능, 부품을 한번에 구성하여 코드를 작성하면 동작이 되지 않을 때 어디서 잘못됐는지 찾기가 어렵기 때문에 어느 부분이 잘못됐는지를 알수 있게 하였습니다.

작품들을 만드는데 각각의 챕터별로 난이도를 조정하여 40개의 작품을 모두 만들어보면 어느새 아두이노의 고수가 될수 있도록 구성하였습니다.
기초 작품은 1~2개의 부품 및 기능으로 구성되어 있어서 아두이노를 처음 접하거나 간단한 작품을 만들 수 있습니다.
응용 작품은 여러개의 부품들을 하나의 코드에서 잘 동작하도록 구현하였습니다. 어려운 기능들은 라이브러리 등을 사용하여 쉽게 작품을 만들 수 있도록 하였습니다.
사물인터넷 작품은 블루트스4.0(BLE)을 사용하여 앱을 만들어보면서 재미를 느끼게 하였고 ESP8266을 사용한 WIFI 기능으로 공공데이터 및 서버를 구성하여 사물인터넷 장치를 만들 수 있도록 하였습니다.
마지막으로는 인공지능을 활용하여 제스처를 분류하는 작품을 만들어 봅니다.
이처럼 기초부터 인공지능까지 자연스럽게 다양한 작품을 만들면서 어느새 아두이노의 고수가 될수 있도록 책을 구성하였습니다.

저자 **장문철**

Reader Support Center

독자 지원 센터

책 소스 및 프로젝트 파일

이 책의 실습에 필요한 소스 파일은 앤써북 공식 네이버 카페 좌측 중간 위치의 [아두이노와 40개의 작품들] 게시판을 클릭하고 게시판 공지글인 "책 소스, 프로젝트 파일 다운로드 받기 & 정오표" 공지글 속의 [첨부파일 모아보기]-[내PC 저장]을 클릭하여 저장합니다. 단, 2판 소스파일을 다운로드 받습니다. 또는 책소스 다운로드 전용게시판 주소로 바로 접근 후 다운로드 받습니다.

- 앤써북 공식 네이버 카페 https://cafe.naver.com/answerbook
- 책 소스 다운로드 전용게시판 바로가기 https://cafe.naver.com/answerbook/3557

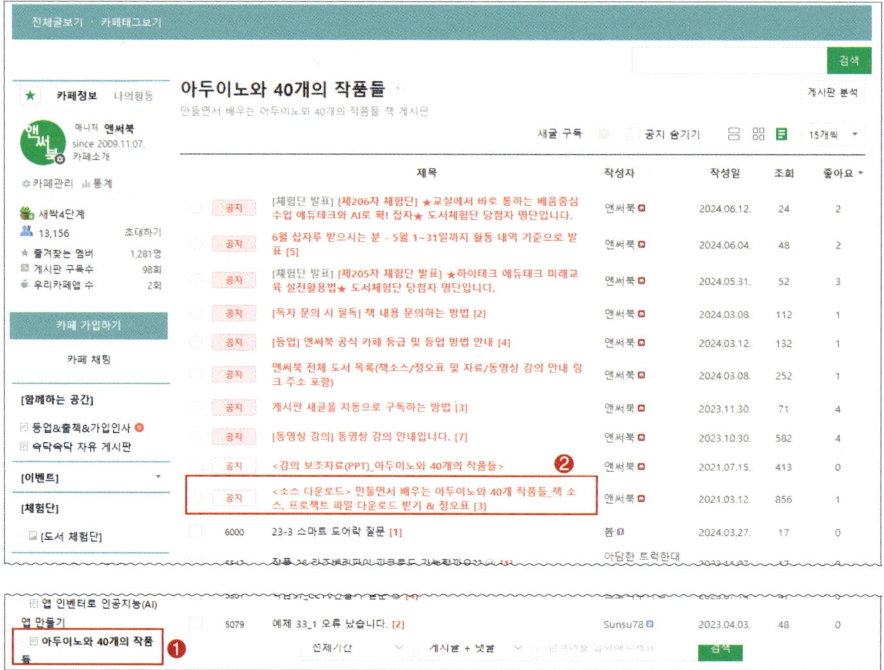

앤써북 공식 체험단 소식 받기

앤써북에서 출간된 신간 책은 물론 책과 연관된 실습 키트 등 앤써북에서 진행하는 모든 체험 모집 안내글 소식을 편리하게 받아보실 수 있습니다. 체험단 모집 안내 게시글은 비정기적으로 등록되기 때문에 앤써북 카페 공식 체험단 게시판에 접속한 후 "즐겨찾기" 버튼(❶)을 눌러 [채널 구독하기] 버튼(❷)을 눌러 즐겨찾기 설정해 놓으면 새로운 체험단 모집 글을 메일로 자동 받아보실 수 있습니다.

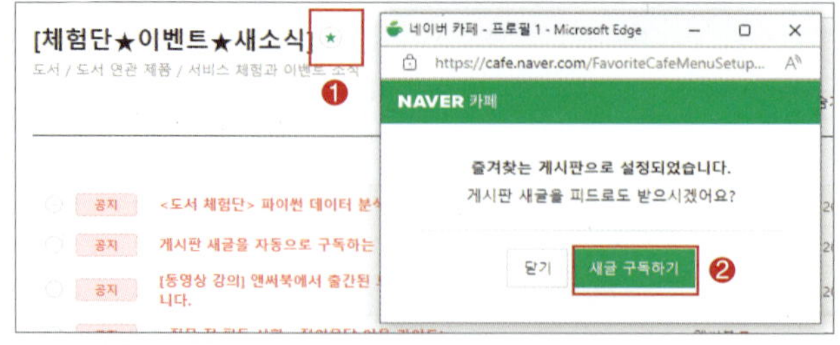

책 내용 문의하기

이 책의 실습을 진행하면서 발생하는 오류는 저자가 운영하는 다두이노 사이트의 문의게시판을 이용하면 보다 더 정확한 답변 받으실 수 있습니다.

➡ Q&A 다두이노 문의게시판 https://daduino.co.kr/

다두이노 회원가입하고 [문의게시판]–[글쓰기] 클릭 후 문의글 작성합니다.

➡ 앤써북 카페 공식 체험단 게시판 https://cafe.naver.com/answerbook/menu/150

◀ 체험단 바로가기 QR코드

저자 강의 안내

앤써북에서 출간된 책 관련 주제의 온 · 오프라인 강의는 특강, 유료 강의 형태로 진행될 예정입니다. 강의 관련해서는 아래 게시판을 통해서 확인해주세요. "앤써북 저자 강의 안내 게시판"을 통해서 앤써북 저자들이 진행하는 다양한 온 · 오프라인 강의를 확인할 수 있습니다.

➡ 앤써북 강의 안내 게시판 https://cafe.naver.com/answerbook/menu/144

◀ 저자 강의 안내 게시판 바로가기 QR코드

Hands-on supplies

이 책의 실습 준비물

이 책에서 사용하는 전체 부품은 《아두이노와 40개의 작품들》에 모두 포함되어 있습니다. 단, 아두이노 우노 R3 보드(❶)는 옵션이며, 선택 구매할 수 있습니다.

번호	이름	수량	번호	이름	수량
❶	아두이노 우노 R3	1	㉓	가스감지센서 모듈(MQ-2)	1
❷	아두이노 우노 케이블	1	㉔	RFID 모듈 + RFID 태그	1
❸	브레드보드	1	㉕	HM-10 블루투스 모듈	1
❹	전선 (M-M) 40가닥	1	㉖	RTC 모듈	1
❺	전선 (M-F) 40가닥	1	㉗	ESP8266 Wemos D1 아두이노 보드	1
❻	LED 빨간색	5	㉘	마이크로5핀 USB케이블	1
❼	LED 파란색	5	㉙	능동부저	1
❽	LED 초록색	5	㉚	수동부저	1
❾	LED 노란색	5	㉛	선풍기모터	1
❿	LED 투명 흰색	5	㉜	PIR 인체감지 센서 모듈	1
⓫	220옴 저항	20	㉝	CDS 조도센서	1
⓬	10k옴 저항	10	㉞	L9110 모터드라이버	1
⓭	RGB LED 모듈	1	㉟	DC모터	1
⓮	1602 I2C LCD	1	㊱	4x4 키매트릭스	1
⓯	드라이버(소)	1	㊲	220uF 캐패시터	1
⓰	SG90 서보모터	2	㊳	빛물감지센서 모듈	1
⓱	적외선리모컨 + 적외선수신센서	1	㊴	MPU6050 가속도센서 모듈	1
⓲	초음파센서	1	㊵	마이크로SD 모듈	1
⓳	DHT11 온습도센서 모듈	1	㊶	시계FND 모듈(TM1637)	1
⓴	두꺼운 양면테이프	2	㊷	사운드센서 모듈	1
㉑	가변저항 10K옴	1	㊸	불꽃센서	1
㉒	푸쉬버튼	5	㊹	SD 카드리더기+128M SD메모리	1

만들면서 배우는 아두이노와 40개의 작품들 키트 : 만들면서 배우는 아두이노와 40개의 작품들 키트에는 도서에서 설명하는 구성품을 모두 담고 있다. 단, ❶번 아두이노 우노 비포함이며 선택 추가 옵션 구매할 수 있다.

키트 구매처

- 다두이노 : http://daduino.co.kr
- 키트명 : [만들면서 배우는 아두이노와 40개의 작품들] 키트

▲ 아두이노와 40개의 작품들 키트

Contents

목차

Chapter 01 아두이노와 기초 기능 익히기

Chapter 02 기초 작품 만들기

Chapter 03 응용 작품 만들기

Contents

목차

사물인터넷 응용 작품 만들기

Chapter 05

사물인터넷 & 인공지능 종합 작품 만들기

Arduino project

CHAPTER 01

아두이노와 기초 기능 익히기

아두이노가 무엇인지 알아보고 아두이노를 다루기 위한 개발환경을 설치한다. 간단하게 LED를 제어해 보면서 아두이노에 대해 자연스럽게 익혀본다.

01 _ 1 아두이노란 무엇인가?

아두이노는 이탈리아어로 "절친한 친구"라는 뜻을 포함하고 있습니다. 아두이노는 이탈리아 미대에 최초로 개발되어 졌습니다. 이탈리아는 미적 감각이 뛰어난 나라로 여러 명품브랜드를 보유하고 있습니다. 프라다, 구찌, 까르띠에, 불가리, 페라가모, 조르지오 알마니 등으로 우리가 흔히 알고 있는 브랜드들이 많습니다.

이처럼 이탈리아는 전기 전자 분야로는 월등하지 않지만 뛰어난 미적 감각으로 여러 명품 브랜드를 탄생시켰습니다.

아두이노는 이탈리아의 미대에서 미디어아트, 디지털아트를 하기 위해서 비전공자들도 쉽게 사용할 수 있는 제어용 보드를 만들면서 탄생하였습니다. 비전공자도 손쉽게 제어용 보드를 다룰 수 있게 하였습니다.

아두이노는 컴퓨터에 무료 통합개발환경으로 프로그램을 개발하고 표준화된 아두이노 보드에 USB를 연결하면 프로그램을 손쉽게 업로드 할 수 있습니다. 아두이노가 나오기 이전에는 아두이노 보드와 같은 소형 마이크로컨트롤 보드를 프로그램하기 위해서 저렴하게는 100만 원에서부터 수천만 원의 프로그램을 구매하여야만 프로그램을 개발할 수 있었습니다.

프로그램만 구매하면 끝이 아닌 마이크로프로세서 칩을 구매하여 보드를 만들어서 동작시켜야 했습니다. 이러한 보드들이 표준보드가 아닌 개개인이 만든 비표준 보드로 프로그램을 업로드 하기 위해 ISP나 디버거 같은 장비들이 필요했습니다. 비싼 프로그램과 비표준 보드로 일반인이 할 수 없는 전문가 영역이었습니다. 아두이노는 이러한 단점들을 없애 무료 PC 개발환경 그리고 '아두이노'라는 표준 보드를 만들어서 비전문가도 쉽게 사용할 수 있게 하였습니다.

◆ 드론

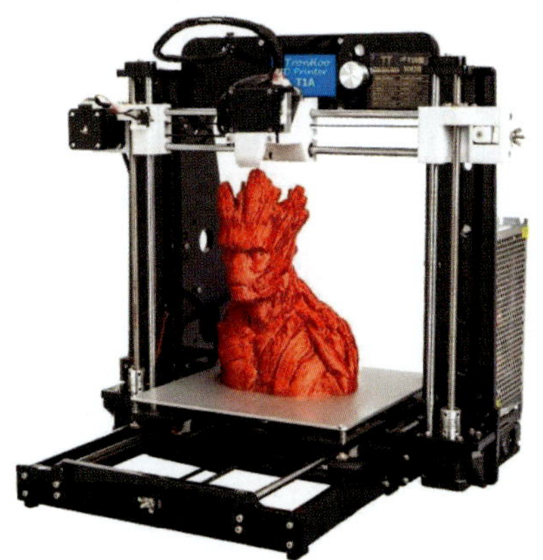

◆ 3D 프린터

◆ 자율주행 자동차

위에 사진은 아두이노로 만든 프로젝트이다. 드론, 3D프린터, 자율주행자동차 등 많은 프로젝트들이 아두이노로 만들어졌고 지금 이 시간에도 활발히 만들어지고 있다. 간단한 프로젝트부터 복잡한 프로젝트까지 다양한 프로젝트가 아두이노를 통해 만들어졌다. 아두이노로 프로젝트를 많이 만드는 이유는 아두이노가 오픈소스 하드웨어, 소프트웨어이기 때문이다. 오픈소스, 오픈소스 하드웨어가 무엇인지에 대해 알아보도록 하자.

01 _ 2 오픈소스, 오픈소스 하드웨어란?

오픈소스란 오픈소스 소프트웨어를 뜻하는 용어이다. 오픈되어 있어 누구나 자유롭게 확인, 수정, 배포를 할 수 있는 코드를 말한다. 오픈소스 하드웨어는 누구나 하드웨어 디자인을 자유롭게 확인, 수정, 배포를 할 수 있는 하드웨어를 말한다.

오픈소스와 오픈소스 하드웨어는 소프트웨어냐 하드웨어냐를 뜻하고 둘의 역할은 공개되어 있어 확인, 수정, 배포를 할 수 있다.

아두이노는 PC 프로그램은 오픈소스로 되어 있고, 아두이노 보드는 오픈소스 하드웨어로 되어 있다. 누구나 소프트웨어나 하드웨어를 수정하여 다시 만들 수 있다. 아두이노가 널리 퍼지게 된 이유로는 아두이노 보드의 정가는 초기에 4만 원 가량 하였다. 하지만 하드웨어가 오픈소스 하드웨어이기 때문에 누구나 동일한 성능으로 보드를 만들 수 있었다. 중국에서 동일한 성능의 아두이노 보드를 만들면서 가격이 만 원 이하로 저렴해졌다. 1/4도 안 되는 가격으로 동일한 성능의 보드를 사용할 수 있기 때문에 아두이노는 저렴하게 하드웨어 장치를 만들 수 있다는 장점으로 전 세계적으로 많이 사용하게 되었다. 많이 사용하게 되면서 소프트웨어도 점점 발전하고 코드도 검증된 코드들이 많이 나와서 지금은 아두이노 프로젝트가 단순한 프로젝트가 아닌 복잡하고 어려운 프로젝트들도 아두이노로 많이 하고 있는 추세이다.

아두이노 보드 종류

❶ 아두이노 우노(UNO) R3

◆ 아두이노 우노 R3

아두이노에서 처음만든 보드로 스페인어로 "우노"라는 뜻은 숫자1을 뜻한다. 우노=1, 도스=2, 뜨레=3, 꽈뜨로=4로 꽈뜨로는 숫자4로 아우디 자동차의 꽈뜨로 시스템으로 4바퀴 굴림으로 눈길에 강하다는 뜻이다. 아두이노 우노로 첫 번째 만든 보드라는 뜻으로 사용된다. R3는 버전으로 처음버전은 R1로 R3까지 버전이 업그레이드 되었다. R3버전은 안정적인 버전으로 다른 버전은 사용하지 않고 오로지 R3버전만 사용된다. 처음 만든 보드이고 가장 많이 사용하는 보드이다. PC에 아두이노 통합 개발환경을 설치 시 기본으로 선택되어 있는 보드이다.

ATmega328 칩을 사용하였다. 디지털 14개 핀, 아날로그입력 6개 핀을 사용가능하다.

❷ 아두이노 메가(MEGA) 2560

◆ 아두이노 메가 2560

아두이노 메가 2560으로 ATmega2560 칩을 사용하여 2560이라는 이름을 붙였다. 아두이노 우노보다 사용할 수 있는 입출력 핀의 개수가 많고 프로그램을 저장할 수 있는 메모리의 용량이 크다. 동작속도는 아두이노 우노와 동일하며, 16MHz로 동작한다.

❸ 아두이노 두에(DUE)

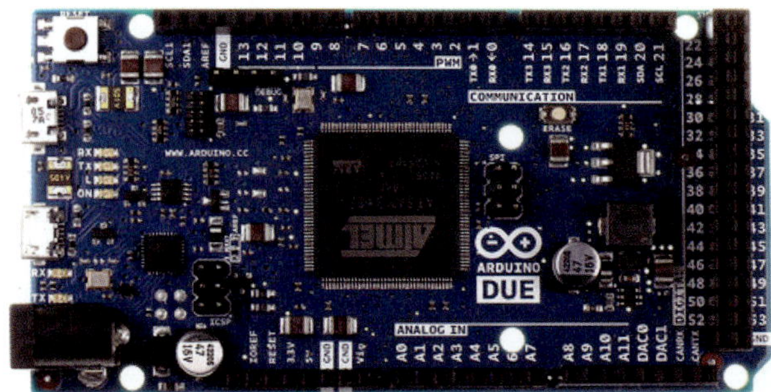

◆ 아두이노 DUE

아두이노 두에(DUE) 보드로 기존 아두이노는 8BIT칩 16MHz으로 속도로 동작하여 빠르지 않다는 단점을 보완한 32Bit칩 84MHz로 동작한다. 속도가 아두이노 우노나 메가에 비해 월등히 빠르다. 입출력 핀의 수는 메가 2560과 동일하다. 단점으로는 가격이 비싸고 핀의 출력이 3.3V로 동작한다. 아두이노 우노에 맞춰진 외부 장치들이 많이 있어서 5V로 동작하는 장치와는 호환되지 않을 수 있다. 두에는 많이 사용하지 않는다.

❹ 아두이노 나노(NANO)

아두이노 나노(NANO)는 우노와 동일하게 ATMega328 MCU를 사용하고 기능과 성능도 거의 동일하다. ATmega328은 32KB 메모리(부트로더 2KB포함)와 SRAM 2KB, EEPROM 1KB를 가지고 있다. 미니 USB-B로 연결해서 전원을 공급할 수 있고 7~12V의 외부전원을 30번 핀에 연결해서 사용하거나 27번 핀에 5V 전원을 연결해서 사용할 수 있다.

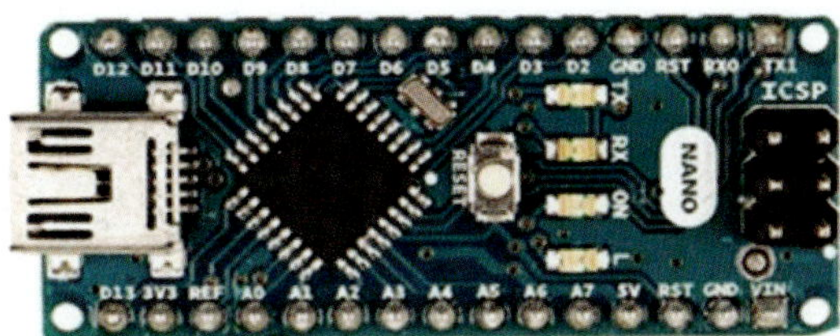

◆ 아두이노 나노

❺ 아두이노 프로 마이크로

아두이노 레오나르도의 소형 버전으로 USB 통신 기능을 내장한 ATMega32u4를 메인 프로세서로 사용한다. 동작전압은 5V, 정격전압은 7~12V가 적합하다.

◆ 아두이노 프로마이크로

❻ 아두이노 프로 미니

아두이노 보드 중 가장 작은 크기를 가지며, 동작전압(3.3V와 5V)에 따라 두 가지로 나뉜다.

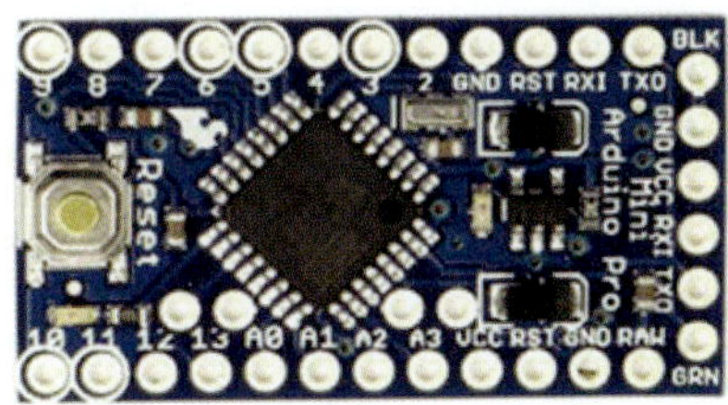

◆ 아두이노 프로미니

소형화된 아두이노 보드들이다. 크기나 무게에 제약을 받는 프로젝트들은 소형화된 보드로 사용할 수 있다. 8Bit 16MHz로 동작한다.

❼ 아두이노 나노 33 BLE

◆ 아두이노 나노 33 BLE

32bit 64Mhz 프로세서를 탑제하였다.

작동 전압	3.3V
USB 입력 전압	5V
입력 핀 전압	4.5V ~ 21V
칩	NINA-B3 - RF52840
클럭	64MHz
플래시	1MB
SRAM	256KB
무선 연결	Bluetooth 5.0 / BLE
인터페이스	USB, I2C, SPI, I2S, UART
디지털 I / O 핀	14
PWM 핀	6 (8 비트 해상도)
아날로그 핀	8 (10 비트 또는 12 비트 구성 가능)

사양은 위와 같다. 소형화된 보드도 인공지능, 머신러닝 등의 프로젝트로 활용되어 지고 있다. 단점으로는 3만 원대의 높은 가격과 업로드 시 일반 아두이노 보드들 보다 시간이 오래 걸린다는 단점이 있다.

❽ Wemos D1 R1

◆ Wemos D1 R1

위 그림은 이 책에서 사용하는 Wemos D1 R1 보드로 ESP8266 칩이 들어가 있는 개발보드이다. 아두이노 우노와 크기와 핀배열이 동일하다. 아두이노 개발환경으로 사용할 수 있고 32bit 80Mhz의 속도로 동작하고 가격도 아두이노 우노보다 저렴하다. 또한 WIFI 기능도 있다. 많은 장점을 가지고 있어 아두이노에서 만든 표준제품은 아니지만 많이 사용하고 있어 거의 표준제품처럼 사용이 가능하다. ESP8266 칩은 저렴하게 구입할 수 있다.

아두이노 개발환경으로 구성하면 아두이노의 다양한 라이브러리와 손쉬운 개발환경으로 저렴하고 쉽게 사물인터넷 장치를 만들 수 있다는 장점이 있다. 단점으로는 아두이노 개발환경 설치 후 추가적인 애드온 장치를 설치해야 하고, USB 드라이버도 따로 설치해야 한다. 그리고 특정핀을 사용하여 업로드 시 업로드가 되지 않는다. WIFI는 2.4G대역만 접속 가능하다. 이러한 단점에도 불구하고 저렴한 가격과 WIFI 기능, 빠른 속도로 많이 사용되고 있다.

❾ NodeMcu V3

◆ NodeMcu V3

ESP8266 칩이 들어가 있는 다른 형태의 보드이다. 보드의 이름은 NodeMcu로 기능은 Wemos D1 R1과 같으나 크기가 작아서 다양한 프로젝트를 구성할 때 많이 사용한다.

❿ ESP32 D1 MINI

◆ ESP32 D1 MINI

ESP32 D1 MINI 보드이다 ESP32칩을 사용한 보드이다. ESP8266의 업그레이드 된 버전으로 CPU 코어가 듀얼코어로 늘어났고, 속도도 빨라졌고, 블루투스 기능도 추가되었다. 사용할 수 있는 입출력 핀도 늘어났다. 가격은 ESP8266에 비해 조금 비싸나 그래도 기능에 비해서는 저렴하다.

ESP32는 2020년 기준 상대적으로 최근에 나온 칩으로 ESP8266보다는 덜 사용되어지고 있다. 하지만 블루투스 기능과 빨라진 속도, 늘어난 입출력 핀 때문에 사용이 용의하다. NodeMcu계열의 ES32도 있지만 생산 초기이다 보니 업로드 시에 자동업로드가 되지 않는 문제가 발생한다.

ESP32 D1 MINI보드의 경우 업로드 문제를 해결한 보드로 자동업로드가 된다. 자동업로드의 문제는 핀의 리셋 시 업로드 타이밍이 맞지 않아 발생하는 문제로 1uF의 캐패시를 달아주면 해결할 수 있다. ESP32 D1 MINI는 업로드 문제를 해결한 보드이다. 2018년도 이전에는 아두이노에서 개발환경을 지원하지 않아 사용하기 어려웠으나 2018년도 말쯤 아두이노의 개발환경이 추가되어 아두이노에서 손쉽게 사용이 가능하다.

사물인터넷 장치를 개발하기 위해서는 ESP8266이나 ESP32를 선택하면 좋은 선택이 될 수 있다. ESP82666이나 ESP32를 결정하는 기준으로 최저가로 개발하고자 하면 ESP8266 핀의 입출력을 많이 사용하거나 블루투스 기능을 사용할거면 ESP32로 하면 된다.

아두이노 보드 종류에 대한 설명을 마치고 아두이노 개발환경 설치에 대해 진행하도록 하자.

아두이노 개발환경 설치

아두이노를 설치하고 개발환경을 구축해보자.

1 아두이노 사이트(www.arduino.cc)에 접속한다. 또는 구글에서 "아두이노"를 검색 후 아래 사이트에 접속한다.

2 아두이노 홈페이지에 접속하였다. 아두이노의 개발환경을 PC에 설치하기 위해 설치프로그램을 다운로드 받는다. [SOFTWARE] 탭으로 이동하여 [Windows Win 10 and newer, 64bit]를 클릭한다. 설치시점의 최신버전으로 다운로드 받아 설치를 진행한다.

3 [JUST DOWNLOAD]를 클릭하여 설치 프로그램을 다운로드 받는다.

4 계속 [JUST DOWNLOAD]를 클릭하여 설치 프로그램을 다운로드 받는다

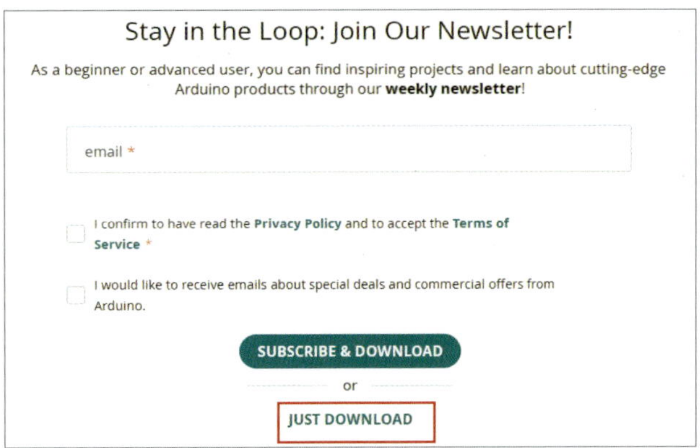

5 [다운로드] 폴더에 프로그램이 다운로드 되었다. 설치 프로그램을 더블클릭하여 설치를 진행한다.

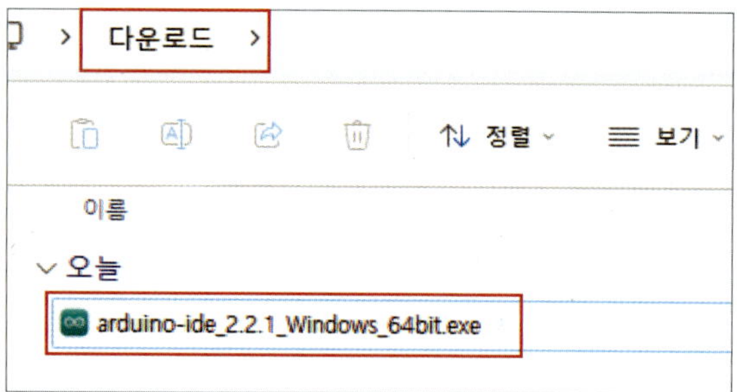

6 [동의함]을 눌러 계속 진행한다.

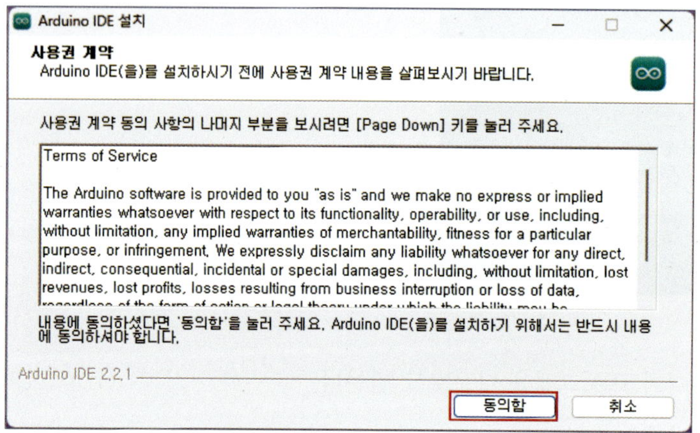

7 [전용]을 선택 후 [다음]을 클릭하여 설치를 진행한다.

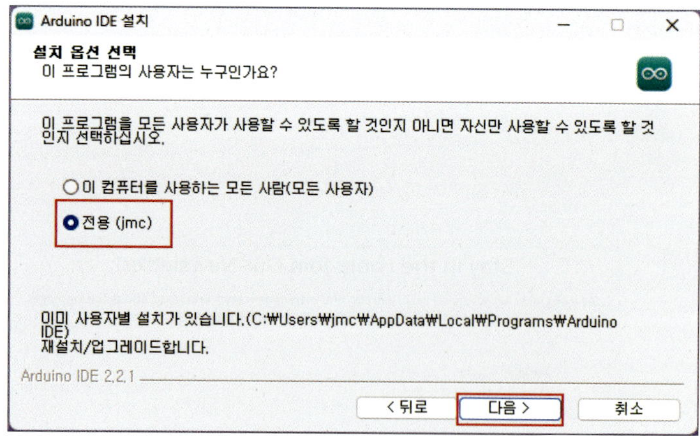

8 설치 위치는 변경하지 않고 [설치]를 눌러 설치를 진행한다.

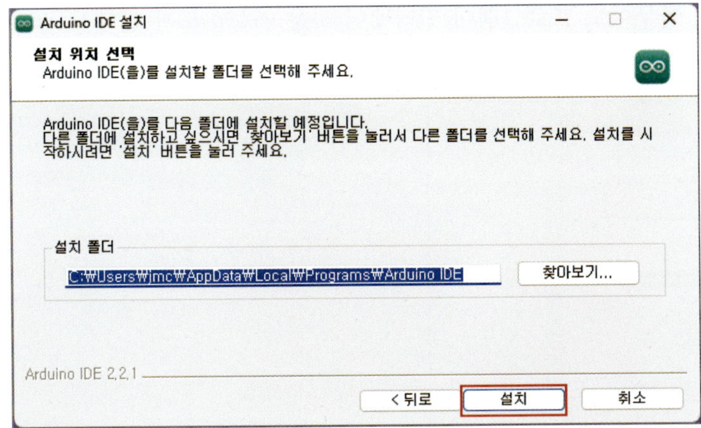

9 설치 완료 후 [마침]을 눌러 설치를 마무리한다.

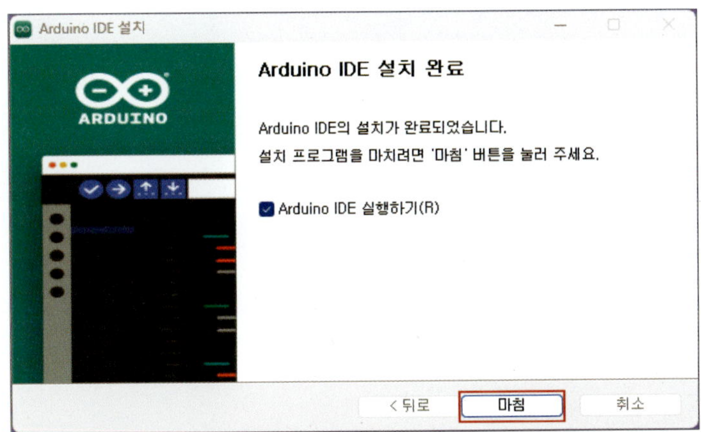

10 바탕화면에 아두이노 아이콘이 생성되었다. 더블클릭하여 실행한다.

⓫ 아두이노 프로그램이 처음 실행되면 아두이노 보드를 자동 설치한다. 설치시에 인터넷이 필요로 하므로 [액세스 허용] 버튼을 클릭하여 아두이노 프로그램이 인터넷이 사용 가능하도록 한다.

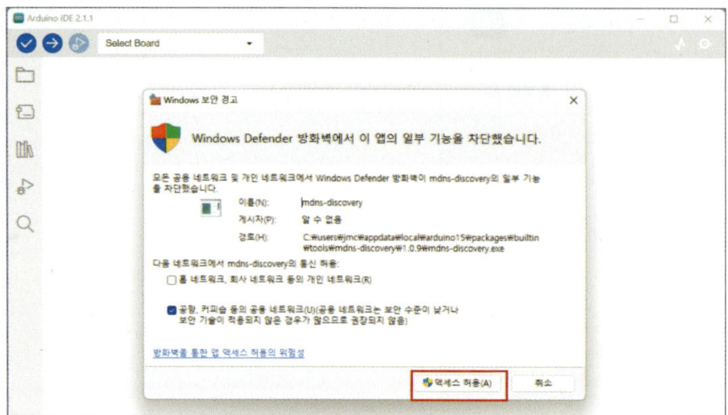

⓬ 혹시 아두이노 보드의 설치를 하지 않았을 경우 보드매니저 아이콘을 클릭하여 보드매니저를 열어 [Arduino AVR Boards]를 설치한다.

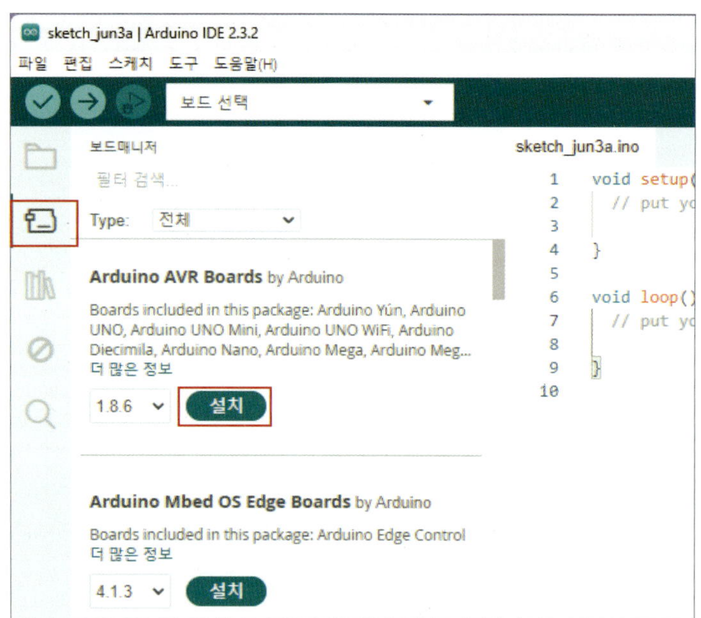

⓭ 아두이노 USB 드라이버를 설치하는 부분으로 [설치]를 눌러 설치를 진행한다. 컴퓨터의 USB 포트 수만큼 아래의 설치창이 나타나므로 몇 번 [설치]를 눌러 모두 설치한다.

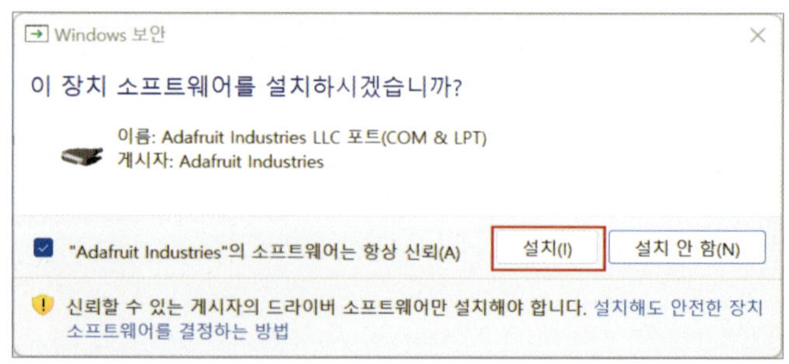

14 아두이노를 처음 실행시 자동으로 아두이노 우노 등 기본 보드를 다운로드받는다

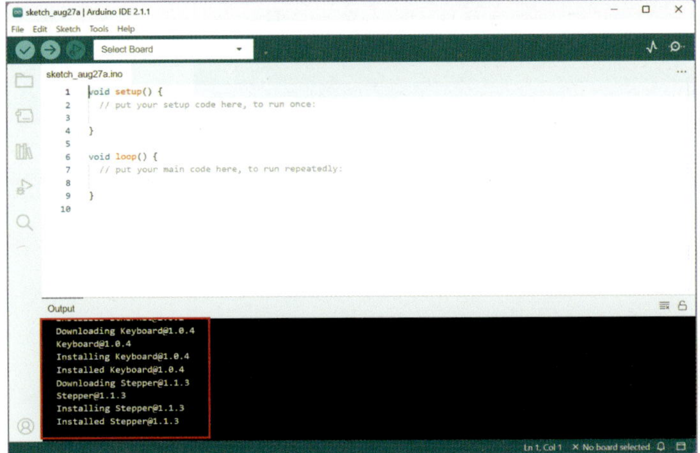

15 우선 영어로 되어있는 인터페이스를 한글로 변경한다. [File] -> Preferences]를 클릭한다.

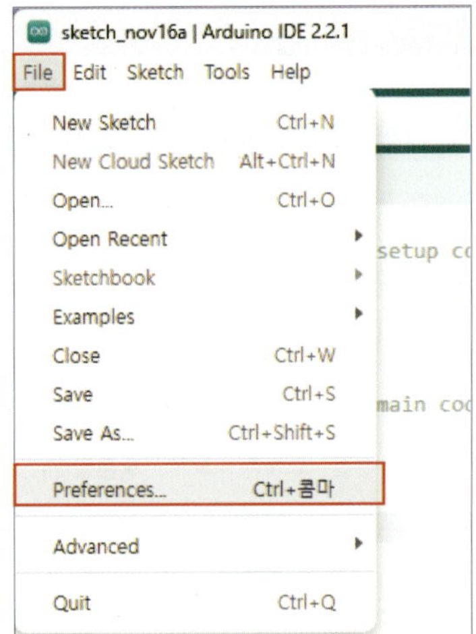

16 Language를 [한국어]로 변경 후 [OK] 버튼을 눌러 언어를 한국어로 변경한다.

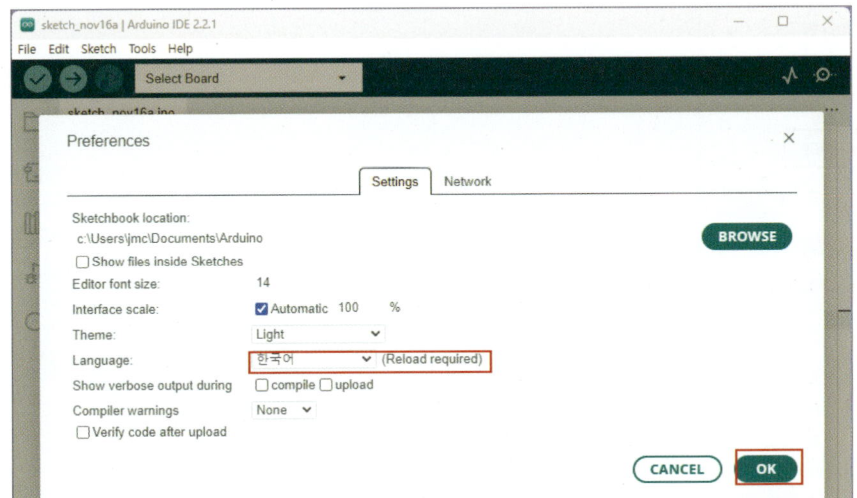

17 한국어로 변경되었다.

sketch_nov16a | Arduino IDE 2.2.1

파일 편집 스케치 도구 도움말(H)

보드 선택

sketch_nov16a.ino

```
void setup() {
  // put your setup code here, to run once:

}

void loop() {
  // put your main code here, to run repeatedly:

}


```

줄 12, 열 1 × 선택된 보드 없음

18 또 하나 프로그램 시에 [에디터 빠른 제안] 기능을 활성화 한다.

[파일] ->[기본 설정]을 클릭한다.

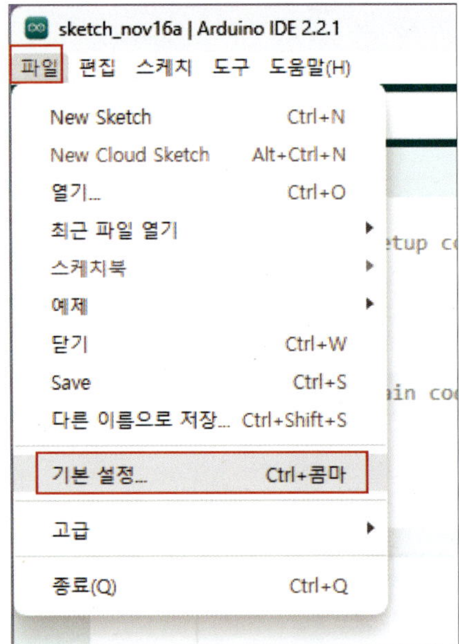

19 [에디터 빠른 제안] 부분을 체크한 후 [확인]을 눌러 [에디터 빠른 제안] 기능을 켠다.

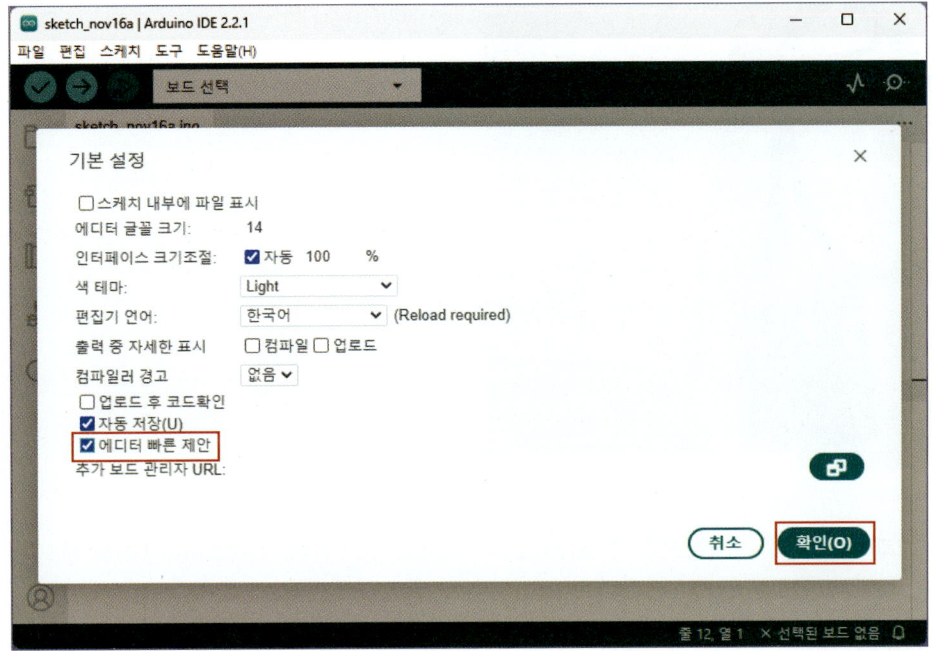

20 코드를 작성할 때 한두 글자를 입력하면 에디터에서 코드를 제안해준다. 아두이노에는 다양한 함수 사용자변수 등이 많아 모두 외워서 프로그램하기 쉽지 않다. 에디터에서 코드를 제안해줘서 함수나 변수명을 모두 알지 못하더라도 찾아서 코드를 작성할 수 있다. 단, 사용하는 보드는 선택되어 있어야 한다.

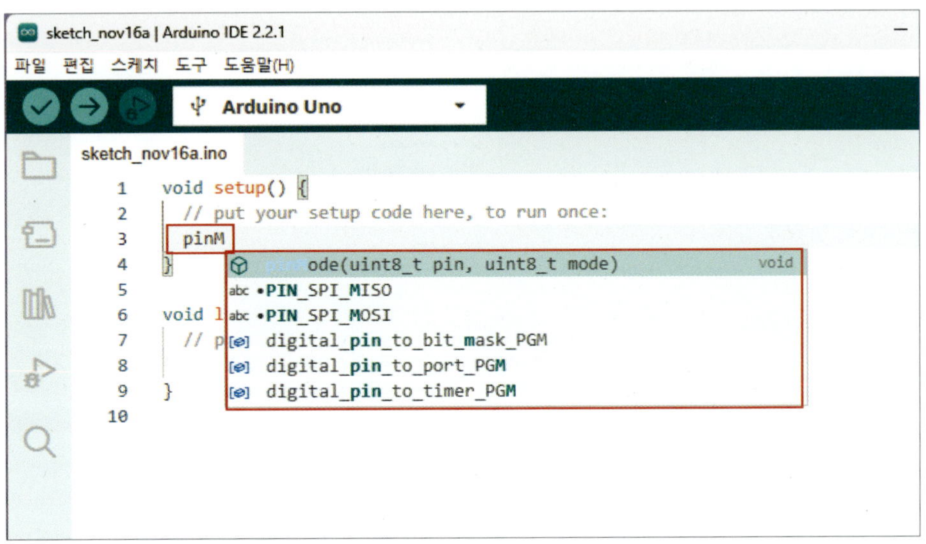

21 USB 케이블을 이용하여 PC와 연결한다.

22 아두이노 프로그램에서 [툴] -> [보드] -> A[rduino Uno]로 선택한다. [Arduino Uno] 보드는 가장 많이 사용하는 보드로서 기본적으로 선택되어 있지만 다른 보드가 선택되어 있다면 [Arduino Uno] 보드로 선택한다.

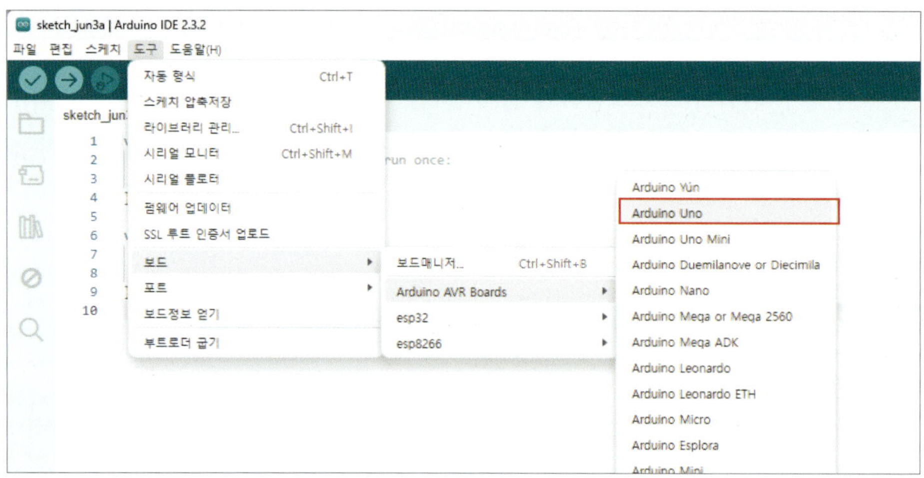

23 [툴] –> [포트] –> [COMXX(Arduino Uno)] 아두이노 우노가 연결된 포트를 선택해서 클릭한다. COMXX에서 XX는 포트 번호로 컴퓨터마다 다를 수 있다. 아두이노 우노가 처음 연결된 컴퓨터라면 3~10번 내외로 포트가 연결되는 경우가 많다.

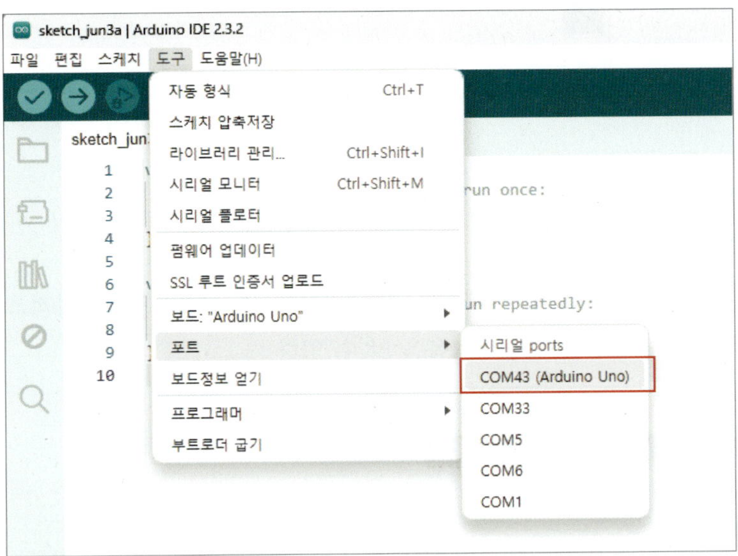

24 [툴]에서 [보드]와 [포트]가 선택되었는지 확인한다.

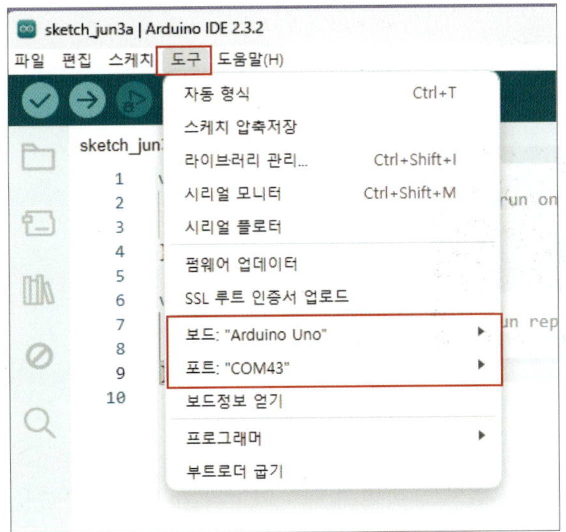

25 또한 아두이노 IDE 2.0 이상부터는 [보드 선택] 부분에서 보드와 포트를 빠르게 선택할 수 있다.

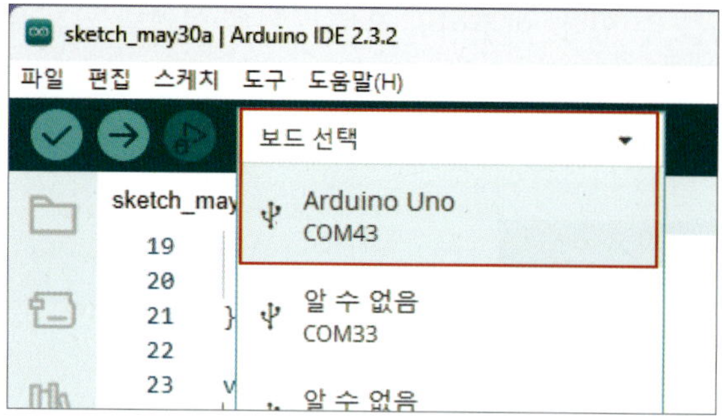

26 [업로드 버튼]을 눌러 "업로드 완료"가 되었는지 확인한다. 업로드가 완료되었다면 정상적으로 PC의 아두이노 프로그램과 아두이노 보드가 잘 연결되었음을 알 수 있다.

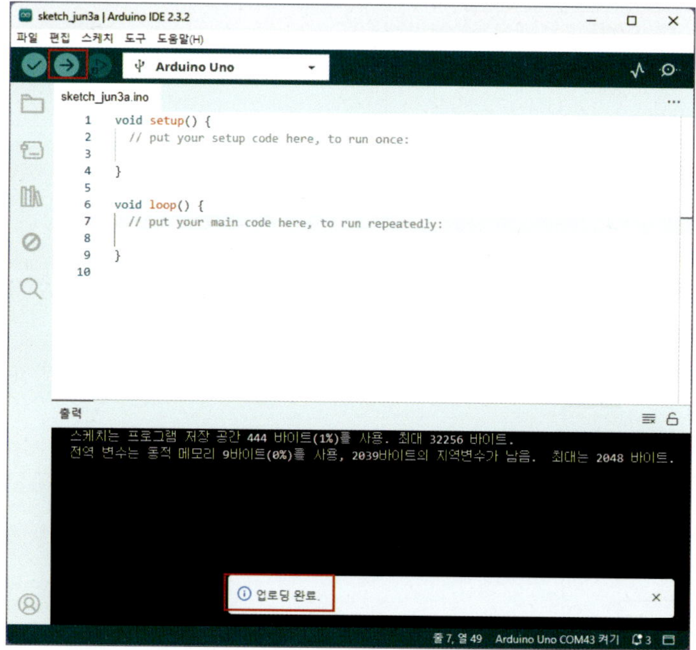

PC에 아두이노 IDE 개발환경을 설치해보고 프로그램을 업로드 하면서 아두이노의 개발환경 구축을 마쳤다. 다음 장에서는 아두이노를 이용하여 LED를 제어해보도록 하자.

01 _ 3 아두이노 LED 제어하기

학 습 목 표

아두이노를 이용하여 LED를 제어해보자. LED를 제어해보면서 아두이노의 프로그램 구조를 익히고 디지털 출력에 대해 알아본다.

준비물

이름	수량
LED 빨강색	1개
220옴 저항(빨빨검검갈)	1개
수수 점퍼 케이블	2개

회로구성

아래와 같이 회로를 구성한다.

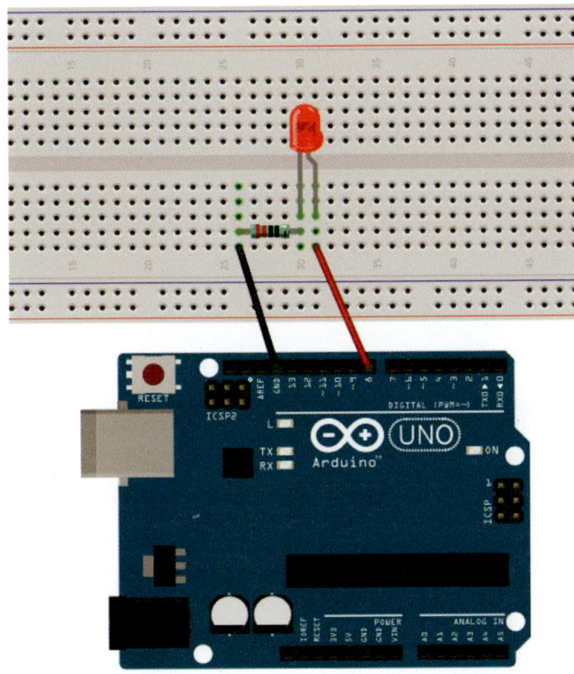

◆ 프리징으로 구성한 회로

※ 프리징(Fritzing)은 아두이노 회로를 설계할 수 있는 프로그램이다. 프리징은 회로 설계는 물론 브레드보드 결선 상태 확인, 아두이노 코딩과 업로드, PCB 설계 등도 가능한 시뮬레이터이다. 프리징 사이트(https://fritzing.org/)에서 다운로드 받을 수 있다.

다음은 실제로 구성한 회로이다.

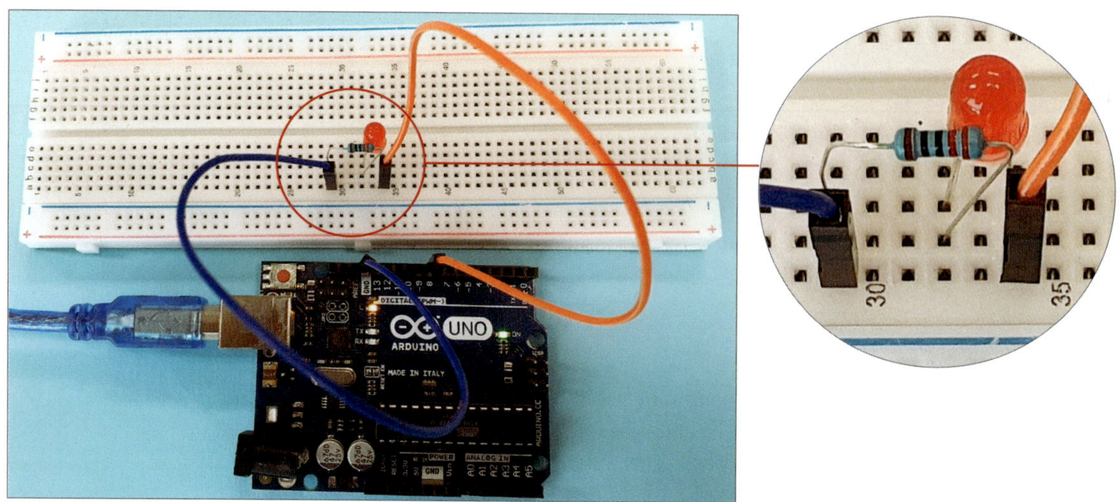

◆ 실제로 구성한 회로

회로설명

아두이노의 8번핀에 빨강색 LED의 긴다리와 연결한다. 220옴 저항은 LED의 짧은다리를 통해 아두이노의 GND와 연결된다. 220옴 저항의 역할은 LED의 전류를 제한하는 보호용 저항으로써 LED가 터지는 것을 방지한다.

아두이노 코드 작성과 동작 결과 확인하기

01 아두이노 코드는 다음과 같다.

_2_2.ino

```
1   void setup() {
2    pinMode(8, OUTPUT);
3   }
4   void loop() {
5    digitalWrite(8, HIGH);
6    delay(1000);
7    digitalWrite(8, LOW);
8    delay(1000);
9   }
```

1~3 : setup 함수를 실행한다. setup 함수는 단 한 번만 실행한다. setup 함수안의 2줄은 아두이노의 전원이 켜졌을 때 단 한번만 실행된다.

4~9 : loop 함수를 실핸한다. loop 함수는 무한히 반복한다. loop 함수의 5~8줄은 5->6->7->8->5->6->7->8->.... 무한히 반복한다.

2 : 8번핀을 출력으로 설정한다.

5 : 8번핀의 상태를 HIGH로 한다.

6 : 1000ms 즉 1초동안 기다린다.

7 : 8번핀의 상태를 LOW로 한다.

동작 설명

동작 설명

아두이노 프로그램은 처음 시작시 [setup] 함수에서 8번핀을 출력으로 설정하고 [loop] 함수에서는 8번핀에 연결된 LED를 켜고 1초 기다리고 8번핀에 연결된 LED를 끄고 1초 기다리고 다시 처음으로 돌아가 8번핀에 연결된 LED를 켜고 1초동안 기다리고 8번핀에 연결된 LED를 끄고 1초 기다리고를 무한히 반복한다.

02 코드는 [에디터 창]에 작성한다.

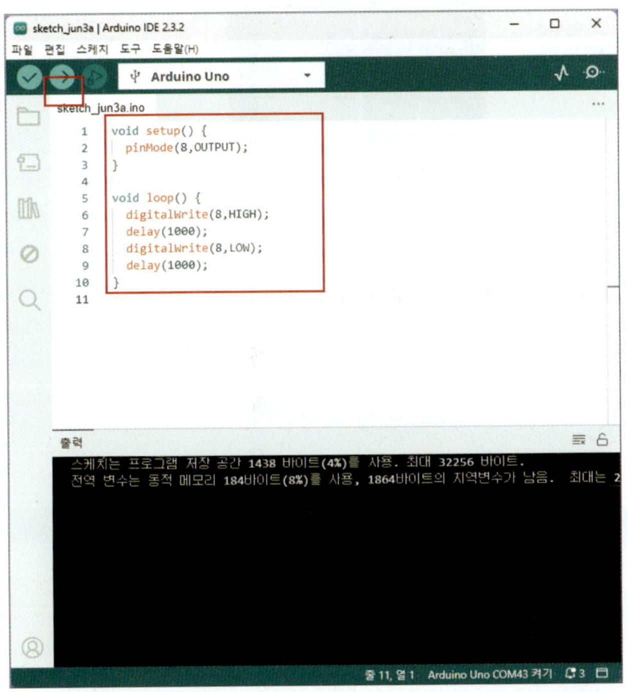

03 [업로드 버튼]을 눌러 아두이노 보드에 프로그램을 업로드한다.

아두이노는 마지막에 업로드한 프로그램 단 하나만 동작한다. 기존에 다른 프로그램이 들어있어더라도 마지막에 업로드한 프로그램으로 저장된다. PC처럼 여러개의 프로그램이 동작되지 않는다.

04 업로드 후 LED가 1초마다 깜빡이는지 확인한다.

01 _ 4 아두이노 시리얼 통신

학 습 목 표

시리얼통신은 아두이노에서 많이 사용되는 통신방식으로 PC와 통신할 때 사용된다. 우리가 프로그램을 업로드 할 때도 시리얼 통신을 사용하여 프로그램을 업로드 한다. 앞으로 계속 진행할 블루투스 통신모듈도 시리얼 통신으로 데이터를 주고 받는다. 그러므로 시리얼 통신으로 어떻게 데이터를 주고받는지 알아보도록 하자.

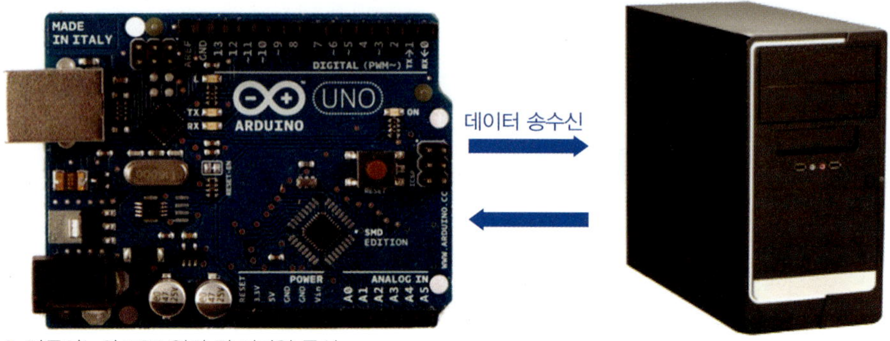

◆ 아두이노와 USB 연결 및 시리얼 통신

아두이노에서 PC로 시리얼통신데이터 보내기

아두이노에서 PC로 시리얼 통신 데이터 보내는 아두이노 프로그램을 작성한다.

01 아두이노 코드는 다음과 같다.

_2_3.ino

```
1	void setup() {
2	 Serial.begin(9600); // 시리얼 포트 초기화
3	}
4
5	void loop() {
6	 Serial.println( " hello " ); // 문자열 출력
7	 delay(1000);
8	}
```

2: 시리얼통신의 통신속도를 9600bps로 설정한다. 초당 bps 는 bit per second 의 약자로 초당 보내는 비트의 숫자인다. 9600/9 = 약1067개의 문자를 전송할 수 있다. 영어문자를 표시하는 방식은 1byte = 8bit이다 9bit를 하나의 문자로 보는 이유는 마지막에 1bit는 STOP bit로 문자 마지막에 붙여 전송한다. 8bit + 1bit로 1개의 문자를 보내기 위해서 총 9bit를 필요로 한다.

6: "hello"를 전송한다. println ln은 라인의 약자로 hello와 함께 줄바꿈도 같이 보낸다.

7: 1초 기다린다.

02 업로드 버튼(➔)을 눌러 업로드를 완료하고 시리얼 모니터 버튼(⌕)을 눌러 시리얼 모니터 창을 띄운다.
1초마다 한 번씩 hello의 문자가 출력됨을 확인할 수 있다.

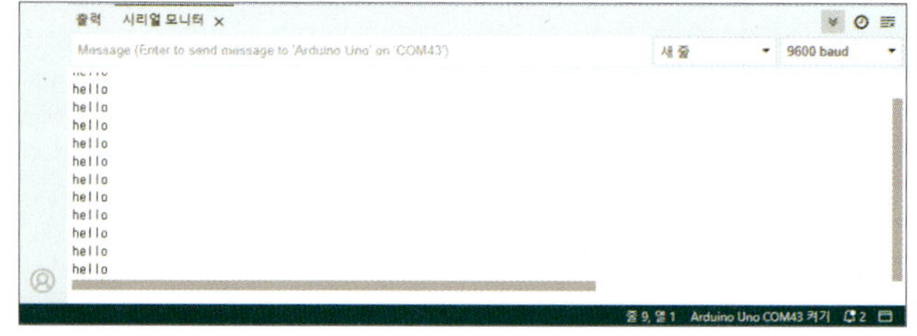

01 _ 5 전송 데이터에 따라 LED 켜고 끄기

학 습 목 표

아두이노에서 Serial.println을 이용하여 PC로 데이터를 전송하였다. 이제는 PC에서 아두이노로 데이터를 전송하고 전송받은 데이터에 따라 LED를 켜고 끄는 프로그램을 만들어 보도록 하자.

준비물

"2-2. 아두이노 LED 제어하기"와 LED 회로를 동일하게 구성한다.

이름	수량
LED 빨강색	1개
220옴 저항(빨빨검검갈)	1개
수수 점퍼 케이블	2개

회로구성

다음과 같이 회로를 구성한다. 다음은 프리징으로 회로를 구성한 그림이다.

◆ 프리징으로 구성한 회로

아두이노 코드 작성과 동작 결과 확인하기

01 다음과 같이 코드를 작성한다.

_2_3_b.ino

```
01 void setup() {
02  Serial.begin(9600);
03  pinMode(8, OUTPUT);
04 }
05
06 void loop() {
07  if (Serial.available() >0)
08  {□
09          char sData = Serial.read();
10          if (sData == 'a' )
11          {
12           digitalWrite(8, HIGH);
13          }
14          else if (sData == 'b' )
15          {
16           digitalWrite(8, LOW);
17          }
18  }
19 }
```

2 : 통신속도 9600으로 시리얼통신을 초기화 한다.

3 : 8번핀을 출력핀으로 사용한다.

7~18 : 시리얼로 받은 데이터가 있다면 조건에 만족한다. Serial.available() 함수는 받은 데이터의 개수를 리턴한다. 즉 0보다 크다면 받은데이터가 있다

9 : 시리얼데이터를 읽어 sData 변수에 넣는다

10~13: sData의 값이 문자 'a' 라면 조건에 만족하면 8번핀의 출력을 HIGH로 설정한다. 즉 LED를 켠다

14~17: Data의 값이 문자 'b' 라면 조건에 만족하면 8번핀의 출력을 LOW로 설정한다. 즉 LED를 끈다.

02 업로드 버튼( )을 눌러 업로드를 완료하고 시리얼 모니터 버튼( )을 눌러 시리얼 모니터 창을 띄운다.

03 a를 입력하고 [전송] 버튼을 클릭하여 a를 전송하여서 LED가 켜지는지 확인한다.

◆ LED가 켜진 상태

04 b를 전송하여서 LED가 꺼지는지 확인한다.

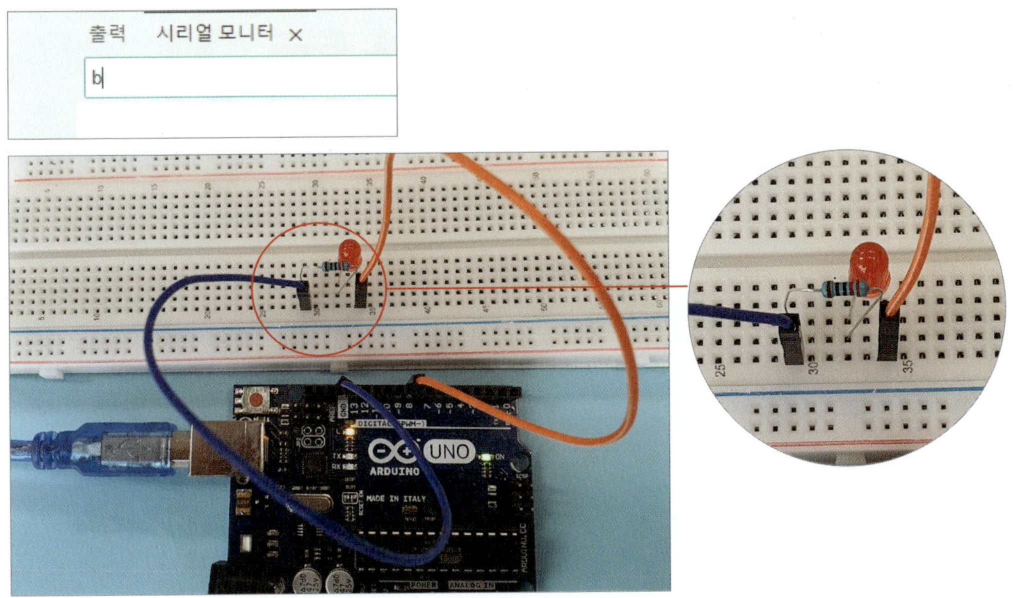

◆ LED가 꺼진 상태

이번 챕터에서는 아두이노에서 PC로 시리얼통신으로 데이터를 보내는 법을 실습해보고, PC에서 아두이노로 시리얼통신으로 통해 데이터를 보내서 LED를 켜고 끄는 실습을 하였다.

Arduino project

CHAPTER 02

기초 작품 만들기

아두이노의 기본기능을 활용한 기초 작품을 만들어보자. 디지털 입출력, 아날로그 입출력, 시리얼통신 등 아두이노의 기본적인 사용방법을 익히고 1~2가지의 부품을 이용하여 작품을 만들어본다. 작품을 만들어 보면서 자연스럽게 아두이노의 기능을 알 수 있다.

02 _ 1 위험을 알리는 경광등 만들기

학 습 목 표

LED를 이용하여 위험을 알릴 수 있는 경광등을 만들어보자.

위는 “경광봉”사진이다. 자동차 사고 또는 공사장 등에서 위험을 알리기 위해서 사용하는 봉타입의 경광등이다. 빛을 내는 LED가 안에 들어가 있어 요란스럽게 깜빡여서 위험을 알리는 용도로 사용된다.

위와 같은 삼각대 타입의 제품도 있다. 자동차 사고 시 2차 사고를 방지하기 위해 차량 후미에 설치하여 뒤차에 위험을 알리는 용도로 사용된다.

위는 주차장 출입구 쪽에서 자주 볼 수 있는 경광등이다. LED 또는 램프와 모터로 이루어져 있다. 모터가 회전하면서 빛을 여러 방향으로 보내준다.

이처럼 경광등은 빛을 이용하여 위험을 알리는 용도로 사용된다. 주로 빨간색이 사용되며 위험한 색으로 인식되어 위험을 알릴 때는 빨간색을 사용한다. 우리는 빨간색 LED를 여러 개 이용해서 요란스럽게 깜빡이는 경광등을 만들어보도록 한다.

준비물

다음과 같은 부품을 준비한다.

부품명	수량
아두이노 우노	1개
브레드보드	1개
LED 빨강	3개
220옴 저항(빨빨검검갈)	3개
수/수 점퍼케이블	4개

브레드보드에 다음의 회로를 꾸며 연결한다.

LED의 긴 다리는 +로 아두이노의 10번, 9번, 8번 핀에 각각 연결한다. LED의 짧은 다리는 220옴 저항(빨빨검검갈)을 통해 GND와 연결한다.

아두이노 코드 작성과 동작 결과 확인

다음과 같은 아두이노 코드를 작성한다.

_2_3.ino

```
01 #define LED1 10
02 #define LED2 9
03 #define LED3 8
04
05 void setup() {
06  pinMode(LED1,OUTPUT);
07  pinMode(LED2,OUTPUT);
08  pinMode(LED3,OUTPUT);
09 }
10
11 void loop() {
12  digitalWrite(LED1,HIGH);
13  digitalWrite(LED2,HIGH);
14  digitalWrite(LED3,HIGH);
15  delay(1000);
16  digitalWrite(LED1,LOW);
17  digitalWrite(LED2,LOW);
18  digitalWrite(LED3,LOW);
19  delay(1000);
20 }
```

01 : #define 매크로를 이용하여 LED1은 10으로 정의한다.
02 : #define 매크로를 이용하여 LED2은 9으로 정의한다.
03 : #define 매크로를 이용하여 LED3은 8으로 정의한다.
06~08 : 매크로로 정의된 10, 9, 8번 핀을 출력으로 설정한다. LED1 = 10, LED2 = 9, LED3 = 8로 정의되어 있다.
12~14 : LED1, LED2, LED3 포트의 출력을 HIGH(5V)로 한다. 포트에 연결된 모든 LED가 켜진다.
15 : 1000mS=1초 동안 기다린다.
16~18 : LED1, LED2, LED3 포트의 출력을 LOW(0V)로 한다. 포트에 연결된 모든 LED가 꺼진다.
19 : 1000mS=1초 동안 기다린다.

pinMode 함수 사용방법

pinMode는 사용할 핀의 용도를 결정하는데 사용한다. 아두이노는 핀을 입력, 또는 출력으로 사용할 수 있다.

pinMode(핀 번호,입출력);

핀 번호: 사용할 핀의 번호를 입력한다. 아두이노 우노의 경우 0~13번의 디지털핀 A0~A5번까지 아날로그 핀 번호를 입력할 수 있다. A0~A5번의 아날로그 입력 핀도 디지털 입출력 핀으로 사용이 가능하다.

입출력:

OUTPUT : 출력으로 사용한다.

INPUT: 입력으로 사용한다.

INPUT_PULLUP: 아두이노 내부 풀업 입력으로 사용한다.

pinMode(10,OUTPUT); 으로 했을 경우 10번 핀은 출력 핀으로 사용한다. 출력 핀으로 사용하겠다고 선언만 해준 것으로 10번 핀의 상태는 결정되지 않았다. 출력으로 설정 후 digitalWrite 함수를 사용하여 핀의 상태를 출력할 수 있다.

> **“ digitaWrite 함수 사용방법**
>
> pinMode에서 출력 핀으로 사용할 경우 digitalWrite를 사용하여 핀의 출력상태를 결정할 수 있다.
> digitalWrite(핀 번호,출력상태);
> 핀 번호: 출력할 핀 번호를 입력한다. pinMode에서 출력 핀으로 설정되어 있어야 한다.
> **출력상태**
> HIGH: 핀에서 5V의 상태가 된다. HIGH대신 숫자 1을 넣어도 동일하다
> LOW: 핀에서 0V의 상태가 된다. LOW대신 숫자 0을 넣어도 동일하다.
> digitalWrite(10,HIGH); 로 했을 시 10번 핀에는 5V의 출력이 된다. digitalWrite(10,1);도 동일하다.
> digitalWrite(10,LOW); 로 했을 시 10번 핀에는 0V의 상태가 된다. digitalWrite(10,0);도 동일하다.

> **“ define이란?**
>
> 아두이노 C언어 코드 상에서 사용하는 매크로이다. #define의 사전적 의미는 "정의하다"이다. 전처리로 동작하여 C언어가 기계어로 바뀔 때 아두이노 프로그램이 알아서 정의된 값으로 바뀌어 동작한다. #define LED1 10 이라는 매크로를 만들었으면 LED1은 10이다. 포트번호나 특정숫자등 바뀌지 않는 값을 #define으로 정의해 놓으면 코드가 해석하기 좋게 된다. #define으로 정의할때는 암묵적으로 모두 대문자를 사용한다. #define led1 10 으로 만들어도 되나. 소문자로는 잘 사용하지 않는다. 모두 대문자로 사용한다. 그리고 여러 문장으로 만들어진 값이라면 “_” 언더바를 사용하여 구분한다.
>
> ```
> #define LEDON 1
> #define LEDOFF 0
> ```
>
> LEDON과 LEDOFF를 한눈에 알아보기 힘들다 그러므로 “_” 언더바를 사용하여 다음과 같이 정의하면 보기가 편하다.
>
> ```
> #define LED_ON 1
> #define LED_OFF 0
> ```
>
> 사용방법은
>
> ```
> #define [이름] [값]
> ```
>
> #define 후 스페이스나 탭을 이용하여 칸을 띄어주고 [이름] 스페이나 탭을 이용하여 칸을 띄어주고 [값]으로 한다. 끝에는 ";"세미콜론을 붙이지 않는다. 띄어쓰기할 때는 여러 칸 띄어도 상관없다.

[업로드 버튼 ➜]을 눌러 아두이노 우노 보드에 프로그램을 업로드 한다.

동작 결과

1초 동안은 LED가 켜져 있고 1초 동안은 LED가 꺼져있다. LED가 꺼졌다 켜지는 동작은 되지만 우리가 원하는 “요란스럽게” 깜빡이는 동작에는 한참 부족하다. 더 빨리 깜빡이기 위해서는 켜졌다 꺼지는 시간을 조절하여 LED를 “요란스럽게” 깜빡이도록 해보자.

아두이노 코드 작성

1 다음의 코드를 작성 후 아두이노에 업로드하자.

1_2.ino

```
01 #define LED1 10
02 #define LED2 9
03 #define LED3 8
04 #define DELAY_TIME 100
05
06 void setup() {
07  pinMode(LED1,OUTPUT);
08  pinMode(LED2,OUTPUT);
09  pinMode(LED3,OUTPUT);
10 }
11
12 void loop() {
13  digitalWrite(LED1,HIGH);
14  digitalWrite(LED2,HIGH);
15  digitalWrite(LED3,HIGH);
16  delay(DELAY_TIME);
17  digitalWrite(LED1,LOW);
18  digitalWrite(LED2,LOW);
19  digitalWrite(LED3,LOW);
20  delay(DELAY_TIME);
21 }
```

04: DELAY_TIME을 100으로 정의하였다.
16: 100mS=0.1초 동안 기다린다. DELAY_TIME에 정의된 100으로 설정하였다
20: 100mS=0.1초 동안 기다린다. DELAY_TIME에 정의된 100으로 설정하였다

동작 결과 확인

0.1초마다 LED가 깜빡인다. "요란스럽게" 깜빡임을 만들었다.

동작 동영상 링크

https://youtu.be/2aMR6MKXDY4

02 _ 2 경찰차에 표시하는 경광등 만들기

학 습 목 표

경찰차에 달려있는 경광등을 만들어보자.
파란색 LED와 빨간색 LED가 번갈아 가면서 깜빡이는 동작을 한다.
다음 사진처럼 경찰차 위에 달려있는 경광등을 만들어보자.

준비물

다음과 같은 부품을 준비한다.

부품명	수량
아두이노 우노	1개
브레드보드	1개
LED 빨강	1개
LED 파랑	1개
220옴 저항(빨빨검검갈)	2개
수/수 점퍼케이블	3개

회로 구성

다음과 같이 회로를 구성한다.

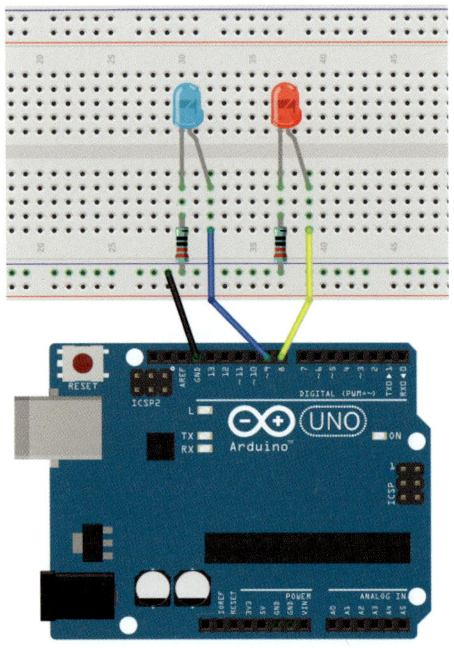

파란색 LED의 긴 다리는 +로 아두이노의 9번 핀에 연결하고, 빨간색 LED의 긴 다리는 +로 아두이노의 8번 핀에 연결한다. 각각의 LED는 220옴 저항을 통해 GND와 연결된다.

아두이노 코드 작성과 동작 결과 확인

1 다음과 같은 아두이노 코드를 작성한다.

2_1

```
01 #define LED_BLUE 9
02 #define LED_RED 8
03 #define DELAY_TIME 80
04
05 void setup() {
06  pinMode(LED_BLUE,OUTPUT);
07  pinMode(LED_RED,OUTPUT);
08 }
09
10 void loop() {
11  digitalWrite(LED_BLUE,HIGH);
12  digitalWrite(LED_RED,LOW);
13  delay(DELAY_TIME);
14  digitalWrite(LED_BLUE,LOW);
15  digitalWrite(LED_RED,HIGH);
16  delay(DELAY_TIME);
17 }
```

01~02: 파란색LED와 빨간색LED가 연결된 핀을 #define 매크로를 이용하여 번호를 지정하였다.
06~07: 9번, 8번 핀을 출력으로 설정한다.
11~13: 파란색 LED는 켜고 빨간색 LED는 끄고 80mS=0.08초 기다린다.
14~16: 파란색 LED는 끄고 빨간색 LED는 켜고 80mS=0.08초 기다린다.

❝ ms의 단위

mS는 milli Second의 약자이다 "milli"는 1000분의 1을 "Second"는 초이다. 즉 mS는 1000분의 1초이다. mS는 미리세컨드 또는 밀리세컨드로 읽는다. 작은시간을 표현하기 위해 많이 사용한다.

1mS = 0.001초
10mS = 0.01초
100mS = 0.1초
1000mS = 1초

동작 결과

파란색LED와 빨간색 LED가 80mS마다 서로 깜빡이며 켜진다. 사람의 눈으로는 파란색 LED와 빨간색 LED가 빨리 깜빡이는 것으로 보인다. 경찰차 지붕에 있는 경광등처럼 보인다.

동작 동영상 링크

https://youtu.be/TFiYvxagXw4 

경광등에 추가 기능 만들기

LED를 깜빡이는 것은 만들었다. 추가적인 기능으로 버튼을 눌러 LED가 켜지고 꺼지는 코드를 만들어보자.

준비물

다음과 같은 부품을 준비한다.

부품명	수량
아두이노 우노	1개
브레드보드	1개
LED 빨강	1개
LED 파랑	1개
220옴 저항(빨빨검검갈)	2개
수/수 점퍼케이블	5개
버튼	1개

회로 구성

브레드보드에 다음과 같이 회로를 구성한다.

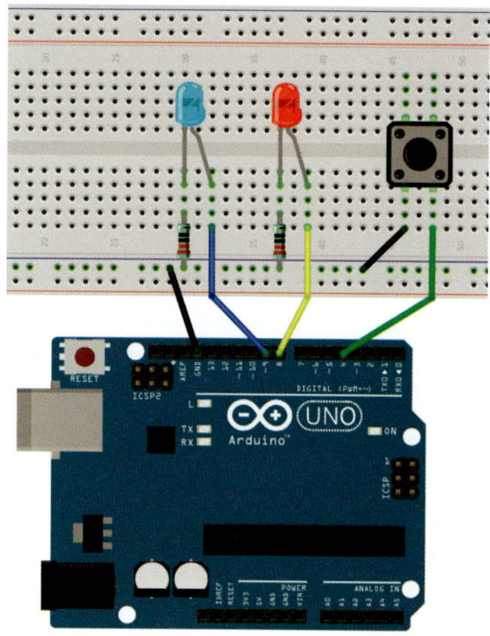

푸쉬 버튼을 추가하였다. 버튼을 한쪽은 GND와 연결하고 버튼의 나머지 한쪽은 아두이노의 4번 핀에 연결된다. 버튼은 물리적인 스위치로 극성이 없다. GND와 4번 핀 연결을 바꿔도 상관없이 동작한다.

전체적인 코드를 만들기에 앞서 새로운 부품인 스위치가 추가되었기 때문에 버튼만 테스트 하는 코드를 만들어서 버튼이 정상적으로 동작되는지 확인하고 어떻게 동작되는지 값을 확인하여 보자. 이 책에서는 여러 개의 부품을 사용할 경우 부품 단위, 기능 단위로 쪼개어 테스트하고 코드를 만들고 테스트하여 합치는 방법으로 프로젝트를 진행하도록 한다.

아두이노 코드 작성과 동작 결과 확인

다음은 버튼 코드이다. 아두이노 코드로 작성한다.

2_2.ino

```
01  #define BUTTON 4
02
03  void setup() {
04   Serial.begin(9600);
05   pinMode(BUTTON,INPUT_PULLUP);
06  }
07
08  void loop() {
09   int buttonValue =digitalRead(BUTTON);
10   Serial.println(buttonValue);
11   delay(10);
12  }
```

01: BUTTON은 4로 정의한다.
04: 시리얼통신속도 9600bps로 시작한다.
05: 버튼 핀의 입력을 풀업 입력으로 설정한다. 아두이노 칩에서 내부 풀업저항이 생성된다. 버튼을 연결할 때 애매한 상태인 플로팅상태를 없애 0과 1인 상태를 정확히 알기 위함이다.
09: 지역변수 int타입의 buttonValue를 만들고 BUTTON핀에서 디지털값을 읽어 buttonValue에 넣는다.
10: 시리얼통신으로 buttonValue 값을 전송한다. 즉 버튼 상태값이 시리얼통신으로 전송된다.

시리얼통신

시리얼(Serial)통신은 직렬 통신으로 가장쉽고 간단한 통신방식이다. 아두이노에서는 PC와 통신을 하기위해 사용한다. 그리고 시리얼통신으로 아두이노 프로그램을 아두이노 보드에 업로드할 때도 사용한다. 아두이노의 0번,1번 핀이 물리적인 시리얼통신핀으로 0번,1번 핀을 사용할 경우 업로드가 안될 수도 있다. 0번,1번 핀을 사용하고 싶다면 0번,1번 핀의 연결을 해제하고 업로드 후 다시 연결하여 사용이 가능하다. 하지만 핀을 뺐다 다시 연결하는 번거로움이 있어 잘 사용하지 않는다.
보내는 쪽과 받는 쪽의 통신속도를 서로 맞춰 통신한다. 9600bps,57600bps,115200bps등 보내는 비트의개수로 속도를 맞춰 통신한다. bps는 bit per seconds의 약자로 초당 보내는 비트의 개수를 의미한다.
TX핀은 보내는 핀이다. 사람으로 치면 말을 하는 입에 해당한다.
RX핀은 받는 핀이다. 사람으로 치면 듣는 귀에 해당한다.
시리얼통신으로 통신하기 위해서는 보내는 쪽의 TX핀은 받는 쪽의 RX핀에 연결되어야 하고 보내는 쪽의 RX핀은 받는 쪽의 TX핀에 연결되어야 한다. 사람이 대화를 할 때 "입"으로 말을 하면 "귀"로 들어야 하기 때문이다.
아두이노 우노 보드에서는 시리얼 to USB 변환칩이 있어서 USB케이블만 연결 시 PC와 통신이 가능하다.
통식속도는 9600bps로 많이사용한다. 115200bps로 보내면 초당 더 많이 보낼 수 있지만 보낼 수 있는 거리가 짧아진다. 즉 적게 보내면 멀리 보낼 수 있고 많이 보내면 멀리 보낼 수 없다. 시리얼통신은 규격으로 규격집에 통신속도에 따른 보낼 수 있는 거리에 대해 나와 있다.

동작 결과

[업로드 버튼]을 눌러 아두이노 우노 보드에 프로그램을 업로드 한다. 업로드 완료 후 [시리얼 모니터] 버튼을 클릭하여 시리얼 모니터 창을 연다.

시리얼 모니터 창에서 통신속도를 9600으로 한다. 아두이노 프로그램 설치 후 변경하지 않았다면 9600으로 되어있다.

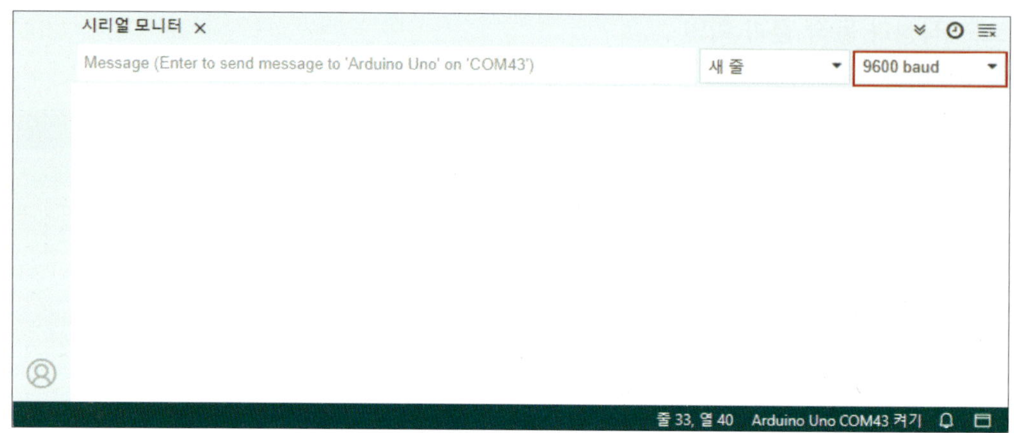

출력되는 값을 확인한다. 스위치를 누르지 않았을 때 1의 값이 출력된다. 아두이노 내부의 풀업저항으로 스위치는 누르지 않았을 때 스위치 입력 핀에 5V전압이 인가되어 디지털 값인 1이 출력된다.

스위치를 누르고 값을 확인해보자.

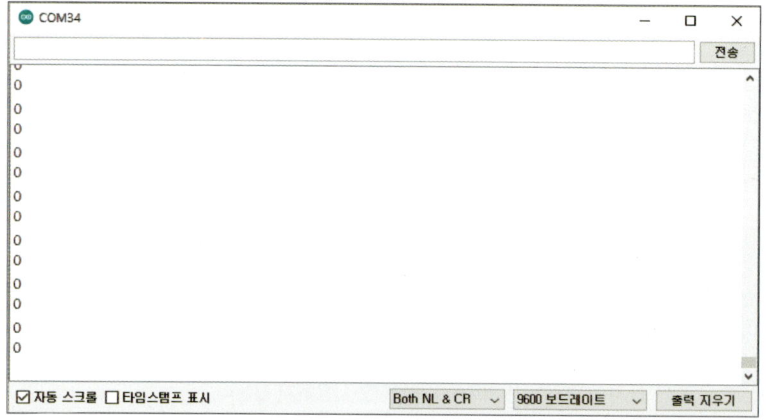

0의 값이 출력된다. 스위치는 누를 때 스위치입력 핀에 GND(0V) 신호가 인가되어 디지털 값인 0이 출력된다.

아두이노 우노는 칩내부적으로 선택할 수 있는 저항이 풀업 저항뿐이다. 풀업저항으로 사용할시 스위치를 누르면 0, 누르지 않으면 1의 값이 입력되어 사람이 판단할 때 값이 반전되어 있다. 소프트웨어적으로 값은 반전시키는 방법을 알아보자.

아두이노 코드 작성

다음과 같은 아두이노 코드를 작성한 후 업로드 한다.

2_3.ino

```
01 #define BUTTON 4
02
03 void setup() {
04   Serial.begin(9600);
05   pinMode(BUTTON,INPUT_PULLUP);
06 }
07
08 void loop() {
09   int buttonValue =!digitalRead(BUTTON);
10   Serial.println(buttonValue);
11   delay(10);
12 }
```

09: !digitalRead(BUTTON) 디지털값을 읽을 때 ! 느낌표를 앞에 붙여 값을 반전시켰다.

동작 결과

버튼을 누르지 않았을 때는 0의 값이 출력된다.

버튼을 눌렀을 때는 1의 값이 출력된다.

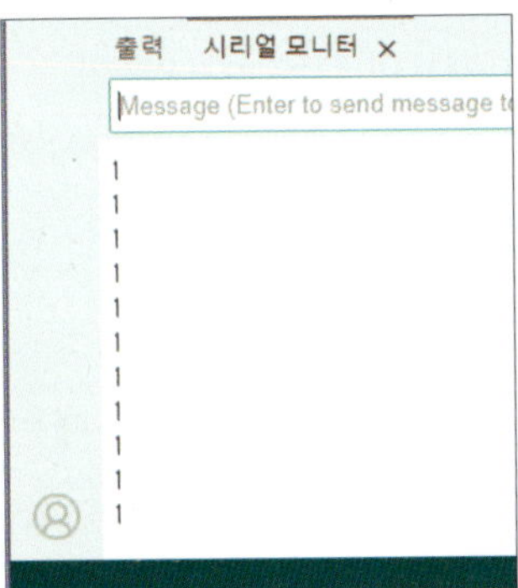

아두이노 코드 작성

소프트웨어적으로 !느낌표 하나를 추가하여 간단하게 변경하였다. 이제 버튼을 눌러 상태값이 변경되는 코드를 만들어보자. 다음과 같은 아두이노 코드를 작성한다.

2_4.ino

```
01	#define BUTTON 4
02
03	int state =0;
04
05	void setup() {
06	 Serial.begin(9600);
07	 pinMode(BUTTON,INPUT_PULLUP);
08	}
09
10	void loop() {
11	 int buttonValue =!digitalRead(BUTTON);
12
13	 if(buttonValue ==1)
14	 {
15	         state =!state;
16	         delay(500);
17	 }
18
19	 if(state ==0)
20	 {
21	         Serial.println(“ state = 0 ”);
22	 }
23	 else if(state ==1)
24	 {
25	         Serial.println(“ state = 1 ”);
26	 }
27	}
```

03: state 전역변수를 만들고 값을 0으로 초기화하였다.
13: 버튼이 눌렸으면 조건문에 만족하여 14~17안에 있는 코드를 실행한다.
15: state 값을 반전시켜 저장한다. 1이면 0으로 0이면 1로 값이 반전된다.
16: 500mS 동안 기다린다. 스위치를 여러 번 읽지 않기 위해 의도적으로 500mS 동안은 기다려서 아무것도 하지 않는다.
19: state 값이 0이라면 20~22줄 코드를 실행한다.
21: "state = 0"의 값을 시리얼통신으로 전송한다.
23: state 값이 1이라면 24~26줄의 코드를 실행한다.
25: "state = 1"의 값을 시리얼통신으로 전송한다.

스위치를 누르면 state 값이 0,1로 값이 반전되어 state 상태에 따른 조건문을 실행한다. 0일 때는 20~22줄을 실행하고 1일 때는 24~26줄을 실행한다. 이 코드의 단점은 스위치가 눌릴 때 500mS 동안은 아무것도 하지 못한다는 단점이 있다. 하지만 간단하게 사용할 수는 있다.

동작 결과

[업로드 버튼]을 눌러 아두이노 우노 보드에 프로그램을 업로드 한다. 업로드 완료 후 [시리얼 모니터] 버튼을 클릭하여 시리얼 모니터 창을 연다.

처음에는 값이 0으로 state 0인 조건을 실행한다.

스위치를 누르면 state 값이 1로 변경되어 state가 1인 조건을 실행한다.

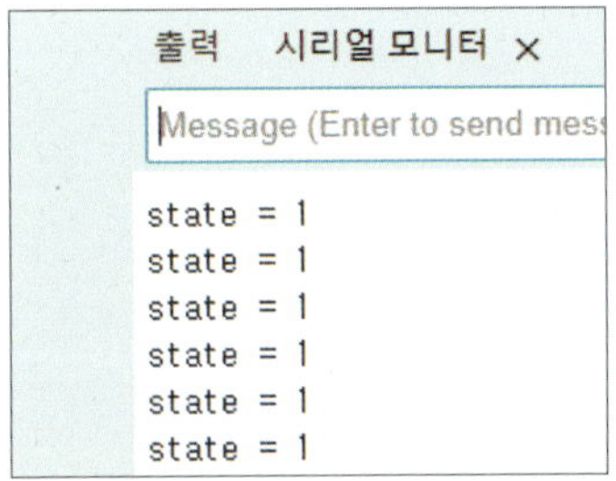

아두이노 코드 작성

이제 경광등 LED를 추가하여 코드를 완성하도록 한다. 2_4.ino코드에서 아래 빨간색 부분을 추가하였다.

2_5.ino

```
#define BUTTON 4
#define LED_BLUE 9
#define LED_RED 8
#define DELAY_TIME 80

int state =0;

void setup() {
 Serial.begin(9600);
 pinMode(BUTTON, INPUT_PULLUP);
 pinMode(LED_BLUE, OUTPUT);
 pinMode(LED_RED, OUTPUT);
}

void loop() {
```

```
    int buttonValue =!digitalRead(BUTTON);

    if (buttonValue ==1)
    {
        state =!state;
        delay(500);
    }

    if (state ==0)
    {
        digitalWrite(LED_BLUE, HIGH);
        digitalWrite(LED_RED, LOW);
        delay(DELAY_TIME);
        digitalWrite(LED_BLUE, LOW);
        digitalWrite(LED_RED, HIGH);
        delay(DELAY_TIME);
    }
    else if (state ==1)
    {
        digitalWrite(LED_BLUE, LOW);
        digitalWrite(LED_RED, LOW);
    }
}
```

빨간색으로 표시된 부분이 경광등 LED에 대한 부분으로 추가되었다. state 변수의 값이 0이면 LED가 번갈아 가면서 깜빡이다가. 스위치가 눌려 state 변수의 값이 1로 변하면 LED는 꺼지고 다시 스위치가 눌려 state 변수의 값이 0으로 변하면 LED가 점멸되고를 반복하는 코드이다.

위의 코드에서중요하게 볼 부분은 버튼을 눌렀을 때 state 변수 값이 변경되고 변경된 state 변수값에 따라서 LED가 점멸되거나 또는 꺼지는 부분이다.

동작 결과

스위치를 눌러 LED가 꺼지고 다시 스위치를 누르면 LED가 점멸되는지 확인한다.

동작 동영상 링크

https://youtu.be/65AaqqRa4DA 

02 _ 3 LED를 이용한 신호등 구현

학 습 목 표

LED를 이용하여 신호등을 구현한다. 자동차 신호등과 보행신호등을 연동하여 구현한다.

다음은 차량이 볼 수 있는 차량용 신호등이다.

다음은 보행자가 길을 건널 때 사용하는 보행자 신호등이다.

준비물

다음과 같은 부품을 준비한다.

부품명	수량
아두이노 우노	1개
브레드보드	1개
LED 빨강	2개
LED 노랑	2개
LED 녹색	1개
220옴 저항(빨빨검검갈)	5개
수/수 점퍼케이블	6개

회로 구성

브레드보드에 다음과 같이 회로를 구성한다.

회로의 왼쪽에 위치한 빨간색, 노란색, 녹색 LED는 차량용 신호등에 속하며 각각 12번, 11번, 10번 핀에 연결한다. 회로의 오른쪽에 위치한 빨간색, 녹색 LED는 보행자용 신호등에 속하며 각각 3번, 2번 핀에 연결한다.

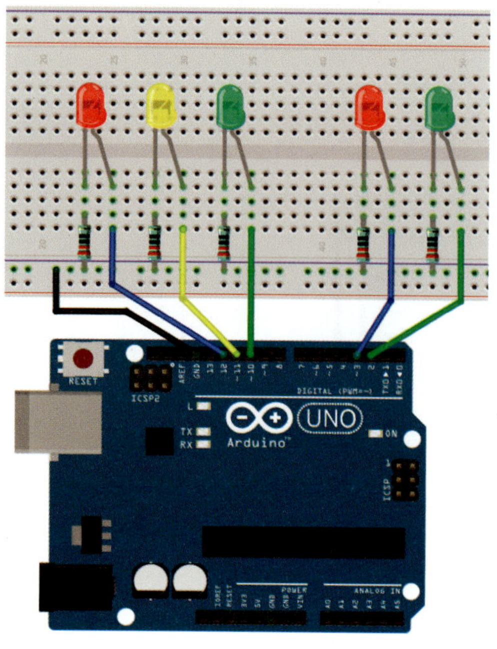

아두이노 코드 작성

회로를 연결 후 회로를 테스트하기 위한 코드를 작성하여 본다. 다음의 코드는 1초마다 5개의 LED 모두 깜빡이는 코드이다.

3_1.ino

```
#define CAR_LED_RED 13
#define CAR_LED_YELLOW 12
#define CAR_LED_GREEN 11
#define HUMAN_LED_RED 3
#define HUMAN_LED_GREEN 2

void setup() {
 pinMode(CAR_LED_RED,OUTPUT);
 pinMode(CAR_LED_YELLOW,OUTPUT);
 pinMode(CAR_LED_GREEN,OUTPUT);
 pinMode(HUMAN_LED_RED,OUTPUT);
 pinMode(HUMAN_LED_GREEN,OUTPUT);
}

void loop() {
 digitalWrite(CAR_LED_RED,HIGH);
 digitalWrite(CAR_LED_YELLOW,HIGH);
 digitalWrite(CAR_LED_GREEN,HIGH);
 digitalWrite(HUMAN_LED_RED,HIGH);
 digitalWrite(HUMAN_LED_GREEN,HIGH);
```

```
21        delay(1000);
22        digitalWrite(CAR_LED_RED,LOW);
23        digitalWrite(CAR_LED_YELLOW,LOW);
24        digitalWrite(CAR_LED_GREEN,LOW);
25        digitalWrite(HUMAN_LED_RED,LOW);
26        digitalWrite(HUMAN_LED_GREEN,LOW);
27        delay(1000);
28      }
```

01~05: LED에 사용하는 각각의 핀들을 정의한다.
08~12: LED에 사용하는 핀을 출력으로 설정한다.
16~21: LED를 모두 켜고 1초 기다린다.
22~27: LED를 모두 끄고 1초 기다린다.

[업로드 버튼]을 눌러 아두이노 우노 보드에 프로그램을 업로드 한다.

동작 결과

1초마다 모든 LED가 꺼졌다 켜졌다를 반복한다.

이제 신호등을 구현해보자. 신호등의 상태를 표로 정의하면 다음과 같다.

자1	보행자 신호상태
녹색	빨강
노랑	빨강
빨강	녹색

위의 LED의 상태에 따른 설명을 하면
자동차의 신호가 녹색일 때 보행자신호는 노란색으로 되어 보행자는 길을 건널 수 없다.
자동차의 신호가 빨간색일 때 보행자신호는 녹색으로 되어 보행자가 길을 건널 수 있다.
자동차의 신호가 노란색일 때 보행자신호는 빨간색으로 되어 보행자는 길을 건널 수 없다.

위의 내용을 코드로 만들어보자. 신호가 변경되는 시간은 5초로 일괄적으로 한다.

아두이노 코드 작성

다음의 코드를 작성한다.

3_2.ino

```
01 #define CAR_LED_RED 13
02 #define CAR_LED_YELLOW 12
03 #define CAR_LED_GREEN 11
04 #define HUMAN_LED_RED 3
05 #define HUMAN_LED_GREEN 2
06
07 void setup() {
08  pinMode(CAR_LED_RED,OUTPUT);
09  pinMode(CAR_LED_YELLOW,OUTPUT);
10  pinMode(CAR_LED_GREEN,OUTPUT);
11  pinMode(HUMAN_LED_RED,OUTPUT);
12  pinMode(HUMAN_LED_GREEN,OUTPUT);
13 }
14
15 void loop() {
16  digitalWrite(CAR_LED_RED,LOW);
17  digitalWrite(CAR_LED_YELLOW,LOW);
18  digitalWrite(CAR_LED_GREEN,HIGH);
19  digitalWrite(HUMAN_LED_RED,HIGH);
20  digitalWrite(HUMAN_LED_GREEN,LOW);
21  delay(5000);
22  digitalWrite(CAR_LED_RED,LOW);
23  digitalWrite(CAR_LED_YELLOW,HIGH);
24  digitalWrite(CAR_LED_GREEN,LOW);
25  digitalWrite(HUMAN_LED_RED,HIGH);
26  digitalWrite(HUMAN_LED_GREEN,LOW);
27  delay(5000);
28  digitalWrite(CAR_LED_RED,HIGH);
29  digitalWrite(CAR_LED_YELLOW,LOW);
30  digitalWrite(CAR_LED_GREEN,LOW);
31  digitalWrite(HUMAN_LED_RED,LOW);
32  digitalWrite(HUMAN_LED_GREEN,HIGH);
33  delay(5000);
34 }
```

16~21: 자동차신호의 녹색 LED만 켜고, 사람신호의 빨간색 LED만 켜고 5초 기다린다.
22~27: 자동차신호의 노란색 LED만 켜고, 사람신호의 빨간색 LED만 켜고 5초 기다린다.
28~33: 자동차신호의 빨간색 LED만 켜고, 사람신호의 녹색 LED만 켜고 5초 기다린다.

[업로드 버튼]을 눌러 아두이노 우노 보드에 프로그램을 업로드 한다.

동작 결과

차량신호가 녹색 노란색일 때는 보행자신호는 빨간색으로 된다.

차량신호가 빨간색일 때 보행자신호는 녹색으로 된다.

신호등을 구현하였다.

아두이노 코드 작성

여기서 부족한 점은 보행자 신호는 길을 녹색등은 시간이 촉박해지면 깜빡여야 한다. 깜빡이지 않고 바로 빨간색으로 바뀌면 길을 건너는 중간에 빨간불로 바뀌어 사람이 위험할 수도 있기 때문이다. 녹색 LED가 빨간색으로 바뀌기 전에 깜빡이도록 코드를 수정하도록 하자.

다음과 같이 아두이노 코드를 수정한다.

3_3.ino

```
#define CAR_LED_RED 13
#define CAR_LED_YELLOW 12
#define CAR_LED_GREEN 11
#define HUMAN_LED_RED 3
#define HUMAN_LED_GREEN 2

void setup() {
  pinMode(CAR_LED_RED,OUTPUT);
  pinMode(CAR_LED_YELLOW,OUTPUT);
  pinMode(CAR_LED_GREEN,OUTPUT);
  pinMode(HUMAN_LED_RED,OUTPUT);
  pinMode(HUMAN_LED_GREEN,OUTPUT);
}

void loop() {
  digitalWrite(CAR_LED_RED,LOW);
  digitalWrite(CAR_LED_YELLOW,LOW);
  digitalWrite(CAR_LED_GREEN,HIGH);
  digitalWrite(HUMAN_LED_RED,HIGH);
  digitalWrite(HUMAN_LED_GREEN,LOW);
  delay(5000);
  digitalWrite(CAR_LED_RED,LOW);
  digitalWrite(CAR_LED_YELLOW,HIGH);
  digitalWrite(CAR_LED_GREEN,LOW);
  digitalWrite(HUMAN_LED_RED,HIGH);
  digitalWrite(HUMAN_LED_GREEN,LOW);
  delay(5000);
  digitalWrite(CAR_LED_RED,HIGH);
  digitalWrite(CAR_LED_YELLOW,LOW);
  digitalWrite(CAR_LED_GREEN,LOW);
```

```
31        digitalWrite(HUMAN_LED_RED,LOW);
32        digitalWrite(HUMAN_LED_GREEN,HIGH);
33        delay(2000);
34        digitalWrite(HUMAN_LED_GREEN,LOW);
35        delay(500);
36        digitalWrite(HUMAN_LED_GREEN,HIGH);
37        delay(500);
38        digitalWrite(HUMAN_LED_GREEN,LOW);
39        delay(500);
40        digitalWrite(HUMAN_LED_GREEN,HIGH);
41        delay(500);
42        digitalWrite(HUMAN_LED_GREEN,LOW);
43        delay(500);
44        digitalWrite(HUMAN_LED_GREEN,HIGH);
45        delay(500);
46      }
```

3_2.ino코드에서 빨간색 부분을 변경 및 추가하였다.

33 : 녹색이 켜지는 시간을 2초로 변경하였다.
34~34 : 0.5초마다 녹색LED가 켜졌다 꺼졌다를 6번 반복하여 3초 동안은 꺼졌다 켜졌다를 0.5초 주기로 반복한다.

[업로드 버튼]을 눌러 아두이노 우노 보드에 프로그램을 업로드 한다.

동작 결과

신호등을 구현하였다. 녹색이 깜빡이는 보행자 신호까지 구현하였다.

동작 동영상 링크

https://youtu.be/y1V6sxGQUPE

02 _ 4 LED 스탠드 만들기 1_ 가변저항 사용

학 습 목 표

흰색 LED와 가변저항을 이용한 LED스탠드를 만들어 보자. 가변저항을 돌려 LED를 끄거나 밝기를 조절할 수 있도록 한다.

준비물

다음과 같은 부품을 준비한다.

부품명	수량
아두이노 우노	1개
브레드보드	1개
LED 흰색(투명LED)	1개
가변저항10K옴(금색)	1개
220옴 저항(빨빨검검갈)	1개
수/수 점퍼케이블	6개

회로 구성

브레드보드에 다음과 같이 회로를 구성한다.

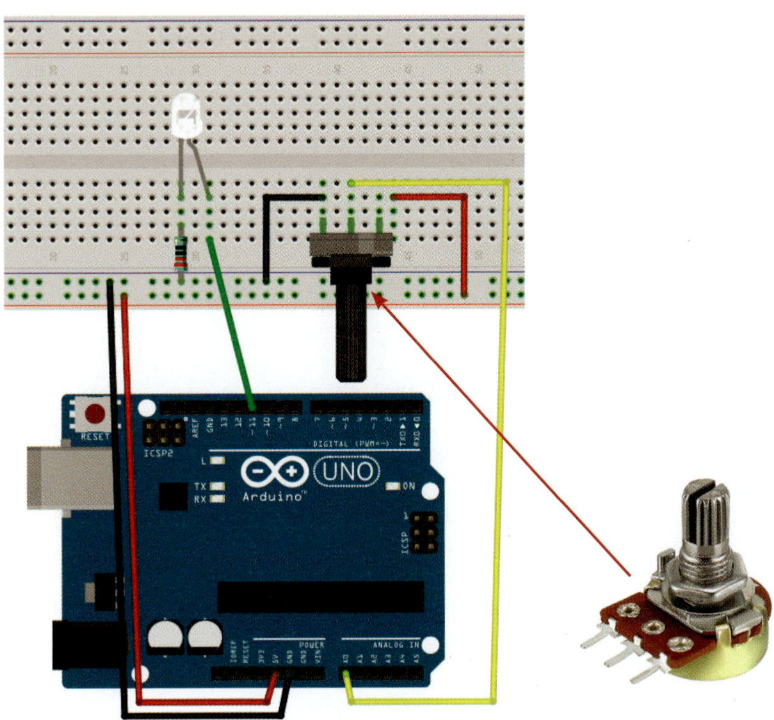

흰색(투명)LED의 긴 다리는 아두이노의 11번 핀에 연결한다. 가변저항의 왼쪽 끝은 GND와 오른쪽 끝은 5V와 가운데는 A0핀에 연결한다.

아두이노 코드 작성

가변저항을 테스트하는 코드를 만들어서 테스트한다. 다음과 같은 아두이노 코드를 작성한다.

4_1.ino

```
01    #define LED 11
02    #define VR A0
03
04    void setup() {
05     Serial.begin(9600);
06    }
07
08    void loop() {
09     Serial.println( analogRead(VR) );
10     delay(10);
11    }
```

01~02 : LED와 가변저항에 사용하는 핀을 정의한다. VR은 "variable resistor"의 약자로 만들었다.
09 : VR(A0)핀에서 값을 읽어 시리얼통신으로 전송한다.
10 : 10mS 동안 기다린다.

10mS마다 가변저항이 연결된 A0핀에서 값을 읽어 시리얼통신으로 전송한다.

[업로드 버튼]을 눌러 아두이노 우노 보드에 프로그램을 업로드 한다. 업로드 완료 후 [시리얼 모니터] 버튼을 클릭하여 시리얼 모니터 창을 연다.

동작 결과

가변저항 값을 좌우로 돌려 값을 확인한다.

값이 0~1023까지 읽히는지 확인한다.

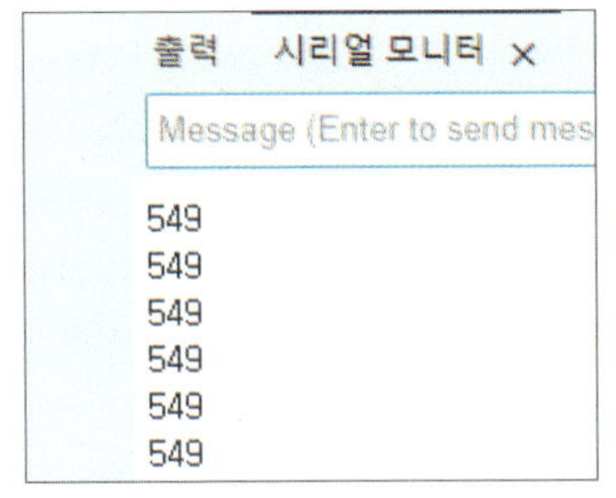

아날로그 입력 사용방법

아두이노의 아날로그 입력 핀은 전압을 읽을수 있는 용도로 사용된다 0~5V사이의 전압값을 읽으면 그에 해당하는 디지털 값인 0~1023값으로 읽혀 들어온다. 0~1023은 10bit의 값으로 아두이노에는 10bit의 ADC(아날로그 to 디지털 컨버터)가 내장되어 있다.

analogRead(핀)

핀 : A0~A5번까지 아날로그 입력 핀으로 사용가능하다. 아두이노 우노 기준

값 : 0~1023의 값이 읽혀온다. 10bit ADC 내장

사용방법

int analogValue = analogRead(A0);

A0번 핀에서 값을 읽어 analogValue 변수에 대입한다.

A0~A5번은 아날로그 입력 핀으로 사용이 가능하고 디지털 입출력 핀으로도 사용이 가능하다.

이제 LED의 밝기 조절을 하기위해 아두이노의 아날로그 출력을 사용해보자. 아두이노 아날로그 출력은 PWM의 기능을 사용한다. 아두이노에서 PWM이 사용가능한 핀은 3,5,6,9,10,11번 핀으로 핀 앞에 ~물결 표시가 있다.

아두이노 코드 작성

다음과 같은 아두이노 코드를 작성한다.

4_2

```
01  #define LED 11
02  #define VR A0
03
04  void setup() {
05   Serial.begin(9600);
06  }
07
08  void loop() {
09   analogWrite(LED,0);
10   delay(500);
11   analogWrite(LED,50);
12   delay(500);
13   analogWrite(LED,150);
14   delay(500);
15   analogWrite(LED,255);
16   delay(500);
17  }
```

09 : LED핀에 출력값을 0으로 한다.
10 : 500mS 기다린다.
11 : LED핀에 출력값을 50으로 한다.
12 : 500mS기다린다.
13~16 : 각각 값을 150, 255로 하고 500mS기다린다.

[업로드 버튼]을 눌러 아두이노 우노 보드에 프로그램을 업로드 한다.

동작 결과

LED의 밝기가 점점 밝아진다.

❝ 아날로그출력(PWM) 사용방법

아두이노 우노의 아날로그 출력은 실제 전압이 변하는 게 아니라 PWM이라는 펄스의 폭을 조절하여 에너지의 총량을 조절한다. 매우 빠르게 켜졌다 꺼졌다를 반복하면서 켜져 있는 시간의 양을 조절하여 출력에너지를 조절한다. 10%동안은 켜있고 90%동안 꺼져있다면 LED는 10%의 밝기로 켜져 있다. 90%동안 켜져 있고 10%동안 꺼져있다면 LED는 90%의 밝기로 켜져 있다. 실제로는 디지털 출력을 빠르게 켜고 끈다. 하지만 매우빠르게 켜지고 꺼짐의 시간을 조절하여 아날로그 출력처럼 보이게 한다. 아날로그 출력은 8bit값으로 출력된다.

analogWrite(핀,값)
핀 : ~3,~5,~6,~9,~10,~11번 핀이 사용가능하다. 아두이노 우노 기준
값 : 0~255 사이의 값

0의 값을 주면 항상 꺼져있고, 255의 값을 주면 항상 켜져있다. 127의 값을 주면 약 50%동안은 켜져 있고 50%동안은 꺼져있다. 즉 50%의 아날로그 출력이 된다.
아날로그 출력으로 사용 시 pinMode에서 출력 핀으로 설정하지 않아도 된다. analogWrite를 사용하면 함수안에 출력으로만 사용하게끔 되어있다.

아두이노 코드 작성

가변저항 값에 따라서 LED의 밝기를 조절하는 코드를 완성하도록 하자.

다음의 코드를 작성한다.

4_3.ino

```
01 #define LED 11
02 #define VR A0
03
04 void setup() {
05  Serial.begin(9600);
06 }
07
08 void loop() {
09  int analogValue =analogRead(VR);
10  analogWrite(LED, analogValue /4);
11 }
```

09: VR핀에서 아날로그 값을 읽어 analogValue 변수에 대입한다.

10: 아날로그출력을 사용하여 LED핀에 VR핀에서 읽은 아날로그 값을 나누기 4를 해서 넣는다. 아날로그 입력은 0~1023의 10bit값으로 읽히고 아날로그 출력은 0~255의 값으로 출력된다. 아날로그 입력값에서 나누기 4를 해야 아날로그 출력 핀의 값과 매칭 된다.

[업로드 버튼]을 눌러 아두이노 우노 보드에 프로그램을 업로드 한다.

동작 결과

가변저항을 좌우로 돌려서 LED의 밝기가 조절된다.

아두이노 코드 작성

map함수를 사용하여 조금 더 쉽게 값을 매핑하는 법을 알아보도록 하자.

4_5.ino

```
01 #define LED 11
02 #define VR A0
03
04 void setup() {
05  Serial.begin(9600);
06 }
07
08 void loop() {
09  int analogValue =analogRead(VR);
10  int analogMapping =map(analogValue,0,1023,0,255);
11  analogWrite(LED, analogMapping);
12 }
```

10: map함수를 사용하여 입력값 0~1023사이의 값을 0~255사이의 값으로 매핑한다.

[업로드 버튼]을 눌러 아두이노 우노 보드에 프로그램을 업로드 한다.

동작 결과

가변저항을 좌우로 돌려서 LED의 밝기가 조절된다.

map함수를 사용하여 조금 더 직관적으로 보이게 하였다.

> **map 함수 사용방법**
>
> map(입력변수,입력값1,입력값2,출력값1,출력값2)
>
> 입력변수의값은 입력값1~입력값2 사이의 값을 출력값1~출력값2 사이의 값으로 매핑하여 출력된다.
>
> map함수에 입력되는 값은 정수형태만 가능하다.
>
> map(100,0,200,0,100) 으로 하였다면 출력값이 50이된다. 0~200사이에 입력변수 100의 값이 출력값인 0~100으로 매핑되기 때문에 50으로 출력된다.

동작 동영상 링크

https://youtu.be/vFAGL-wtaKs

02 _ 5 스위치와 부저를 이용한 전자피아노 만들기

학 습 목 표

스위치와 부저를 이용하여 스위치를 누르면 각각의 음계가 출력되는 전자피아노를 만들어보자.

준비물

다음과 같은 부품을 준비한다.

부품명	수량
아두이노 우노	1개
브레드보드	1개
버튼	5개
피에조부저	1개
수/수 점퍼케이블	13개

회로 구성

브레드보드에 다음과 같이 회로를 구성한다.

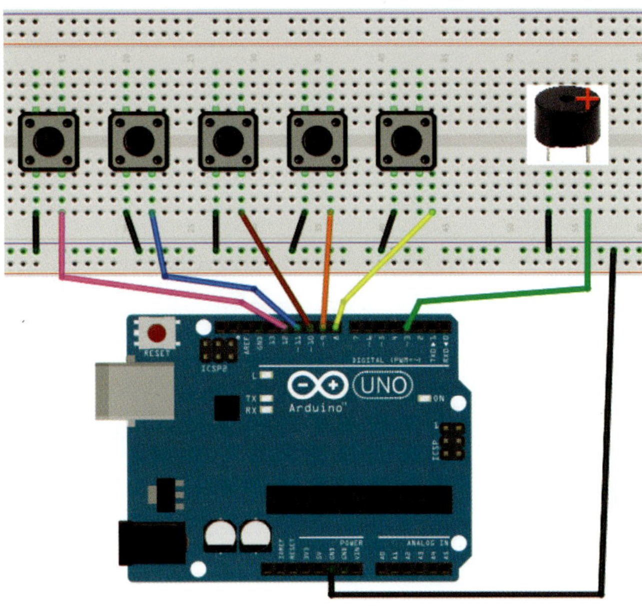

피에조부저의 +핀은 아두이노의 3번 핀에 연결된다. 피에조부저의 아래쪽을 확인하면 +-확인이 가능하다. -핀은 GND와 연결한다. 스위치 5개를 사용하여 12,11,10,9,8번 핀에 순서대로 연결한다. 피에조부저와, 일반부저의 차이점은 피에조부저는 스티커가 붙어있지 않다. 일반 부저는 스티커가 붙어있다.

아두이노 코드 작성

다음과 같은 아두이노 코드를 작성한다.

5_1

```
01 #define PIEZO_BUZZER 3
02 
03 void setup() {
04 
05 }
06 
07 void loop() {
08  tone(PIEZO_BUZZER, 261.6);
09  delay(1000);
10  tone(PIEZO_BUZZER, 293.6);
11  delay(1000);
12  tone(PIEZO_BUZZER, 329.6);
13  delay(1000);
14  tone(PIEZO_BUZZER, 349.2);
15  delay(1000);
16  tone(PIEZO_BUZZER, 391.9);
17  delay(1000);
18  noTone(PIEZO_BUZZER);
19  delay(1000);
20 }
```

01 : 피에조부저핀을 3번으로 정의한다.
08 : 3번 핀에 261.6Hz의 주파수를 출력한다.
09 : 1초 기다린다.
10~17 : 각각 주파수를 출력후 1초 기다린다.
18 : noTone(핀) 함수를 사용하여 주파수를 출력하지 않는다

[업로드 버튼]을 눌러 아두이노 우노 보드에 프로그램을 업로드 한다.

동작 결과

도, 레, 미, 파, 솔의 음계가 1초마다 반복적으로 출력된다.

피에조 부저는 주파수에 따라서 떨림을 하는 소자이다.

아래 주파수에 따른 음계표를 확인하면 빨간색 네모 칸의 4옥타브 부분의 도, 레, 미, 파, 솔 음계의 주파수를 출력하여 피에조부저에서 소리를 출력하게 하였다.

(단위 : Hz)

옥타브 음계	1	2	3	4	5	6	7	8
C(도)	32.7032	65.4064	130.8128	261.6256	523.2511	1046.502	2093.005	4186.009
C#	34.6478	69.2957	138.5913	277.1826	554.3653	1108.731	2217.461	4434.922
D(레)	36.7081	73.4162	146.8324	293.6648	587.3295	1174.659	2349.318	4698.636
D#	38.8909	77.7817	155.5635	311.1270	622.2540	1244.508	2489.016	4978.032
E(미)	41.2034	82.4069	164.8138	329.6276	659.2551	1318.510	2637.020	5274.041
F(파)	43.6535	87.3071	174.6141	349.2282	698.4565	1396.913	2793.826	5587.652
F#	46.2493	92.4986	184.9972	369.9944	739.9888	1479.978	2959.955	5919.911
G(솔)	48.9994	97.9989	195.9977	391.9954	783.9909	1567.982	3135.963	6271.927
G#	51.9130	103.8262	207.6523	415.3047	830.6094	1661.219	3322.438	6644.875
A(라)	55.0000	110.0000	220.0000	440.0000	880.0000	1760.000	3520.000	7040.000
A#	58.2705	116.5409	233.0819	466.1638	932.3275	1864.655	3729.310	7458.620
B(시)	61.7354	123.4708	246.9417	493.8833	987.7666	1975.533	3951.066	7902.133

◆ 주파수 음계표

tone 함수 사용방법

tone 함수는 핀에 특정주파수의 구형파를 발생시킨다. 시속시간을 정할 수 있으며, 따로 정하지 않는다면 noTone(핀)을 부를때까지 파형발생이 계속된다.

한 번에 하나의 tone만 발생시킬수 있다.

tone 함수는 31Hz보다 낮은 tone을 발생시킬수는 없다. 그리고 tone 함수를 사용 시 3,11번의 PWM기능을 사용할 수 없다.

tone(핀,주파수)

tnoe(핀,주파수,지속시간)

위의 두가지 타입으로 설정이 가능하다.

핀: tone을 발생시킬 핀

주파수: 주파수 Hz

지속시간: mS단위의 지속시간

tone(핀,주파수)로 설정시 noTone(핀) 함수를 부를때까지 핀에서 주파수가 지속적으로 발생한다.

아두이노 코드 작성

이제 스위치를 이용하여 피아노를 완성시켜보도록 하자.

다음과 같은 아두이노 코드를 작성한다.

5_2.ino

```
#define PIEZO_BUZZER 3
#define SW1 12
#define SW2 11
#define SW3 10
#define SW4 9
#define SW5 8

void setup() {
 pinMode(SW1, INPUT_PULLUP);
```

```
10      pinMode(SW2, INPUT_PULLUP);
11      pinMode(SW3, INPUT_PULLUP);
12      pinMode(SW4, INPUT_PULLUP);
13      pinMode(SW5, INPUT_PULLUP);
14    }
15
16    void loop() {
17      if (digitalRead(SW1) ==0) tone(PIEZO_BUZZER, 261.6);
18      else if (digitalRead(SW2) ==0) tone(PIEZO_BUZZER, 293.6);
19      else if (digitalRead(SW3) ==0) tone(PIEZO_BUZZER, 329.6);
20      else if (digitalRead(SW4) ==0) tone(PIEZO_BUZZER, 349.2);
21      else if (digitalRead(SW5) ==0) tone(PIEZO_BUZZER, 391.9);
22      else noTone(PIEZO_BUZZER);
23    }
```

09~13 : 스위치에 연결된 핀은 아두이노의 내부 풀업저항을 사용하여 입력받는다.

17 : 1번 스위치가 눌렸다면 261.6Hz의 주파수를 3번 핀에 출력한다. 즉 피에조부저에 4옥타브 도 음계를 출력한다. 아두이노의 내부 풀업을 사용하여 0이었을 때 스위치가 눌렸을 때이다.

18~21 : 2~5번 스위치 각각의 스위치가 눌리면 각각의 주파수를 출력한다.

22 : 아무 스위치도 누르지 않았다면 noTone(핀) 함수를 불러와 주파수를 출력하지 않는다. 즉 피에조부저에 소리가 나지 않도록 한다.

[업로드 버튼]을 눌러 아두이노 우노 보드에 프로그램을 업로드 한다.

동작 결과

스위치를 누를 때만 음계를 출력하는 전자피아노를 완성하였다.

동작 동영상 링크

https://youtu.be/NtnV9FX6Cy4

02 _ 6 어두워지면 자동으로 켜지는 전등 만들기

학 습 목 표

빛을 감지하는 센서를 이용하여 어두워지면 자동으로 켜지는 전등을 만들어보자.

다음의 부품을 준비한다.

부품명	수량
아두이노 우노	1개
브레드보드	1개
LED흰색(투명)	1개
220옴 저항(빨빨검검갈)	1개
CDS조도센서	1개
10k옴 저항(갈빨검검갈)	1개
수/수 점퍼케이블	4개

회로 구성

브레드보드에 다음과 같이 회로를 구성한다.

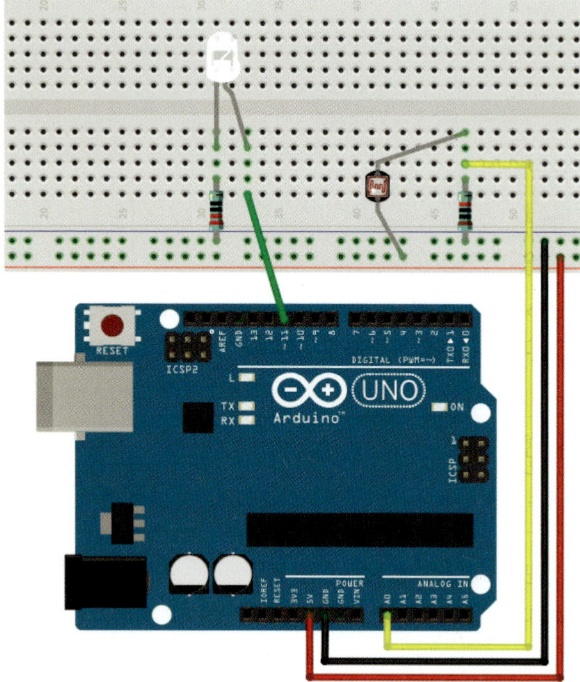

흰색(투명) LED의 긴 다리는 아두이노의 11번 핀에 연결하고 짧은 다리는 220옴(빨빨검검갈)저항을 통해 GND와 연결한다.

CDS조도센서는 극성이 없다 한쪽은 5V와 연결하고 나머지 한쪽은 저항과 연결한다. 저항과 연결되는 부분은 아두이노의 A0번 핀에 연결한다. 10K저항은 CDS의 한쪽과 GND핀에 연결한다.

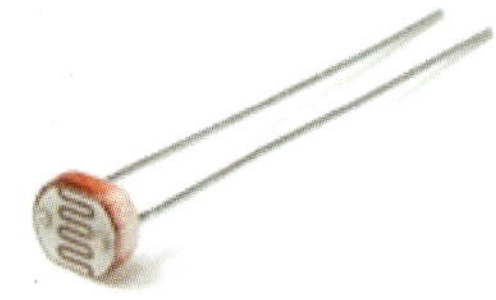

CDS조도센서는 빛의 세기에 따라서 저항값이 변하는 특성을 가진 소자이다.

10K옴의 기준저항을 두고 빛의 세기에 따라 값이 변하는 CDS소자를 연결하여 빛의 세기에 따른 저항의 변화값을 전압값으로 읽을 수 있다. 아두이노에서는 빛의 세기에 따라 변하는 전압값을 읽어 활용한다.

아두이노 코드 작성

다음과 같은 아두이노 코드를 작성한다. CDS조도센서의 값을 읽어 시리얼통신으로 전송하는 코드이다.

6_1.ino

```
01 #define LIGHT_CDS A0
02 #define LED 11
03
04 void setup() {
05  Serial.begin(9600);
06  pinMode(LED,OUTPUT);
07 }
08
09 void loop() {
10  Serial.println( analogRead(LIGHT_CDS) );
11  delay(10);
12 }
```

10: A0번 핀에서 값을 읽어 시리얼통신으로 전송한다.

동작 결과

CDS조도센서에 빛을 비추거나 손으로 가려 값을 확인한다. 값이 밝은 때 증가하였다.

```
출력    시리얼 모니터 ×
Message (Enter to send mess

950
950
946
949
951
947
950
```

센서를 손으로 가려 어두워졌을 때 값이 감소하였다.

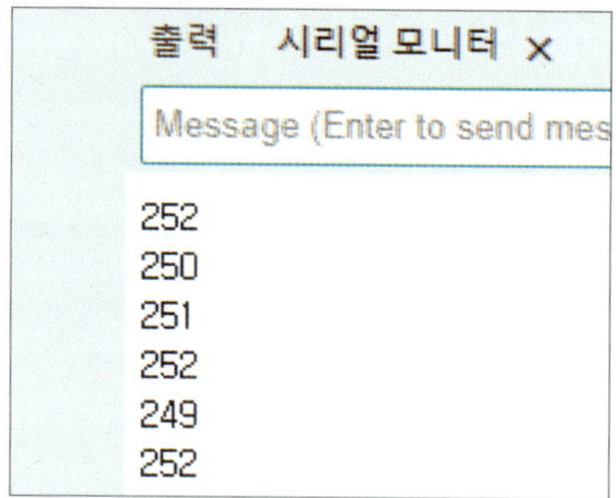

아두이노 코드 작성

이제 센서값을 읽어 조건에 따라 LED가 자동으로 켜지는 기능을 구현하도록 하자. 다음의 코드를 작성한다.

6_2.ino

```
01  #define LIGHT_CDS A0
02  #define LED 11
03
04  void setup() {
05   Serial.begin(9600);
06   pinMode(LED,OUTPUT);
07  }
08
09  void loop() {
10   int lightValue =analogRead(LIGHT_CDS);
11   Serial.println(lightValue);
12   if(lightValue <=400)
13   {
14           digitalWrite(LED,HIGH);
15   }
16   else
17   {
18           digitalWrite(LED,LOW);
19   }
20  }
```

10: LIGHT_CDS(A0)핀에서 값을 읽어 lightValue 변수에 대입한다.
11: lightValue 변수를 시리얼통신으로 전송한다. 디버깅용으로 값을 확인하는 용도이다.
12: lightValue 값이 400이하이면 14줄을 실행하여 LED를 켠다
16: 그렇지 않다면 즉 lightValue 값이 400보다 크다면 18줄을 실행하여 LED를 끈다.

[업로드 버튼]을 눌러 아두이노 우노 보드에 프로그램을 업로드 한다.

동작 결과

센서를 손으로 가려 어두워지면 LED가 켜진다. 잘 동작되지 않는다면 시리얼 모니터를 열어 손으로 가렸을 때 값이 어느 정도 작아지는지 확인 후 12줄의 400보다 작을 때 값을 더 키운다.

자동차의 전조등을 자동으로 해놓으면 터널을 지나가거나 밤이 되어 어두워졌을 때 자동으로 전조등이 켜진다. 자동차에도 밝기 감지센서가 있어 어두움을 감지할 수 있다. 자동차 전조등을 만든다고 하였을 때 자동차가 그늘을 만나 잠시 어두워질 수도 있다. 잠시 어두워졌을 때는 전조등이 동작하지 않는다. 어두워지는 시간이 수초정도 지속되어야 어두워 졌다고 판단한다. 우리도 이와 같이 어두워졌을 때 바로 켜지는 LED가 아니라 수초정도 지속적으로 어두워졌을 때 동작하는 LED를 만들어서 완성시켜보자.

아두이노 코드 작성

다음과 같은 아두이노 코드를 작성한다.

6_3.ino

```
01 #define LIGHT_CDS A0
02 #define LED 11
03
04 int cnt =0;
05
06 void setup() {
07  Serial.begin(9600);
08  pinMode(LED,OUTPUT);
09 }
10
11 void loop() {
12  int lightValue =analogRead(LIGHT_CDS);
13  Serial.println(lightValue);
14  if(lightValue <=400)
15  {
16         if(cnt >=3) digitalWrite(LED,HIGH);
17         else cnt++;
18         delay(1000);
19  }
20  else
21  {
22         cnt =0;
23         digitalWrite(LED,LOW);
24  }
25 }
```

04: int 타입의 cnt 변수를 만들었다. cnt는 count의 약자로 증가하는 값을 가지는 변수의 이름으로 사용하였다.
14: 센서의 값이 어두워졌을 때
16: cnt의 값이 3이상이면 LED를 켠다. 즉 어두워지는 시간이 3초이상 지속되면 LED가 켜진다.
17: cnt의 값이 0~2일 때는 cnt 값을 1씩 증가시킨다.
18: 1초 기다린다.
20: 밝을 때는 22~23줄의 코드를 실행한다.
22: 밝을 때는 cnt의 값을 항상 0으로 초기화시킨다.
23: LED를 끈다.

값이 400이하로 어두워졌을 때는 cnt 값을 1씩 증가시키고 1초 기다린다. 3번이상 어두운 값이 지속되면 LED를 켠다. 값이 400이 초과되어 밝으면 cnt 값은 0으로 초기화하고 LED를 끈다.
[업로드 버튼]을 눌러 아두이노 우노 보드에 프로그램을 업로드 한다.

동작 결과

3초 이상 어두워졌을 때 LED가 켜진다.

동작 동영상 링크

https://youtu.be/O7wKkxv7-qs

02 _ 7 가스/연기감지기 만들기

학 습 목 표

MQ-2가스/연기감지센서를 이용하여 가스/연기를 감지하고 감지되면 팬을 이용해서 자동으로 환기시켜주는 장치를 만들어보자. MQ-2가스센서는 담배연기, 연료용LPG/LGNG, 부탄, 메탄, 알코올 등을 감지할 수 있는 센서이다.

준비물

다음과 같은 부품을 준비한다.

부품명	수량
아두이노 우노	1개
브레드보드	1개
MQ-2가스센서	1개
팬모터	1개
수/수 점퍼케이블	9개

회로 구성

브레드보드에 다음과 같이 회로를 구성한다.

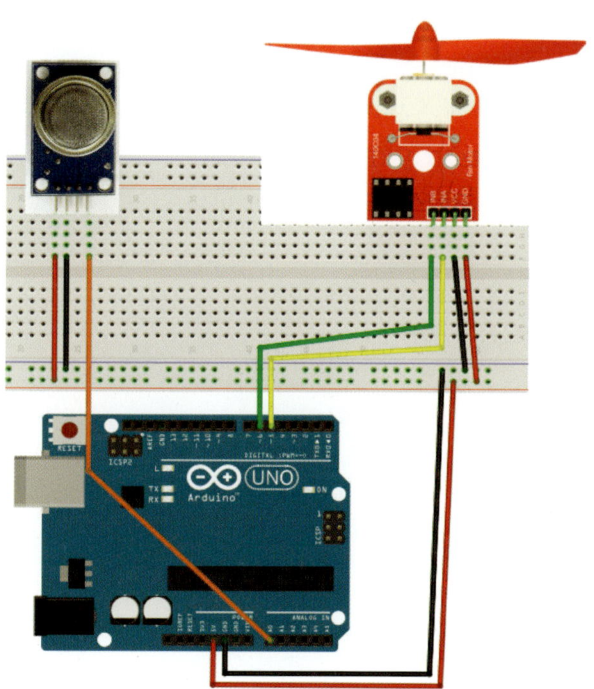

MQ-2가스센서의 VCC는 5V, GND는 GND에 연결하고 AO(Analog Out)핀은 아두이노의 A0핀에 연결한다.

팬모터의 VCC는 5V, GND는 GND에 연결하고 INA는 5번 핀, INB는 6번 핀에 연결한다.
팬모터 모듈은 모터와 모터를 동작시킬 수 있는 L9110모터 드라이버로 이루어져있다. 모터를 아두이노 핀에서 직접 구동하기에는 전류가 부족하여 모터 드라이버를 사용해야한다.
팬모터에 사용하는 모터의 사양은 다음과 같다.

- 동작전압: 3.3V~5V, 전류: 300mA이하

USB2.0 포트는 500mA의 최대 출력전류를 줄 수 있다. 모터와 같이 구동계 부품들은 전류를 많이 소모한다. 우리가 사용하는 모터는 300mA이하로 USB2.0 전원만으로 사용이 가능하다.
모터 드라이버가 하는 역할은 USB에서 받은 전원을 아두이노 신호에 따라 보내주거나 보내주지 않아서 모터의 속도 및 ON/OFF를 제어한다.

아두이노 코드 작성

다음과 같은 아두이노 코드를 작성하여 모터를 구동해보자.

7_1.ino

```
01	#define MOTOR_INA 5
02	#define MOTOR_INB 6
03
04	void setup() {
05
06	}
07
08	void loop() {
09	 analogWrite(MOTOR_INA,255);
10	 analogWrite(MOTOR_INB,0);
11	 delay(2000);
12	 analogWrite(MOTOR_INA,0);
13	 analogWrite(MOTOR_INB,0);
14	 delay(5000);
15	 analogWrite(MOTOR_INA,0);
16	 analogWrite(MOTOR_INB,255);
17	 delay(2000);
18	 analogWrite(MOTOR_INA,0);
19	 analogWrite(MOTOR_INB,0);
20	 delay(5000);
21	}
```

01~02: 모터에 사용하는 핀을 정의한다.
09~11: 모터를 정방향으로 최대속도로 켜고 2초 기다린다.
12~13: 모터를 멈추고 5초 기다린다.

15~17: 모터를 역방향으로 최대속도로 켜고 2초 기다린다.
18~20: 모터를 멈추고 5초 기다린다.

[업로드 버튼]을 눌러 아두이노 우노 보드에 프로그램을 업로드 한다.

동작 결과

모터가 2초 동안 정방향으로 가장 빠른 속도로 돌고 5초 동안은 멈춘다. 다시 2초 동안 역방향으로 가장 빠른 속도로 돌고 5초 동안은 멈춘다.

INA, INB의 값을 조절해서 모터의 정/역을 제어하였다.

아두이노 코드 작성

다음은 모터의 속도를 제어하여 보자.

다음과 같은 아두이노 코드를 작성한다.

7_2.ino

```
01    #define MOTOR_INA 5
02    #define MOTOR_INB 6
03
04    void setup() {
05
06    }
07
08    void loop() {
09     analogWrite(MOTOR_INA,50);
10     analogWrite(MOTOR_INB,0);
11     delay(2000);
12     analogWrite(MOTOR_INA,150);
13     analogWrite(MOTOR_INB,0);
14     delay(2000);
15     analogWrite(MOTOR_INA,255);
16     analogWrite(MOTOR_INB,0);
17     delay(2000);
18     analogWrite(MOTOR_INA,0);
19     analogWrite(MOTOR_INB,0);
20     delay(2000);
21    }
```

09~11: 모터에 50의 출력을 주고 2초 기다린다. 모터가 돌아가는 힘이 부족하여 삐~ 소리만 나고 돌지 않는다.
12~14: 모터에 150의 출력을 주고 2초 기다린다.
15~17: 모터에 255의 출력을 주고 2초 기다린다.
18~20: 모터를 끄고 2초 기다린다.

동작 결과

모터의 속도가 2초마다 점점 빨라지다가 멈춘다.

analogWrite의 기능을 이용하여 모터의 속도를 조절할 수 있다.

MQ-2가스연기센서를 테스트해보자.

아두이노 코드 작성

다음의 코드를 작성한다.

7_3.ino

```
01 #define MQ2 A0
02
03 void setup() {
04  Serial.begin(9600);
05 }
06
07 void loop() {
08  int mq2Value =analogRead(MQ2);
09  Serial.println(mq2Value);
10  delay(10);
11 }
```

08: A0번 핀에서 아날로그 값을 읽어 mq2Value 변수에 넣는다.
09: mq2Value 변수의 값을 시리얼통신으로 전송한다.

[업로드 버튼]을 눌러 아두이노 우노 보드에 프로그램을 업로드 한다. 업로드 완료 후 [시리얼 모니터] 버튼을 클릭하여 시리얼 모니터 창을 연다.

동작 결과

시리얼 모니터를 열어 값을 확인한다.

평소때의 값이 출력된다.

라이터를 이용하여 센서 바로 옆에 가스를 보낸다.

가스가 감지되면 값이 급격하게 올라간다.

```
출력    시리얼 모니터 ×

Message (Enter to send me

313
312
314
314
314
313
313
```

이제 가스가 감지되면 자동으로 팬모터가 돌아 가스를 밖으로 내보내는 코드를 만들어보자.

아두이노 코드 작성

다음과 같은 아두이노 코드를 작성한다.

7_4.ino

```
#define MQ2 A0
#define MOTOR_INA 5
#define MOTOR_INB 6

void setup() {
 Serial.begin(9600);
}

void loop() {
 int mq2Value =analogRead(MQ2);
 Serial.println(mq2Value);
 if(mq2Value >=200)
```

```
13        {
14                analogWrite(MOTOR_INA,255);
15                analogWrite(MOTOR_INB,0);
16        }
17        else
18        {
19                analogWrite(MOTOR_INA,0);
20                analogWrite(MOTOR_INB,0);
21        }
22      }
```

12: MQ2센서로 감지된 값이 200이상이면 14~15줄을 실행하여 모터를 돌린다.
17: MQ2센서로 값이 200보다 작으면 19~20줄을 실행하여 모터를 멈춘다.

동작 결과

가스가 감지되면 팬모터가 회전하여 가스를 밖으로 내보낸다.

동작 동영상 링크

https://youtu.be/sr7S5y-ytog 

02 _ 8 화재경보 LED 유도등 만들기

학 습 목 표

학습 목표 화재가 감지되면 LED로 유도등을 만들어 출구를 찾기 쉽도록 해주는 장치를 만들어보자.

준비물

다음과 같은 부품을 준비한다.

부품명	수량
아두이노 우노	1개
브레드보드	1개
불꽃감지센서(검정색LED처럼생김)	1개
10k저항(갈빨검검갈)	1개
LED 빨강	5개
220옴 저항(빨빨검검갈)	5개
수/수 점퍼케이블	9개

회로 구성

브레드보드에 다음과 같이 회로를 구성한다.

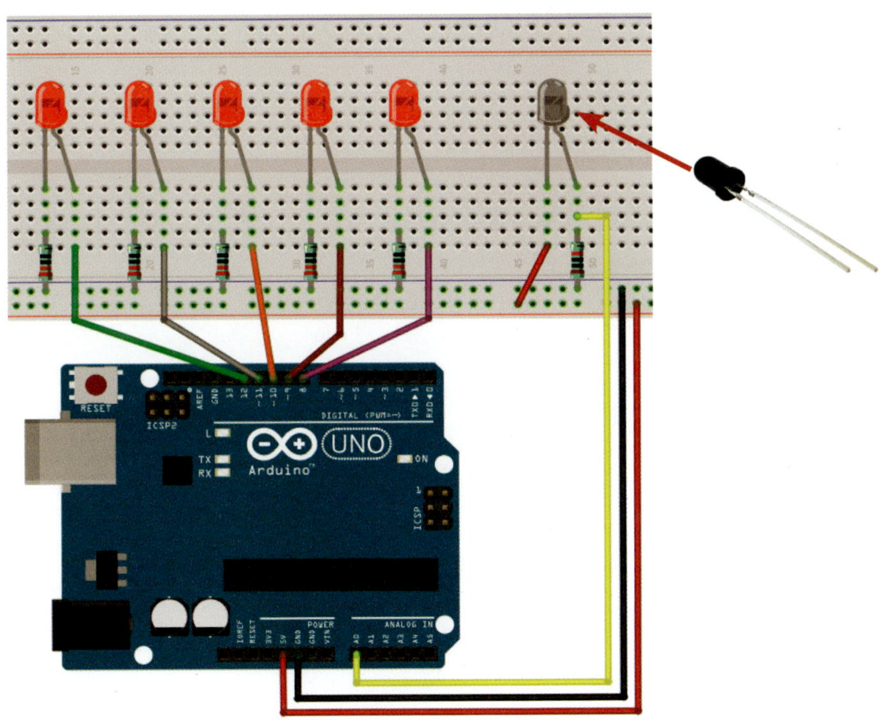

불꽃감지센서의 짧은 다리는 5V에 연결한다.(LED와 반대이다 극성을 잘 확인 후 연결한다.) 긴 다리는 10K옴 저항(갈빨검검갈)을 통해 GND와 연결하고, 긴 다리는 아두이노의 A0번과도 연결한다. 빨간색 LED의 긴 다리는 각각 아두이노의 12,11,10,9,8번 핀에 연결한다. 짧은 다리는 220옴(빨빨검검갈)저항을 통해 GND와 연결한다.
불꽃감지센서를 테스트하는 코드를 만들어보자.

아두이노 코드 작성

다음과 같은 아두이노 코드를 작성한다.

8_1.ino

```
01 #define FLAME A0
02
03 void setup() {
04  Serial.begin(9600);
05 }
06
07 void loop() {
08  int flameValue =analogRead(FLAME);
09  Serial.println(flameValue);
10  delay(10);
11 }
```

08: FLAME(A0)핀에서 값을 읽어 flameValue 변수에 넣는다.
09: flameValue 변수값을 시리얼통신으로 전송한다.

[업로드 버튼]을 눌러 아두이노 우노 보드에 프로그램을 업로드 한다. 업로드 완료 후 [시리얼 모니터] 버튼을 클릭하여 시리얼 모니터 창을 연다.

동작 결과

시리얼 모니터를 열어 값을 확인한다.

출력 시리얼 모니터 ×
Message (Enter to send me
54
51
54
81
78
54

센서에 불꽃을 비춰본다.

시리얼 모니터의 값을 확인한다.

```
출력    시리얼 모니터 ×
Message (Enter to send me
1001
1002
999
999
1000
1001
```

값이 크게 증가됨을 확인 할 수 있다.

불꽃을 감지하는 센서로 가까운 거리에서 불꽃을 감지해서 값이 크게 증가하였다. 불꽃의 거리가 멀어지면 값의 증가폭이 줄어든다.

이제 LED만 사용하여 LED를 이용한 유도등을 만들어보자.

아두이노 코드 작성

다음과 같은 아두이노 코드를 작성한다.

8_2.ino

```
#define LED1 12
#define LED2 11
#define LED3 10
#define LED4 9
#define LED5 8

void setup() {
```

```
    pinMode(LED1,OUTPUT);
    pinMode(LED2,OUTPUT);
    pinMode(LED3,OUTPUT);
    pinMode(LED4,OUTPUT);
    pinMode(LED5,OUTPUT);
}

void loop() {
    digitalWrite(LED1,HIGH);
    digitalWrite(LED2,LOW);
    digitalWrite(LED3,LOW);
    digitalWrite(LED4,LOW);
    digitalWrite(LED5,LOW);
    delay(100);
    digitalWrite(LED1,LOW);
    digitalWrite(LED2,HIGH);
    digitalWrite(LED3,LOW);
    digitalWrite(LED4,LOW);
    digitalWrite(LED5,LOW);
    delay(100);
    digitalWrite(LED1,LOW);
    digitalWrite(LED2,LOW);
    digitalWrite(LED3,HIGH);
    digitalWrite(LED4,LOW);
    digitalWrite(LED5,LOW);
    delay(100);
    digitalWrite(LED1,LOW);
    digitalWrite(LED2,LOW);
    digitalWrite(LED3,LOW);
    digitalWrite(LED4,HIGH);
    digitalWrite(LED5,LOW);
    delay(100);
    digitalWrite(LED1,LOW);
    digitalWrite(LED2,LOW);
    digitalWrite(LED3,LOW);
    digitalWrite(LED4,LOW);
    digitalWrite(LED5,HIGH);
    delay(100);
}
```

LED를 하나씩 이동하는 코드이다.

동작 결과

LED가 하나씩 ---〉 방향으로 이동한다.

이제 불꽃센서로 불꽃이 감지되었을 때 조건문을 만들어서 동작시켜보자.

아두이노 코드 작성

다음과 같은 아두이노 코드를 작성한다.

8_3.ino

```
01	#define FLAME A0
02
03	void setup() {
04	 Serial.begin(9600);
05	}
06
07	void loop() {
08	 int flameValue =analogRead(FLAME);
09	 if(flameValue >=300)
10	 {
11	 	Serial.print(flameValue);
12	 	Serial.println( " fire " );
13	 }
14	 else
15	 {
16	 	Serial.println(flameValue);
17	 }
18	}
```

09 : 불꽃센서의 값이 300이상이면 즉 불꽃이 감지되었다면 11~12줄을 실행한다.
11~12 : 센서값을 시리얼통신으로 전송하고, "fire"라는 글자도 같이 전송한다.
14 : 그렇지 않다면 300미만이라면 즉 불꽃이 감지되지 않았다면 16줄을 실행한다.
16 : 센세값을 시리얼통신으로 전송한다.

[업로드 버튼]을 눌러 아두이노 우노 보드에 프로그램을 업로드 한다. 업로드 완료 후 [시리얼 모니터] 버튼을 클릭하여 시리얼 모니터 창을 연다.

동작 결과

시리얼 모니터를 열어 값을 확인한다.

출력 시리얼 모니터 ×

Message (Enter to send messag

88
94
88
88
94
88

불꽃을 감지했을 때 다음과 같이 센서값을 보내주고 fire라는 글자도 함께 보내준다.

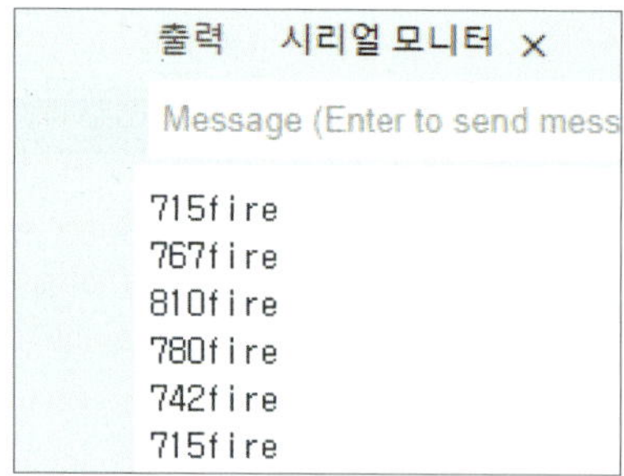

이제 불꽃을 감지하였을 때 LED 유도등 기능을 추가하여 완성한다.

아두이노 코드 작성

다음의 코드를 작성한다.

8_4.ino

```
#define FLAME A0
#define LED1 12
#define LED2 11
#define LED3 10
#define LED4 9
#define LED5 8

void setup() {
 Serial.begin(9600);
 pinMode(LED1, OUTPUT);
 pinMode(LED2, OUTPUT);
 pinMode(LED3, OUTPUT);
 pinMode(LED4, OUTPUT);
 pinMode(LED5, OUTPUT);
}

void loop() {
 int flameValue =analogRead(FLAME);
 if (flameValue >=300)
 {
        Serial.print(flameValue);
        Serial.println( “ fire ” );
        digitalWrite(LED1, HIGH);
        digitalWrite(LED2, LOW);
        digitalWrite(LED3, LOW);
        digitalWrite(LED4, LOW);
        digitalWrite(LED5, LOW);
        delay(100);
        digitalWrite(LED1, LOW);
        digitalWrite(LED2, HIGH);
```

```
31            digitalWrite(LED3, LOW);
32            digitalWrite(LED4, LOW);
33            digitalWrite(LED5, LOW);
34            delay(100);
35            digitalWrite(LED1, LOW);
36            digitalWrite(LED2, LOW);
37            digitalWrite(LED3, HIGH);
38            digitalWrite(LED4, LOW);
39            digitalWrite(LED5, LOW);
40            delay(100);
41            digitalWrite(LED1, LOW);
42            digitalWrite(LED2, LOW);
43            digitalWrite(LED3, LOW);
44            digitalWrite(LED4, HIGH);
45            digitalWrite(LED5, LOW);
46            delay(100);
47            digitalWrite(LED1, LOW);
48            digitalWrite(LED2, LOW);
49            digitalWrite(LED3, LOW);
50            digitalWrite(LED4, LOW);
51            digitalWrite(LED5, HIGH);
52            delay(100);
53        }
54        else
55        {
56            Serial.println(flameValue);
57            digitalWrite(LED1, LOW);
58            digitalWrite(LED2, LOW);
59            digitalWrite(LED3, LOW);
60            digitalWrite(LED4, LOW);
61            digitalWrite(LED5, LOW);
62        }
63    }
```

빨간색으로 되어있는 부분이 LED 유도등 기능을 추가한 부분이다.

57~61: 센서가 감지되지 않았을때는 LED를 끈다.

동작 결과

불꽃이 감지가 되면 LED가 유도등이 되어 하나씩 깜빡인다.

동작 동영상 링크

https://youtu.be/qJgdYy_k2vE 

02 _ 9 박수소리로 제어하는 전등 만들기

학 습 목 표

마이크를 이용하여 박수소리를 이용하여 LED를 껐다 켰다 해보자.

준비물

다음과 같은 부품을 준비한다.

부품명	수량
아두이노 우노	1개
브레드보드	1개
LED 흰색	1개
220옴 저항(빨빨검검갈)	1개
마이크센서모듈	1개
수/수 점퍼케이블	6개

회로 구성

브레드보드에 다음과 같이 회로를 구성한다.

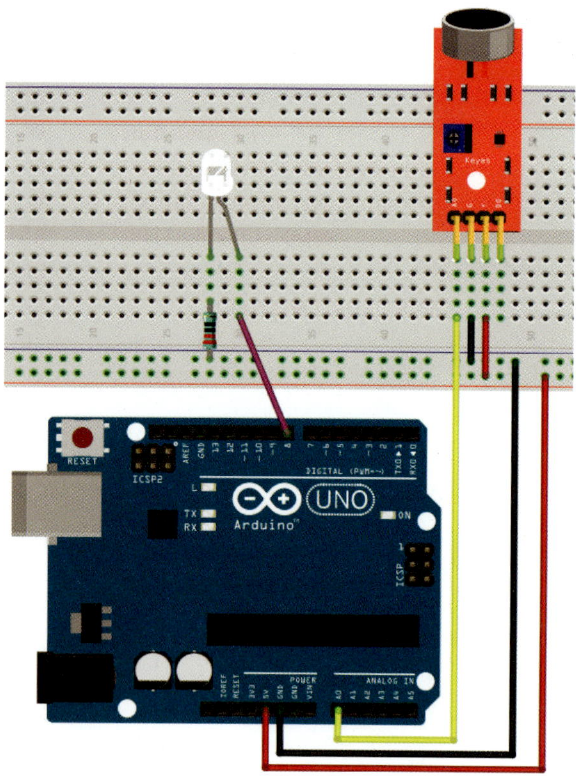

마이크센서모듈의 AO(Analog Out)은 아두이노의 A0핀에 연결한다. 마이크센서모듈의 DO(Digital Out)핀은 센서내의 파란색 가변저항을 돌려 임계점을 정해 임계점 이상의 소리가 들어오면 출력이 1로 된다. DO는 사용하지 않는다.

흰색 LED의 긴 다리는 아두이노의 8번 핀에 연결하고 짧은 다리는 220옴(빨빨검검갈)저항을 통해 GND와 연결한다.

사운드센서를 테스트하는 코드를 만들어보자.

아두이노 코드 작성

다음의 코드를 작성한다.

9_1.ino

```
#define MIC A0

void setup() {
 Serial.begin(9600);
}

void loop() {
 int micValue =analogRead(MIC);
 Serial.println(micValue);
}
```

동작 결과

[업로드 버튼]을 눌러 아두이노 우노 보드에 프로그램을 업로드 한다. 업로드 완료 후 [시리얼 모니터] 버튼을 클릭하여 시리얼 모니터 창을 연다.

출력되는 값의 확인이 가능하다.

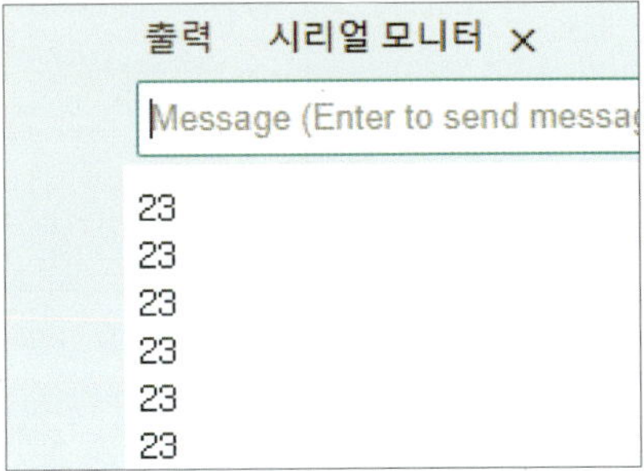

마이크센서 부분에 바람을 불어 큰 값이 출력되는지 확인하자.

출력 시리얼 모니터 ×

Message (Enter to send message

12
180
131
58
12
19
12
180
131
58

순간적으로 큰 값이 출력되는 것을 확인할 수 있다. 값을 확인하는 게 어렵다.

시리얼 모니터 창을 닫는다.

[툴] -> [시리얼 플로터]를 클릭하여 연다.

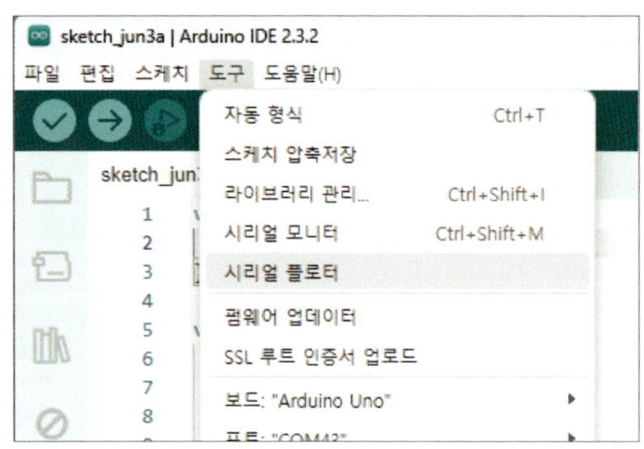

센서에 바람을 불어 값을 확인한다.

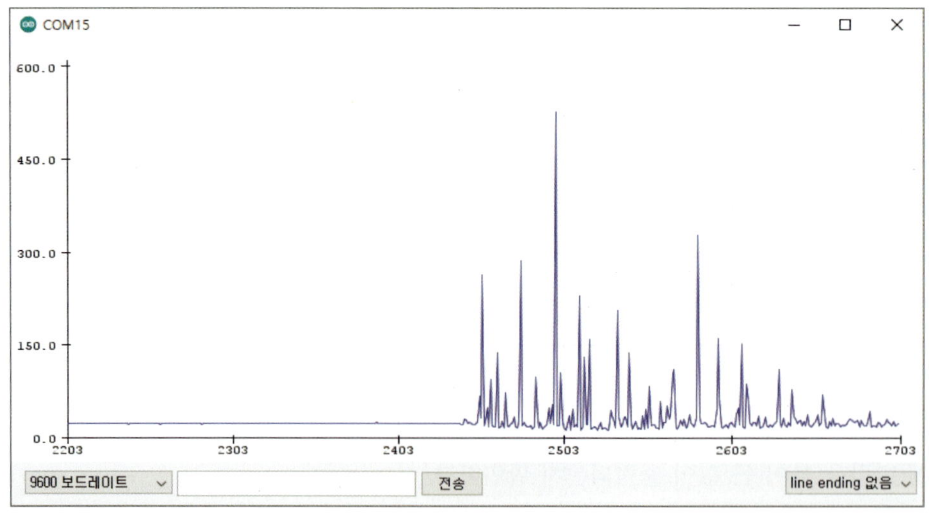

그래프로 값이 보여서 보기 수월하다.

이제 박수소리를 감지하는 코드를 만들어보자.

아두이노 코드 작성과 동작 결과 확인

다음과 같은 아두이노 코드를 작성한다.

9_2.ino

```
01    #define MIC A0
02
03    signed int soundAvg =0;
04
05    void setup() {
06     Serial.begin(9600);
07     int i;
08     for (i =0; i <10; i++)
09     {
10             soundAvg +=analogRead(MIC);
11     }
12     soundAvg = soundAvg /10;
13    }
14
15    void loop() {
16     int micValue =analogRead(MIC);
17     if (micValue - soundAvg >=20)
18     {
19             Serial.println(micValue);
20     }
21    }
```

03: 부호 있는 숫자 형태의 soundAvg 변수를 생성했다. 마이크센서의 평균값을 저장하기 위한 변수이다.
08: for문을 이용하여 10번 반복 동작한다. 10줄 코드가 10번 반복 동작한다.
10: MIC(A0)핀에서 아날로그 값을 읽어 soundAvg 변수에 누적하여 덧셈을 한다.
12: 10번 더한 값이기 때문에 나누기 10을 하여 평균값을 취한다.
16: MIC(A0)핀에서 아날로그 값을 읽어 micValue 변수에 넣는다.
17: micValue 변수값에서 평균값을 가지고 있는 soundAvg를 빼서 뺀 값이 20이상이면 조건에 만족한다. 즉 큰소리가 발생하면 조건에 만족한다.
19: 조건에 만족했다면 MIC(A0)값이 얼마인지 시리얼통신으로 전송한다.

코드에서 큰소리가 발생했을 경우에만 시리얼통신으로 값을 전송하였다. 왜냐하면 감지가 되지 않았을 때도 계속 시리얼통신으로 값을 전송하면 시리얼통신으로 인한 시간 지연이 생겨 박수 소리를 검출할 수 없기 때문이다. 소리가 언제 발생할 줄 모르는 상황에서 항상 소리에 집중하여 큰소리를 검출하였다가 검출이 되면 그때서야 시리얼통신으로 값을 보내는 코드이다. 실제 코드에서 값을 확인하기 위해 계속 시리얼통신으로 값을 보내면 박수 소리를 검출하지 못한다.

동작 결과

[업로드 버튼]을 눌러 아두이노 우노 보드에 프로그램을 업로드 한다. 업로드 완료 후 [시리얼 모니터] 버튼을 클릭하여 시리얼 모니터 창을 연다.

센서근처에서 박수를 쳐서 큰소리가 발생하면 소리값이 전송되는지 확인한다.

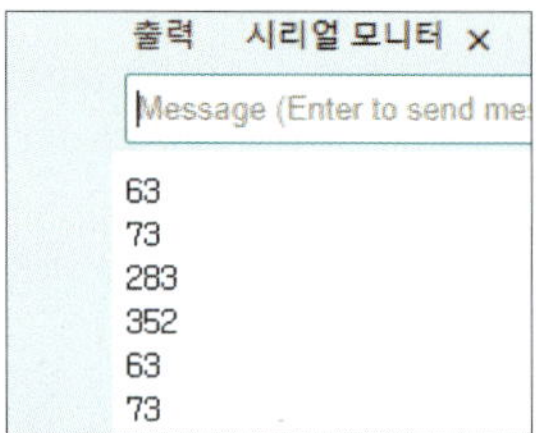

이제 박수소리를 검출하였으니 박수소리가 검출될 때 마다 LED가 꺼지고 켜지는 코드를 만들어보자.

아두이노 코드 작성

다음과 같은 아두이노 코드를 작성한다.

9_3.ino

```
#define MIC A0
#define LED 8

signed int soundAvg =0;

int ledState =0;

void setup() {
 Serial.begin(9600);
 int i;
 for (i =0; i <10; i++)
 {
         soundAvg +=analogRead(MIC);
 }
 soundAvg = soundAvg /10;
 pinMode(LED,OUTPUT);
}

void loop() {
 int micValue =analogRead(MIC);
 if (micValue - soundAvg >=20)
 {
         Serial.println(micValue);
         ledState =!ledState;
```

```
25                digitalWrite(LED,ledState);
26                delay(500);
27        }
28    }
```

빨간색 부분이 추가되었다.

06 : LED의 켜짐/꺼짐 상태를 결정하는 변수를 생성하였다.
16 : LED에 사용할 핀을 출력으로 설정하였다.
21~27 : 박수소리가 검출되면 조건문을 실행한다.
24 : ledState 상태를 반전시킨다 1이면 0으로 0이면 1로
25 : LED핀의 출력을 ledstate 상태로 출력한다.
26 : 의도적으로 500mS 동안 기다려서 아무것도 하지 않는다. 박수소리가 검출이되면 순간적으로 여러번 검출이 되기 때문에 한 번검출시 500mS 동안은 검출이 되지 않기 하기 위함이다.

[업로드 버튼]을 눌러 아두이노 우노 보드에 프로그램을 업로드 한다.

동작 결과

박수를 치면 LED가 꺼지고 켜진다.

동작 동영상 링크

https://youtu.be/T8Gk9Z3Y5Tw 

02 _ 10 인체감지센서를 이용한 움직임이 감지되면 자동으로 켜지는 전등 만들기

학 습 목 표

인체감지센서를 사용해서 움직임이 감지되면 일정시간동안 자동으로 켜지는 전등을 만들어보자. 주로 집안의 현관 앞 신발을 신고 벗는 곳에서 주로 볼 수 있는 등이다.

준비물

다음과 같은 부품을 준비한다.

부품명	수량
아두이노 우노	1개
브레드보드	1개
LED 흰색	1개
220옴 저항(빨빨검검갈)	1개
수/수 점퍼케이블	6개
인체감지센서모듈	1개

회로 구성

브레드보드에 다음과 같이 회로를 구성한다.

흰색 LED의 긴 다리는 아두이노의 8번 핀에 연결한다.

인체감지센서는 왼쪽 끝은 5V에 오른쪽 끝은 GND에 연결하고 가운데는 아두이노의 5번 핀에 연결한다.

인체감지센서를 테스트하는 코드를 만들어보자.

아두이노 코드 작성

다음과 같은 아두이노 코드를 작성한다.

10_1.ino

```
01 #define HUMAN_DETECT 5
02 
03 void setup() {
04   Serial.begin(9600);
05   pinMode(HUMAN_DETECT,INPUT);
06 }
07 
08 void loop() {
09   int humanValue =digitalRead(HUMAN_DETECT);
10   Serial.println(humanValue);
11 }
```

09: HUMAN_DETECT(5) 핀에서 값을 읽어 humanValue 변수에 대입한다.
10: humanValue 값을 시리얼통신으로 전송한다.

동작 결과

[업로드 버튼]을 눌러 아두이노 우노 보드에 프로그램을 업로드 한다. 업로드 완료 후 [시리얼 모니터] 버튼을 클릭하여 시리얼 모니터 창을 연다.

움직임이 없을 때는 0이 출력된다.

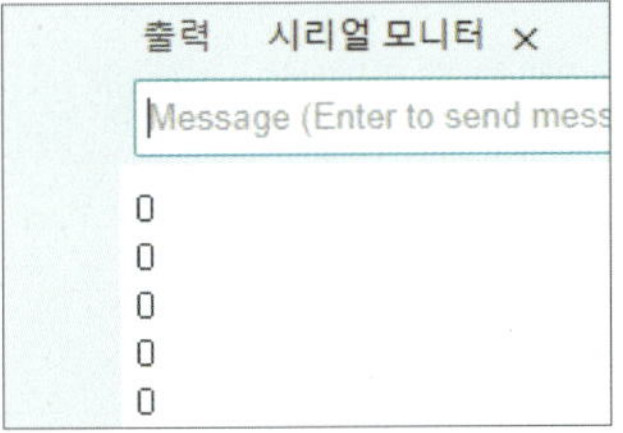

움직임을 감지하면 1이 출력된다. 계속 1이 출력되지 않고 일정시간이 지나면 다시 0으로 된다.

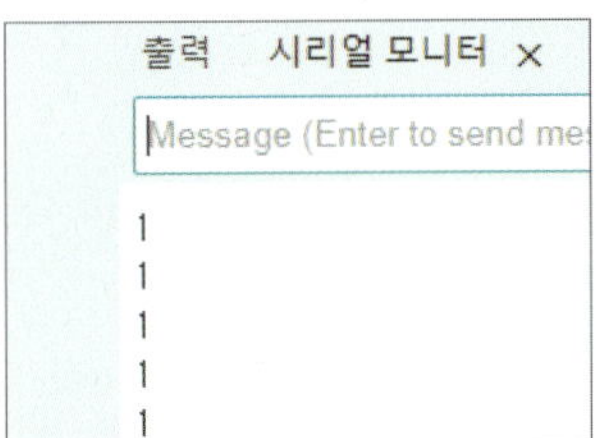

센서가 감지되면 1이 일정시간동안 출력됨을 알았다. 이제 인체감지 전등을 만들기 위해 센서가 감지되면 일정시간동안 켜져 있는 LED등을 만들어보자.

아두이노 코드 작성

다음과 같은 아두이노 코드를 작성한다.

10_2.ino

```
01 #define HUMAN_DETECT 5
02 #define LED 8
03
04 void setup() {
05  Serial.begin(9600);
06  pinMode(HUMAN_DETECT,INPUT);
07  pinMode(LED,OUTPUT);
08 }
09
10 void loop() {
11  int humanValue =digitalRead(HUMAN_DETECT);
12  Serial.println(humanValue);
13  if(humanValue ==1)
14  {
15         digitalWrite(LED,HIGH);
16         delay(5000);
17  }
18  else digitalWrite(LED,LOW);
19 }
```

빨간색의 코드를 추가하였다.

13 : 센서가 감지되면 조건에 만족하여 15~16줄을 실행한다.
15~16 : LED를 켜고 5초 기다린다.
18 : 그렇지 않다면, 센서가 감지되지 않았다면 LED를 끈다. 조건이 한 줄이라면 이처럼 한 줄로 표현이 가능하다.

동작 결과

움직임이 감지되면 5초 동안 LED가 켜져 있는다.

동작 동영상 링크

https://youtu.be/hTsuoITKFYQ 

02 _ 11 빗물감지 스마트 창문 만들기

학 습 목 표

빗물감지센서를 이용하여 빗물을 감지하면 자동으로 창문을 닫아주는 스마트 창문을 만들어보자.

준비물

다음과 같은 부품을 준비한다.

부품명	수량
아두이노 우노	1개
브레드보드	1개
서보모터 SG90	1개
빗물감지센서 모듈	1개
수/수 점퍼케이블	5개
암/수 점퍼케이블	3개

회로 구성

브레드보드에 다음과 같이 회로를 구성한다.

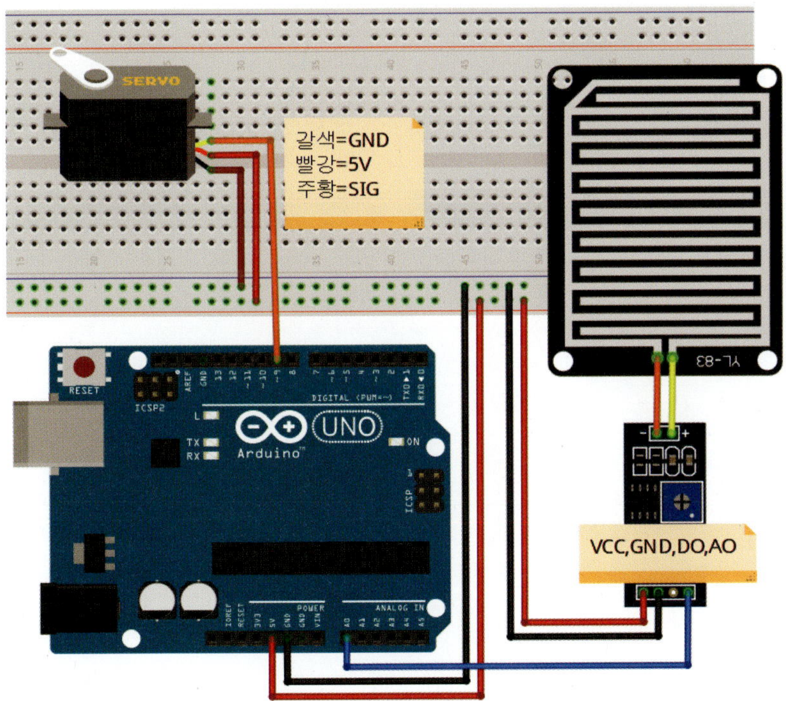

SG90의 서보모터는 파란색이다. SG90서보모터의 갈색은 GND에 연결하고 빨간색은 5V에 주황색은 아두이노의 9번 핀에 연결한다. 빗물감지센서는 센서부분과 모듈부분으로 이루어져 있다. 센서와 모듈은 극색에 상관없이 연결한다. 빗물감지센서 모듈부분의 VCC는 5V에 GND는 GND에 AO은 아두이노의 A0번 핀에 연결한다.

서보모터는 다음 오른쪽 사진처럼 조립한다.

서보모터는 공장에서 만들어져 나올 때 초기상태가 90도 쯤으로 되어 있어 위 오른쪽 사진처럼 조립해 놓으면 각도를 맞추기 편하다.

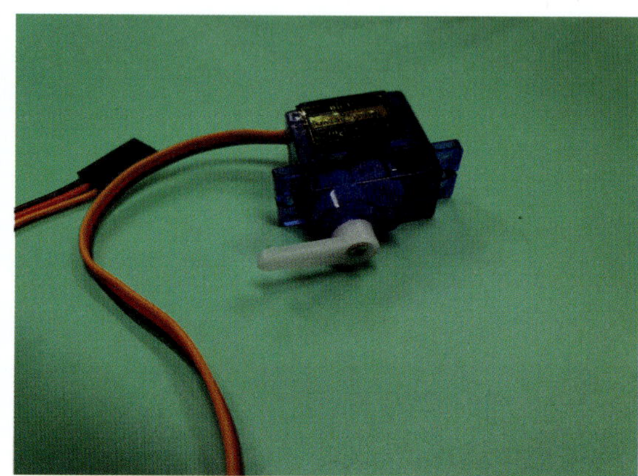

SG90서보모터를 테스트하는 코드를 작성하여보자.

아두이노 코드 작성

다음의 코드를 작성한다.

11_1.ino

```
#include <Servo.h>

#define SERVO_PIN 9

Servo myservo;

void setup() {
 Serial.begin(9600);
 myservo.attach(SERVO_PIN);
}

void loop() {
 Serial.println(“0”);
 myservo.write(0);
 delay(2000);
 Serial.println(“90”);
```

```
17        myservo.write(90);
18        delay(2000);
19        Serial.println( " 180 " );
20        myservo.write(180);
21        delay(2000);
22    }
```

01: Servo.h 라이브러리를 포함시킨다
03: 서보핀을 정의한다.
05: 서보모터를 myservo 이름으로 클래스를 생성하여 사용한다.
09: 서보모터를 9번 핀을 사용하게 초기화한다.
13: 시리얼통신으로 0을 전송한다.
14: 서보모터의 각도를 0도로 한다.
15: 2초 기다린다.

동작 결과

[업로드 버튼]을 눌러 아두이노 우노 보드에 프로그램을 업로드 한다. 업로드 완료 후 [시리얼 모니터] 버튼을 클릭하여 시리얼 모니터 창을 열어 값을 확인한다.

서보모터를 모니터 앞에 가져다 두고 시리얼 모니터에 나오는 값과 각도를 확인한다.

아래사진처럼 나오는지 확인한다.

◆ 0도

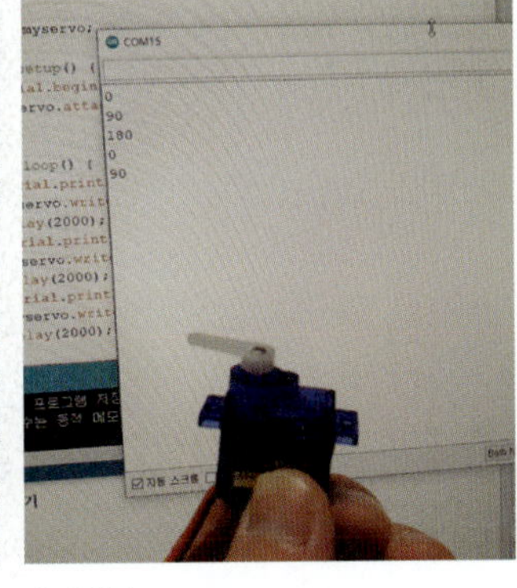

◆ 90도

◆ 180도

서보모터의 각도가 틀리다면 볼트를 풀러 각도를 맞춰 다시 조립한다.

스마트창문 작품은 마지막에 창문을 만들어지는 작품으로 각도가 틀릴 경우 서보모터의 힘에의해 작품이 부셔질 수도 있다.

이제 빗물감지센서를 테스트해보자.

아두이노 코드 작성

다음과 같은 아두이노 코드를 작성한다.

11_2.ino

```
#define RAIN_SENSOR A0

void setup() {
 Serial.begin(9600);
}

void loop() {
 int rainValue =analogRead(RAIN_SENSOR);
 Serial.println(rainValue);
 delay(10);
}
```

빗물감지센서가 연결된 A0핀에서 값을 읽어 시리얼통신으로 전송한다.

동작 결과

[업로드 버튼]을 눌러 아두이노 우노 보드에 프로그램을 업로드 한다. 업로드 완료 후 [시리얼 모니터] 버튼을 클릭하여 시리얼 모니터 창을 열어 값을 확인한다.

빗물을 감지하지 않았을때이다. 최대값이 출력된다.

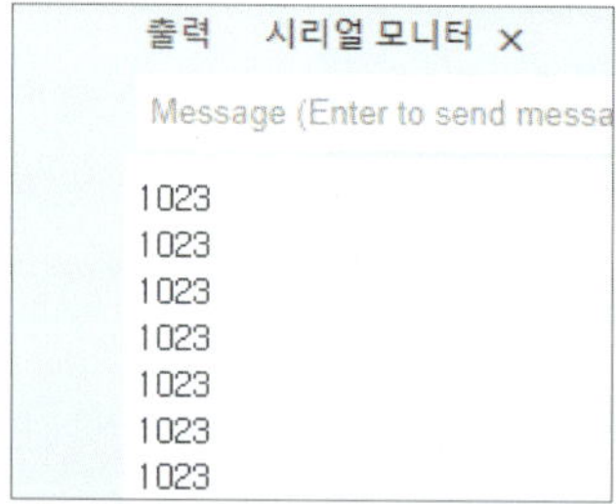

센서에 직접 물을 뿌려도 되나. 부담스럽다면 휴지나 물티슈에 물을 묻혀 센서부분에 닿게 하여도 된다.

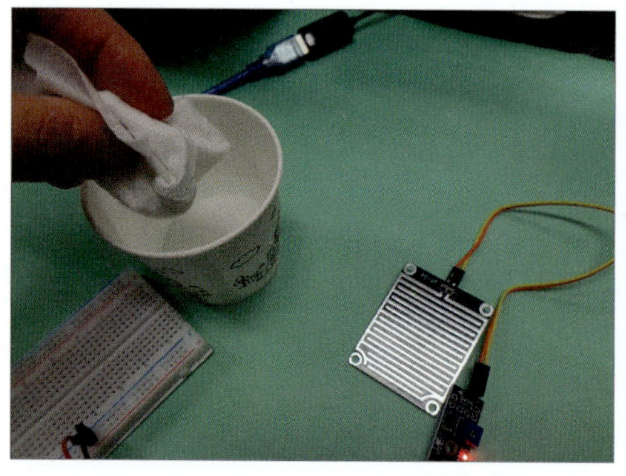

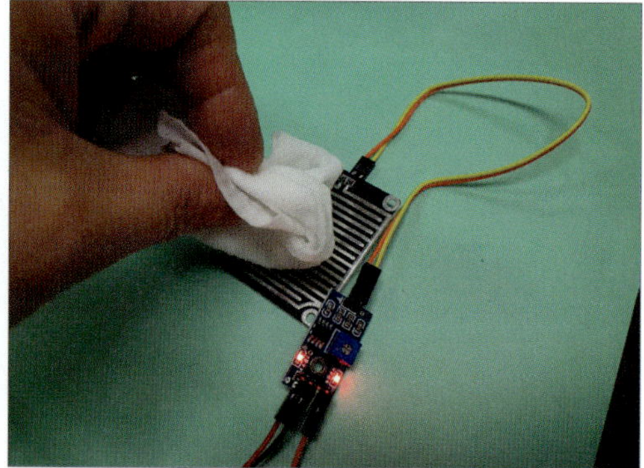

물을 감지하였을 때 값이 내려감을 확인할 수 있다.

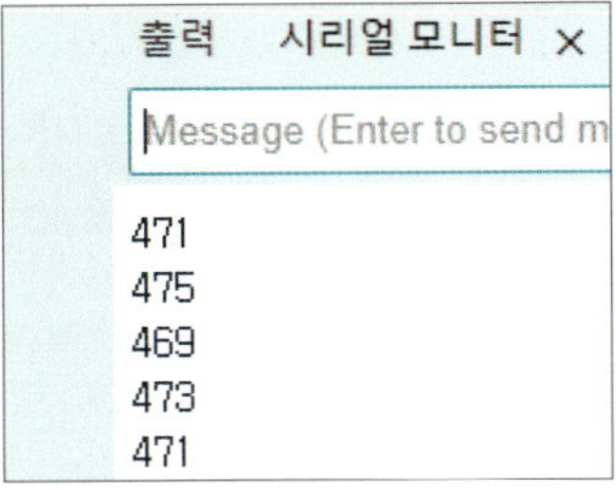

조건식을 만들어서 서보모터를 동작시켜보자.

아두이노 코드 작성

다음과 같은 아두이노 코드를 작성한다.

빨간색 부분의 코드를 추가하였다.

11_2.ino

```
#include <Servo.h>

#define RAIN_SENSOR A0
#define SERVO_PIN 9

Servo myservo;

void setup() {
 Serial.begin(9600);
 myservo.attach(SERVO_PIN);
 myservo.write(0);
}

void loop() {
 int rainValue =analogRead(RAIN_SENSOR);
 Serial.println(rainValue);
 if(rainValue >=900)
 {
        myservo.write(0);
        delay(1000);
 }
 else
 {
        myservo.write(90);
        delay(1000);
 }
}
```

10~11 : 서보모터를 초기화하고 서보모터의 각도를 0도로한다.
17 : 빗물센서의 값이 900보다 커서 빗물을 감지하지 않았을 때 19~20줄을 실행한다.
19 : 서보모터의 각도를 0도로 한다. (모형을 조립했을 때 문이 열리는 각도)
20 : 1초 동안 기다린다. 임계점 값을 만날 때 899~901정도 서보모터가 너무자주 움직이지 않도록 의도적으로 기다린다.
22 : 그렇지 않을 때 즉 빗물센서의 값이 900보다 작아질 때 빗물을 감지하였을 때 24~25줄을 실행한다.
24 : 서보모터의 각도를 90도로 한다. (모형을 조립했을 때 문이 닫히는 각도)
25 : 1초 동안 기다린다.

900은 임의로 정한 값으로 실제 빗물등을 감지하여 센싱했을 때 값을 확인하여 값을 정해도 된다.

동작 결과

센서에서 빗물을 감지하면 서보모터의 각도가 90도가 되고 빗물을 감지하지 않는다면 즉 비가오지 않는다면 서보모터의 각도를 0도로한다. 모형제작시 90도는 문이 닫히게 하고, 0도일 때 문이 열리게 한다.

동작 동영상 링크

https://youtu.be/G4Yb7sbs_FE 

스마트창문 외형 만들기

이제 외관을 만들어보도록 하자.

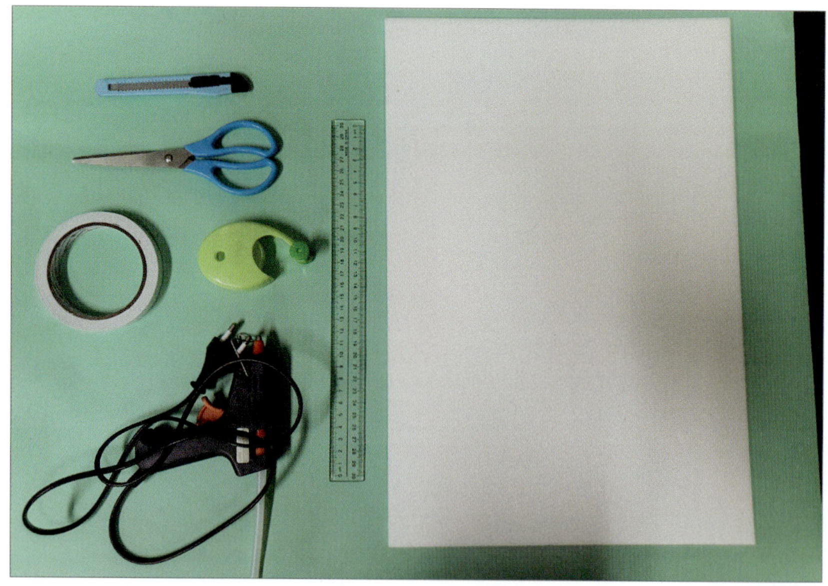

칼, 가위, 양면테이프, 테이프, 자, 글루건, 폼보드 등을 이용하여 만든다.

외형은 예시 일뿐 다른 재료들을 사용하여 만들어도 전혀 상관없다. 필자는 전자공학도로 외형을 예쁘게 만드는 것이 어렵다. 여러분은 더 좋은 외관을 만들어서 사용하면 된다. 최대한 시중에서 구하기 쉬운 재료로 만들었다. 그리고 외형은 예시 일뿐 똑같이 따라 만들지 않아도 충분히 좋은 외관을 만들 수 있다.

위의 재료 중 폼보드, 테이프, 글루건심 등은 소모품으로 문구점, 다이소 등에서 1,000~2,000원 정도로 구할 수 있다.

동일한 기능을 하더라도 외형을 만들면 기능의 가치가 올라간다. 외형이 없을 때는 의미 없던 동작도 외형을 만들면 의미가 생겨 훨씬 더 가치 있는 동작이 된다. 이제 외형을 만들어보자.

폼보드를 잘라 준비한다.

11cm x 7cm 5개, 5cm x 6 cm 1개 너무 정확하게 재단하지 않아도 된다. 필자가 만들 때도 몇cm 정도는 틀리게 재단하였다.

서보모터와 5cm x 6cm 폼보드를 사진처럼 맞춰본다.

5cm x 6cm는 창문으로 사용될 것이므로 안쪽에 창문을 만든다.

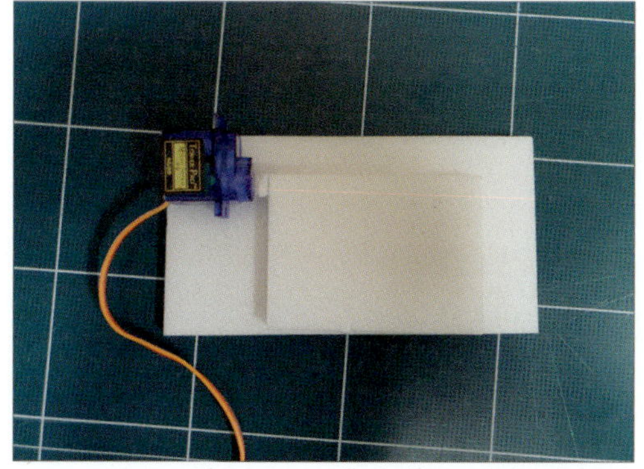

5cm x 6cm 창문으로 가려지는 창을 만든다.

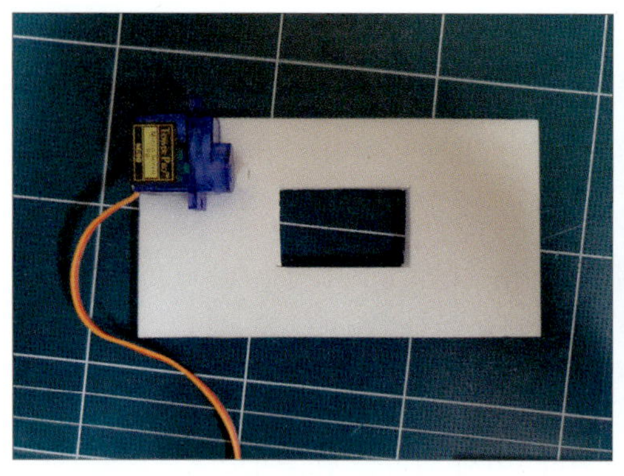
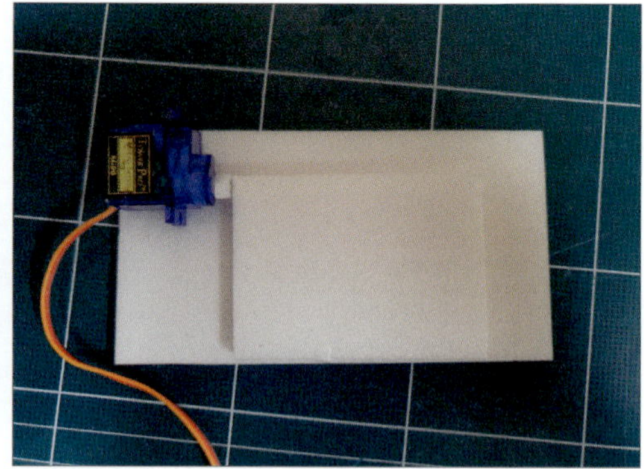

11cm x 7cm 두 개를 이용하여 지붕을 조립한다. 글루건을 이용하여 두 개를 붙인다.

11cm x 7cm 3개를 "ㄷ"자 모양으로 글루건을 이용하여 붙인 후 지붕과 고정한다.

빨간색 부분으로 글루건을 쏴 고정시킨다.

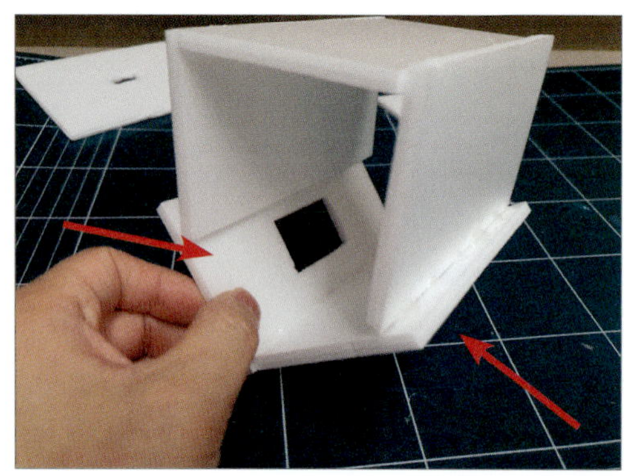

양면테이프를 이용하여 빨간색 화살표 부분에 서보모터를 고정시킨다.

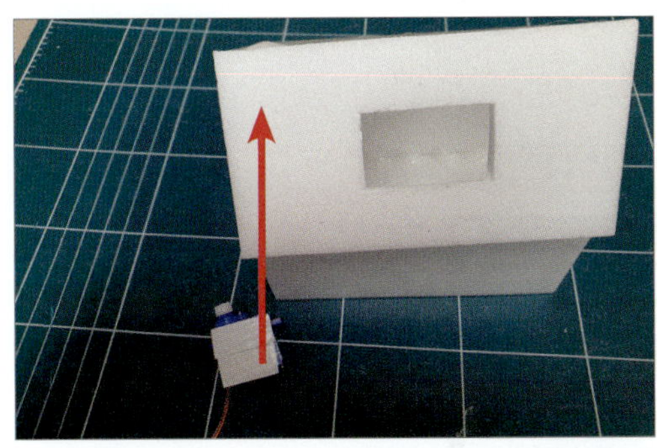

5cm x 6cm 폼보드에 글루건을 쏴 글루건이 마르기전에 서보모터와 고정시킨다.

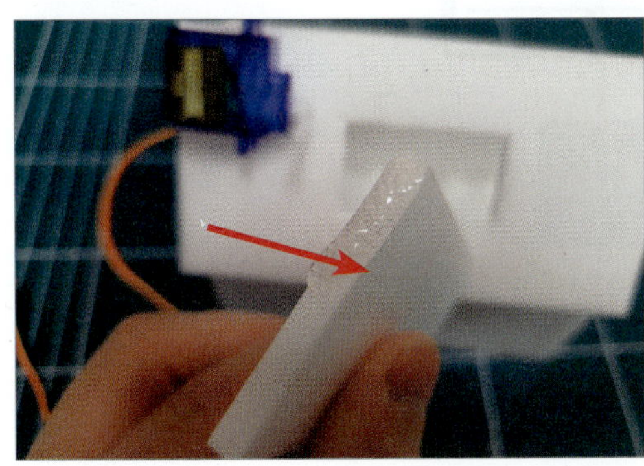

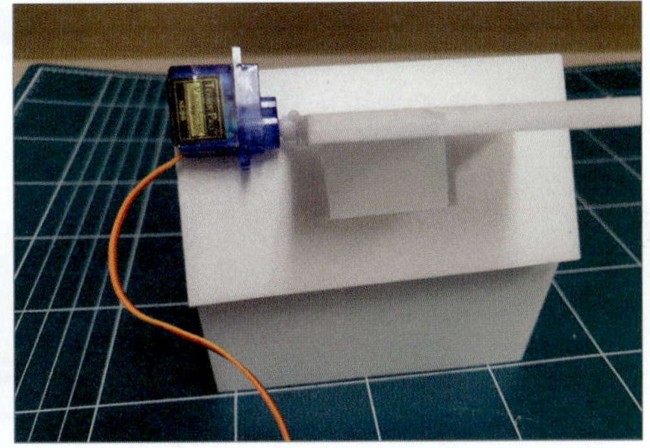

빗물감지센서부도 양면테이프를 이용하여 고정시킨다.

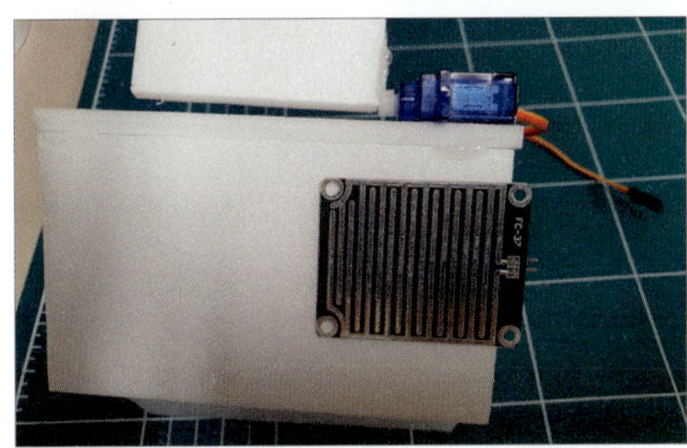

다음과 같이 완성하였다.

회로 구성

아래 회로를 참조하여 서보모터와 빗물감지센서를 연결한다.

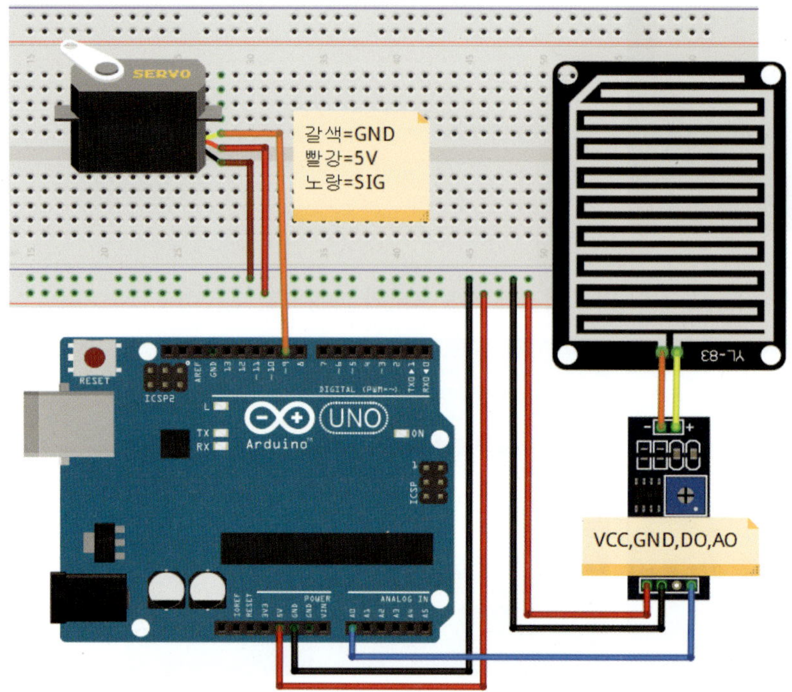

완성하였다.

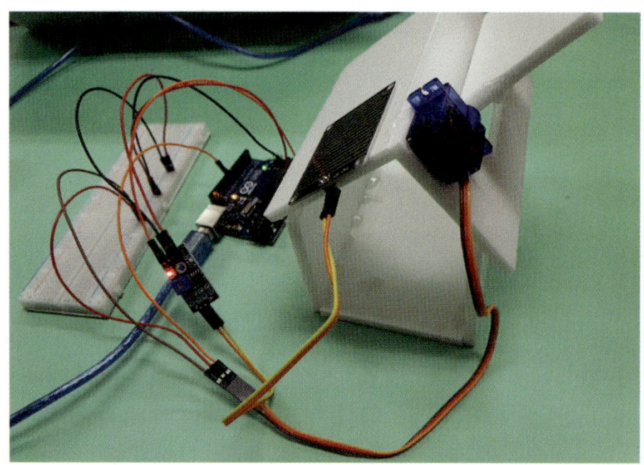

동작 결과

빗물감지센서에 물을 묻이면 서보모터가 창문을 닫는다.

외형이 없을 때는 서보모터는 그냥 움직이기만 했었는데 창문을 달아놓으니 가치가 올라갔다.

동작 동영상 링크

https://youtu.be/ziChu3OTI44

02 _ 12 초음파센서를 이용한 피아노 만들기

학 습 목 표

초음파센서를 이용하여 거리를 측정하여 거리에 따라 음계를 출력하는 피아노를 만들어보자.

초음파센서의 원리는 초음파를 이용하여 거리를 측정한다. 음파는 2~20KHz 의 소리영역이고 초음파는 20KHz이상 사람이 듣지 못하는 소리 대역을 초음파라고 불린다. 사람이 듣지 못하는 초음파 영역을 이용하지만 특성은 음파와 같기 때문에 거리를 측정하는 센서로 많이 사용되어진다.
자동차의 후방 주차센서가 대표적으로 많이 쓰인다. 초음파는 1초에 340미터의 거리를 이동한다. trig 부분에서 짧은 초음파 신호를 발생시키고 echo에서 신호가 되돌아오는 시간을 측정하면 거리를 알 수 있다. 예를 들어 신호를 발생시키고 1초 후에 신호가 되돌아 왔다면 초음파 신호는 340미터를 갔다가 온 것을 알 수 있다. 여기서 되돌아온 거리를 측정하기 위해서는 나누기2를 하면 대상까지의 거리를 알 수 있다. 340미터/2 = 170미터로 대상과의 거리는 170미터이다.
우리가 다루는 아두이노는 빠르게 동작하기 때문에 초음파가 되돌아온 시간을 정확하게 측정하여 거리를 계산해 낼 수 있다. 우리가 본 교재에서 사용하는 초음파센서는 HC-SR04라는 모델로 측정 범위는 2cm~4M 까지 측정이 가능하다.

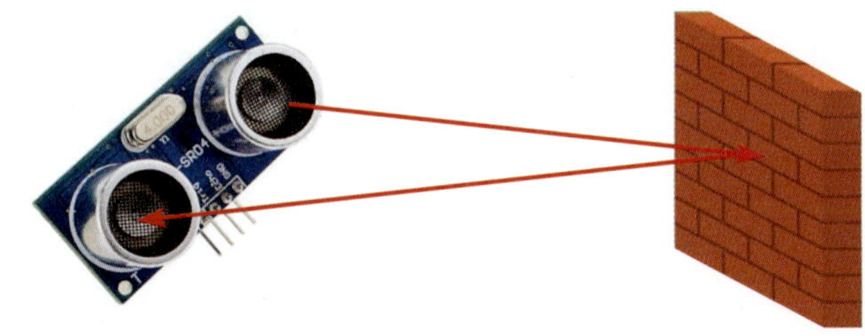

준비물

다음과 같은 부품을 준비한다.

부품명	수량
아두이노 우노	1개
브레드보드	1개
초음파센서	1개
피에조부저	1개
수/수 점퍼케이블	8개

회로 구성

브레드보드에 다음과 같이 회로를 구성한다.

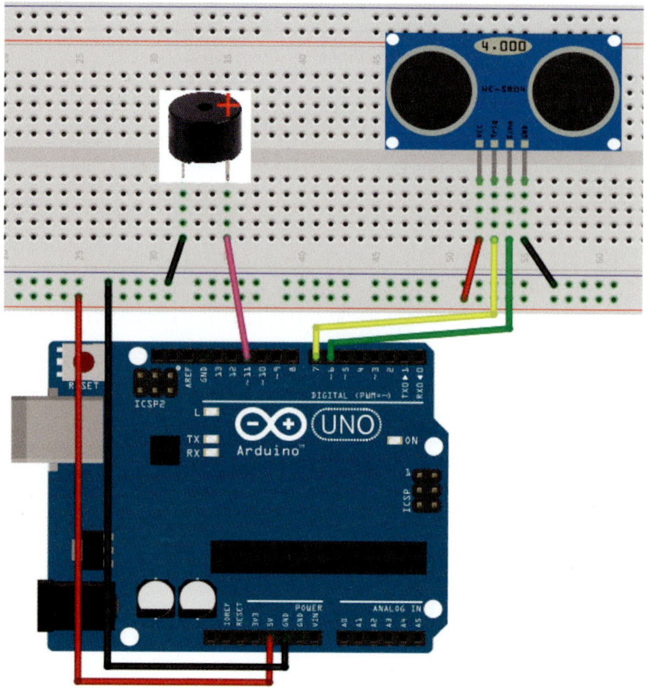

피에조부저의 +핀은 아두이노의 11번 핀에 연결된다. 피에조부저의 아래쪽을 확인하면 +-확인이 가능하다. -핀은 GND와 연결한다.

초음파센서의 Trig 핀은 아두이노의 7번 핀, Echo핀은 아두이노의 6번 핀에 연결한다. VCC는 VCC에 GND는 GND에 연결한다.

아두이노 코드 작성

다음과 같은 아두이노 코드를 작성한다.

12_1.ino

```
int echo =6;
int trig =7;

void setup() {
 Serial.begin(9600);
 pinMode(trig, OUTPUT);
 pinMode(echo, INPUT);
}

void loop() {
```

```
11        digitalWrite(trig, HIGH);
12        delayMicroseconds(10);
13        digitalWrite(trig, LOW);
14
15        unsigned long duration = pulseIn(echo, HIGH);
16
17        float distanceCM = ((34000*duration)/1000000)/2;
18
19        Serial.println(distanceCM);
20        delay(100);
21      }
```

01　: echo 변수에 6을 대입한다.

02　: trig 변수에 7을 대입한다.

06　: trig 핀을 출력으로 설정한다.

07　: echo핀에 입력으로 설정한다.

11~13 : Trig 핀에 아주 짧은 펄스 신호를 보낸다. 초음파센서는 이 신호를 받아 초음파신호로 변환하여 출력한다.

11　: Trig 핀의 출력을 HIGH로 설정하여 핀의 상태를 0V로 한다.

12　: 10uS 동안 기다린다. 1uS는 0.000001초이다. 10uS 동안 기다리므로 0.00001초를 기다린다. 아주 짧은 시간동안 Trig 핀에 펄스 신호를 출력하기 위한 기다리는 시간이다.

13　: Trig 핀의 출력을 LOW로 설정하여 핀의 상태를 5V로 한다.

15　: echo핀이 HIGH 상태일 때까지 기다린 후 duration변수에 시간을 저장한다. 초음파센서에서 초음파신호를 입력받으면 이 핀의 상태가 HIGH가 된다. pulseIn의 출력은 uS의 단위로 출력된다.

17　: 음파(초음파포함)는 1초에 340미터를 이동한다.(단 온도가 25도일 때) 340미터를 cm로 변환한 값인 34000을 duration변수에 곱하고 duration변수는 uS단위이기 때문에 1초 단위로 바꾸기 위해 나누기 1000000을 한다. 그 후 초음파는 왕복된 시간을 출력하기 때문에 거리를 계산하기 위해 나누기 2를 한다. distanceCM 변수에는 거리값이 CM 단위로 변환되어 저장된다.

19　: cm로 계산된 거리 값을 시리얼통신으로 전송한다.

매번 #define 매크로로 핀을 정의하였는데 이번에는 int 변수로 trig와 echo를 정의하였다. 메모리 측면에서 보면 #define을 써서 메모리 공간을 1byte라도 아끼는 게 맞지만 다른 곳에서 만들었던 초음파 센서 코드를 재사용해서 특별히 수정하지 않고 사용하였다. 아두이노에서 int 타입으로 몇 개 변수를 선언하였다고 문제되지 않는다. 여러분께 일부러 이렇게도 사용한다고 알려주기 위해서 수정하지 않았다. 기계적인(컴퓨터적인) 측면에서 메모리를 아끼는 것도 중요하지만 메모리를 조금 더 쓰더라도 사람이 편하게 코드를 짤 수 있는 방법으로 진행하는 것 또한 중요하다.

동작 결과

[업로드 버튼]을 눌러 아두이노 우노 보드에 프로그램을 업로드 한다. 업로드 완료 후 [시리얼 모니터] 버튼을 클릭하여 시리얼 모니터 창을 열어 값을 확인한다.

센서를 손바닥으로 가려 거리 값이 시리얼 모니터로 출력되는지 확인한다.

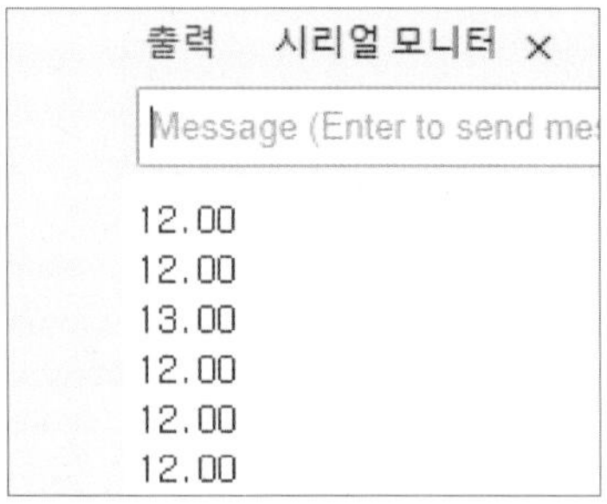

```
출력    시리얼 모니터 ×
Message (Enter to send me

12.00
12.00
13.00
12.00
12.00
12.00
```

다음과 같이 센서값이 튀는 것은 손바닥으로 초음파센서를 가리다 보니 초음파가 손바닥을 벗어나서 다른 곳에 튕겨져서 그렇다. 면이 넓은 물건으로 초음파센서를 가리면 오차가 적다. 자동차의 후방카메라도 나뭇가지 등을 감지하지 못하는 것과 같다.

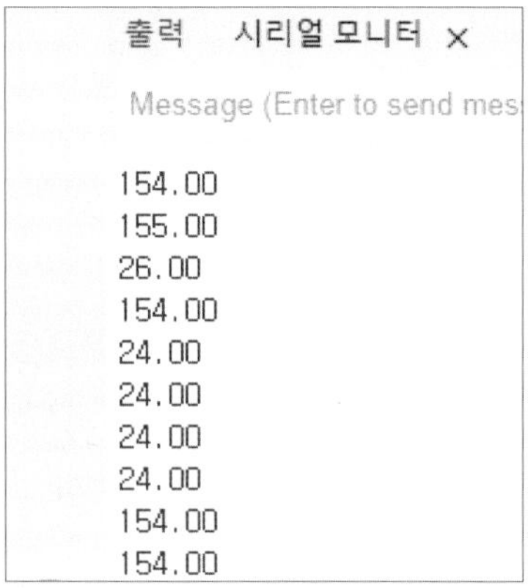

```
출력    시리얼 모니터 ×
Message (Enter to send mes

154.00
155.00
26.00
154.00
24.00
24.00
24.00
24.00
154.00
154.00
```

조건식을 만들어 초음파거리에 따라 피에조부저를 출력하여 피아노를 만들어보자.

아두이노 코드 작성

다음과 같은 아두이노 코드를 작성한다.

12_2.ino

```
#define PIEZO_PIN 11
int echo =6;
int trig =7;

void setup() {
 Serial.begin(9600);
 pinMode(trig, OUTPUT);
 pinMode(echo, INPUT);
 pinMode(PIEZO_PIN,OUTPUT);
}

void loop() {
 digitalWrite(trig, HIGH);
 delayMicroseconds(10);
 digitalWrite(trig, LOW);

 unsigned long duration = pulseIn(echo, HIGH);

 float distanceCM = ((34000*duration)/1000000)/2;

 if (distanceCM >=0 && distanceCM <10) {
        tone (PIEZO_PIN, 262); //도
 }
 else if (distanceCM >=10 && distanceCM <13) {
        tone (PIEZO_PIN, 294); //레
 }
 else if (distanceCM >=13 && distanceCM <16) {
        tone (PIEZO_PIN, 329.6); //미
 }
 else if (distanceCM >=16 && distanceCM <19) {
        tone (PIEZO_PIN, 349.2); //파
 }
 else if (distanceCM >=19 && distanceCM <22) {
        tone (PIEZO_PIN, 392.0); //솔
 }
 else if (distanceCM >=22 && distanceCM <25) {
        tone (PIEZO_PIN, 440.0); //라
 }
 else if (distanceCM >=25 && distanceCM <28) {
        tone (PIEZO_PIN, 493.9); //시
 }
```

```
42          else if (distanceCM >=28 && distanceCM <31) {
43                  tone (PIEZO_PIN, 523.0); //도~~ 5옥타브
44          }
45          else {
46                  noTone(PIEZO_PIN);
47          }
48
49          Serial.println(distanceCM);
50          delay(100);
51      }
```

빨간색의 코드를 추가하였다. 피에조 핀설정과 조건에 따른 부저출력부분이다.

21~23: 초음파센서의 거리가 0cm이상이고 10보다 작으면 피에조부저에 "도" 음을 출력한다.

동작 결과

초음파센서를 가리면 거리에 따라 피아노가 출력된다.

동작 동영상 링크

https://youtu.be/1ZeF1nX_6Nw

02 _ 13 초음파센서를 이용한 스마트 선풍기 만들기

학 습 목 표

초음파 거리측정 센서를 이용하여 근처에 다가오면 선풍기가 동작하고 멀리 가면 동작하지 않는 선풍기를 만들어보자.

준비물

다음과 같은 부품을 준비한다.

부품명	수량
아두이노 우노	1개
브레드보드	1개
초음파센서	1개
팬모터	1개
수/수 점퍼케이블	10개

회로 구성

브레드보드에 다음과 같이 회로를 구성한다.

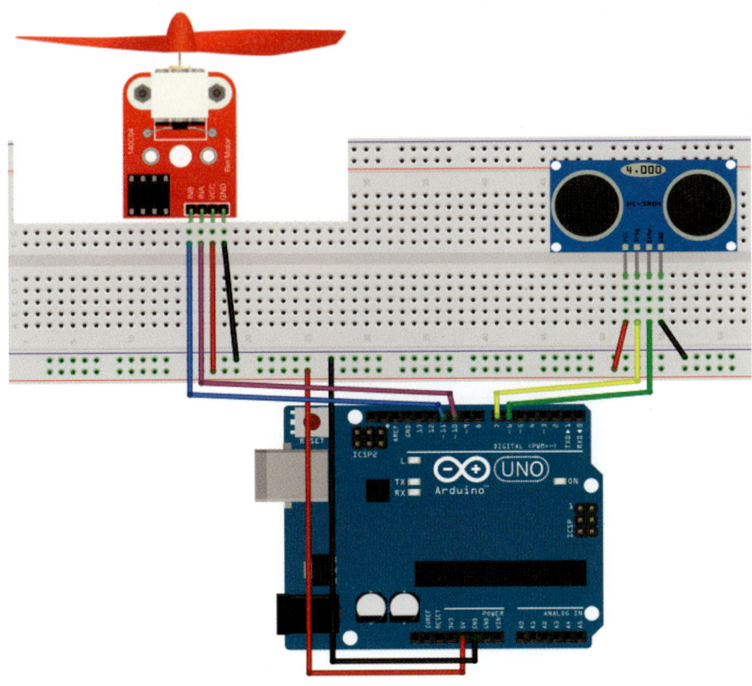

선풍기 팬의 INA는 아두이노의 10번 핀, INB는 아두이노의 11번 핀에 연결한다.

초음파센서의 Trig 핀은 아두이노의 7번 핀, Echo핀은 아두이노의 6번 핀에 연결한다. VCC는 VCC에 GND는 GND에 연결한다.

아두이노 코드 작성

다음과 같은 아두이노 코드를 작성한다.

13_1.ino

```
01 #define MOTOR_INA 10
02 #define MOTOR_INB 11
03 int echo =6;
04 int trig =7;
05
06 void setup() {
07  Serial.begin(9600);
08  pinMode(trig, OUTPUT);
09  pinMode(echo, INPUT);
10 }
11
12 void loop() {
13  digitalWrite(trig, HIGH);
14  delayMicroseconds(10);
15  digitalWrite(trig, LOW);
16
17  unsigned long duration = pulseIn(echo, HIGH);
18
19  float distanceCM = ((34000*duration)/1000000)/2;
20
21  if (distanceCM <=10) {
22          analogWrite(MOTOR_INA,255);
23          analogWrite(MOTOR_INB,0);
24  }
25  else
26  {
27          analogWrite(MOTOR_INA,0);
28          analogWrite(MOTOR_INB,0);
29  }
30
31  Serial.println(distanceCM);
32  delay(100);
33 }
```

21~29: 초음파센서의 거리가 10cm이하이면 선풍기가 켜지고 10cm초과이면 선풍기가 꺼진다.

동작 결과

[업로드 버튼]을 눌러 아두이노 우노 보드에 프로그램을 업로드 한다.

거리가 가까워지면 선풍기 팬모터가 동작한다.

◆ 선풍기 팬 모터가 동작하지 않음

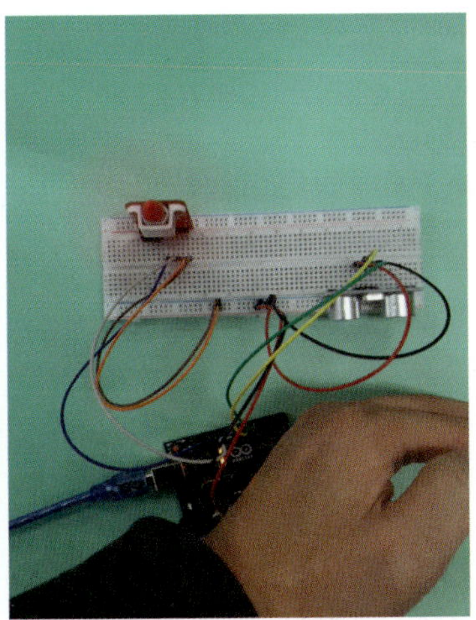

◆ 손으로 초음파센서를 막아 선풍기 팬 모터가 동작함

동작에는 큰 문제는 없으나 살짝 센서 앞을 지나가도 바로 선풍기가 동작한다. 이러한 오류를 줄이기 위해 초음파센서 앞에 수 초간 지속적으로 있을 경우 모터를 동작시켜보자. 또한 자리를 벗어난 경우에도 선풍기가 바로 꺼지지 않고 1~2초 후에 꺼진다.

13_2.ino

```
#define MOTOR_INA 10
#define MOTOR_INB 11
int echo =6;
int trig =7;

int cnt =0;

void setup() {
 Serial.begin(9600);
 pinMode(trig, OUTPUT);
 pinMode(echo, INPUT);
}

void loop() {
 digitalWrite(trig, HIGH);
 delayMicroseconds(10);
 digitalWrite(trig, LOW);

 unsigned long duration = pulseIn(echo, HIGH);

 float distanceCM = ((34000 * duration) /1000000) /2;

 if (distanceCM <=10)
 {
```

```
25              if (cnt >=10)
26              {
27               analogWrite(MOTOR_INA, 255);
28               analogWrite(MOTOR_INB, 0);
29              }
30              else cnt++;
31
32        }
33        else
34        {
35              if (cnt ==0)
36              {
37               analogWrite(MOTOR_INA, 0);
38               analogWrite(MOTOR_INB, 0);
39              }
40              else cnt--;
41        }
42
43        Serial.println(distanceCM);
44        delay(100);
45     }
```

빨간색 부분의 코드를 추가하였다.

06 : cnt 전역변수를 생성하여 0으로 초기화하였다.

25~30 : 초음파센서가 감지되면 cnt 변수 10이상이 아니라면 cnt 변수를 1씩 증가시킨다. 지속적으로 센서가 감지되어 cnt 변수가 10이상이면 선풍기모터를 동작시킨다. 즉 10번 이상 초음파센서가 감지되어야 선풍기를 동작시킨다.

35~40 : 초음파센서가 감지되지 않았다면 cnt 변수 0이 아니라면 cnt 변수를 1씩 감소시킨다. cnt 변수는 초음파센서가 감지될 때는 1씩 증가하고 감지되지 않을 때는 1씩 감소한다. 1씩 감소 되서 cnt 변수의 값이 0이 되면 모터를 정지한다.

동작 결과

초음파센서를 스쳐지나가는 동작으로는 선풍기가 동작하지 않고 초음파센서 앞에 계속 있어야 선풍기가 동작한다. 또한 선풍기가 동작 후 센서에 벗어나면 1~2초 후에 선풍기가 꺼진다.

동작 동영상 링크

https://youtu.be/I89fnMRP9pY

02 _ 14 초음파센서를 이용한 자동으로 열리는 쓰레기통 만들기(외형만들기)

학 습 목 표

초음파센서를 이용하여 가까워지면 서보모터를 이용하여 자동으로 열리는 쓰레기통을 만들어보자.

준비물

다음과 같은 부품을 준비한다.

부품명	수량
아두이노 우노	1개
브레드보드	1개
초음파센서	1개
SG90 서보모터(파란색)	1개
수/수 점퍼케이블	9개

회로 구성

브레드보드에 다음과 같이 회로를 구성한다.

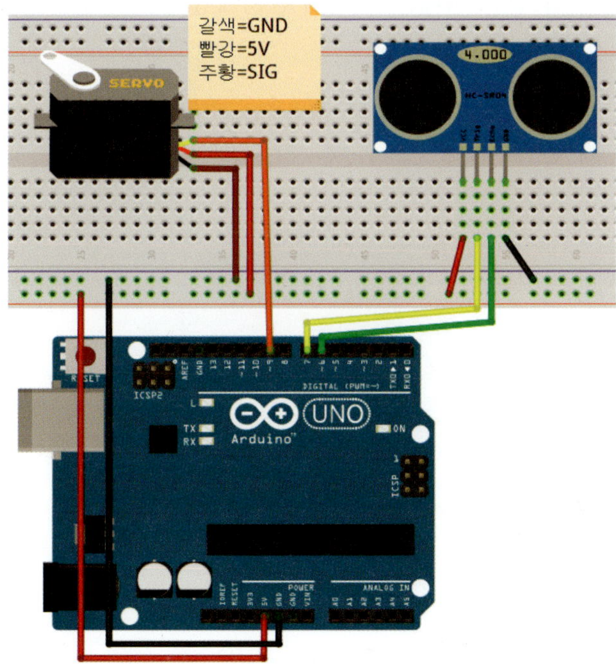

SG90의 서보모터는 파란색이다. SG90서보모터의 갈색은 GND에 연결하고 빨간색은 5V에 주황색은 아두이노의 9번 핀에 연결한다.

초음파센서의 Trig 핀은 아두이노의 7번 핀, Echo핀은 아두이노의 6번 핀에 연결한다. VCC는 VCC에 GND는 GND에 연결한다.

동작 결과

서보모터에 부속품을 연결하고 서보모터의 각도를 확인한다.

서보모터의 각도를 확인하는 코드는 [11.1.ino] 코드로 코드를 업로드하고 다음처럼 확인한다.

서보모터를 모니터 앞에 가져다 두고 시리얼 모니터에 나오는 값과 각도를 확인한다.

다음 사진처럼 나오는지 확인한다.

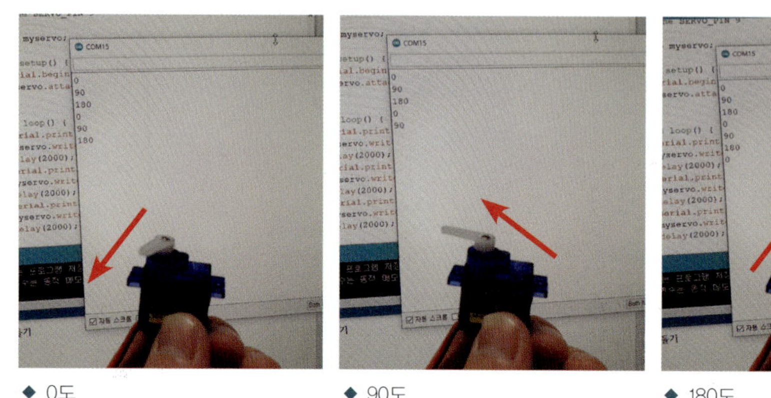

◆ 0도 ◆ 90도 ◆ 180도

초음파센서를 이용하여 초음파센서가 감지되지 않았을때는 (사람이 근처에 없을 때) 서보모터의 각도를 0도로 하여 쓰레기통을 닫고, 초음파센서가 감지되었을때는 (사람이 근처에 있을 때) 서보모터의 각도를 90도로 하여 쓰레기통을 열어준다.

아두이노 코드 작성

다음과 같은 아두이노 코드를 작성한다.

14_1.ino

```
#include <Servo.h>

#define SERVO_PIN 9

int echo =6;
int trig =7;

Servo myservo;

void setup() {
 Serial.begin(9600);
 pinMode(trig, OUTPUT);
 pinMode(echo, INPUT);
 myservo.attach(SERVO_PIN);
}

void loop() {
 digitalWrite(trig, HIGH);
```

```
19        delayMicroseconds(10);
20        digitalWrite(trig, LOW);
21
22        unsigned long duration = pulseIn(echo, HIGH);
23
24        float distanceCM = ((34000 * duration) /1000000) /2;
25
26        if (distanceCM <=10)
27        {
28                myservo.write(90);
29        }
30        else
31        {
32                myservo.write(0);
33        }
34
35        Serial.println(distanceCM);
36        delay(100);
37      }
```

26~29: 초음파센서의 거리가 10cm 이하이면 서보모터의 각도를 90도로 한다. 즉 초음파센서 근처에 감지되면 서보모터의 각도를 90도로 하여 쓰레기통의 문을 열어준다.

30~33: 그렇지 않다면, 초음파센서의 거리가 10cm보다 크면 서보모터의 각도를 0도로 한다. 즉 초음파센서 근처에 감지되지 않으면 서보모터의 각도를 0도로 하여 쓰레기통을 닫는다.

동작 결과

[업로드 버튼]을 눌러 아두이노 우노 보드에 프로그램을 업로드 한다.

초음파센서에서 감지되지 않았을 때 서보모터의 각도는 0도이다. 0도일 때는 쓰레기통이 닫혀있다.

초음파센서에서 감지되었을 때(10cm이하에 물체가 있을 때) 서보모터의 각도는 90도이다. 90도일 때는 쓰레기통이 열려있다.

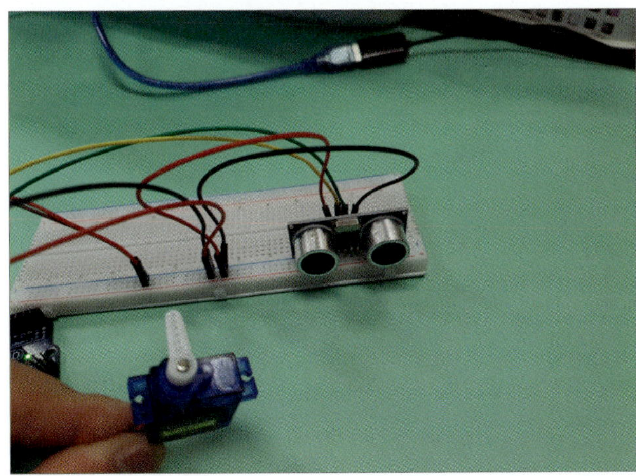

기본적인 동작은 되나 [13.초음파센서를 이용한 스마트 선풍기 만들기] 작품과 마찬가지로 근처에 스쳐지나가더라도 동작한다.

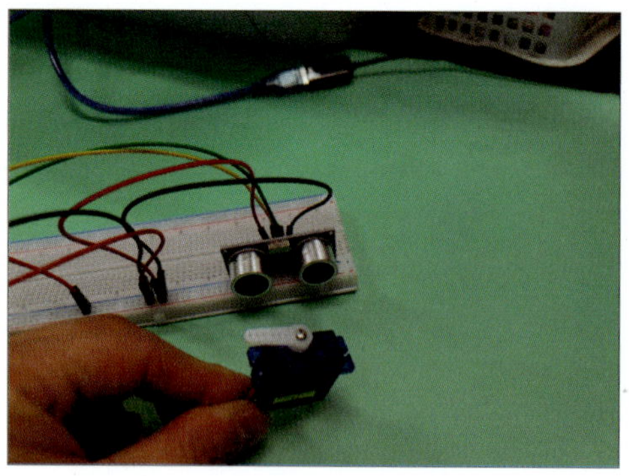

초음파센서에 일정 시간동안 있어야 동작하는 기능을 추가하도록 하자.

아두이노 코드 작성

다음과 같은 아두이노 코드를 작성한다.

14_2.ino

```
#include <Servo.h>

#define SERVO_PIN 9

int echo =6;
int trig =7;

Servo myservo;

int cnt =0;

void setup() {
 Serial.begin(9600);
 pinMode(trig, OUTPUT);
 pinMode(echo, INPUT);
 myservo.attach(SERVO_PIN);
}

void loop() {
 digitalWrite(trig, HIGH);
 delayMicroseconds(10);
 digitalWrite(trig, LOW);

 unsigned long duration = pulseIn(echo, HIGH);

 float distanceCM = ((34000 * duration) /1000000) /2;

 if (distanceCM <=10)
```

```
29          {
30                  if(cnt >=10)
31                  {
32                   myservo.write(90);
33                  }
34                  else cnt = cnt +2;
35          }
36          else
37          {
38                  if(cnt ==0)
39                  {
40                   myservo.write(0);
41                  }
42                  else cnt--;
43          }
44
45          Serial.println(distanceCM);
46          delay(100);
47        }
```

34: cnt의값을 2씩 증가시킨다. 0->2->4->6 씩 증가한다. 자신의 값에서 2를 더한후 다시 자신의 값에 대입한다. 즉 2씩 증가시킨다.

[13.초음파센서를 이용한 스마트 선풍기 만들기]의 [13_2.ino] 코드와 거의 유사하다. 선풍기 팬 모터가 서보모터로 변경되었다는 부분과 34줄의 코드이다.

선풍기 때는 조금 천천히 켜져도 괜찮으나 센서가 감지되었을 때 스레기 통이 오래 기다렸다 열리는 사용하기에 불편함이 있어 값을 2씩 증가시켜 조금 더 빠르 시간 안에 조건문에 만족하도록 하였다. 그리고 닫히는 시간은 여전히 cnt-- 로 천천히 감소한다.

동작 결과

[업로드 버튼]을 눌러 아두이노 우노 보드에 프로그램을 업로드 한다. 초음파센서를 감지하면 약간의 시간지연이 있은 후 서보모터가 동작한다. 조금 더 제품다운 동작이 되었다.

만들기

10cm x 10cm 폼보드 5장, 9cm x 9cm 폼보드 1장을 준비한다.

10cm x 10cm 폼보드 5장을 글루건을 이용하여 조립한다.

서보모터가 위치할 부분을 칼로 도려낸다.

서보모터를 글루건을 이용하여 고정한다.

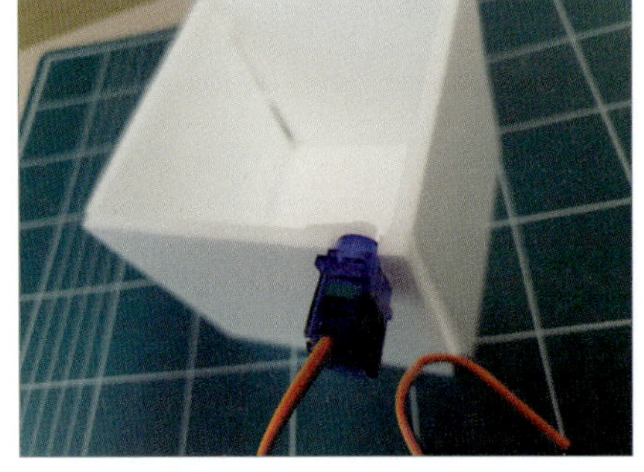

9cm x 9cm 끝에 글루건을 묻힌다.

9cm x 9cm 폼보드를 서보모터에 고정한다. 9cm x 9cm는 뚜껑으로 사용, 초음파센서도 글루건을 이용하여 고정한다.

다음과 같이 조립이 완료되었다.

초음파센서는 제품에 붙여 놓았다. 케이블을 연결하기 위해서 암/수 케이블이 필요하다. 암/수 케이블 4개를 이용하여 연결한다.

동작 동영상 링크

https://youtu.be/TALiSx-3-kQ

Arduino project

CHAPTER 03

응용 작품 만들기

아두이노의 기초작품에서 나아가 응용 작품을 만들어보자. 여러개의 부품들을 타이머를 사용하여 무리없이 동작시켜보고 다양한 라이브러리를 사용하여 더욱더 풍성한 작품을 만들어보자.

03 _ 15 LED 스탠드 만들기 2

학 습 목 표

기초편에서 가변저항을 이용한 스탠드를 만들어 보았다. 이번 작품은 스위치 하나만을 이용하여 밝기조절을 할 수 있는 스탠드를 만들어보자.

준비물

다음과 같은 부품을 준비한다.

부품명	수량
아두이노 우노	1개
브레드보드	1개
LED 흰색(투명LED)	1개
220옴 저항(빨빨검검갈)	1개
푸쉬 버튼 스위치	1개
수/수 점퍼케이블	4개

회로 구성

브레드보드에 다음과 같이 회로를 구성한다.

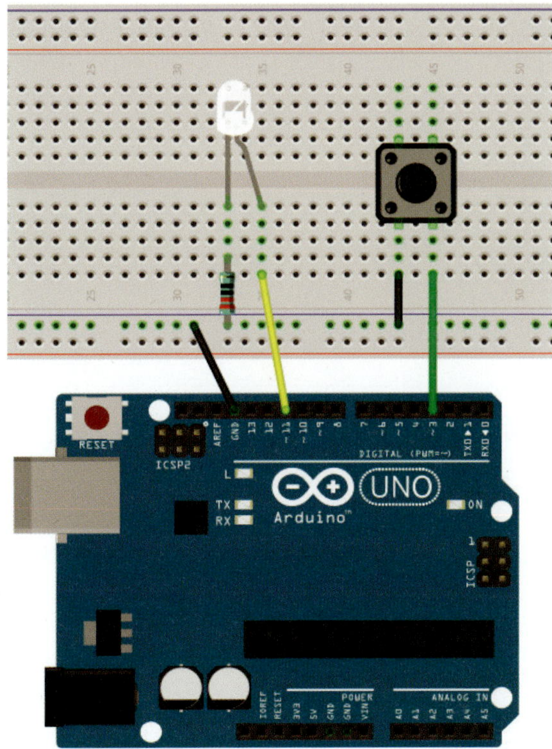

LED의 긴 다리는 아두이노의 11번 핀에 연결하고, 스위치는 3번 핀에 연결한다.

아두이노 코드 작성

스위치의 값을 읽어보는 아두이노 코드를 작성한다.

15_1.ino

```
01  #define SW_PIN 3
02
03  void setup() {
04   Serial.begin(9600);
05   pinMode(SW_PIN,INPUT_PULLUP);
06  }
07
08  void loop() {
09   int swValue =digitalRead(SW_PIN);
10   Serial.println(swValue);
11  }
```

05: 스위치로 사용한 3번 핀을 풀업 입력으로 사용한다.
09: SW_PIN(3)에서 값을 읽어 지역변수 swValue에 대입한다.
10: 스위치 값을 시리얼통신으로 전송한다.

스위치 값을 읽어 시리얼 통신으로 전송하는 코드이다.

동작 결과

[업로드 버튼]을 눌러 아두이노 우노 보드에 프로그램을 업로드 한다. 업로드 완료 후 [시리얼 모니터] 버튼을 클릭하여 시리얼 모니터 창을 연다.

스위치를 누르지 않았을 때는 1의 값이 출력된다.

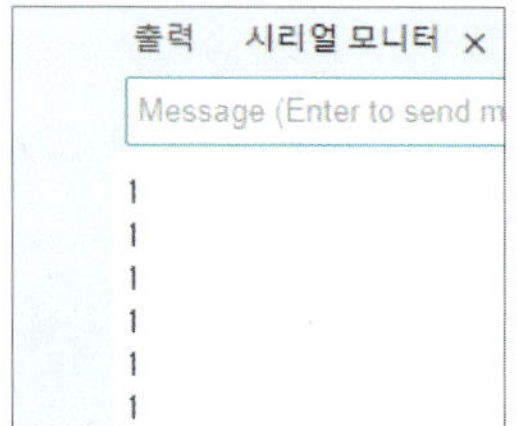

스위치를 눌렀을 때는 0의 값이 출력된다.

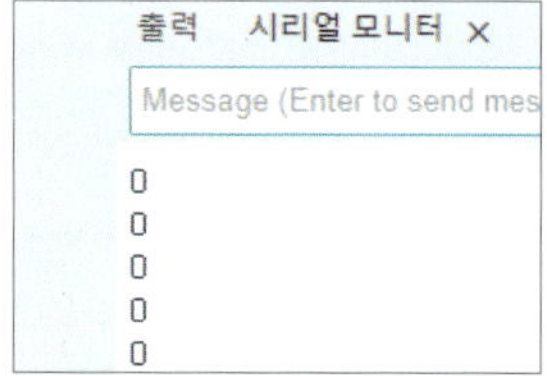

값이 0과 1이 반전되는 이유는 풀업저항을 사용하여 스위치가 눌리지 않았을 때는 풀업저항을 통해 5V 신호가 핀에 전달되어 1이 되고, 스위치를 눌렀을 때는 GND의 신호가 핀에 전달되어 0이 된다.

스위치의 값이 출력이 잘되지만 우리는 스위치를 이용하여 한 번 눌렀을 때 LED의 밝기가 조절되어야 한다. 그러므로 스위치를 눌렀을 때만 딱 한 번만 스위치가 동작하도록 코드를 변경하여 보자.

아두이노 코드 작성

스위치를 눌렀을 때만 딱 한 번만 스위치가 동작하도록 코드를 수정한다.

15_3.ino

```
01  #define SW_PIN 3
02
03  int newSwValue =1;
04  int oldSwValue =1;
05
06  void setup() {
07   Serial.begin(9600);
08   pinMode(SW_PIN, INPUT_PULLUP);
09  }
10
11  void loop() {
12   newSwValue =digitalRead(SW_PIN);
13
14   if (newSwValue != oldSwValue)
15   {
16          oldSwValue = newSwValue;
17          Serial.println(newSwValue);
18   }
19  }
```

03~04 : newSwValue 변수와 oldSwValue 변수를 만들고 1의 값으로 초기화한다. newSwValue는 항상 새로운 스위치의 값을 저장하는 변수이고, oldSwValue 변수는 오래된 스위치의 값을 저장하는 변수이다. 필자는 new, old라는 표현을 사용하였는데 current(흐르는), previous(이전) 의 변수 표현방식도 많이 사용한다. current는 curr로 previous는 prev로 줄여서 약자로 많이 사용한다.

12 : newSwValue 변수에 는 항상 새로운(실시간)의 스위치 값을 대입한다.

14 : newSwValue의 값과 oldSwValue 값이 같지 안다면 조건에 만족하여 16~17줄을 실행한다. 즉 값이 변경될때만 조건에 만족한다.

16 : oldSwValue의 값에 newSwValue 값을 대입한다. oldSwValue 변수는 새로 값이 변경될 때만 새로운 값으로 대입된다.

17 : 시리얼통신으로 스위치의 값을 전송한다.

이 코드는 조건문을 사용하여 값이 변경될 때만 조건에 만족하여 동작한다. newSwValue 변수는 항상 새로운 스위치의 값이 저장되고, oldSwValue 변수는 항상 오래된 스위치 값만 저장되어 있다. 새로운 값과 오래된 값이 같지 않다면 조건에 만족하는 코드이다.

동작 결과

[업로드 버튼]을 눌러 아두이노 우노 보드에 프로그램을 업로드 한다. 업로드 완료 후 [시리얼 모니터] 버튼을 클릭하여 시리얼 모니터 창을 연다.

스위치를 눌렀을 때이다. 값이 0이 출력된다.

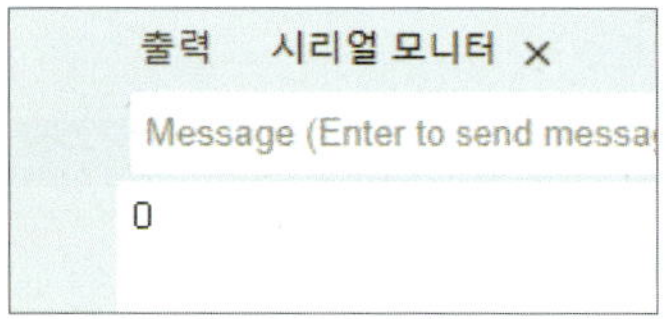

스위치를 눌렀다 떼었을 때이다. 값이 1이 출력된다.

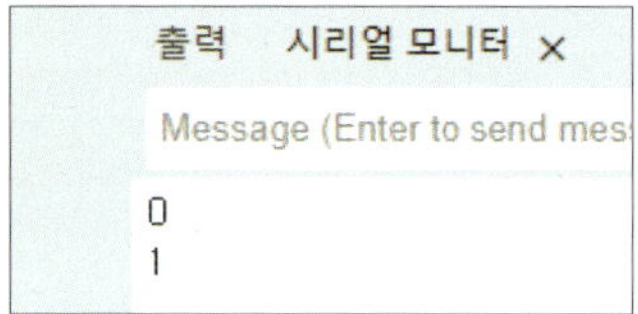

우리가 생각하기에 스위치를 딸깍 누르고 나면 동작이 하나인 듯 보이지만 스위치를 누를 때와 눌렀다 떼었을 때 두 번의 동작이 된다. 그래서 시리얼통신으로 값이 하나만 나오는 게 아니라 두 번나온다. 눌렀을 때는 1->0으로 바뀌는 시점이 돼서 출력되고 눌렀다 떼었을 때는 0->1로 바뀌는 시점이 돼서 출력된다.

조건을 하나 더 만들어 눌렀을 때만 동작하도록 변경하여보자.

아두이노 코드 작성

다음과 같은 아두이노 코드를 작성한다.

15_3.ino

```
#define SW_PIN 3

int newSwValue =1;
int oldSwValue =1;

void setup() {
 Serial.begin(9600);
 pinMode(SW_PIN, INPUT_PULLUP);
}

void loop() {
 newSwValue =digitalRead(SW_PIN);

 if (newSwValue != oldSwValue)
```

```
15        {
16                  oldSwValue = newSwValue;
17                  if(newSwValue ==0)
18                  {
19                   Serial.println(newSwValue);
20                  }
21                  delay(200);
22        }
23      }
```

빨간색의 코드를 추가하였다.

17: newSwValue 변수의 값이 0일 때만 조건에 만족한다. 즉 스위치를 눌렀을 때만 동작한다. 눌렀다 떼었을 때는 조건에 만족하지 않는다.

19: 시리얼통신으로 스위치 값을 전송한다.

21: 200mS 기다림을 주었다. 의도적으로 기다리는 시간으로 스위치가 눌렀을 때는 물리적인 스위치가 눌려서 동작한다. 물리적인 스위치가 눌리면 노이즈가 발생을 하는데 그 신호를 채터링 신호라고 한다. 채터링 신호 때문에 순간적으로 0101 값이 입력되어 스위치의 값에 영향을 받는다. 그렇기 때문에 의도적으로 약간의 시간지연을 두어 채터링을 방지하는 목적으로 사용한다.

동작 결과

[업로드 버튼]을 눌러 아두이노 우노 보드에 프로그램을 업로드 한다. 업로드 완료 후 [시리얼 모니터] 버튼을 클릭하여 시리얼 모니터 창을 연다.

스위치를 눌렀을 때만 동작한다. 눌러다 떼었을 때는 동작하지 않는다.

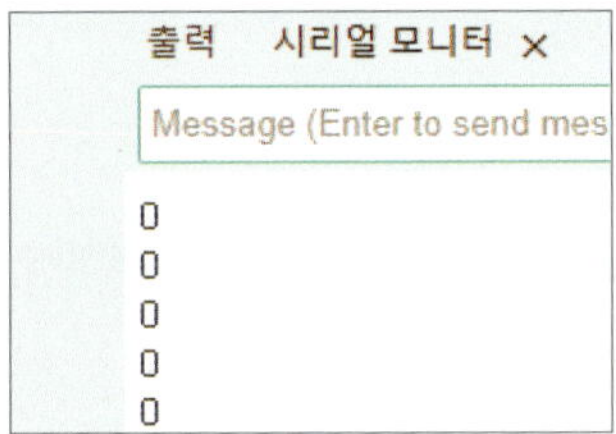

이제 스위치를 누를 때마다 LED의 밝기가 변하는 코드를 만들어보자. LED의 밝기는 총 4단계로 조절하여 꺼짐, 약, 중간, 가장 밝게 단계로 만들어보자.

아두이노 코드 작성

다음과 같은 아두이노 코드를 작성한다.

15_4.ino

```
#define SW_PIN 3
#define LED_PIN 11

int newSwValue =1;
```

```
05  int oldSwValue =1;
06
07  int cnt =0;
08
09  void setup() {
10   Serial.begin(9600);
11   pinMode(SW_PIN, INPUT_PULLUP);
12  }
13
14  void loop() {
15   newSwValue =digitalRead(SW_PIN);
16
17   if (newSwValue != oldSwValue)
18   {
19           oldSwValue = newSwValue;
20           if(newSwValue ==0)
21           {
22            cnt++;
23            if(cnt >=4) cnt =0;
24           }
25           delay(200);
26   }
27
28   if(cnt ==0) analogWrite(LED_PIN,0);
29   else if(cnt ==1) analogWrite(LED_PIN,50);
30   else if(cnt ==2) analogWrite(LED_PIN,150);
31   else if(cnt ==3) analogWrite(LED_PIN,255);
32  }
```

빨간색의 코드를 추가하였다.

22~23: 스위치가 눌릴 때마다 cnt 변수를 1씩 증가한다. cnt 변수의 값이 4이상이면 다시 0으로 초기화한다. 즉 cnt 변수는 0~3까지의 값을 가진다.

28~31: cnt 변수 값에 따라서 LED의 밝기를 조절한다. 0이면 꺼지고 3이면 가장 밝은 밝기로 켠다.

동작 결과

[업로드 버튼]을 눌러 아두이노 우노 보드에 프로그램을 업로드 한다.

스위치를 누를 때마다 LED의 값이 조절된다. 총 4단계로 꺼짐, 약하게, 중간, 가장 밝게 조절된다.

동작 동영상 링크

https://youtu.be/qYnASCxO5dw

03 _ 16 초음파센서를 이용한 스마트 신호등 만들기

학 습 목 표

기초편에서 신호등을 만들어 보았다. 이번 작품은 보행자 신호등에 초음파센서를 연결하여 빨간불에 신호를 건너려고 할 경우 위험을 알리는 장치를 만들어보자.

준비물

다음과 같은 부품을 준비한다.

부품명	수량
아두이노 우노	1개
브레드보드	1개
LED 빨강	1개
LED 초록	1개
220옴 저항(빨빨검검갈)	2개
능동부저(스티커 붙어 있음)	1개
초음파센서 모듈	1개
수/수 점퍼케이블	10개

회로 구성

브레드보드에 다음과 같이 회로를 구성한다.

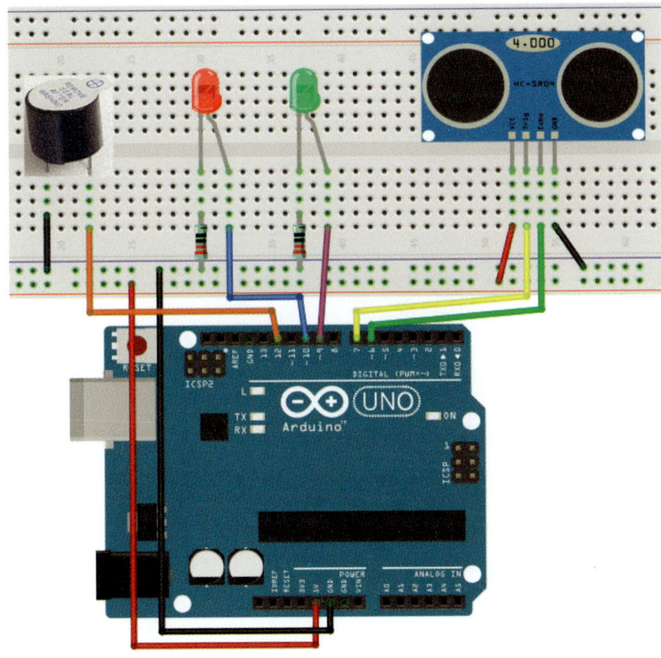

능동부저는 전기를 주면 삐~ 소리가 부저로 스티커가 붙어있다. 스티커에 +가 표시되어 있고 다리가 긴 쪽이 +이다. 능동부저의 +를 아두이노의 12번 핀에 연결한다.

보행신호등을 표현하기위한 빨간색 녹색 LED는 빨간색 10번, 녹색 9번 핀에 연결한다.

초음파센서의 Trig는 7번 핀, Echo는 6번 핀에 연결한다.

10초 동안은 빨간색 5초 동안은 녹색 LED가 켜지는 코드를 만들어보자.

아두이노 코드 작성

다음과 같은 아두이노 코드를 작성한다.

16_1.ino

```
01    #define RED_LED_PIN 10
02    #define GREEN_LED_PIN 9
03
04    void setup() {
05     pinMode(RED_LED_PIN,OUTPUT);
06     pinMode(GREEN_LED_PIN,OUTPUT);
07    }
08
09    void loop() {
10     digitalWrite(RED_LED_PIN,HIGH);
11     digitalWrite(GREEN_LED_PIN,LOW);
12     delay(10000);
13     digitalWrite(RED_LED_PIN,LOW);
14     digitalWrite(GREEN_LED_PIN,HIGH);
15     delay(5000);
16    }
```

10~12: 빨간색 LED는 켜고, 녹색LED는 끄고 10초 기다린다

13~15: 빨간색 LED는 끄고, 녹색LED는 켜고 5초 기다린다.

보행자를 위한 10초 동안은 빨간색, 5초 동안은 녹색LED가 켜지는 코드를 완성하였다.

이제 초음파센서와 부저를 붙이면 작품이 완성된다. 초음파센서 코드를 15~16줄 사이에 추가 한다.고 가정하면. 초음파센서는 딜레이 시간 때문에 약 15초 후에 한 번측정을 한다. 우리는 빨간색 LED가 켜져 있는 시간동안은 계속 초음파를 측정하여 사람이 건넜을 때 부저를 울리게 하여 건너지 못하게 하여야 한다. 하지만 이 코드로는 15초마다 한 번씩만 측정을 하여 신호가 한 번 바뀌고 나서야 그때서 한 번 측정한다. 이러한 코드로는 원하는 결과를 얻지 못한다.

그리고 10초 동안은 빨간색 LED가 켜지고, 5초 동안은 녹색 LED가 켜진다는 것도 사실 맞지 않다. digitalWrtie 코드를 실행하기 위해 아두이노는 빠른 속도로 실행되어서 사람이 느끼기에는 0

의 시간처럼 느껴지지만 사실은 0.00001초라도 시간이 소요된다. 그러므로 10~12: 코드는 0.00001초 동안 빨간색LED를 켜고, 0.00001초 동안 녹색LED를 끈다. 그리고 10초 동안 기다린다. 즉 10.00002초 동안 10~12줄을 동작한다. 0.00002초라도 계속 누적되다 보면 누적시간에 대한 오차가 발생한다. 0.00001초는 예를 들어 설명한 것으로 정확하게 digitalWrite가 동작하는 시간은 아니다.

이러한 시간에 대한 오차를 없애고 delay가 없는 코드를 만들어 사용해야 한다. 그래야 다른 여러 기능들을 추가하더라도 문제없이 동작시킬 수 있다. delay가 없는 코드를 만드는 방법으로는 시간값을 반환해주는 millis 함수를 이용하면 된다. 이제 millis를 사용해서 동작하는 방법을 알아보자.

아두이노 코드 작성

다음과 같은 아두이노 코드를 작성한다.

16_2.ino

```
01  unsigned long currTime =0;
02  unsigned long prevTime =0;
03
04  void setup() {
05   Serial.begin(9600);
06  }
07
08  void loop() {
09   currTime =millis();
10   if(currTime - prevTime >=1000)
11   {
12          prevTime = currTime;
13          Serial.println(currTime);
14   }
15  }
```

01~02 : currTime와 prevTime 변수를 unsigned long 타입으로 선언하고 0으로 초기화하였다. currTime은 current의 약자로 흐르는 값이다. 즉 계속 변하는 실시간의 값을 저장하기 위한 변수이다. prevTime은 previous의 약자로 이전 값을 저장하는 변수이다.

09 : millis() 함수는 아두이노에 전원을 넣거나, 새로 프로그램이 업로드 되었을 때부터 켜진 시간을 milli초 0.001초 단위로 반환해준다. millis의 값을 currTime 변수에 대입한다.

10 : currTime 변수와 prevTime 변수를 뺐을 때 1000이상이면 참이다. 즉 1초마다 한 번만 조건에 만족한다.

12 : prevTime와 currTime 변수를 대입한다. 이전 시간을 새로 업데이트 하였다.

13 : 아두이노가 동작하는 시간을 시리얼 모니터로 전송한다.

이 코드는 1초마다 시리얼통신으로 millis의 값을 전송하는 코드이다. 이 코드는 loop를 계속 돌다가 1초가 되는 시점에만 조건에 만족하여 동작한다. delay는 어떤 동작을 하고 1초 동안 계속 기다렸다면 millis로 동작시키면 계속 비교하면서 1초가 되는 시점에서 한 번만 동작한다. 그러므로 다른 코드들을 추가할 수 있다.

동작 결과

업로드 후 시리얼 모니터를 열어 값을 확인한다. 정확하게 1000mS마다 한 번만 동작하여 값을 전송한다.

이제 cnt 변수를 추가하여 1~10초 동안은 빨간색, 11~15초 동안은 녹색 이 전송되는 코드를 실험해보자.

아두이노 코드 작성

다음과 같은 아두이노 코드를 작성한다.

16_3.ino

```
unsigned long currTime =0;
unsigned long prevTime =0;

int cnt=1;

void setup() {
 Serial.begin(9600);
}

void loop() {
 currTime =millis();
 if(currTime - prevTime >=1000)
 {
         prevTime = currTime;

         cnt++;
         if(cnt >=16) cnt =1;
         Serial.print(cnt);

         if(cnt >=1 && cnt <=10)
         {
          Serial.println( " :RED " );
         }
         else if(cnt >=11 && cnt <=15)
         {
          Serial.println( " :GREEN " );
         }
 }
}
```

빨간색 코드를 추가하였다.

04 : 증가하는 값을 저장하는 cnt 변수를 초기화하였다. 1부터 세기 위해서 1초 초기화하였다.

16~18 : 1초마다 동작하는 조건문 안의 코드로 1초마다 cnt 값을 1씩 증가시킨다. 값이 16이상이면 1로 초기화한다. 즉 cnt 변수는 1~15까지의 값을 가진다. cnt 변수를 시리얼통신으로 전송한다.

20~23 : cnt 값이 1~10초일 때는 시리얼통신으로 ":RED"를 전송한다.

24~27 : cnt 값이 11~15초 일 때는 시리얼통신으로 ":GREEN:"을 전송한다.

동작 결과

아두이노 업로드 후 시리얼 모니터를 열어 값을 확인한다.

1~10초까지는 RED, 11~15초까지는 GREEN이 출력됨을 확인할 수 있다. 15에서 다시 1로 cnt 변수는 초기화 된다.

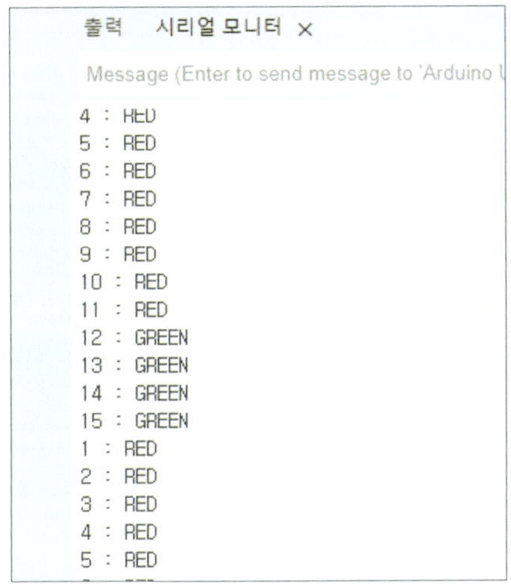

이제 LED를 켜고 끄는 부분을 추가하자.

아두이노 코드 작성

다음과 같은 아두이노 코드를 작성한다.

16_4.ino

```
#define RED_LED_PIN 10
#define GREEN_LED_PIN 9

unsigned long currTime =0;
unsigned long prevTime =0;

int cnt =1;

void setup() {
 Serial.begin(9600);
 pinMode(RED_LED_PIN, OUTPUT);
```

```
    pinMode(GREEN_LED_PIN, OUTPUT);
}

void loop() {
 currTime =millis();
 if (currTime - prevTime >=1000)
 {
        prevTime = currTime;

        cnt++;
        if (cnt >=16) cnt =1;
        //Serial.print(cnt);

        if (cnt >=1 && cnt <=10)
        {
         //Serial.println(“ :RED ”);
         digitalWrite(RED_LED_PIN, HIGH);
         digitalWrite(GREEN_LED_PIN, LOW);
        }
        else if (cnt >=11 && cnt <=15)
        {
         //Serial.println(“ :GREEN ”);
         digitalWrite(RED_LED_PIN, LOW);
         digitalWrite(GREEN_LED_PIN, HIGH);
        }
 }
}
```

빨간색 코드가 추가되었다. 통신으로 값을 확인 하던 부분을 LED로 직접 제어하게 추가하였다. 통신으로 값을 확인하는 부분은 //로 주석처리 하였다.

동작 결과

delay를 사용하지 않고 10초 동안은 빨간색 LED 5초 동안은 녹색LED가 켜진다.

이제 초음파센서와 부저를 추가하여 알림을 울리도록 하여 완료하자.

아두이노 코드 작성

다음과 같은 아두이노 코드를 작성한다.

16_5.ino

```
#define RED_LED_PIN 10
#define GREEN_LED_PIN 9
#define BUZZER_PIN 12

unsigned long currTime =0;
```

```
unsigned long prevTime =0;

int cnt =1;

int echo =6;
int trig =7;

int stopNgo =0;

void setup() {
 Serial.begin(9600);
 pinMode(RED_LED_PIN, OUTPUT);
 pinMode(GREEN_LED_PIN, OUTPUT);
 pinMode(trig, OUTPUT);
 pinMode(echo, INPUT);
 pinMode(BUZZER_PIN, OUTPUT);
}

void loop() {
 currTime =millis();
 if (currTime - prevTime >=1000)
 {
        prevTime = currTime;

        cnt++;
        if (cnt >=16) cnt =1;
        //Serial.print(cnt);

        if (cnt >=1 && cnt <=10)
        {
         //Serial.println( " :RED " );
         digitalWrite(RED_LED_PIN, HIGH);
         digitalWrite(GREEN_LED_PIN, LOW);
         stopNgo =0;
        }
        else if (cnt >=11 && cnt <=15)
        {
         //Serial.println( " :GREEN " );
         digitalWrite(RED_LED_PIN, LOW);
         digitalWrite(GREEN_LED_PIN, HIGH);
         stopNgo =1;
        }
 }

 float distans = ultraSonic();
 Serial.println(distans);
```

```
52        if(distans <=10 && stopNgo ==0)
53        {
54                digitalWrite(BUZZER_PIN,HIGH);
55        }
56        else
57        {
58                digitalWrite(BUZZER_PIN,LOW);
59        }
60      }
61
62      float ultraSonic()
63      {
64       digitalWrite(trig, HIGH);
65       delayMicroseconds(10);
66       digitalWrite(trig, LOW);
67
68       unsigned long duration = pulseIn(echo, HIGH);
69
70       float distanceCM = ((34000 * duration) /1000000) /2;
71
72       return distanceCM;
73      }
```

빨간색의 코드가 추가되었다.

03 : 부저를 사용하기위해 핀 정의
13 : 멈추거나 진행하는 상태를 저장하는 변수이다.
39 : LED가 빨간불일 때는 stopNgo 변수의 값이 0으로 설정한다.
46 : LED가 녹색불일 때는 stopNgo 변수의 값이 1로 설정한다.
50 : 초음파센서의 값을 읽는다 62~73의 함수로 만들었다.
51 : 거리값을 시리얼통신으로 전송한다. 값을 확인하기 위한 용도이다.
52~54 : 거리 값이 10cm 이하 그리고 stopNgo 변수값이 0이면 조건에 만족하여 부저가 운다. 즉 빨간불일 때 초음파센서에 다가가면 부저가 운다.
56~59 : 그렇지 않다면 부저를 끈다. 초록불이거나, 빨간불일 때 초음파센서에 다가가지 않는다면 else조건이 된다.

동작 결과

프로그램을 업로드 후 확인한다.

빨간불이 10초 동안 그 후 초록불이 5초 동안 켜진다. 빨간불일 때 초음파센서에 사람이 감지되면 부저가 울려서 위험을 알려준다. 초록불일 때는 초음파센서에 다가가도 부저가 울리지 않는다.

동작 동영상 링크

https://youtu.be/MLXAtf467i4

03 _ 17 스위치를 많이 눌러라 게임

학 습 목 표

스위치 3개와 LCD를 이용한 스위치 게임을 만들어보자. 1P 스위치, 2P 스위치, 시작 스위치가 있다. 시작 스위치를 누르면 30초에서 1초마다 시간이 감소하고 0초가 될 때까지 1P, 2P 스위치를 많이 누른 사람이 승리하는 게임이다. 스위치가 눌린 횟수와 남은시간은 I2C LCD를 이용하여 보여준다.

준비물

다음과 같은 부품을 준비한다.

부품명	수량
아두이노 우노	1개
브레드보드	1개
푸쉬 버튼	3개
I2C LCD	1개
암/수 점퍼케이블	4개
수/수 점퍼케이블	8개

회로 구성

브레드보드에 다음과 같이 회로를 구성한다.

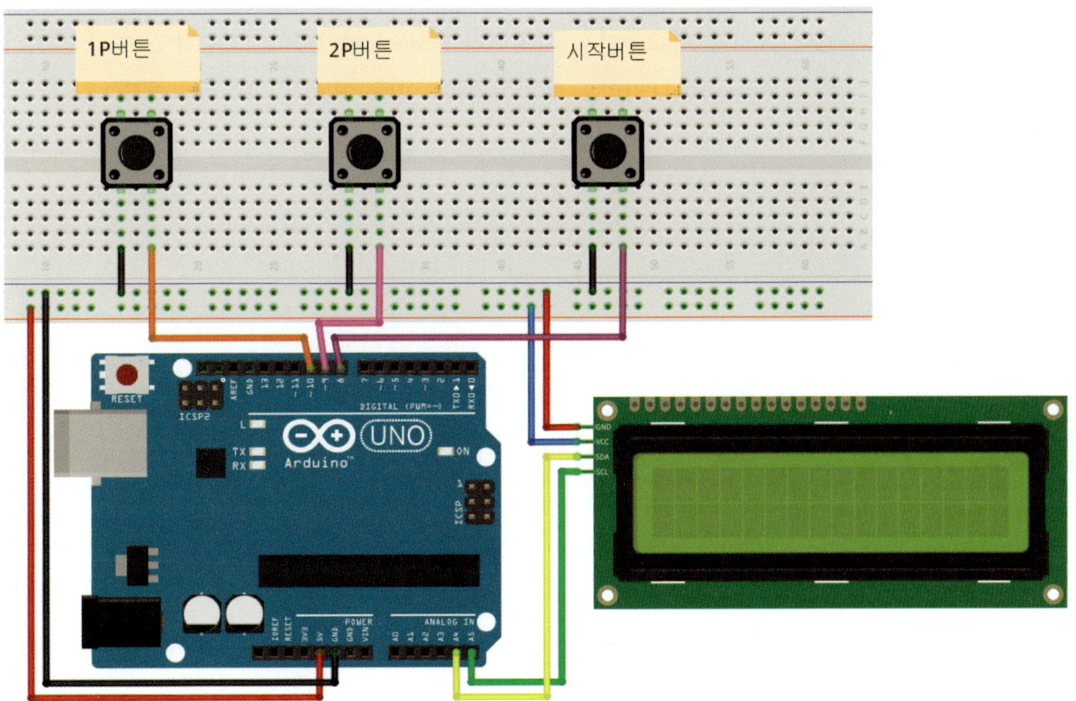

1P 버튼은 10번, 2P번 버튼은 9번, 시작 버튼은 8번 핀에 연결한다.

I2C LCD는 암/수 점퍼케이블을 이용하여 SCL은 아두이노의 A5, SDA는 아두이노의 A4핀에 연결한다. I2C 통신핀은 정해져있어 SCL=A5, SDA=A4번으로 변경할 수 없다.

I2C LCD를 사용하는 방법에 대해 알아보자.

LCD를 사용하기 위해서는 라이브러리가 필요로 한다. 우리는 지금 버튼게임이라는 작품을 만들고 있다. 버튼게임은 완성품에 해당한다.

아두이노에서 라이브러리를 추가하는 과정은 음식으로 예를 들면 떡볶이라는 완성품을 만들이 위해 재료를 추가하는 과정이다. 떡볶이를 만들기 위해 여러 가지 재료들이 필요로 하는데 우리가 다 만들어 사용할 수는 없다. 고추장, 고춧가루, 설탕 등 여러 가지 재료들이 들어간다. 모두 다 만들어 사용하면 좋지만 시간이 오래 걸리고 좋은 고추장을 하나 만드는 것도 엄청난 과정이다.

이처럼 아두이노를 이용하여 작품을 만드는 것도 비슷한 과정으로 우리는 제품을 만들 때 누군가가 만들어놓은 라이브러리(재료)를 잘 사용할 줄도 알아야 한다. 아두이노 이전에는 표준 라이브러리들이 많이 있지 않아서 제품을 만드는데 오랜 시간이 걸렸다. 또 음식으로 예를 들면 떡볶이를 만들어야 하는데 고추장, 고춧가루, 설탕들을 팔지 않았다. 그럼 떡볶이를 만들기위해서 우선 고추장도 만들어야하고 고춧가루, 설탕도 직접 만들어 사용했어야 했다. 떡볶이라는 제품을 만들기 위해서 엄청난 수고가 따랐다. 하지만 시대가 많이 지나면서 좋은 고추장, 좋은 고춧가루, 설탕 등을 입맛에 맞게 골라 사용할 수 있게 되었다.

아두이노도 마찬가지로 여러 가지의 재료들이 라이브러리 형태로 되어있다. 고추장도 여러 가지의 제품이 있듯이 I2C LCD를 다루는 라이브러리도 여러 가지가 있다. 우리는 라이브러리를 테스트 하고 내 제품에 맞는지만 판단하여 사용할 줄 알면 좋은 제품을 만들 수 있다. 물론 어느 정도 실력이 올라가고 라이브러리가 마음에 들지 않는다면 직접 라이브러리를 만들어 사용하면 된다.

라이브러리를 추가하여보자.

[스케치] -> [라이브러리 포함하기] -> [라이브러리 관리...]를 클릭한다.

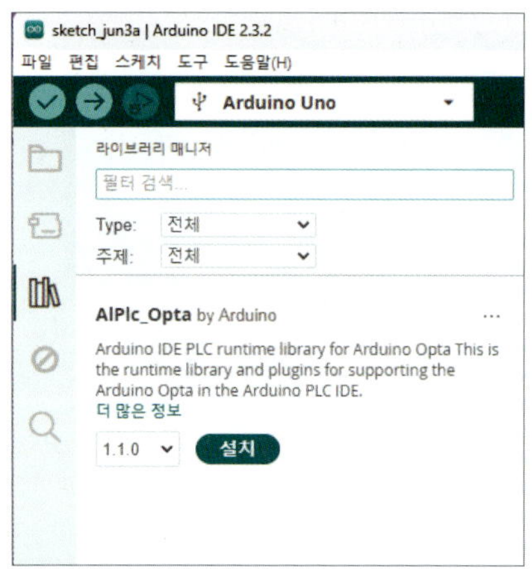

"i2c lcd"를 검색하여 스크롤을 아래로 쭉 내려 LiquidCrystal I2C를 설치한다. 버전은 만든사람이 업데이트를 하면 버전이 점점 올라간다. 이 책에서는 1.1.2를 사용한다. 버전이 업그레이드가 되면 버그를 수정하는 경우가 많은데 가끔 동작이 안 되는 경우도 있어 다른 버전이 동작하지 않는다면 1.1.2 버전을 설치하여 사용한다.

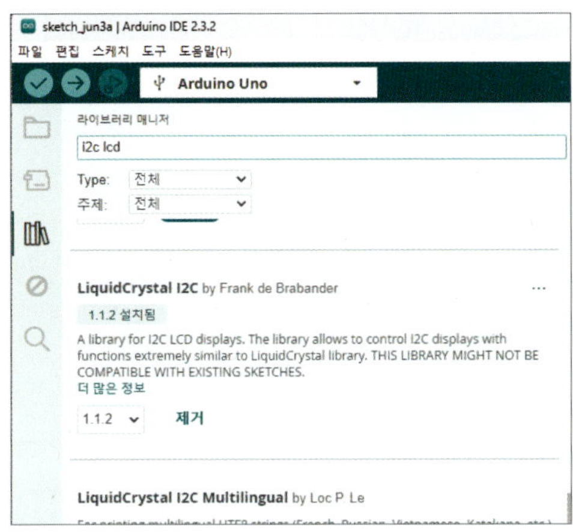

[파일] -> [예제]를 열러 스크롤을 아래로 내리면 LiquidCrystal I2C 설치된 라이브러리의 예제를 확인 할 수 있다. 거의 대부분의 라이브러리들이 예제를 만들어주지만 가끔 예제를 안주는 라이브러리도 있다. 예제코드를 열어서 기능들을 확인이 가능하다.

아두이노 코드 작성

아래코드를 작성하여 LCD를 테스트하여보자. [파일] -> [예제] -> [LiquidCrystal I2C] -> [HelloWorld] 예제에서 약간 수정한 코드이다. 주석 등과 글자를 약간 수정하였다.

17_1.ino

```
#include <Wire.h>
#include <LiquidCrystal_I2C.h>

LiquidCrystal_I2C lcd(0x27,16,2);

void setup() {
 lcd.init();
 lcd.backlight();
 lcd.setCursor(1,0);
 lcd.print(“Hello, world!”);
 lcd.setCursor(5,1);
 lcd.print(“Arduino!”);
```

```
13    }
14
15    void loop() {
16
17    }
```

01: I2C 통신을 위한 라이브러리 추가

02: LCD 사용을 위한 라이브러리 추가

04: 0x27 번지의 16글자 2줄로 초기화. 시중에 있는 I2C LCD의 주소는 0x27과 0x3F가 많다. 혹시 동작하지 않는다면 주소를 0x3F로 변경해서 해보면된다.

07: LCD초기화 init이라는 약자는 초기화 할 때 많이 사용한다.

08: 백라이트를 켠다

09: 커서를 이동한다. 1칸, 0줄로 이동한다. 0줄이 첫 번째 줄이다.

10: Hello world! 글자를 출력한다.

11: 커서를 이동한다. 5칸, 1줄로 이동한다. 1줄이 두 번째 줄이다.

12: Arduino! 글자를 출력한다.

LCD는 글자를 한 번 써주면 전원이 유지하는 동안에는 지워줄 때까지 마지막에 썼던 글자를 유지한다.

동작 결과

업로드 후 LCD를 확인하여 결과를 확인해보자.

다음과 같이 출력되면 된다.

글자 뒤에 뿌옇게 나오거나

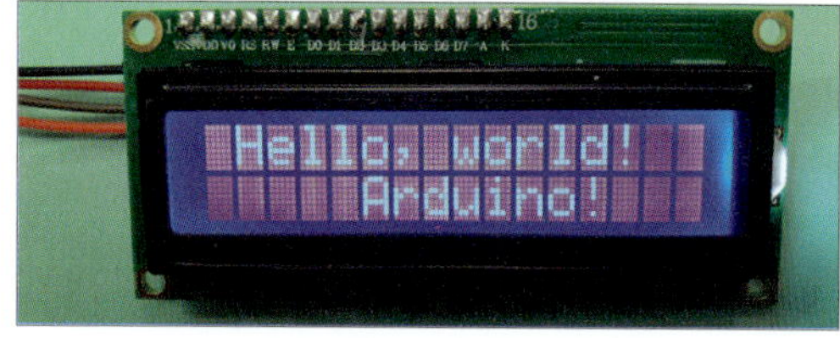

글자가 흐릿하게 나온다면

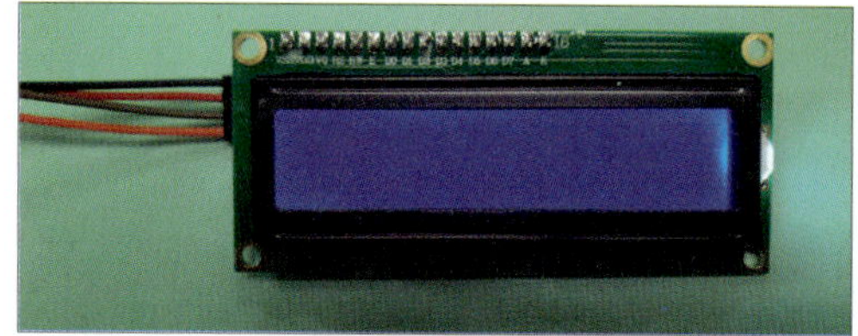

LCD 뒷면에 가변저항을 드라이버로 돌려 글자가 잘 나오게 확인한다.

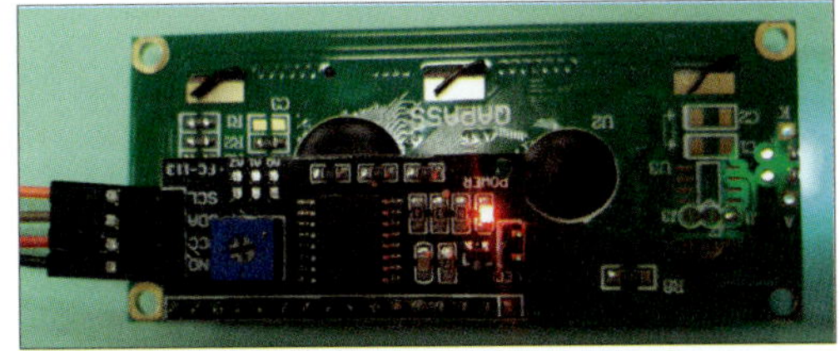

이제 3개의 스위치가 눌렸을 때 동작하는 코드를 만들어보자.

아두이노 코드 작성

다음과 같은 아두이노 코드를 작성한다.

17_2.ino

```
#define BUTTON_1P 10
#define BUTTON_2P 9
#define BUTTON_START 8

void setup() {
 Serial.begin(9600);
 pinMode(BUTTON_1P, INPUT_PULLUP);
 pinMode(BUTTON_2P, INPUT_PULLUP);
 pinMode(BUTTON_START, INPUT_PULLUP);
}

void loop() {
 if (button1P() ==1) {
         Serial.println(“button1”);
         delay(50);
 }

 if (button2P() ==1) {
         Serial.println(“button2”);
         delay(50);
 }

 if (buttonStart() ==1) {
         Serial.println(“buttonStart”);
         delay(50);
 }
}

int button1P()
{
```

```
31      static int oldSw =1;
32      static int newSw =1;
33      newSw =digitalRead(BUTTON_1P);
34      if (newSw != oldSw)
35      {
36              oldSw = newSw;
37              if (newSw ==0) {
38               return 1;
39              }
40      }
41      return 0;
42    }
43
44    int button2P()
45    {
46      static int oldSw =1;
47      static int newSw =1;
48      newSw =digitalRead(BUTTON_2P);
49      if (newSw != oldSw)
50      {
51              oldSw = newSw;
52              if (newSw ==0) {
53               return 1;
54              }
55      }
56      return 0;
57    }
58
59    int buttonStart()
60    {
61      static int oldSw =1;
62      static int newSw =1;
63      newSw =digitalRead(BUTTON_START);
64      if (newSw != oldSw)
65      {
66              oldSw = newSw;
67              if (newSw ==0) {
68               return 1;
69              }
70      }
71      return 0;
72    }
```

07~09: 버튼 입력을 풀업 입력으로 설정한다. 아두이노의 내부 풀업을 사용한다.

13~16: 1P 버튼이 눌렸다면 조건에 만족하여 "button1"을 시리얼통신으로 전송하고 50mS의 채터링 방지시간만큼 의도적으로 기다린다.

18~23: 2P, 시작 버튼도 위와 같다.

29~42 : 1P 버튼의 값을 읽는 함수이다.

31 : static int 형으로 oldSw 변수를 1초 초기화하였다. static을 사용하면 지역변수 안에 있지만 초기화가 한 번만되는 전역변수처럼 사용이 가능하다. 또 장점은 지역변수이기 때문에 여러 함수안에 같은 이름이 있어도 관계없이 각각 동작한다. static형으로 변수를 만든 이유는 같은 기능을 가진 변수의 이름을 전역변수로 여러 개 만들면 관리가 어렵기 때문에 같은 이름을 사용하려고 static형으로 사용하였다.

33 : newSw 변수에 BUTTON_1P핀에서 값을 읽어 저장한다.

34 : newSw와 oldSw 값이 같지 않다면 즉 버튼이 눌렀거나 눌렀다 떼었을 때 바뀌는 시점에만 한 번씩 참이된다.

36 : oldSw 값이 newSw 변수를 대입한다.

37 : newSw의 값이 0일 때만 참조건이 된다. 풀업저항을 사용하였을 때는 버튼을 누르면 0이된다. 즉 눌렀을 때만 조건에 만족한다.

38 : 버튼이 눌렸을 때만 1의 값을 리턴한다. 리턴을 만나면 함수는 거기서 끝이다. 더 이상 아래 코드를 실행하지 않는다.

41 : 스위치가 눌리지 않았다면 0을 리턴한다.

44~57 : 2P 버튼에 대한 함수이다.

59~72 : 시작 버튼에 대한 함수이다.

동작 결과

업로드 후 시리얼 모니터로 값을 확인한다.

버튼을 눌러 버튼에 맞는 값이 출력되는지 확인한다.

각각 버튼을 두 번씩 눌러보았다. 출력이 잘된다.

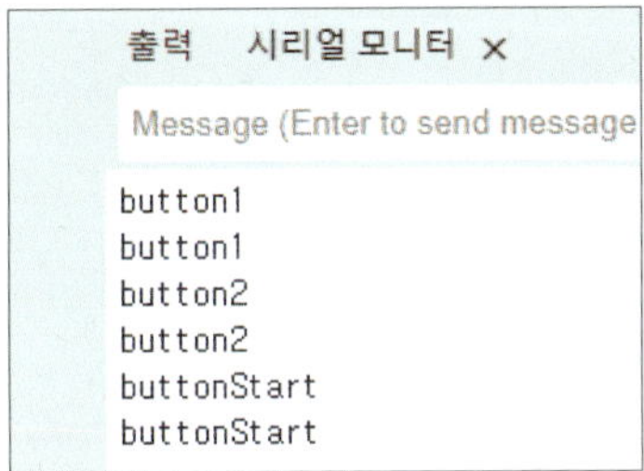

이제 버튼 게임을 완성해보자.

아두이노 코드 작성

다음과 같은 아두이노 코드를 작성한다.

17_3.ino

```
#include <Wire.h>
#include <LiquidCrystal_I2C.h>

#define BUTTON_1P 10
#define BUTTON_2P 9
#define BUTTON_START 8

LiquidCrystal_I2C lcd(0x27, 20, 4);

```

```
unsigned int buttonCnt1 =0;
unsigned int buttonCnt2 =0;

unsigned long currTime =0;
unsigned long prevTime =0;

unsigned int gameTime =30;

void setup() {
 Serial.begin(9600);
 pinMode(BUTTON_1P, INPUT_PULLUP);
 pinMode(BUTTON_2P, INPUT_PULLUP);
 pinMode(BUTTON_START, INPUT_PULLUP);
 lcd.init();
 lcd.backlight();
}

void loop() {
 if (button1P() ==1) {
         if (gameTime >0) buttonCnt1++;
         delay(50);
 }

 if (button2P() ==1) {
         if (gameTime >0) buttonCnt2++;
         delay(50);
 }

 if (buttonStart() ==1) {
         gameTime =30;
         buttonCnt1 =0;
         buttonCnt2 =0;
         delay(50);
 }

 currTime =millis();
 if (currTime - prevTime >=1000)
 {
         prevTime = currTime;
         if (gameTime >0) gameTime--;
         lcd.clear();
         lcd.setCursor(3, 0);
         lcd.print(“TIME: ”);
         lcd.print(gameTime);
         lcd.setCursor(0, 1);
         lcd.print(“1P: ”);
         lcd.print(buttonCnt1);
         lcd.setCursor(8, 1);
         lcd.print(“2P: ”);
         lcd.print(buttonCnt2);
```

```
    }
  }

  int button1P()
  {
   static int oldSw =1;
   static int newSw =1;
   newSw =digitalRead(BUTTON_1P);
   if (newSw != oldSw)
   {
          oldSw = newSw;
          if (newSw ==0) {
           return 1;
          }
   }
   return 0;
  }

  int button2P()
  {
   static int oldSw =1;
   static int newSw =1;
   newSw =digitalRead(BUTTON_2P);
   if (newSw != oldSw)
   {
          oldSw = newSw;
          if (newSw ==0) {
           return 1;
          }
   }
   return 0;
  }

  int buttonStart()
  {
   static int oldSw =1;
   static int newSw =1;
   newSw =digitalRead(BUTTON_START);
   if (newSw != oldSw)
   {
          oldSw = newSw;
          if (newSw ==0) {
           return 1;
          }
   }
   return 0;
  }
```

빨간색 부분의 코드가 추가되었다.

001~002 : LCD를 사용하기 위한 라이브러리 추가
010~011 : 버튼을 눌렀을 때 증가되는 값을 가지는 변수
013~014 : millis를 이용하여 시간을 측정하기 위한 변수
016 : 게임시간을 저장하는 변수 30초를 기본값으로 가진다.
029 : 1P 버튼이 눌렸고 gameTime 게임시간이 0보다 크다면 buttonCnt1++ 1번 버튼카운터 값을 증가시킨다. 즉 게임이 종료되지 않았고 1P 버튼이 눌렸으면 버튼을 세는 buttonCnt1 변수의 값을 1 증가시킨다.
034 : 2P 버튼도 029줄과 같다.
038 : 시작 버튼이 눌렸으면 gamaTime을 30으로 설정, buttonCnt1의 값과 buttonCnt2의 값을 0으로 초기화한다. 즉 시작 버튼이 눌리면 모든값을 초기화한다.
045 : 현재 시간을 currTime 변수에 넣는다.
046 : 1초마다 한 번씩만 조건에 만족한다.
048 : prevTime 변수에 currTime을 대입한다. 이전 시간 값이 저장하는 변수에 현재시간을 넣는다.
049 : gameTime이 0보다 크면 자신의 값에서 −1한다. 즉 30~0까지 −1씩 1초마다 감소시킨다.
050 : LCD의 모든 글자를 지운다.
051~053 : 커서를 지정하고 "TIME:" 글자를 출력 gameTime을 출력한다.
054~056 : 커서를 지정하고 "1P:" 글자를 출력 buttonCnt1을 출력한다. 즉 1P가 누른 숫자를 LCD에 표시한다.
057~059 : 커서를 지정하고 "2P:" 글자를 출력 buttonCnt2을 출력한다. 즉 2P가 누른 숫자를 LCD에 표시한다.

동작 결과

1P와 2P가 30초 동안 누가 많이 눌렀나를 겨루는 게임으로 스타트 버튼을 누른 후 30초 동안 누른 회수를 LCD에 표시한다.

게임을 시작하고 1P, 2P 버튼을 누르면 숫자가 증가된다.

시간이 0이 되면 종료되고 더 이상 버튼이 눌리지 않는다. 다시 시작 버튼을 누르면 시작된다.

버튼을 이용한 간단한 게임을 만들어보았다.

동작 동영상 링크

https://youtu.be/6GAyVpEYnTg 

03 _ 18 온도습도 불쾌지수 표시기 만들기

학 습 목 표

온습도센서를 사용하여 LCD에 온도와 습도를 표시하는 장치를 만들어보자. 불쾌지수 공식을 이용하여 불쾌지수를 구하고 불쾌지수에 따라서 RGB LED를 이용하여 불쾌지수 상태를 표시하여 보자.

준비물

다음과 같은 부품을 준비한다.

부품명	수량
아두이노 우노	1개
브레드보드	1개
RGB LED 모듈	1개
DHT11 온습도센서모듈	1개
I2C LCD	1개
암/수 점퍼케이블	4개
수/수 점퍼케이블	9개

회로 구성

브레드보드에 다음과 같이 회로를 구성한다.

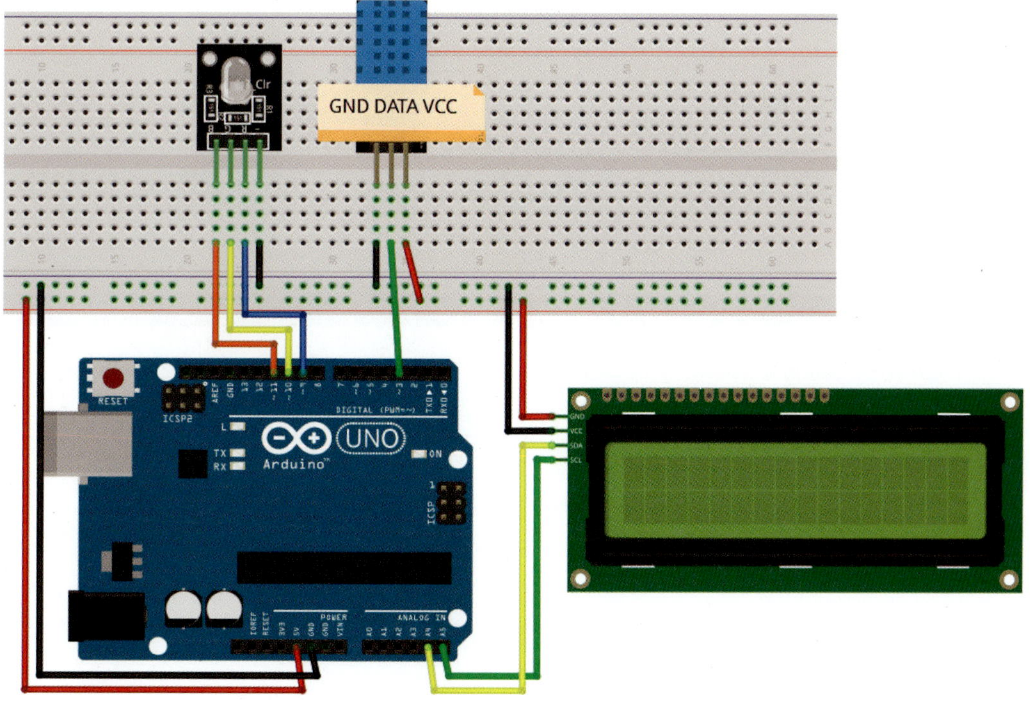

RGB LED 모듈은 -는 GND에 R은 9번, G는 10번, B는 11번에 연결한다.

DHT11 온습도센서모듈의 DATA핀은 아두이노의 3번 핀에 연결한다.

I2C LCD는 암/수 점퍼케이블을 이용하여 SCL은 아두이노의 A5, SDA는 아두이노의 A4핀에 연결한다. I2C 통신핀은 정해져있어 SCL=A5, SDA=A4번으로 변경할 수 없다.

새로운 센서인 DHT11 온습도센서모듈을 테스트 해보자.

아두이노의 라이브러리를 추가하자

[스케치] -> [라이브러리 포함하기] -> [라이브러리 관리...]를 클릭한다.

“DHT11”을 검색한다.

“DHT sensor library”를 설치한다.

DHT11 온습도센서를 테스트해보자.

아두이노 코드 작성

다음의 코드를 작성한다.

18_1.ino

```
#include "DHT.h"

#define DHTPIN 3

#define DHTTYPE DHT11

DHT dht(DHTPIN, DHTTYPE);

void setup() {
 Serial.begin(9600);
 dht.begin();
}
```

```
13
14 void loop() {
15   float humi = dht.readHumidity();
16   float temp = dht.readTemperature();
17
18   Serial.print(temp);Serial.print( " C " );
19   Serial.print( "  " );
20   Serial.print(humi);Serial.println( " % " );
21
22   delay(1500);
23 }
```

01 : DHt 센서를 사용하기 위한 라이브러리 추가

03 : 핀설정 3번 핀 사용

05 : 타입설정, DHT11 또는 DHT22센서도 가능하다. DHT22는 조금 더 정밀한 센서이다. 물론 가격도 더 비싸다. 우리가 사용하는 센서는 DHT11이다.

07 : dht의 이름으로 핀과, 타입을 설정하고 클래스를 생성한다.

11 : dht 센서를 시작한다.

15 : 습도 값을 읽어 humi변수에 저장한다. humidity(습도)의 약자이다. flaot으로 소수점을 저장할 수 있는 변수 타입이다.

16 : 온도 값을 일거 temp변수에 저장한다. temperature(온도)의 약자이다. flaot으로 소수점을 저장할 수 있는 변수 타입이다.

18~20 : 온도 및 습도값을 시리얼통신으로 전송한다.

22 : 1.5초 기다린다. DHT11 센서는 너무 빨리 다시 읽으면 에러가 많이 난다. 최소 1초 이상의 텀을 두어 읽으면 오류가 적다. 온도값이 빨리 변하는 값도 아니어서 1초 간격으로 읽어도 충분하다. 우리는 1.5초 간격으로 읽는다.

동작 결과

아두이노 프로그램을 업로드하고 시리얼 모니터로 값을 확인한다.

온도와 습도가 출력된다.

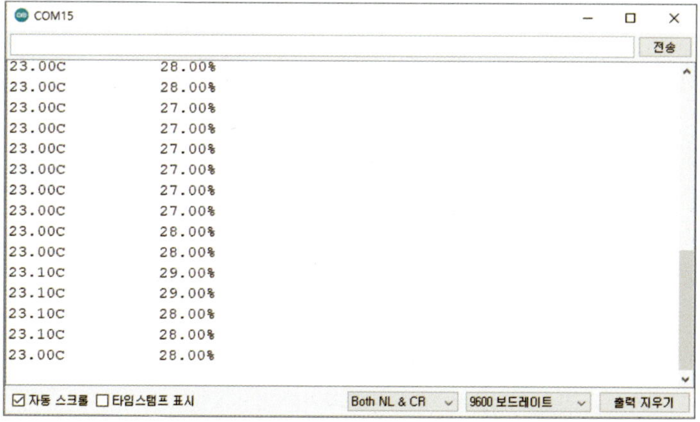

이제 온도습도 값을 LCD에 표시하여보자.

I2C LCD의 라이브러리는 추가하였다. I2C LCD라이브러리 추가방법은 17장에서 다루고 있다.

아두이노 코드 작성

다음과 같은 아두이노 코드를 작성한다.

18_2.ino

```
01 #include “DHT.h”
02 #include <Wire.h>
03 #include <LiquidCrystal_I2C.h>
04
05 #define DHTPIN 3
06
07 #define DHTTYPE DHT11
08
09 DHT dht(DHTPIN, DHTTYPE);
10
11 LiquidCrystal_I2C lcd(0x27,20,4);
12
13 void setup() {
14  Serial.begin(9600);
15  dht.begin();
16  lcd.init();
17  lcd.backlight();
18 }
19
20 void loop() {
21  float humi = dht.readHumidity();
22  float temp = dht.readTemperature();
23
24  Serial.print(temp);Serial.print(“C”);
25  Serial.print(“  ”);
26  Serial.print(humi);Serial.println(“%”);
27
28  lcd.clear();
29  lcd.setCursor(0,0);
30  lcd.print(“TEMP:”);
31  lcd.print(temp);
32  lcd.setCursor(0,1);
33  lcd.print(“HUMI:”);
34  lcd.print(humi);
35
36  delay(1500);
37 }
```

02~03 : LCD를 사용하기 위한 라이브러리 추가 라이브러리 헤더파일은 제일 위에 추가한다.
11 : I2C LCD를 클래스 생성
16~17 : setup 함수 안에서 lcd 초기화 및 백라이트 켬
28~34 : LCD에 온도 및 습도 값 표시

빨간색 부분에 LCD로 출력하는 부분을 추가하였다. 코드를 빨간색으로 강조하는 이유는 작품을 만들 때 부품 또는 기능을 하나씩 하나씩 만드는 것은 사실 어렵지 않다. 하지만 여러 개의 코드를 합치려고 하면 어디에 어떻게 합쳐야 하는지 몰라 어려움이 있는 것을 많이 보았다. 그래서 빨간색으로 강조하여 합치는 부분을 설명하고 있다. 작품을 만들 때 한 번에 쭉 만드는 게 아니라 하나의 기능을 테스트하고 다음기능을 테스트하고 붙이는 방법으로 진행을 하면 오류가 적고 문제가 생기더라도 다시 검증된 부분으로 되돌아와서 거기서부터 다시 시작을 할 수 있다. 이러한 과정을 거치지 않고 한 번에 작품을 만들어 실패하는 경우를 많이 보았다.

동작 결과

아두이노 프로그램을 업로드 한다.

LCD에 온도와 습도가 표시되었다.

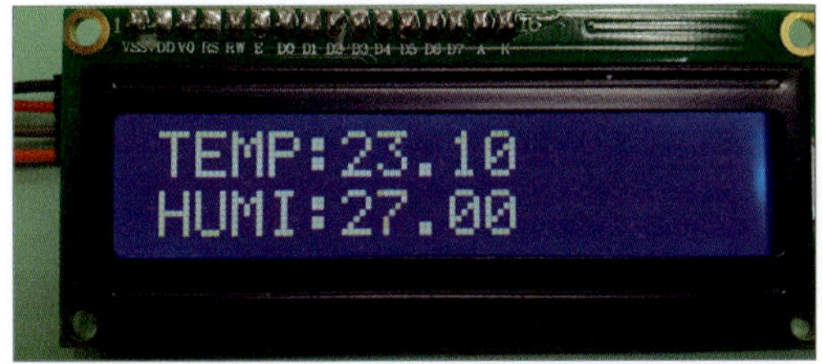

이제 RGB LED를 이용하여 불쾌지수를 표시한다.

불쾌지수는 날씨에 따라서 사람이 불쾌감을 느끼는 정도를 온도와 습도를 이용하여 나타내는 수치이다. '불쾌지수=0.72(기온+습구온도)+40.6'로 계산한다. 불쾌지수가 70~75인 경우에는 약 10%, 75~80인 경우에는 약 50%, 80이상인 경우에는 대부분의 사람이 불쾌감을 느낀다고 한다.

우리는 습구온도계가 없고 온도계와 습도만을 측정할 수 있으므로 다음의 공식으로 불쾌지수 값을 구할 수 있다.

불쾌지수 = (1.8 * 온도) – (0.55 * (1 - 습도 / 100.0) * (1.8 * 온도 – 26)) + 32;

계산된 불쾌지수로 공식을 만들어보자. 69이하일 때는 쾌적하다고 판단하여 초록색 LED가 켜지고 70~75는 노란색, 76이상일 때는 빨간색 LED가 켜지게 하자.

아두이노 코드 작성

다음과 같은 아두이노 코드를 작성한다.

18_1.ino

```
#include “ DHT.h ”
#include <Wire.h>
#include <LiquidCrystal_I2C.h>

```

```
#define LED_RED 9
#define LED_GREEN 10
#define LED_BLUE 11

#define DHTPIN 3

#define DHTTYPE DHT11

DHT dht(DHTPIN, DHTTYPE);

LiquidCrystal_I2C lcd(0x27,20,4);

void setup() {
 Serial.begin(9600);
 dht.begin();
 lcd.init();
 lcd.backlight();
 pinMode(LED_RED,OUTPUT);
 pinMode(LED_GREEN,OUTPUT);
 pinMode(LED_BLUE,OUTPUT);
}

void loop() {
 float humi = dht.readHumidity();
 float temp = dht.readTemperature();

 Serial.print(temp);Serial.print(“C”);
 Serial.print(“  “);
 Serial.print(humi);Serial.println(“%”);

 lcd.clear();
 lcd.setCursor(0,0);
 lcd.print(“TEMP:”);
 lcd.print(temp);
 lcd.setCursor(0,1);
 lcd.print(“HUMI:”);
 lcd.print(humi);

 float di = (1.8 * temp) - (0.55 * (1 - humi /100.0) * (1.8 * temp -26)) +32;
 Serial.print(“discomfort index:”);
 Serial.println(di);

 if(di <=69)
 {
        digitalWrite(LED_RED,LOW);
        digitalWrite(LED_GREEN,HIGH);
```

```
51                  digitalWrite(LED_BLUE,LOW);
52          }
53          else if(di >=70 && di <=75)
54          {
55                  digitalWrite(LED_RED,HIGH);
56                  digitalWrite(LED_GREEN,HIGH);
57                  digitalWrite(LED_BLUE,LOW);
58          }
59          else if(di >=76)
60          {
61                  digitalWrite(LED_RED,HIGH);
62                  digitalWrite(LED_GREEN,LOW);
63                  digitalWrite(LED_BLUE,LOW);
64          }
65          delay(1500);
66      }
```

빨간색 부분을 추가하였다.

05~07 : RGB LED 핀 정의
22~24 : 핀을 출력으로 사용
43 : 온도와 습도센서를 이용하여 불쾌지수 공식을 사용하여 불쾌지수 계산
44~4 5: 불쾌지수 값을 시리얼 모니터로 전송
47~52 : 불쾌지수 값이 69 이하일 때는 녹색LED만 켜짐
53~58 : 불쾌지수 값이 70~75 사이일 때는 빨간색LED와 녹색LED를 켜서 노란색으로 켜짐
59~64 : 불쾌지수 값이 76이상일 때는 빨간색LED만 켜짐

동작 결과

아두이노 프로그램을 업로드 한다. 시리얼 모니터를 열어 불쾌지수 값 확인이 가능하다.

DHT11 센서에 입김을 불어 온도와 습도 값을 올려 불쾌지수가 올라갈 때 LED의 색상이 변하는지 확인하여 보자.

```
출력    시리얼 모니터 ×
Message (Enter to send message t
discomfort index:68.20
24.00C       26.00%
discomfort index:68.20
24.00C       26.00%
discomfort index:68.20
24.00C       26.00%
discomfort index:68.20
24.00C       26.00%
```

동작 동영상 링크

https://youtu.be/dmcYwk8MZ9g

03 _ 19 초음파센서를 이용한 푸쉬업 카운터 만들기

학 습 목 표

푸쉬업을 하다보면 숫자를 세다 잊어버릴 때가 있다. 초음파센서를 이용하여 푸쉽업을 할 때 자동으로 숫자를 세주는 작품을 만들어보자.

준비물

다음과 같은 부품을 준비한다.

부품명	수량
아두이노 우노	1개
브레드보드	1개
초음파센서 모듈	1개
능동부저 모듈(스티커)	1개
스위치	1개
I2C LCD	1개
암/수 점퍼케이블	4개
수/수 점퍼케이블	10개

회로 구성

브레드보드에 다음과 같이 회로를 구성한다.

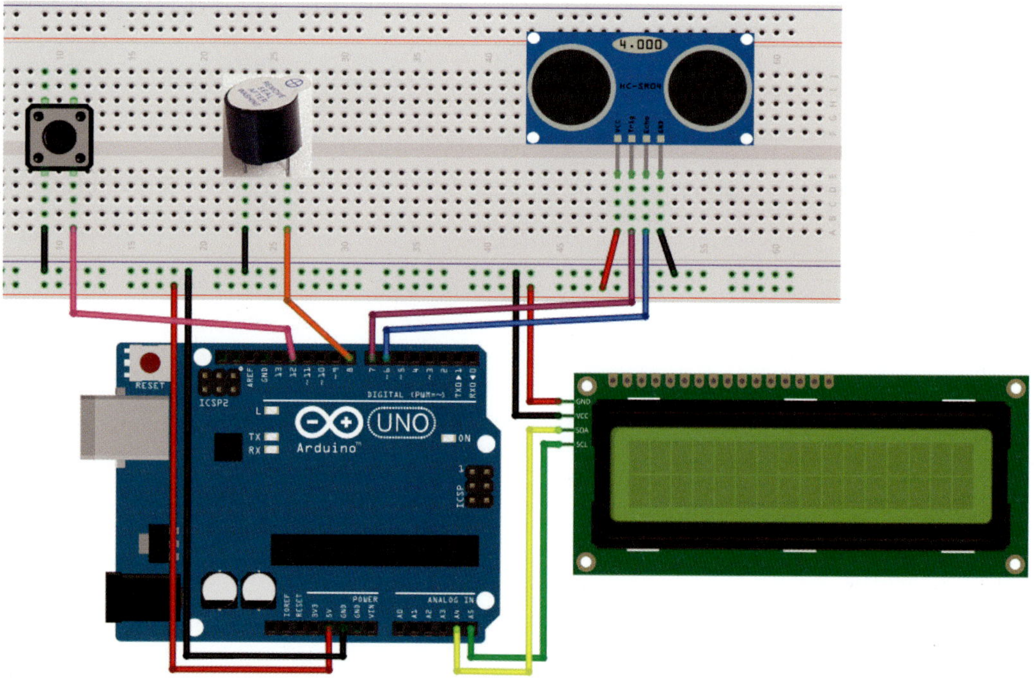

스위치는 아두이노의 12번 핀에 연결한다.

능동부저의 +를 아두이노의 8번 핀에 연결한다. +는 긴 다리이다.

초음파센서의 Trig는 7번 핀, Echo는 6번 핀에 연결한다.

I2C LCD는 암/수 점퍼케이블을 이용하여 SCL은 아두이노의 A5, SDA는 아두이노의 A4핀에 연결한다.

다음의 코드를 작성하여 초음파와 LCD를 테스트해보자.

아두이노 코드 작성

다음과 같은 아두이노 코드를 작성한다.

19_1.ino

```
#include <Wire.h>
#include <LiquidCrystal_I2C.h>

#define BUZZER_PIN 8
#define SW_PIN 12
int echo =6;
int trig =7;

LiquidCrystal_I2C lcd(0x27,20,4);

void setup() {
 Serial.begin(9600);
 pinMode(trig, OUTPUT);
 pinMode(echo, INPUT);
 pinMode(BUZZER_PIN, OUTPUT);
 pinMode(SW_PIN, INPUT_PULLUP);
 lcd.init();
 lcd.backlight();
 lcd.clear();
 lcd.setCursor(0, 0);
 lcd.print(“ PUSHUP COUNTER “);
}

void loop() {
 float distance = ultraSonic();
 Serial.print(distance);
 Serial.println(“ cm ”);
 delay(100);
}

float ultraSonic()
{
```

```
33        digitalWrite(trig, HIGH);
34        delayMicroseconds(10);
35        digitalWrite(trig, LOW);
36
37        unsigned long duration = pulseIn(echo, HIGH);
38
39        float distanceCM = ((34000 * duration) /1000000) /2;
40
41        return distanceCM;
42      }
```

04~07 : 부저와 스위치, 초음파에 사용하는 핀 정의
13~16 : 핀 입출력 사용설정
17~21 : LCD에 "PUSHUP CONUTER" 글자표시
25 : 초음파센서의 값을 읽어 distance 변수에 대입
26~27 : 거리값을 시리얼 모니터로 전송
28 : 100mS의 딜레이 너무 빨리 읽지 않기 위해서 시간지연
31~42 : 초음파센서값을 읽는 함수

동작 결과

아두이노 프로그램을 업로드 후 시리얼 모니터를 열어 초음파 값을 확인한다.

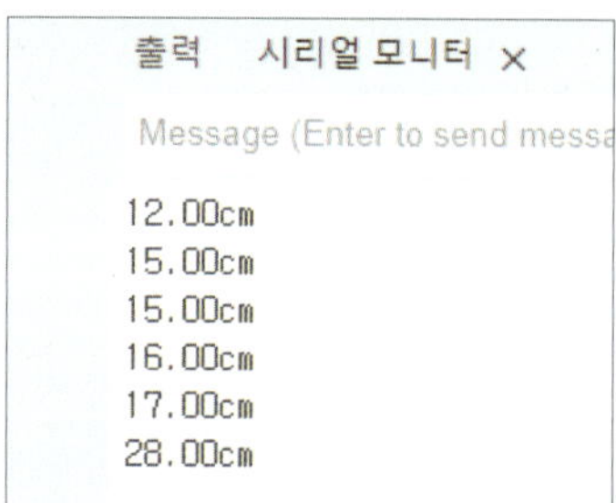

LCD에 PUSHUP COUNT 글자가 표시되는지 확인한다.

이제 거리에 따라 조건을 넣어 숫자를 세어보자.

아두이노 코드 작성

다음과 같은 아두이노 코드를 작성한다.

19_2.ino

```
#include <Wire.h>
#include <LiquidCrystal_I2C.h>

#define BUZZER_PIN 8
#define SW_PIN 12
int echo =6;
int trig =7;

LiquidCrystal_I2C lcd(0x27, 20, 4);

int pushupCnt =0;

void setup() {
 Serial.begin(9600);
 pinMode(trig, OUTPUT);
 pinMode(echo, INPUT);
 pinMode(BUZZER_PIN, OUTPUT);
 pinMode(SW_PIN, INPUT_PULLUP);
 lcd.init();
 lcd.backlight();
 lcd.clear();
 lcd.setCursor(0, 0);
 lcd.print(" PUSHUP COUNTER ");
}

void loop() {
 float distance = ultraSonic();
 Serial.print(distance);
 Serial.println("cm");
 delay(100);
 if (distance <=10) {
        pushupCnt++;
        lcd.setCursor(8, 1);
        lcd.print("  ");
        lcd.setCursor(8, 1);
        lcd.print(pushupCnt);
        digitalWrite(BUZZER_PIN, HIGH);
        delay(100);
        digitalWrite(BUZZER_PIN, LOW);
        delay(100);
 }

```

```
43      if ( digitalRead(SW_PIN) ==0)
44      {
45              pushupCnt =0;
46              lcd.setCursor(8, 1);
47              lcd.print("  ");
48              lcd.setCursor(8, 1);
49              lcd.print(pushupCnt);
50              delay(100);
51      }
52
53    }
54
55    float ultraSonic()
56    {
57     digitalWrite(trig, HIGH);
58     delayMicroseconds(10);
59     digitalWrite(trig, LOW);
60
61     unsigned long duration = pulseIn(echo, HIGH);
62
63     float distanceCM = ((34000 * duration) /1000000) /2;
64
65     return distanceCM;
66    }
```

빨간색 부분을 추가하였다.

11 : 푸쉬업 카운터를 세는 변수를 만들어 0으로 초기화하였다.
31~41 : 초음파센서의 거리값이 10cm이하이면 조건에 만족한다.
32 : 푸쉬업 카운터 변수를 1씩 증가시킨다.
33~36 : LCD에 커서를 위치하고 우선 공백으로 지운 후 다시 푸쉬업 카운터 값을 써 넣는다.
37~40 : 부저를 짧게 울린다.
43~50 : 스위치가 눌렸으면 푸쉬업 카운터 값을 0으로 초기화 한다.

동작 결과

초음파센서가 10cm이하일 때 카운터를 세어 숫자가 증가한다. 하지만 10cm 이하일 때 가만히 있어도 값을 세어 정상동작하지 않는다.

10cm 이하일 때는 카운터를 세고 다시 30cm까지 멀어지고 돌아와야 셀 수 있는 조건을 추가해보도록 하자.
다음의 코드를 작성한다.

19_3.ino

```
#include <Wire.h>
#include <LiquidCrystal_I2C.h>

#define BUZZER_PIN 8
#define SW_PIN 12
int echo =6;
int trig =7;

LiquidCrystal_I2C lcd(0x27, 20, 4);

int pushupCnt =0;
int pushState =0;

void setup() {
 Serial.begin(9600);
 pinMode(trig, OUTPUT);
 pinMode(echo, INPUT);
 pinMode(BUZZER_PIN, OUTPUT);
 pinMode(SW_PIN, INPUT_PULLUP);
 lcd.init();
 lcd.backlight();
 lcd.clear();
 lcd.setCursor(0, 0);
 lcd.print(“ PUSHUP COUNTER “);
}

void loop() {
 float distance = ultraSonic();
 Serial.print(distance);
 Serial.println(“cm”);
 delay(100);
 if (distance <=10 && pushState ==0) {
        pushState =1;
        pushupCnt++;
        lcd.setCursor(8, 1);
        lcd.print(“  “);
        lcd.setCursor(8, 1);
        lcd.print(pushupCnt);
        digitalWrite(BUZZER_PIN, HIGH);
        delay(100);
        digitalWrite(BUZZER_PIN, LOW);
        delay(100);
 }
 else if (distance >=30 && pushState ==1)
 {
```

```
46              pushState =0;
47        }
48
49        if ( digitalRead(SW_PIN) ==0)
50        {
51              pushupCnt =0;
52              lcd.setCursor(8, 1);
53              lcd.print(“  ”);
54              lcd.setCursor(8, 1);
55              lcd.print(pushupCnt);
56              delay(100);
57        }
58
59      }
60
61      float ultraSonic()
62      {
63       digitalWrite(trig, HIGH);
64       delayMicroseconds(10);
65       digitalWrite(trig, LOW);
66
67       unsigned long duration = pulseIn(echo, HIGH);
68
69       float distanceCM = ((34000 * duration) /1000000) /2;
70
71       return distanceCM;
72      }
```

12: 푸쉬업의 상태를 저장하는 변수를 추가하였다.
32: 조건문을 10cm 이하 그리고 pushState 변수가 0일 때만 조건에 만족한다.
33: pushState 변수의 값을 1로 설정한다. 이 변수를 1로 설정함으로써 32줄의 조건은 한 번 만족 후 30cm 까지 멀어지지 않는 이상 다시 만족하지 않는다.
44: 초음파센서의 거리가 30cm 이상으로 멀어지고 pushState 변수가 1일 때 조건에 만족한다.
36: pushState 변수를 0으로 설정한다.

동작 결과

아두이노 프로그램을 업로드 후 초음파센서에 푸쉬업을 하여 결과를 확인한다. 결과는 LCD창에 표시된다. 버튼을 누르면 값이 초기화된다.

10cm이하일 때 pushupCnt를 증가시키고 다시 30cm 까지 멀어지고 나서 10cm이하로 들어와야 pushupCnt를 증가시킨다.

동작 동영상 링크

https://youtu.be/UdL-7_0YifA

03 _ 20 초음파센서를 이용한 키측정기 만들기(외형 만들기)

학 습 목 표

초음파센서를 이용하여 키를 측정할 수 있는 장치를 만들어보자. 스위치를 누르면 아이의 머리위에서부터 땅까지의 거리를 측정하여 LCD에 표시해주는 작품을 만들어보자.
키를 측정할 수 있는 이러한 제품이 있다. 이러한 제품의 원리는 머리위에 장치를 둔 후 사람이 빠져나온 후 바닥까지의 거리를 측정하면 키를 측정할 수 있다.

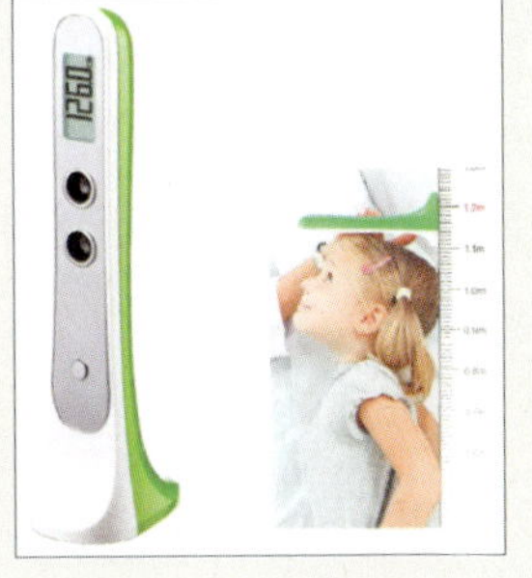

준비물

다음과 같은 부품을 준비한다.

부품명	수량	부품명	수량
아두이노 우노	1개	스위치	1개
브레드보드	1개	I2C LCD	1개
초음파센서 모듈	1개	암/수 점퍼케이블	8개
능동부저 모듈(스티커)	1개	수/수 점퍼케이블	6개

회로 구성

브레드보드에 다음과 같이 회로를 구성한다.

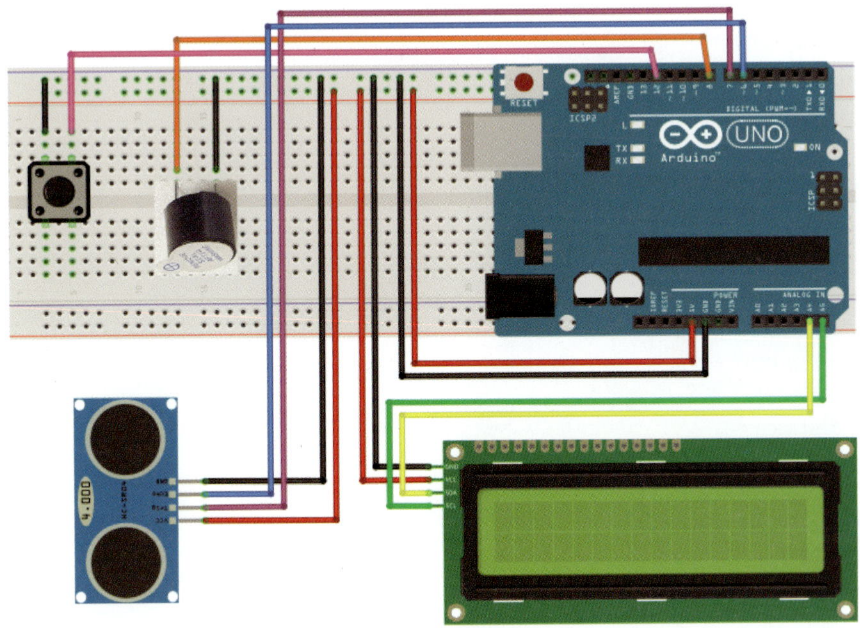

회로의 구성자체는 "19. 초음파센서를 이용한 푸쉬업 카운터 만들기"와 동일하다. 초음파센서를 부착하기 쉽게 암/수 케이블을 이용하여 연결하는 부분이 달라졌다.

스위치는 아두이노의 12번 핀에 연결한다.

능동부저의 +를 아두이노의 8번 핀에 연결한다. +는 긴 다리이다.

초음파센서의 Trig는 7번 핀, Echo는 6번 핀에 연결한다.

I2C LCD는 암/수 점퍼케이블을 이용하여 SCL은 아두이노의 A5, SDA는 아두이노의 A4핀에 연결한다.

아두이노 코드 작성

다음과 같은 아두이노 코드를 작성한다.

20_1.ino

```
#include <Wire.h>
#include <LiquidCrystal_I2C.h>

#define BUZZER_PIN 8
#define SW_PIN 12
int echo =6;
int trig =7;

LiquidCrystal_I2C lcd(0x27, 20, 4);

void setup() {
 Serial.begin(9600);
 pinMode(trig, OUTPUT);
 pinMode(echo, INPUT);
 pinMode(BUZZER_PIN, OUTPUT);
 pinMode(SW_PIN, INPUT_PULLUP);
 lcd.init();
 lcd.backlight();
 lcd.clear();
 lcd.setCursor(5, 0);
 lcd.print( " Height " );
}

void loop() {
 if ( digitalRead(SW_PIN) ==0)
 {
         float distance =0;
         for(int i =0; i <5; i++)
         {
          distance += ultraSonic();
          delay(100);
         }
```

```
33              distance = distance /5.0;
34
35              lcd.setCursor(5, 1);
36              lcd.print( “  “ );
37              lcd.setCursor(5, 1);
38              lcd.print(distance);
39              lcd.print( “ cm ” );
40              digitalWrite(BUZZER_PIN, HIGH);
41              delay(100);
42              digitalWrite(BUZZER_PIN, LOW);
43              delay(100);
44        }
45      }
46
47      float ultraSonic()
48      {
49       digitalWrite(trig, HIGH);
50       delayMicroseconds(10);
51       digitalWrite(trig, LOW);
52
53       unsigned long duration = pulseIn(echo, HIGH);
54
55       float distanceCM = ((34000 * duration) /1000000) /2;
56
57       return distanceCM;
58      }
```

25 : 스위치가 눌리면 조건에 만족한다.

27 : 거리값을 저장하는 지역변수를 초기화한다.

28 : for문을 이용하여 5번 반복한다.

25 : 거리값측정해 distance 변수에 더해서 대입한다.

33 : digtance 변수에는 5번 더한값이 저장되어 있어 나누기 5.0을 해서 평균을 취하였다. 거리값의 정밀도를 높이기 위하여 평균을 취하였다.

35~39 : 거리값을 LCD에 표시한다.

40~43 : 부저를 짧게 울려 완료됐음을 알린다.

동작 결과

아두이노 프로그램을 업로드 후 확인한다.

스위치를 누르면 거리를 측정하고 LCD에 거리값이 표시된다. 부저가 짧게 울려 완료되었음을 알린다.

이제 기능 구현은 완료하였다. 이번에는 케이스를 만들어서 사용하기 편하게 해보자.

조립하기

30cm x 8cm 1개, 25cm x 8cm 1개, 30cm x 4cm 2개를 준비한다.

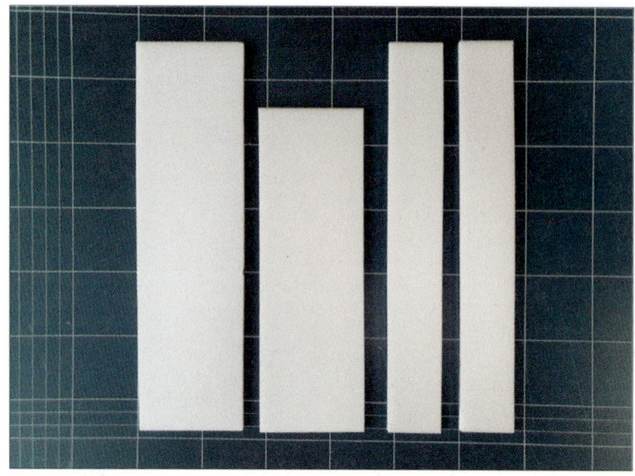

30cm x 80cm 에 초음파 센서를 고정할 구멍을 도려낸다.

도려낸 구멍에 초음파센서를 고정한다.

브레드보드와 아두이노를 고정한다. 브레드보드의 바닥은 양면테이프가 붙어있어 스티커를 제거하고 붙이면 된다. 브레드보드와 아두이노는 글루건을 이용하여 고정한다.

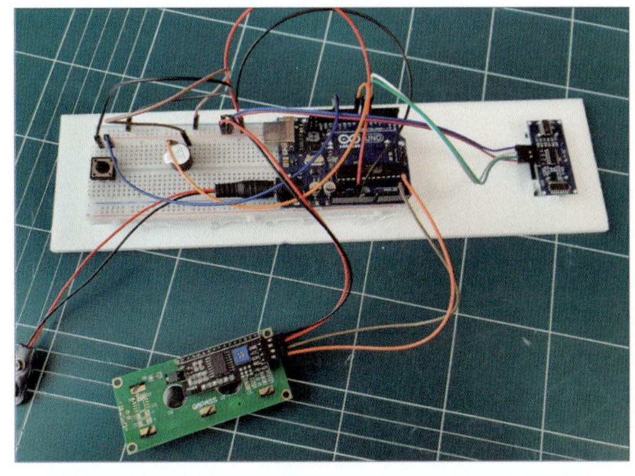

8cm x 4cm에 글루건을 묻혀 고정시킨다.

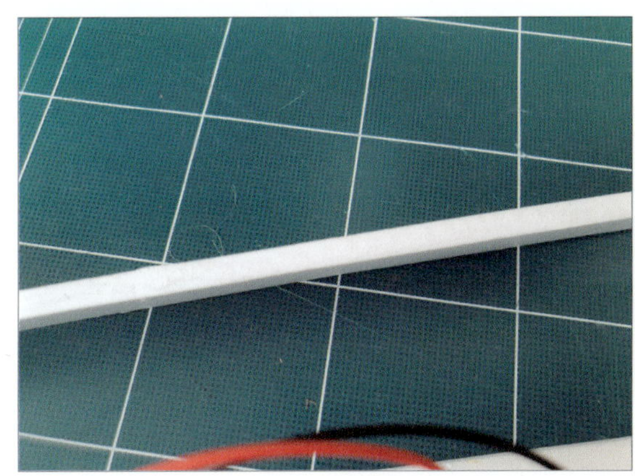

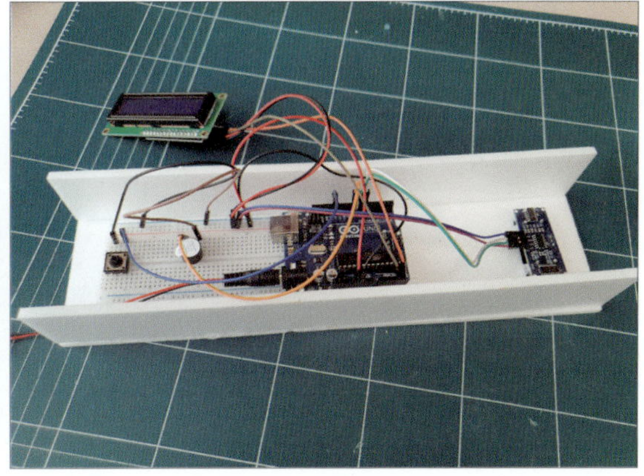

보드를 회전시켰다. 초음파센서 모듈의 방향을 확인하자.

25cm x 8cm 폼보드에 LCD를 고정하기 위해 구멍을 뚫는다.

LCD를 글루건을 이용하여 고정하였다.

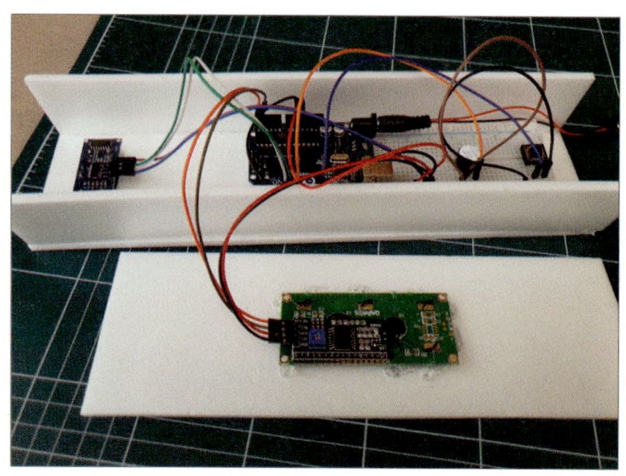

25cm x 8cm 위판은 글루로 고정하여도 되나. 혹시 선을 다시 연결해야 할 때 뜯어야 하는 상황이 발생할 수도 있어서 테이프로 고정하였다.

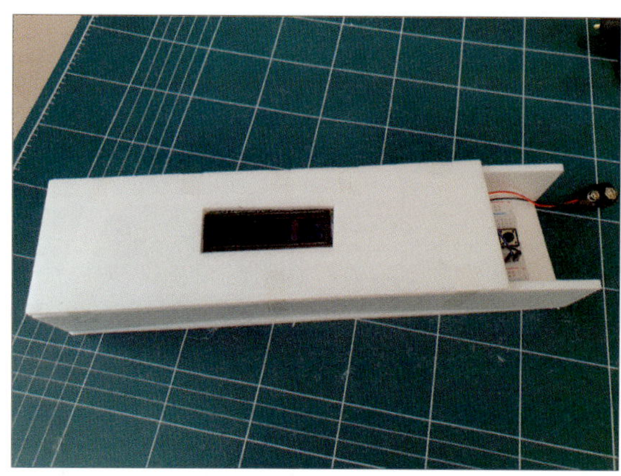

아래쪽에 초음파센서의 모습이다.

배터리를 사용하기 위해서 9V 배터리 홀더를 아두이노 연결하여 전원을 공급하였다.

배터리는 9V 알카라인을 사용하였다. 망간은 출력되는 전류가 낮아 동작하지 않을 수 있다.

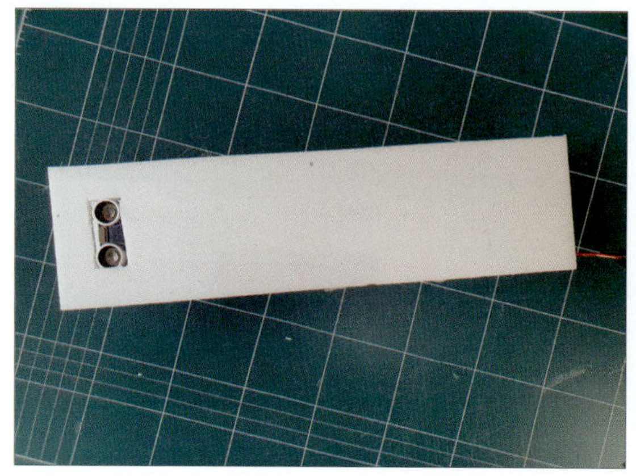

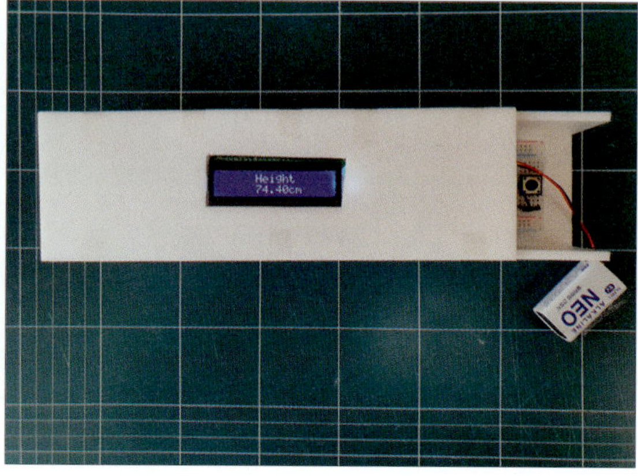

동작 결과

키를 측정할 수 있다. 하지만 벽에 너무 붙어있으면 센서가 이상한 값을 출력하는 현상이 있다.

그 이유는 초음파센서에서 초음파신호를 보낼 때 일직선으로만 보내지 않고 확산하여 보내기 때문이다. 다음의 초음파센서 데이터 시트에서 보듯이 약 30도 각도의 확산 신호를 보낸다. 그렇기 때문에 벽근처에서는 벽에 튕겨서 되돌아오는 신호가 발생할 수 있다.

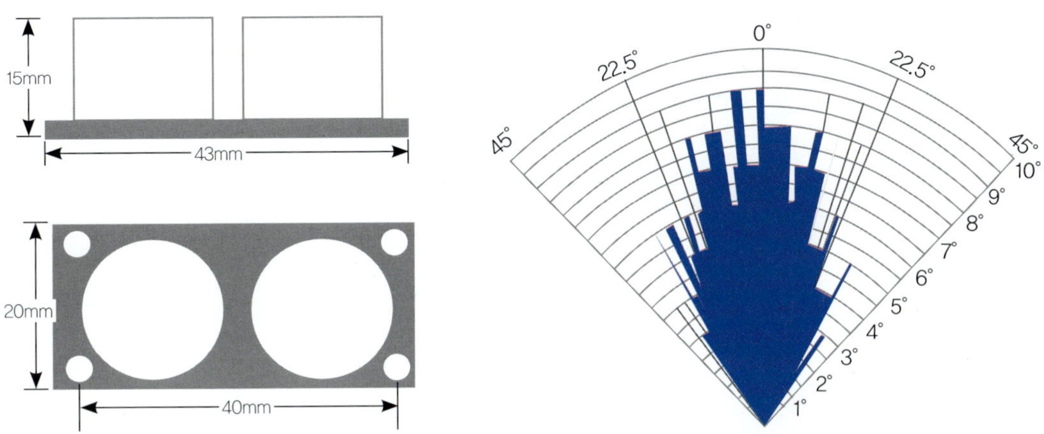

해결책으로는 우리가 가진 센서의 특성상 벽에서 떨어져서 사용해야 한다. 근본적인 해결책은 확산되는 각도가 적은 초음파 센서를 사용해야 한다. 시중에서 판매되는 키 측정기는 확산되는 각도가 적은 제품을 사용한다. 그리고 좀 더 정밀하게 측정하기 위해서는 온도에 따른 보정이 필요로 한다. 음파의 속도는 V= 331.5+0.6t (m/sec) (t : 섭씨 온도) 온도에 따라 속도가 변한다. 온도에 따라서 온도가 올라가면 속도가 빨라지고 온도가 내려가면 속도가 느려진다. 이처럼 더욱더 정확하게 측정하기 위해서는 온도센서를 달아 온도에 따른 속도 보정이 필요로 한다.

동작 동영상 링크

https://youtu.be/qshjQ9chqpQ

03 _ 21 가속도자이로센서를 이용한 도난방지기 만들기

학 습 목 표

가속도자이로센서를 이용하여 움직임을 감지하고 움직임을 감지하였을 때 부저가 울리는 도난 방지기를 만들어보자.

준비물

다음과 같은 부품을 준비한다.

부품명	수량
아두이노 우노	1개
브레드보드	1개
MPU6050 가속도자이로센서 모듈	1개
능동부저 모듈(스티커)	1개
수/수 점퍼케이블	8개

회로 구성

브레드보드에 다음과 같이 회로를 구성한다.

부저 모듈의 +는 아두이노의 10번 핀에 연결한다.

MPU6050 센서모듈은 I2C 통신으로 값을 받을 수 있다. SCL핀은 아두이노의 A5번 핀에 연결하고, SDA핀은 아두이노의 A4번 핀에 연결한다.

MPU6050 센서를 사용하는 예제코드를 작성하여보자.

MPU6050을 사용하기 위해서 라이브러리를 추가하여야 한다.

[스케치] -> [라이브러리 포함하기] -> [라이브러리 관리...]를 클릭한다.

"mpu6050"을 검색한다.

"MPU6050_tockn"를 설치한다.

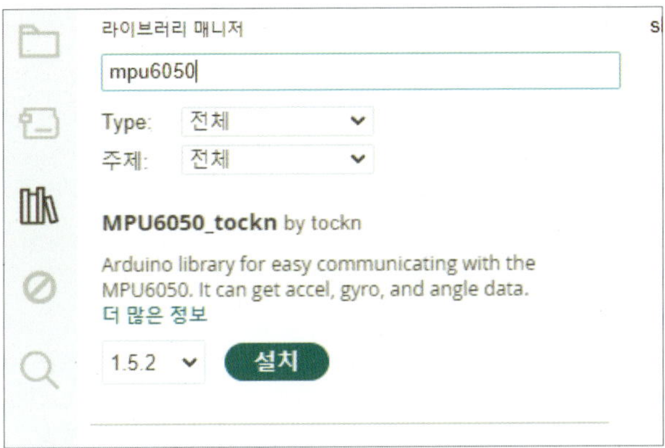

아두이노 코드 작성

다음의 MPU6050 센서의 가속도 값을 받는 코드를 작성한다.

21_1.ino

```
#include <MPU6050_tockn.h>
#include <Wire.h>

MPU6050 mpu6050(Wire);

void setup() {
 Serial.begin(9600);
 Wire.begin();
 mpu6050.begin();
 mpu6050.calcGyroOffsets(false);
}

void loop() {
 mpu6050.update();
 Serial.print( “X : “ );
 Serial.print(mpu6050.getAccX());
 Serial.print( “\tY : “ );
 Serial.println(mpu6050.getAccY());
}
```

04: mpu6050의 이름으로 클래스를 생성한다.
09: mpu6050 센서를 초기화한다. 초기화시 수 초간 센서보정을 한다.
10: mpu6050 센서의 보정값을 출력하지 않는다.
14: 값을 업데이트한다.
16: 가속도 X 값을 전송한다.
17: ₩t는 탭으로 X값을 전송 후 여러 칸을 띄우기 위해 사용하였다.
18: 가속도 Y 값을 전송한다.

동작 결과

아두이노를 업로드 후 시리얼 플로터를 열어 값을 확인한다.

[툴] -> [시리얼 플로터] 창을 연다.

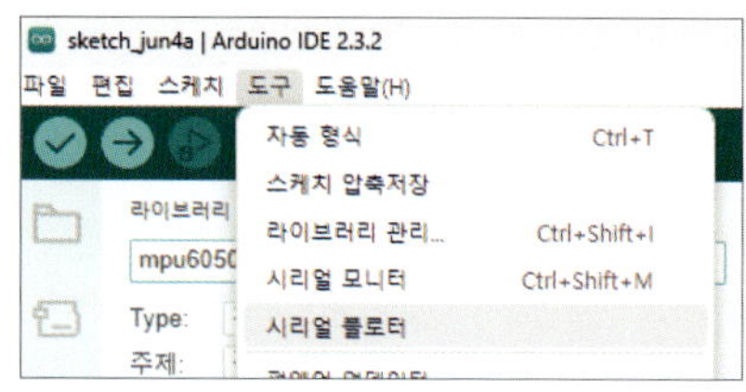

값을 확인한다.

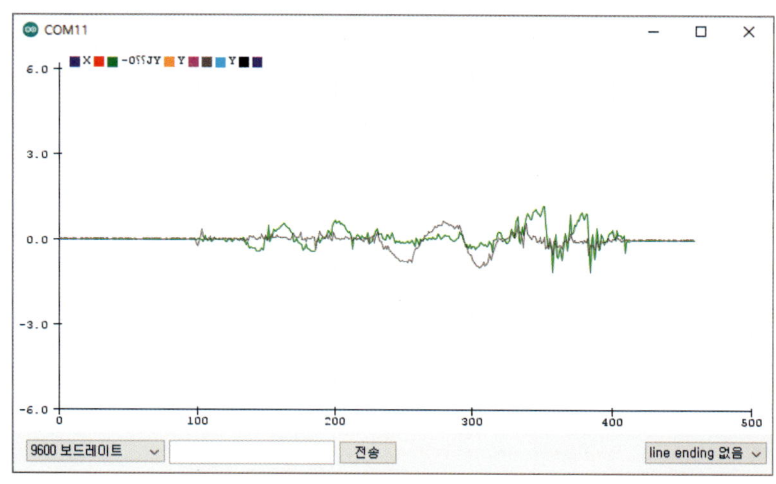

센서에 X, Y축 방향이 표시되어 있다. 센서를 기울어 보면서 값의 변화를 확인한다.

Z축은 회전축이다.

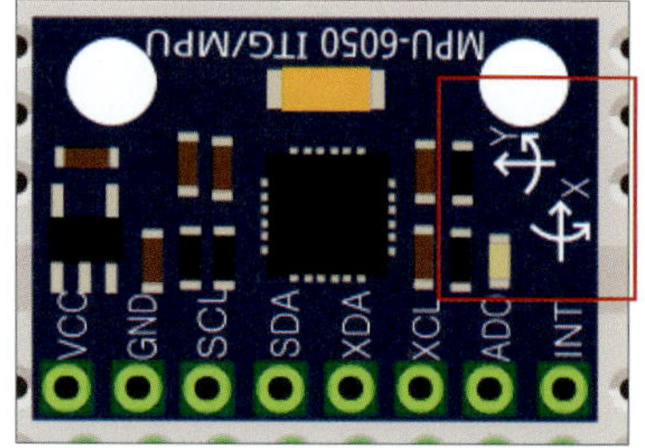

센서에 움직임이 생겼을 때 값이 변화한다.

값의 변화를 이용하여 값이 변하면 부저를 울리도록 하여 도난방지기를 만들어보자.

아두이노 코드 작성

다음과 같은 아두이노 코드를 작성한다.

21_2.ino

```
#include <MPU6050_tockn.h>
#include <Wire.h>

MPU6050 mpu6050(Wire);

#define BUZZER_PIN 10

float AccBuf[2];
int bufCnt =0;

void setup() {
 Serial.begin(9600);
 Wire.begin();
 mpu6050.begin();
 mpu6050.calcGyroOffsets(false);
 pinMode(BUZZER_PIN, OUTPUT);
 digitalWrite(BUZZER_PIN, LOW);
}

void loop() {
 mpu6050.update();

 AccBuf[bufCnt++] = mpu6050.getAccX();
 if (bufCnt ==2) bufCnt =0;

 if(abs(AccBuf[0] - AccBuf[1]) >=0.1 )
 {
         for(int i =0; i <10; i++)
         {
          digitalWrite(BUZZER_PIN, HIGH);
          delay(200);
          digitalWrite(BUZZER_PIN, LOW);
          delay(200);
         }
         mpu6050.update();
         AccBuf[0] = mpu6050.getAccX();
         AccBuf[1] = mpu6050.getAccX();
```

```
38              bufCnt =0;
39          }
40      }
```

08 : 가속도센서값을 저장하는 배열변수를 만든다.
09 : 배열의 번지수를 저장하는 변수를 만든다.
23 : 가속도X의 값을 AccBuf에 저장한다. bufCnt는 0,1 값으로만 변경된다. 이전값과 현재값을 저장한다.
24 : bufCnt가 2면 0으로 초기화한다. butCnt는 0,1 값으로만 변경된다.
26 : 가속도값이 저장된 AccBuf값을 이전값고 현재 값을 뺀값이 절대값 0.1이상이면 즉 센서가 움직임을 감지하였다면 조건에 만족한다. abs(값)는 값이 절대값으로 된다.
28 : for문을 10번 반복한다.
30~31 : 부저를 울린다. for문에 의해 10번 반복된다.
35~39 : 감지후 값을 초기화하였다.

동작 결과

아두이노 프로그램을 업로드 한다. 센서 보정 때문에 수초 정도 후에 프로그램이 실행된다.
센서를 움직이면 부저가 울려 도난방지기로 동작한다.

동작 동영상 링크

https://youtu.be/Gfjqa-hAPM4 

03 _ 22 가속도자이로센서를 이용한 지진감지기 만들기

학 습 목 표

가속도자이로센서를 이용하여 지진을 감지하고 지진이 감지되면 알림을 울리고 LCD에 표시하는 장치를 만들어보자.

준비물

다음과 같은 부품을 준비한다.

부품명	수량
아두이노 우노	1개
브레드보드	1개
MPU6050 가속도자이로센서 모듈	1개
능동부저 모듈(스티커)	1개
I2C LCD	1개
수/수 점퍼케이블	8개
암/수 점퍼케이블	4개

회로 구성

브레드보드에 다음과 같이 회로를 구성한다.

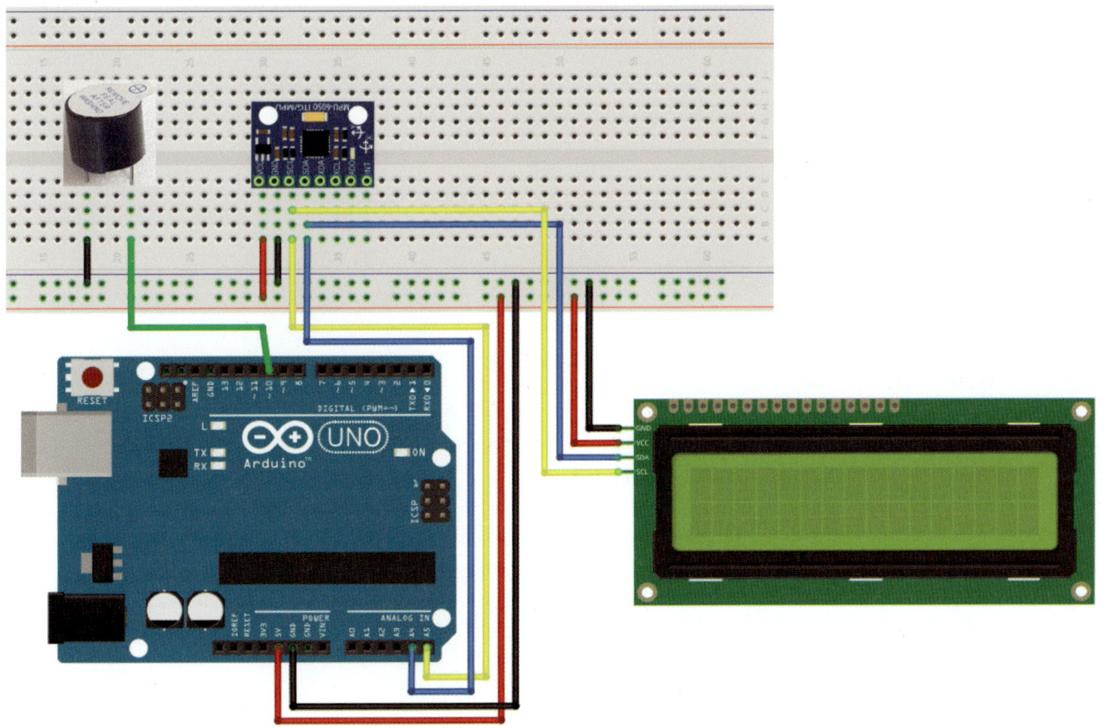

부저 모듈의 +는 아두이노의 10번 핀에 연결한다.

MPU6050 센서모듈은 I2C 통신으로 값을 받을 수 있다. SCL핀은 아두이노의 A5번 핀에 연결하고, SDA핀은 아두이노의 A4번 핀에 연결한다.

I2C LCD도 I2C 통신을 사용하여 SCL은 아두이노 A5번 핀에, SDA에 아두이노 A4번 핀에 연결한다. 아두이노에 직접적으로 연결할 핀이 남아 있지 않아 MPU6050 센서 부분에 연결한다.

우리가 사용하는 MPU6050 가속도자이로 센서는 3축 가속도 3축 자이로 센서가 내장되어 있다. 가속도 센서는 중력 가속도가 얼마큼 작용하는지를 통해 어느 방향으로 기울어져 있는지 측정하는 센서이다. 기울기를 측정할 수 있는 센서이지만 멈춰있을 때만 정확한 측정이 가능하다. 자이로 센서는 각속도를 측정하는 센서이다. 멈춰 있을 때는 각속도가 0이며 움직임이 발생하면 각속도가 생긴다. 우리는 이 자이로 센서를 이용하여 움직임을 감지하여 지진을 감지하도록 한다.

아두이노 코드 작성

다음과 같은 아두이노 코드를 작성한다.

22_1.ino

```
01	#include <MPU6050_tockn.h>
02	#include <Wire.h>
03
04	MPU6050 mpu6050(Wire);
05
06	void setup() {
07	 Serial.begin(9600);
08	 Wire.begin();
09	 mpu6050.begin();
10	 mpu6050.calcGyroOffsets(false);
11	}
12
13	void loop() {
14	 mpu6050.update();
15	 Serial.print( “ X: ” );
16	 Serial.print( mpu6050.getGyroX() );
17	 Serial.print( “ \tY: ” );
18	 Serial.print( mpu6050.getGyroY() );
19	 Serial.print( “ \tZ: ” );
20	 Serial.println( mpu6050.getGyroZ() );
21	}
```

16~20: 자이로 값을 시리얼통신으로 출력한다. ₩t는 탭으로 여러 칸을 띄우기 위해 사용한다.

동작 결과

아두이노 프로그램을 업로드 후 시리얼 플로터를 열어 값을 확인한다.

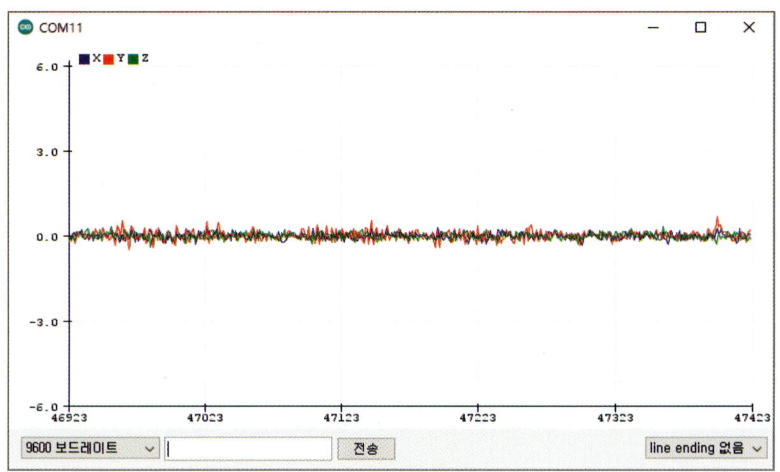

센서를 X, Y, Z축으로 움직여보면서 값을 확인한다.

다음과 같이 센서를 움직이면 값이 커지는 것을 확인 할 수 있다.

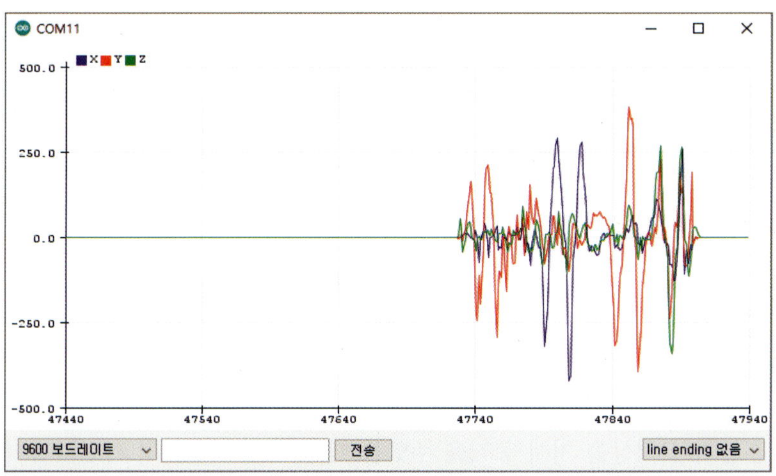

이제 조건식을 만들어서 떨림이 있을 때 감지할 수 있게 코드를 만들어보자.

아두이노 코드 작성

다음과 같은 아두이노 코드를 작성한다.

22_2.ino

```
#include <MPU6050_tockn.h>
#include <Wire.h>

MPU6050 mpu6050(Wire);
```

```
05
06        #define minval -3
07
08        #define maxval 3
09
10        void setup() {
11         Serial.begin(9600);
12         Wire.begin();
13         mpu6050.begin();
14         mpu6050.calcGyroOffsets(false);
15         Serial.println( “ start ” );
16        }
17
18        void loop() {
19         mpu6050.update();
20         signed int GyroX = mpu6050.getGyroX();
21         signed int GyroY = mpu6050.getGyroX();
22         signed int GyroZ = mpu6050.getGyroX();
23         if(GyroX > maxval || GyroX < minval && GyroY > maxval || GyroY < minval && GyroZ > maxval
|| GyroZ < minval )
24         {
25                 Serial.println( “ EarthQuake ” );
26         }
27        }
```

20~22 : 자이로 X, Y, Z값을 각각의 변수에 대입한다. signed int는 부호있는 숫자를 저장할 수 있는 변수이다.
23 : X, Y, Z 모든값이 최대값보다 크거나, 최소값보다 작으면 조건에 만족한다.
25 : EarthQuake 문구를 시리얼 모니터로 출력한다.

동작 결과

아두이노를 업로드 후 시리얼 모니터를 열어 값을 확인한다.

start 문구가 출력된 후 센서를 흔들거나 책상을 쳐서 충격을 주었을 때 값이 출력되는지 확인하자.

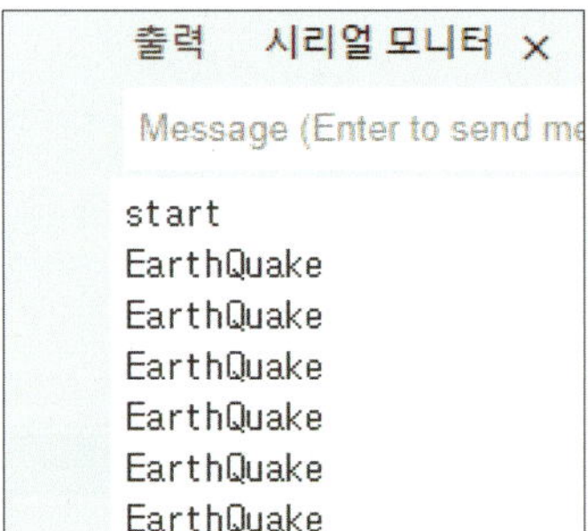

이제 조건식 안에 부저를 울리게 하고 LCD에 지진 발생을 표시한다.

아두이노 코드 작성

다음과 같은 아두이노 코드를 작성한다.

22_3.ino

```
#include <MPU6050_tockn.h>
#include <Wire.h>
#include <LiquidCrystal_I2C.h>

MPU6050 mpu6050(Wire);

LiquidCrystal_I2C lcd(0x27, 20, 4);

#define minval -3

#define maxval 3

#define BUZZER_PIN 10

void setup() {
 Serial.begin(9600);
 Wire.begin();
 mpu6050.begin();
 mpu6050.calcGyroOffsets(false);
 Serial.println("start");
 lcd.init();
 lcd.backlight();
 lcd.clear();
 lcd.setCursor(6, 0);
 lcd.print("GOOD");
 pinMode(BUZZER_PIN, OUTPUT);
 digitalWrite(BUZZER_PIN, LOW);
}

void loop() {
 mpu6050.update();
 signed int GyroX = mpu6050.getGyroX();
 signed int GyroY = mpu6050.getGyroX();
 signed int GyroZ = mpu6050.getGyroX();
 if (GyroX > maxval || GyroX < minval && GyroY > maxval || GyroY < minval && GyroZ > maxval || GyroZ < minval )
 {
        Serial.println("EarthQuake");
        lcd.setCursor(0, 0);
```

```
39                lcd.print( " ***EarthQuake*** " );
40                digitalWrite(BUZZER_PIN, HIGH);
41                delay(5000);
42                digitalWrite(BUZZER_PIN, LOW);
43                lcd.clear();
44                lcd.setCursor(6, 0);
45                lcd.print( " GOOD " );
46        }
47      }
```

03 : LCD를 사용하기 위한 라이브러리 추가
07 : LCD 클래스 생성
13 : 부저핀 정의
21~25 : LCD초기화 및 GOOD 글자표시
26~27 : 부저핀 초기화 및 출력을 LOW로 설정
38~42 : 지진 발생시 LCD에 지진발생을 표시하고 부저를 5초 동안 울린다.
43~45 : LCD에 다시 GOOD글자를 표시한다.

동작 결과

아두이노 프로그램을 업로드 후 동작을 확인한다.

평소에는 LCD에 GOOD을 표시한다.

지진이 발생하면 지진발생을 LCD에 알린다.

동작 동영상 링크

https://youtu.be/D1wDHQABXpo

03 _ 23 스마트 도어락 만들기

학 습 목 표

RFID와 키패드를 이용하여 스마트 도어락을 만들어보자. 키패드를 눌러 등록된 번호를 누르거나 RFID에 등록된 카드를 찍으면 서보모터가 열리는 동작을 하는 기능의 스마트 도어락을 만들어보자.

준비물

다음과 같은 부품을 준비한다.

부품명	수량
아두이노 우노	1개
브레드보드	1개
능동부저 모듈(스티커)	1개
RFID 모듈	1개
키패드 4*4	1개
I2C LCD	1개
SG90서보모터	1개
암/수 점퍼케이블	4개
수/수 점퍼케이블	22개

회로 구성

브레드보드에 다음과 같이 회로를 구성한다.

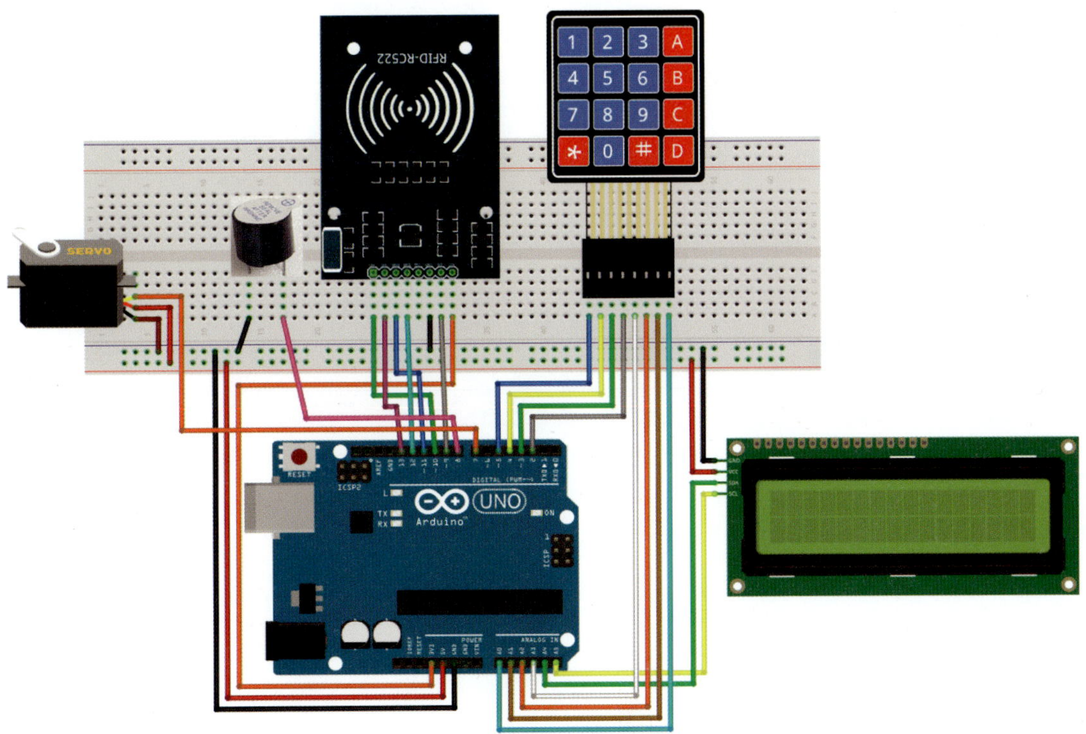

다음의 표를 참조하여 아두이노와 연결한다.

주의사항으로는 RFID 모듈의 전원은 3.3V이다.

모듈	모듈핀	아두이노
서보모터SG90	주황색	7
	빨간색	5V
	갈색	GND
부저	+	8
	−	GND
RFID	SDA	10
	SCK	13
	MOSI	11
	MISO	12
	RST	9
	GND	GND
	3.3V	3.3V

모듈	모듈핀	아두이노
I2C LCD	VCC	5V
	GND	GND
	SCL	A5
	SDA	A4
키패드 4x4	8	5
	7	4
	6	3
	5	2
	4	A3
	3	A2
	2	A1
	1(오른쪽부터)	A3

이번 작품에서 사용하는 새로운 모듈을 테스트 하여보자. 우선 RFID 모듈을 테스트해보자.

RFID를 사용하기 위한 라이브러리를 설치한다.

[스케치] -> [라이브러리포함하기] -> [라이브러리관리...]를 클릭하여 라이브러리 매니저 창을 연다.

"rfid" 검색 후 스크롤을 조금 아래로 내려 RFRC522를 설치한다.

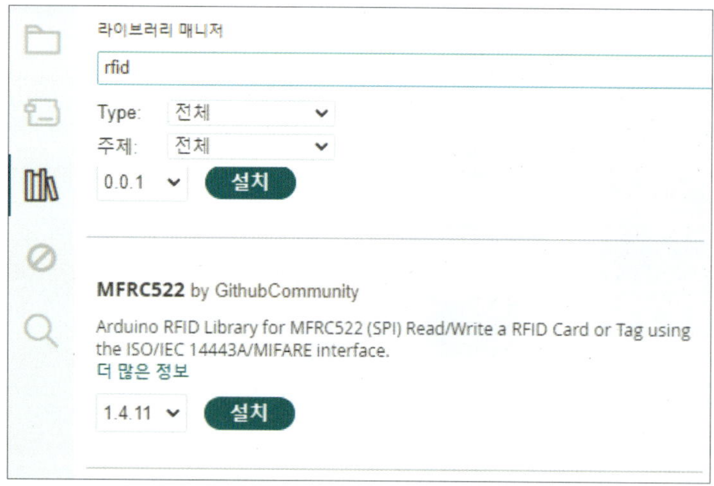

아두이노 코드 작성

다음과 같은 아두이노 코드를 작성한다.

23_1.ino

```
01    #include <SPI.h>
02    #include <MFRC522.h>
03
04    #define RST_PIN 9
05    #define SS_PIN 10
06
07    MFRC522 rfid(SS_PIN, RST_PIN);
08
09    void setup() {
10     Serial.begin(9600);
11     SPI.begin();
12     rfid.PCD_Init();
13    }
14
15    void loop() {
16     if (rfid.PICC_IsNewCardPresent())
17     {
18             if (rfid.PICC_ReadCardSerial())
19             {
20                     Serial.print( “ value = “ );
21                     Serial.print(rfid.uid.uidByte[0],HEX);
22                     Serial.print(rfid.uid.uidByte[1],HEX);
23                     Serial.print(rfid.uid.uidByte[2],HEX);
24                     Serial.print(rfid.uid.uidByte[3],HEX);
25                     Serial.println();
26
27                     rfid.PICC_HaltA();
28                     rfid.PCD_StopCrypto1();
29             }
30     }
31    }
```

04~05 : 리셋핀과, SS핀을 정의한다.
07 : rfid의 클래스를 생성한다.
11 : SPI 통신을 시작한다. RFID 모듈은 SPI 통신을 사용한다.
12 : rfiD 모듈을 초기화한다.
16 : 새로운 카드가 입력되었다면 조건에 만족한다.
18 : 카드값을 읽었다면 조건에 만족한다.
20~25 : 읽은 값을 시리얼 통신으로 전송한다.
27~28: 다시 RFID 카드의 값을 읽기위해서는 초기화해줘야 한다.

동작 결과

아두이노 프로그램을 업로드 후 시리얼 모니터를 열어 값을 확인한다.

다음의 카드타입과 동그란 타입 모두 RFID 카드로 태그에 찍어 값을 확인한다.

시리얼 통신으로 RFID 값이 출력된다.

```
출력    시리얼 모니터 ×
Message (Enter to send mes
value = BBA22A22
value = D9A25A59
value = D9A25A59
```

제 키패트릭스의 테스트 코드를 만들어보자.

아두이노 코드 작성

다음과 같은 아두이노 코드를 작성한다.

23_2.ino

```
const char keymap[4][4] = {
 {‘1’, ‘2’, ‘3’, ‘A’},
 {‘4’, ‘5’, ‘6’, ‘B’},
 {‘7’, ‘8’, ‘9’, ‘C’},
 {‘*’, ‘0’, ‘#’, ‘D’}
};

const int rpin[] = {5, 4, 3, 2};
const int cpin[] = {A3, A2, A1, A0};

char newKey =0;
char oldKey =0;
```

```
13
14  void setup()
15  {
16   Serial.begin(9600);
17   for (int i =0; i <4; i++)
18   {
19          pinMode(rpin[i], OUTPUT);
20          pinMode(cpin[i], INPUT_PULLUP);
21   }
22  }
23
24  void loop()
25  {
26   newKey = getkey();
27   if (newKey != oldKey)
28   {
29          oldKey = newKey;
30          if(newKey !=0)
31          {
32           Serial.println(newKey);
33          }
34          delay(50);
35   }
36  }
37
38  char getkey()
39  {
40   char key =0;
41   for (int i =0; i <4; i++)
42   {
43          digitalWrite(rpin[i], LOW);
44          for (int j =0; j <4; j++)
45          {
46           if (digitalRead(cpin[j]) ==LOW)
47                  key = keymap[i][j];
48          }
49          digitalWrite(rpin[i], HIGH);
50   }
51   return key;
52  }
```

01~06 : 키에 맞는 값을 2차원 배열값으로 만들고 초기화한다.

08 : rpin으로 배열을 선언한다. r핀은 키패트릭스의 출력신호에 해당한다.

09 : cpin으로 배열을 선언한다. c핀은 키패트릭스의 입력신호에 해당한다.

17~21 : 각핀들을 입출력으로 설정한다.

26 : getkey 함수에서 값을 읽어 newKey 변수에 대입한다.
24 : newKey와 oldKey 값이 틀리다면 즉 버튼을 눌러 값이 변경되었다면 조건에 만족한다.
29 : oldKey 변수에 newKey 변수를 대입한다.
30 : 만약 newKey가 0이 아니라면 조건에 만족한다.
32 : 시리얼통신으로 눌린 키 값을 전송한다.
34 : 채터링 방지시간으로 의도적으로 50mS 동안 기다린다.
38:~52 : 키 값을 읽는 함수이다. 16개의 핀의 신호를 8개의 입출력포트로 읽기 위해서 순간적으로 특정 줄에만 전원을 공급하고 핀의 값을 읽어 어느 핀이 눌렸는지 확인하는 코드이다.

동작 결과

아두이노 프로그램을 업로드 후 시리얼 모니터를 열어 값을 확인한다.

모든 버튼을 눌러 값이 정상적으로 출력되는지 확인한다.

```
출력    시리얼 모니터 ×

Message (Enter to send messa

2
3
A
4
5
6
B
7
8
```

이제 비밀번호를 4자리를 설정하고 비밀번호를 눌러 서보모터를 돌려 문을 여는 프로그램을 만들어 보자.

아두이노 코드 작성

다음과 같은 아두이노 코드를 작성한다.

23_3.ino

```
#include <Servo.h>

Servo myservo;

const char keymap[4][4] = {
 {'1', '2', '3', 'A'},
 {'4', '5', '6', 'B'},
 {'7', '8', '9', 'C'},
 {'*', '0', '#', 'D'}
};

const int rpin[] = {5, 4, 3, 2};
```

```
const int cpin[] = {A3, A2, A1, A0};

char newKey =0;
char oldKey =0;

int lockNunlock =0;

char pass0 =’0’;
char pass1 =’9’;
char pass2 =’1’;
char pass3 =’9’;

char passInBuff[4];
int passCnt =0;

#define BUZZER_PIN 8
#define SERVO_PIN 7

void setup()
{
 Serial.begin(9600);
 for (int i =0; i <4; i++)
 {
        pinMode(rpin[i], OUTPUT);
        pinMode(cpin[i], INPUT_PULLUP);
 }
 myservo.attach(SERVO_PIN);
 myservo.write(90);
 pinMode(BUZZER_PIN,OUTPUT);
 digitalWrite(BUZZER_PIN,LOW);
}

void loop()
{
 newKey = getkey();
 if (newKey != oldKey)
 {
        oldKey = newKey;
        if(newKey !=0)
        {
         Serial.println(newKey);
         passInBuff[passCnt++] = newKey;
         if(passCnt >=4)
         {
                passCnt =0;
                if(passInBuff[0] == pass0 && passInBuff[1] == pass1 && passInBuff[2] == pass2 && passInBuff[3] == pass3)
                {
                 Serial.println(“ok”);
                 lockNunlock =1;
```

```
062                     }
063                 }
064             }
065             delay(50);
066     }
067 
068     if(lockNunlock ==1)
069     {
070             lockNunlock =0;
071             myservo.write(180);
072             digitalWrite(BUZZER_PIN,HIGH);
073             delay(200);
074             digitalWrite(BUZZER_PIN,LOW);
075             delay(200);
076             digitalWrite(BUZZER_PIN,HIGH);
077             delay(200);
078             digitalWrite(BUZZER_PIN,LOW);
079             delay(5000);
080     }
081     else
082     {
083             myservo.write(90);
084     }
085 }
086 
087 char getkey()
088 {
089     char key =0;
090     for (int i =0; i <4; i++)
091     {
092             digitalWrite(rpin[i], LOW);
093             for (int j =0; j <4; j++)
094             {
095              if (digitalRead(cpin[j]) ==LOW)
096                     key = keymap[i][j];
097             }
098             digitalWrite(rpin[i], HIGH);
099     }
100     return key;
101 }
```

001 : 서보 라이브러리를 사용한다.
003 : myservo 이름의 클래스를 생성한다.
018 : 잠금과 열림의 값을 저장하는 변수를 생성한다.
020~023 : 패스워드 값을 선언한다. 패스워드는 0919이다. 필자의 생일이다.
025 : 패스워드를 입력받을 값을 저장하는 변수이다.
026 : 패스워드 변수의 저장위치를 증가시키는 변수이다.
028~029 : 부저와 서보모터의 핀을 정의하였다.
039~040 : 서보모터 핀을 설정하고, 서보모터의 각도를 90도로 한다. (문을 닫는다)

054 : passInBuff 배열에 키 값을 넣는다.
055 : 배열의 값이 4보다 크면 즉 4자리를 모두 입력하였다면
057 : passcnt 값을 0으로 초기화한다.
058 : 배열의 값과 패스워드가 동일하다면
060 : 시리얼통신으로 OK를 전송한다.
061 : lockNunlock 변수를 1로 대입한다.
068 : lockNunlock 변수의 값이 1이라면 즉 패스워드가 맞으면 조건에 만족한다.
070 : lockNunlock 변수의 값을 다시 0으로 설정하고
071 : 서보모터의 각도를 180도로 한다. (문을 연다)
072~078 : 부저를 삑삑 울린 후
079 : 5초 동안 기다린다.
081 : lockNunlock 변수의 값이 0일 때
083 : 문을 닫는다.

비밀번호가 맞으면 5초 동안 서보모터를 문을 연다. 그 후 문을 닫는다.

동작 결과

아두이노 프로그램을 업로드 후 시리얼통신을 연다.

비밀번호를 입력 후 0919가 맞으면 문이 열리고 부저가 울리는지 확인한다.

```
출력    시리얼 모니터 ×
Message (Enter to send mes
0
9
1
9
ok
```

이제 LCD에 표시하고 RFID를 추가하여 완성하도록 한다.

아두이노 코드 작성

다음과 같은 아두이노 코드를 작성한다.

23_4.ino

```
#include <Servo.h>
#include <SPI.h>
#include <MFRC522.h>
#include <Wire.h>
#include <LiquidCrystal_I2C.h>

#define RST_PIN 9
#define SS_PIN 10

```

```
MFRC522 rfid(SS_PIN, RST_PIN);

LiquidCrystal_I2C lcd(0x27, 20, 4);

Servo myservo;

const char keymap[4][4] = {
 {'1', '2', '3', 'A'},
 {'4', '5', '6', 'B'},
 {'7', '8', '9', 'C'},
 {'*', '0', '#', 'D'}
};

const int rpin[] = {5, 4, 3, 2};
const int cpin[] = {A3, A2, A1, A0};

char newKey =0;
char oldKey =0;

int lockNunlock =0;

char pass0 ='0';
char pass1 ='9';
char pass2 ='1';
char pass3 ='9';

byte rfidPass0 =0xBB;
byte rfidPass1 =0xA2;
byte rfidPass2 =0x2A;
byte rfidPass3 =0x22;

char passInBuff[4];
int passCnt =0;

#define BUZZER_PIN 8
#define SERVO_PIN 7

void setup()
{
 Serial.begin(9600);
 for (int i =0; i <4; i++)
 {
         pinMode(rpin[i], OUTPUT);
         pinMode(cpin[i], INPUT_PULLUP);
 }
 myservo.attach(SERVO_PIN);
 myservo.write(90);
 pinMode(BUZZER_PIN, OUTPUT);
 digitalWrite(BUZZER_PIN, LOW);
 SPI.begin();
```

```
    rfid.PCD_Init();
    lcd.init();
    lcd.backlight();
    lcd.clear();
    lcd.setCursor(0, 0);
    lcd.print(“PASS: ”);
}

void loop()
{
 newKey = getkey();
 if (newKey != oldKey)
 {
        oldKey = newKey;
        if (newKey !=0)
        {
         Serial.println(newKey);
         passInBuff[passCnt++] = newKey;
         lcd.print(“*”);
         if (passCnt >=4)
         {
                lcd.clear();
                lcd.print(“PASS: ”);
                passCnt =0;
                if (passInBuff[0] == pass0 && passInBuff[1] == pass1 && passInBuff[2] == pass2 && passInBuff[3] == pass3)
                {
                 Serial.println(“ok”);
                 lockNunlock =1;
                }
         }
        }
        delay(50);
 }

 if (rfid.PICC_IsNewCardPresent())
 {
        if (rfid.PICC_ReadCardSerial())
        {
         Serial.print(“value = “);
         Serial.print(rfid.uid.uidByte[0], HEX);
         Serial.print(rfid.uid.uidByte[1], HEX);
         Serial.print(rfid.uid.uidByte[2], HEX);
         Serial.print(rfid.uid.uidByte[3], HEX);
         Serial.println();

          if (rfid.uid.uidByte[0] == rfidPass0 && rfid.uid.uidByte[1] == rfidPass1 && rfid.uid.uidByte[2] == rfidPass2 && rfid.uid.uidByte[3] == rfidPass3)
          {
                 Serial.println(“rfid ok”);
```

```
108                     lockNunlock =1;
109             }
110             rfid.PICC_HaltA();
111             rfid.PCD_StopCrypto1();
112           }
113     }
114 
115     if (lockNunlock ==1)
116     {
117             lockNunlock =0;
118             myservo.write(180);
119             digitalWrite(BUZZER_PIN, HIGH);
120             delay(200);
121             digitalWrite(BUZZER_PIN, LOW);
122             delay(200);
123             digitalWrite(BUZZER_PIN, HIGH);
124             delay(200);
125             digitalWrite(BUZZER_PIN, LOW);
126             delay(5000);
127     }
128     else
129     {
130             myservo.write(90);
131     }
132   }
133 
134   char getkey()
135   {
136    char key =0;
137    for (int i =0; i <4; i++)
138    {
139            digitalWrite(rpin[i], LOW);
140            for (int j =0; j <4; j++)
141            {
142             if (digitalRead(cpin[j]) ==LOW)
143                     key = keymap[i][j];
144            }
145            digitalWrite(rpin[i], HIGH);
146    }
147    return key;
148   }
```

LCD와 RFID를 추가하였다.

003~005 : RFID와 LCD를 사용하기 위한 헤더파일 추가
010 : rfid의 이름으로 클래스생성
012 : lcd이름으로 클래스생성
036~039 : rfid의 패스워드(설정 설정방법은 사진으로 아래에 설명)
059~065 : RFID와 LCD 초기화

078 : 키패드를 누르면 LCD에 * 표시
081~082 : 4자리를 모두 눌렀으면 LCD를 모두 지운 후 다시 PASS: 글자를 출력
094~113 : RFID에 카드를 찍었을 때 조건에 만족하여 실행
105 : RFID 카드의 값과 설정한 비밀번호가 맞으면 조건에 만족
108 : lockNunlock 변수의 값을 1로 설정한다.

동작 결과

아두이노 프로그램을 업로드 후 시리얼 모니터를 열어 값을 확인한다.

카드의 value는 BBA22A22 이다.

```
출력    시리얼 모니터 ×
Message (Enter to send mes
value = BBA22A22
rfid ok
```

아두이노 코드의 36~39줄을 확인해 보면 0xBB, 0xA2, 0x2A, 0x22로 시리얼 모니터에서 출력되는 값에서 두 자리씩 끊어서 0x를 붙여 비밀번호 설정값에 넣어둔다.

BBA22A22의 값이 0xBB, 0xA2, 0x2A, 0x22로 되어 저장되었다.

```
036    byte rfidPass0 =0xBB;
037    byte rfidPass1 =0xA2;
038    byte rfidPass2 =0x2A;
039    byte rfidPass3 =0x22;
```

이제 결과를 확인한다.

키패드를 눌러 비밀번호 0919를 입력하거나, RFID에 등록된 카드를 찍으면 문이 열린다.

동작 동영상 링크

https://youtu.be/zkeyJy15PPU

03 _ 24 DC모터를 사용한 회전돌림판 만들기

학 습 목 표

DC모터와 스위치를 이용하여 회전 돌림판을 만들어보자. 버튼을 누르면 모터가 돌고 랜덤 시간이 지난 후 멈추는 기능을 한다. 부저는 모터가 움직일 때 긴장감을 더하기 위해 삑삑 소리를 낸다.

준비물

다음과 같은 부품을 준비한다.

부품명	수량
아두이노 우노	1개
브레드보드	1개
능동부저 모듈(스티커)	1개
버튼	1개
L9110모터 드라이버	1개
TT모터(노란색)	1개
암/수 점퍼케이블	4개
수/수 점퍼케이블	5개

회로 구성

브레드보드에 다음과 같이 회로를 구성한다.

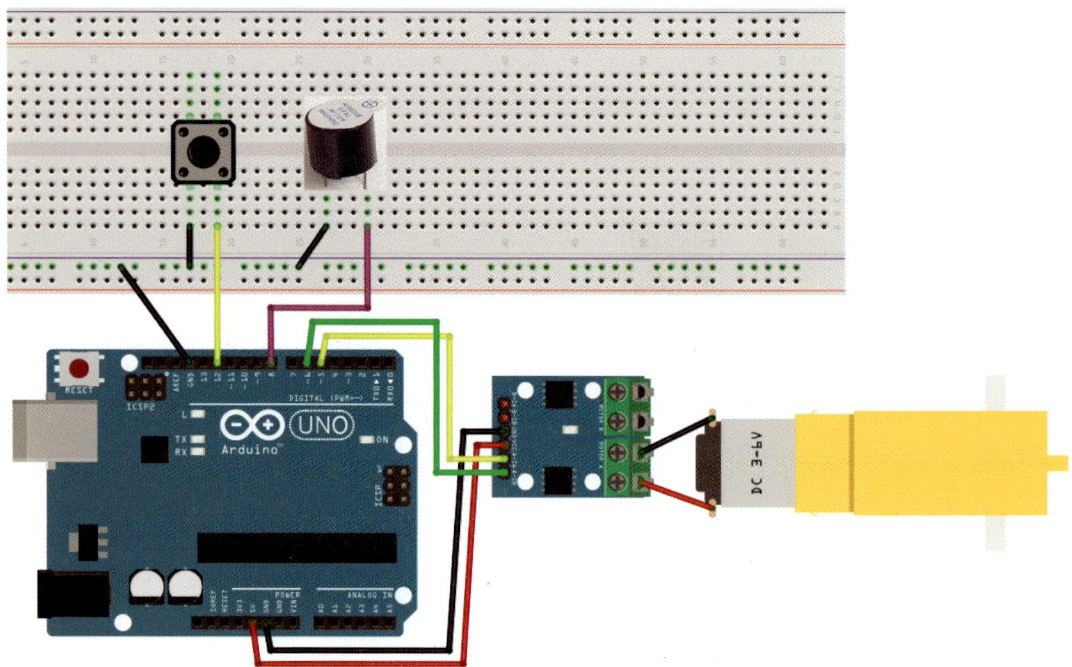

버튼은 아두이노의 12번 핀에 연결한다.

부저는 아두이노의 8번 핀에 연결한다.

L9110모터 드라이버의 A-1A는 아두이노의 5번 핀, A-1B는 아두이노의 6번 핀에 연결한다. VCC는 5V GND는 GND에 연결한다.

노란색 TT모터의 빨간색과 검정색을 녹색커넥터에 연결한다. 녹색 커넥터는 +드라이버를 이용하여 풀어준 다음 선을 넣고 다시 드라이버로 꽉 조여 연결한다.

이번에는 코드를 편리하기 만들기 위해 타이머 라이브러리를 설치하여 보자.

[스케치] -> [라이브러리포함하기] -> [라이브러리관리]를 클릭하여 라이브러리 매니저 창을 연다.

"mstimer2"를 검색 후 Ms Timer2를 설치한다. Ms Timer2는 쉽게 사용할 수 있는 타이머이다.

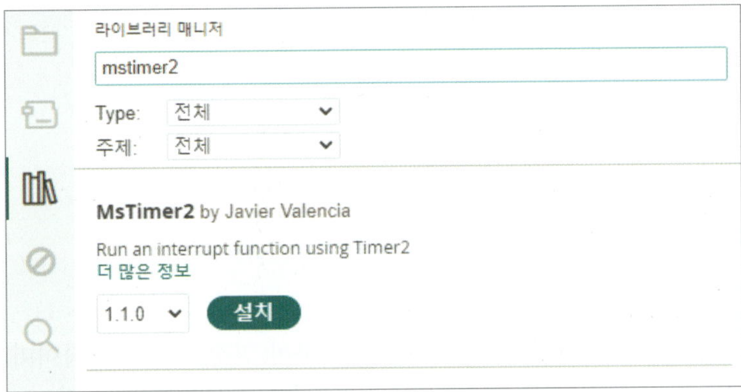

아두이노 코드 작성

다음과 같은 Ms Timer2를 테스트 하는 아두이노 코드를 작성한다.

24_1.ino

```
#include <MsTimer2.h>

#define BUZZER_PIN 8

void buzzerOnOff()
{
 static boolean output =HIGH;
 digitalWrite(BUZZER_PIN, output);
 output =!output;
}

void setup()
{
 pinMode(BUZZER_PIN, OUTPUT);
```

```
15
16      MsTimer2::set(500, buzzerOnOff);
17      MsTimer2::start();
18    }
19
20    void loop()
21    {
22    }
```

01 : MsTimer2 라이브러리를 사용한다.

03 : 부저에 사용하는 핀을 정의한다.

05~09 : MsTimer2에 의해 0.5초마다 buzzerOnOff 함수에 들어온다.

07 : static boolean형으로 output 변수를 만들고 초기값을 HIGH = 1로 설정하였다. static은 지역변수 안에 있더라도 한 번만 초기화되는 변수이고, boolean은 0,1 값만 저장하는 타입이다.

08 : 부저핀에 output을 출력으로 설정한다.

09 : output의 값을 반전시킨다. 0이면 1로 1이면 0으로, 즉 05~09줄의 함수를 들어오면 output이 1 -> 0 -> 1 -> ... 계속변해 부저를 On Off시킨다.

14 : 부저핀을 출력으로 설정한다.

16 : MsTimer2를 설정한다. 500mS의 주기로, buzzerOnOff 함수를 실행한다.

17 : MsTimer2를 시작한다.

20~22 : loop에 아무런 코드가 없어도 MsTimer2에 의해 buzzerOnOff 함수를 0.5초마다 실행시킨다.

millis를 이용하는 방법이 아닌 MsTimer2 라이브러리의 타이머를 이용하여 일정 시간마다 타이머를 동작시키는 방법에 대해 알아보았다. 이러한 타이머는 조건식을 만들지 않아도 정해진 시간에 동작하고 인터럽트 방식으로 loop에서 다른 동작을 하다가도 타이머의 시간이 되면 loop에서 하던 동작을 멈추고 MsTimer2에서 설정한 함수로 이동한다. MsTimer2에서 설정한 함수의 실행이 끝나면 다시 loop로 이동하여 멈추었던 일을 진행한다.

MsTimer2를 사용 시에 주의사항으로는 호출되는 함수에서 많은 시간이 소요되는 코드를 넣으면 loop코드가 동작하는데 영향이 있다. loop에서 멈춰두었던 일을 해야 하는데 다시 MsTimer2에 의해 정해진 시간이 되어버리는 경우가 있기 때문이다. 예를 들어 1초마다 MsTimer2의 함수를 호출하였다. MsTimer2의 함수는 0.999초 동안 실행된다. 호출된 함수가 끝나고 loop로 이동하였는데 0.001초가 지나자 다시 MsTimer2의 함수가 호출되었다. loop에서 동작 가능한 시간은 0.001초 밖에 되지 않는다. loop에서도 해야 할 일이 많은데 MsTimer2에서 호출된 함수에서 모든 시간을 사용하면 안 된다. 이처럼 인터럽트 방식의 코드를 작성할때는 인터럽트 함수(루틴)의 코드는 가능한 최대한 짧은 시간에 실행되도록 만들어 사용해야 loop코드에 영향이 적다. 인터럽트 루틴에서는 포트 설정만 짧게 하거나 변수의 값을 바꿔서 바뀐 변수값은 loop에서 처리해서 사용하는 게 좋다.

이제 버튼을 눌러 랜덤한 값의 시간만큼 부저가 울리는 코드를 만들어보자.

아두이노 코드 작성

다음과 같은 아두이노 코드를 작성한다.

24_2.ino

```
01 #include <MsTimer2.h>
02
03 #define BUZZER_PIN 8
04 #define SW_PIN 12
05
06 boolean stopAndGo =0;
07
08 void buzzerOnOff()
09 {
10  static boolean output =HIGH;
11  if (stopAndGo ==1)
12  {
13         digitalWrite(BUZZER_PIN, output);
14         output =!output;
15  }
16  else digitalWrite(BUZZER_PIN, LOW);
17 }
18
19 void setup()
20 {
21  Serial.begin(9600);
22  pinMode(BUZZER_PIN, OUTPUT);
23  pinMode(SW_PIN, INPUT_PULLUP);
24
25  MsTimer2::set(10, buzzerOnOff);
26  MsTimer2::start();
27
28  randomSeed(analogRead(0));
29 }
30
31 void loop()
32 {
33  if( digitalRead(SW_PIN) ==0)
34  {
35         stopAndGo =1;
36         int randNumber =random(2000, 7000);
37         Serial.println(randNumber);
38         delay(randNumber);
39         stopAndGo =0;
40  }
41 }
```

04: 스위치 핀을 정의하였다.

06: 부저를 멈추거나 울리게 하는 값을 저장하는 변수를 초기화하였다.

11: stopAndGo 변수의 값이 1이라면 부저가 삑~삑~ 울린다.

16: stopAndGo 변수의 값이 0이라면 부저가 꺼진다.

21: 시리얼통신 초기화
23: 스위치 입력 핀은 풀업으로 설정
25: buzzerOnOff 함수는 10mS마다 실행된다.
28: 버튼을 눌렀을 때 랜덤값을 얻기 위해 랜덤값의 참조는 A0번 핀을 사용하였음
33: 버튼이 눌렸을 때 참이 된다.
35: stopAndGo 변수를 1로 한다. 1로 설정하면 부저가 울린다.
36: 2초에서 7초사이의 랜덤한 값을 얻는다.
37: 시리얼통신으로 랜던값을 전송한다. 랜덤값이 얼마로 되었는지 궁금해서 시리얼 모니터로 값을 확인하기 위해서 넣었다.
38: 랜덤한 값의 시간만큼 기다린다.
39: stopAndGo 변수를 0으로 하여 부저를 끈다.

동작 결과

아두이노 프로그램을 업로드 후 버튼을 눌러서 확인한다.

버튼을 누르면 2~7초 동안 부저가 울리고 꺼진다. 랜던함 시간은 시리얼 모니터로 값을 확인 가능하다.

다음의 시리얼 모니터에 랜던한 시간의 값이 출력되었다.

출력 시리얼 모니터 ×
Message (Enter to send me
3589
4091
3837
2801
2241

이제 모터를 구동시켜보자.

아두이노 코드 작성

다음과 같은 아두이노 코드를 작성한다.

24_3.ino

```
#include <MsTimer2.h>

#define BUZZER_PIN 8
#define SW_PIN 12
#define MOTOR_A_1A 5
#define MOTOR_A_1B 6

boolean stopAndGo =0;

void buzzerOnOff()
{
```

```
12      static boolean output =HIGH;
13      if (stopAndGo ==1)
14      {
15              digitalWrite(BUZZER_PIN, output);
16              output =!output;
17      }
18      else digitalWrite(BUZZER_PIN, LOW);
19    }
20
21    void setup()
22    {
23      Serial.begin(9600);
24      pinMode(BUZZER_PIN, OUTPUT);
25      pinMode(SW_PIN, INPUT_PULLUP);
26
27      MsTimer2::set(10, buzzerOnOff);
28      MsTimer2::start();
29
30      randomSeed(analogRead(0));
31    }
32
33    void loop()
34    {
35      if( digitalRead(SW_PIN) ==0)
36      {
37              stopAndGo =1;
38              analogWrite(MOTOR_A_1A,150);
39              analogWrite(MOTOR_A_1B,0);
40              int randNumber =random(2000, 7000);
41              Serial.println(randNumber);
42              delay(randNumber);
43              stopAndGo =0;
44              analogWrite(MOTOR_A_1A,0);
45              analogWrite(MOTOR_A_1B,0);
46      }
47    }
```

05~06: 모터핀을 정의한다.
38~39: 모터핀 하나에만 신호를 주어 150의 PWM 신호를 주어 모터를 돌린다.
44~45: 모터핀 두 개 모터 0의 신호를 주어 모터를 끈다.

analogWrite를 사용 시에는 pinMode를 출력으로 설정해주지 않아도 된다.

동작 결과

버튼을 누르면 모터가 2~7초 사이의 랜덤한 시간만큼 동작한다. 부저도 함께 울린다.

외관 만들기

기능을 완성하였다. 외관을 만들어보자.

10cm X 10cm 2개와 2cm X 3cm 3개를 준비한다. 2cm X 3cm 한 개는 화살표 모양으로 자른다.

10cm X 10cm 판 하나에 가운데 구멍을 뚫는다.

구멍을 뚫었다.

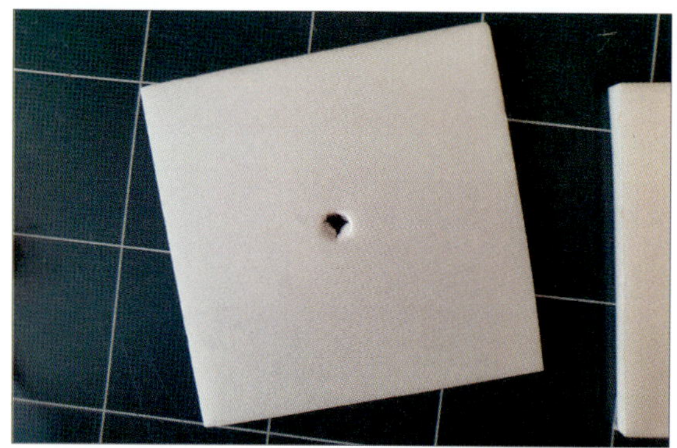

10cm X 10cm 판을 붙인다.

10cm X 10cm 두 개를 붙인 후 2cm X 3cm를 붙여 단단하게 고정한다.

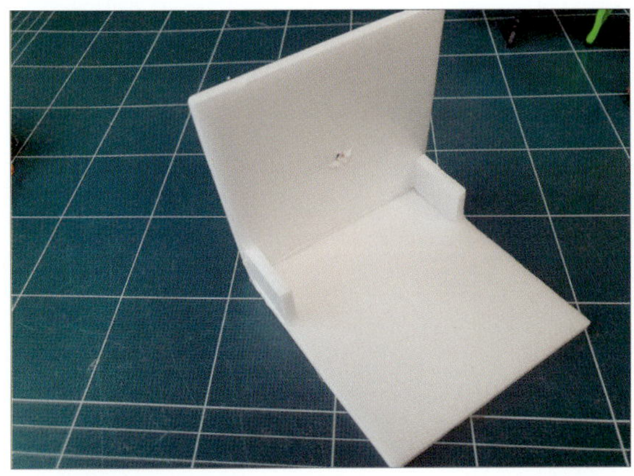

모터를 축을 구멍에 넣고 고정한다.

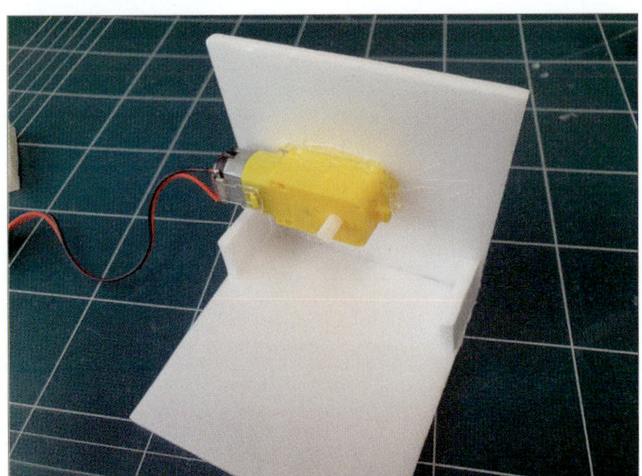

화살표 모양을 준비한 후 화살표 모양의 가운데 글루건을 쏴서 녹기 전에 모터의 축에 붙인다.

모터의 축과 화살표를 붙였다.

꽝, 당첨을 그려 완성한다.

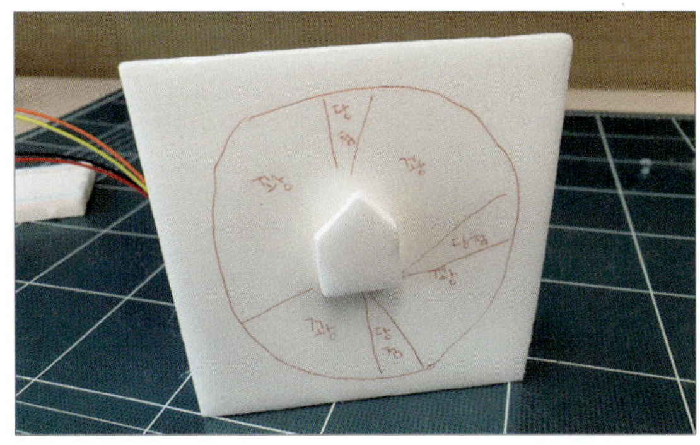

동작 동영상 링크

https://youtu.be/og6iF0FJAvo 

03 _ 25 서보모터를 사용한 아날로그 온도표시기 만들기

학 습 목 표

서보모터를 이용하여 아날로그형태의 온도표시기를 만들어보자.

준비물

다음과 같은 부품을 준비한다.

부품명	수량
아두이노 우노	1개
브레드보드	1개
버튼	1개
DHT11 온습도센서	1개
서보모터(SG90,파란색)	1개
수/수 점퍼케이블	10개

회로 구성

브레드보드에 다음과 같이 회로를 구성한다.

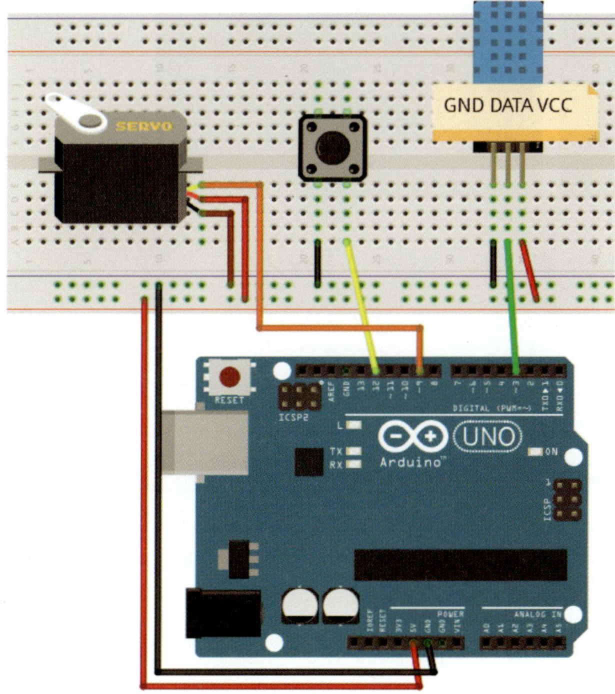

서보모터의 주황색 신호핀은 아두이노의 9번 핀에 연결한다. 푸쉬 버튼은 아두이노의 12번 핀에 연결한다. DHT11의 DATA핀은 아두이노의 3번 핀에 연결한다.

DHT11 온습도센서의 온도값을 받아 서보모터의 각도를 조절하여 아날로그 타입의 온도표시기를 만들어보자. 온도를 표시할 범위는 0~40도로 정한다. 0~40도의 온도값을 서보모터의 각도로 표시하면 0~180도의 각도로 표시하면 된다. 온도와 서보모터의 각도를 비례하여 표시할 수는 있지만 외관을 만든 후 각도가 틀어질 수도 있다. 각도가 틀어지면 온도값이 틀어지기 때문에 외관을 만들 때 미리 온도값을 표시해두지 않고 다 만든 후 온도값을 표시하여 진행하자. 회로상의 스위치의 용도는 외관을 다 만든 후 스위치를 누를 때마다 서보모터가 다음의 온도를 가리킨다. 측정온도->0도->10도->20도->30도->40도를 가리켜 외관에 온도를 표시할 그림을 그릴 수 있게 한다. 실제 사용할 때는 스위치를 누르지 않으면 측정온도를 가리킨다.

온도값을 읽어 서보모터에 출력하는 프로그램을 만들어보자. 온도값은 0~40도의 값을 서보모터 출력값인 0~180각도로 환산한다.

서보모터는 다음 오른쪽의 사진처럼 조립한다.

서보모터는 공장에서 만들어져 나올 때 초기상태가 90도 쯤으로 되어 있어 오른쪽 사진처럼 조립해 놓으면 각도를 맞추기 편하다.

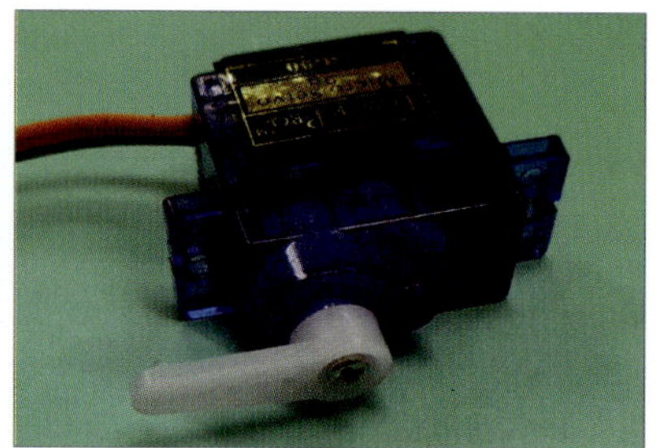

DHT11 온습도로 센서 값을 읽어 서보모터각도로 환산하는 코드를 만들어보자.

아두이노 코드 작성

다음과 같은 아두이노 코드를 작성한다.

25_1.ino

```
#include <Servo.h>
#include “DHT.h”

#define DHTPIN 3
#define DHTTYPE DHT11

DHT dht(DHTPIN, DHTTYPE);

#define SERVO_PIN 9
```

```
10    Servo myservo;
11
12    unsigned long prevTime =0;
13    unsigned long currTime =0;
14
15    void setup()
16    {
17     Serial.begin(9600);
18     dht.begin();
19     myservo.attach(SERVO_PIN);
20    }
21
22    void loop()
23    {
24     currTime =millis();
25     if (currTime - prevTime >=2000)
26     {
27             prevTime = currTime;
28             int temperature = dht.readTemperature();
29             Serial.print(temperature);
30             if (temperature >=0 && temperature <=40)
31             {
32              int servoOut =map(temperature, 0, 40, 180, 0);
33              Serial.print(“ , ”);
34              Serial.println(servoOut);
35              myservo.write(servoOut);
36             }
37     }
38    }
```

01~02 : 서보모터와 DHT11 온습도센서를 사용하기 위한 라이브러리를 추가한다.

04~07 : dht 센서에 사용하는 핀과 타입을 정하고, dht 이름으로 클래스를 생성한다.

09~10 : 서보모터 핀을 정의하고 myservo 이름으로 클래스를 생성한다.

12~13 : millis에 사용할 변수를 만든다.

18~19 : dht 센서와 서보모터를 초기화한다.

25 : 2초마다 한 번씩 조건에 만족한다. DHT11 온습도센서는 너무 빨리 자주 읽으면 에러가 발생한다. 그렇기 때문에 2초마다 한 번씩만 읽어 값을 측정한다.

28 : 온도값을 읽어 temperature 변수에 대입한다.

30 : DHT11 온습도센서는 온습도센서의 오류가 번번해서 우리가 표시할 0도에서 40도 사이의 값만 정상값으로 인식하여 조건에 만족한다. DHT11 센서는 영하의 값과 40도 이상의 값도 측정이 가능하다. 단지 우리가 사용하지 않을 뿐이다.

32 : teperature에서 읽은 온도값 0~40도 사이의 값을 서보모터 각도인 180~0도로 매핑하여 seroOut 변수에 대입한다. 왜 0~40도의 온도값을 0~180도 각도로 변환하지 않고 180~0도로 매핑하는지 다음 그림을 참조한다.

35 : 온도 -> 각도값으로 매핑된 각도값을 서보모터각도로 설정한다.

우리가 일반적으로 많이 보이는 온도는 다음과 같이 왼쪽이 0도 오른쪽이 40도이다. 왼쪽에서 오른쪽으로 갈수록 값이 상승한다. 많은 전자기기들 또는 자동차의 속도계 등 거의 모든 것들이 왼쪽이 작은 값 오른쪽으로 갈수록 값이 상승하게 되어있다.

서보모터의 각도는 다음과 같이 왼쪽이 180도 가운데가 90도 오른쪽이 0도이다.

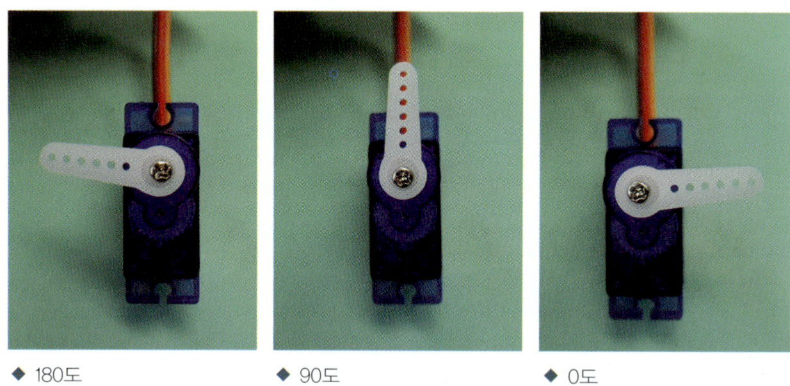

◆ 180도　◆ 90도　◆ 0도

서보모터를 우리가 일반적으로 인식하기 좋게 왼쪽이 작은값 오른쪽으로 갈수록 값이 증가하게 사용하기 위해서 0~40도의 온도값을 180~0도의 서보모터 각도로 매핑하였다.

동작 결과

아두이노 프로그램을 업로드 한다.

서보모터가 온도값에 따라 움직임을 확인할 수 있다. 우리는 외관을 만들지 않아서 서보모터가 움직일 뿐 정확한 온도를 확인하기 힘들다. 그냥 동작이 되는 구나 정도만 알 수 있다.

온도값과 각도값을 시리얼 모니터를 열어 확인하여보자.

온도는 21도 서보모터로 매핑된 각도는 86도이다.

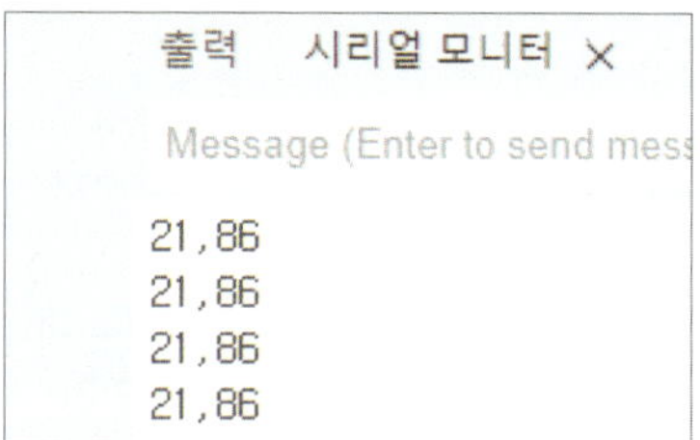

이번 작품은 서보모터의 각도가 온도값을 가리킨다. 그렇기 때문에 조립 후에 외관에 각도를 표시해 주는 게 중요하다. 버튼을 누를 때마다 임의의 각도로 변하는 프로그램이 필요로 한다.

버튼을 한 번 누를 때마다 0->10->20->30->40->측정온도의 상태를 변하게 하는 코드를 만들어 보자.

아두이노 코드 작성

다음과 같은 아두이노 코드를 작성한다.

25_2.ino

```
#include <Servo.h>
#include “DHT.h”

#define DHTPIN 3
#define DHTTYPE DHT11

DHT dht(DHTPIN, DHTTYPE);

#define SERVO_PIN 9
Servo myservo;

unsigned long prevTime =0;
unsigned long currTime =0;

#define BUTTON_PIN 12

int runState =0;

void setup()
{
 Serial.begin(9600);
 dht.begin();
 myservo.attach(SERVO_PIN);
 pinMode(BUTTON_PIN, INPUT_PULLUP);
}

void loop()
{
 if (button() ==1)
 {
        runState++;
        if (runState ==1) {
         Serial.println(“0 degree”);
        }
```

```
35              else if (runState ==2) {
36               Serial.println(“ 10 degree ”);
37              }
38              else if (runState ==3) {
39               Serial.println(“ 20 degree ”);
40              }
41              else if (runState ==4) {
42               Serial.println(“ 30 degree ”);
43              }
44              else if (runState ==5) {
45               Serial.println(“ 40 degree ”);
46              }
47              else if (runState >=6) runState =0;
48              delay(200);
49      }
50
51      if (runState ==0)
52      {
53              Serial.println(“ runState = 0 ”);
54      }
55     }
56
57     int button()
58     {
59      static int oldSw =1;
60      static int newSw =1;
61      newSw =digitalRead(BUTTON_PIN);
62      if (newSw != oldSw)
63      {
64              oldSw = newSw;
65              if (newSw ==0) {
66               return 1;
67              }
68      }
69      return 0;
70     }
```

17 : 버튼을 누를 때 마다 상태를 변경하는 값을 저장하는 runState 변수를 추가한다.

29 : 버튼이 한 번 눌리면 조건이 만족한다. button() 함수는 57~70줄을 참조한다. 버튼을 누르 때만 1을 리턴한다.

31 : 버튼이 눌렸을 때 runState 값을 1씩 증가시킨다.

32~47 : runState에 따라서 조건식을 만족한다.

47 : runState 값이 6이상이면 0으로 초기화한다. runState 변수는 0~5사이의 값을 가진다.

48 : 스위치가 눌린 후 채터링 방지용으로 200mS의 의도적으로 기다린다.

51 : runState 값이 0일 때 조건에 만족한다.

동작 결과

아두이노 프로그램을 업로드 후 시리얼 모니터를 열어 값을 확인한다.

runState 값이 0이기 때문에 "runState = 0"이라고 계속 시리얼 모니터로 출력된다.

스위치를 한 번 누를 때 마가 runState 변수값이 1씩 증가하여 서보모터의 각도를 시리얼통신으로 출력한다.

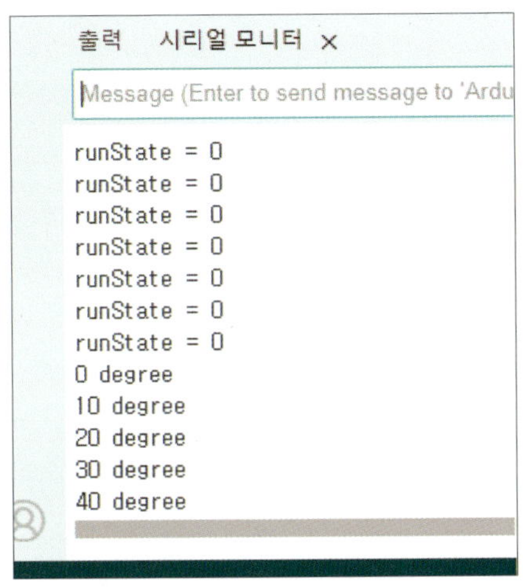

runState에 따라서 동작하는 코드이다. runState는 초기 값이 0으로 버튼을 누르지 않으면 51~54줄의 코드를 항상 실행한다. 스위치를 누르면 runState의 값이 바뀌어 각도를 출력하였다. 이제 조건문 안에 실제 동작하는 코드를 만들어서 완료하자 다음의 빨간색 부분을 추가한다.

아두이노 코드 작성

다음과 같은 아두이노 코드를 작성한다.

25_3.ino

```
#include <Servo.h>
#include "DHT.h"

#define DHTPIN 3
#define DHTTYPE DHT11

DHT dht(DHTPIN, DHTTYPE);

#define SERVO_PIN 9
Servo myservo;

unsigned long prevTime =0;
unsigned long currTime =0;

#define BUTTON_PIN 12
```

```

int runState =0;

void setup()
{
 Serial.begin(9600);
 dht.begin();
 myservo.attach(SERVO_PIN);
 pinMode(BUTTON_PIN, INPUT_PULLUP);
}

void loop()
{
 if (button() ==1)
 {
         runState++;
         if (runState ==1) {
          Serial.println(“ 0 degree ”);
          int setTemperature =0;
          int setServoOut =map(setTemperature, 0, 40, 180, 0);
          myservo.write(setServoOut);
         }
         else if (runState ==2) {
          Serial.println(“ 10 degree ”);
          int setTemperature =10;
          int setServoOut =map(setTemperature, 0, 40, 180, 0);
          myservo.write(setServoOut);
         }
         else if (runState ==3) {
          Serial.println(“ 20 degree ”);
          int setTemperature =20;
          int setServoOut =map(setTemperature, 0, 40, 180, 0);
          myservo.write(setServoOut);
         }
         else if (runState ==4) {
          Serial.println(“ 30 degree ”);
          int setTemperature =30;
          int setServoOut =map(setTemperature, 0, 40, 180, 0);
          myservo.write(setServoOut);
         }
         else if (runState ==5) {
          Serial.println(“ 40 degree ”);
          int setTemperature =40;
          int setServoOut =map(setTemperature, 0, 40, 180, 0);
          myservo.write(setServoOut);
         }
         else if (runState >=6) runState =0;
         delay(200);
 }

```

```
66      if (runState ==0)
67      {
68              currTime =millis();
69              if (currTime - prevTime >=2000)
70              {
71               prevTime = currTime;
72               int temperature = dht.readTemperature();
73               Serial.print(temperature);
74               if (temperature >=0 && temperature <=40)
75               {
76                       int servoOut =map(temperature, 0, 40, 180, 0);
77                       Serial.print( " , " );
78                       Serial.println(servoOut);
79                       myservo.write(servoOut);
80               }
81              }
82      }
83     }
84
85     int button()
86     {
87      static int oldSw =1;
88      static int newSw =1;
89      newSw =digitalRead(BUTTON_PIN);
90      if (newSw != oldSw)
91      {
92              oldSw = newSw;
93              if (newSw ==0) {
94               return 1;
95              }
96      }
97      return 0;
98     }
```

34~35: 서보모터 각도를 온도 0도로 매칭한다.
40~42: 서보모터 각도를 온도 10도로 매칭한다.
46~48: 서보모터 각도를 온도 20도로 매칭한다.
52~54: 서보모터 각도를 온도 30도로 매칭한다.
58~60: 서보모터 각도를 온도 40도로 매칭한다.
68~81: 2초마다 온도센서를 읽어 서보모터에 매칭한다.

동작 결과

아두이노 프로그램을 업로드 한다.

버튼을 눌러 각도가 변경되는지 확인한다.

각도가 변경되는 순서는 프로그램을 업로드하고 초기에는 실제온도 버튼을 누르면 0 -> 10 -> 20 -> 30 -> 40 -> 다시 실제온도로 변한다.

이제 외관을 만들어서 실제온도를 표시하는 작품을 완성하도록 한다.

작품 만들기

10cm x 10cm 2개, 3cm x 2cm 3개를 준비한다.

10cm x 10cm 2개를 붙인다.

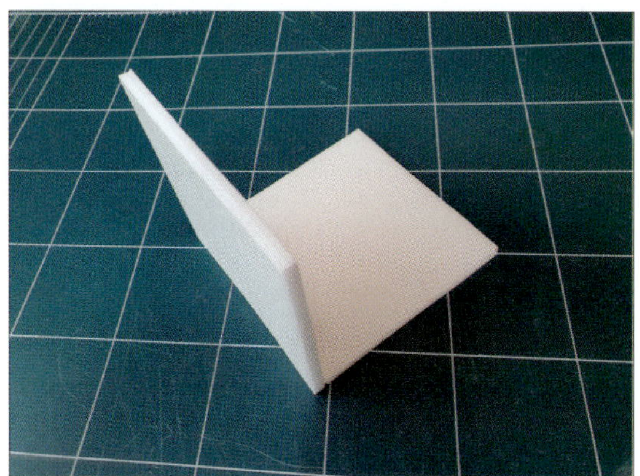

가로 1cm 세로 1.3cm의 구멍을 뚫어 서보모터를 넣는다.

서보모터를 글루건으로 고정한다. 10cm x 10cm 연결부분에 3cm x 2cm 2개를 이용하여 고정시킨다.

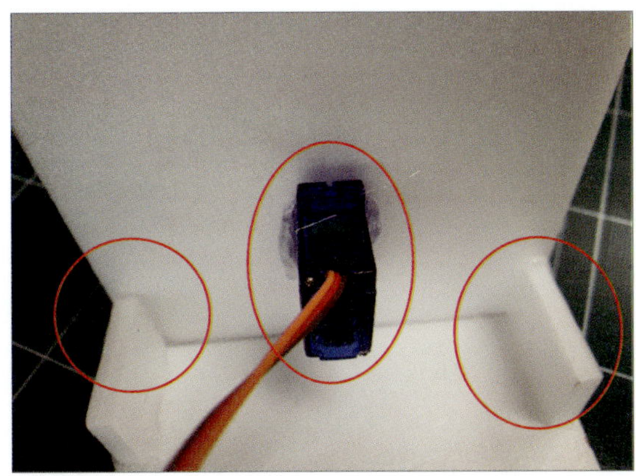

3cm x 2cm 보드를 끝이 뾰족하게 자른다.

서보모터에 글루건을 이용하여 붙인다.

아두이노 보드에 전원을 넣고 스위치를 한 번 누르면 0도로 이동한다. 0도 그림을 그린다.

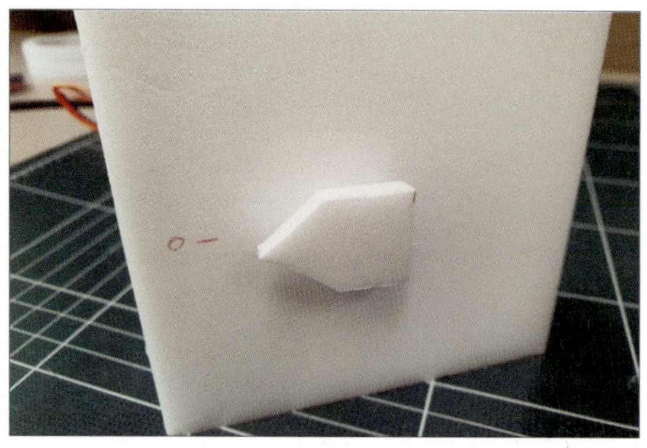

스위치를 한 번씩 누르면서 40도까지 그림을 그린다. 스위치를 한 번 더 눌러 측정온도를 가리킨 후 마무리한다.

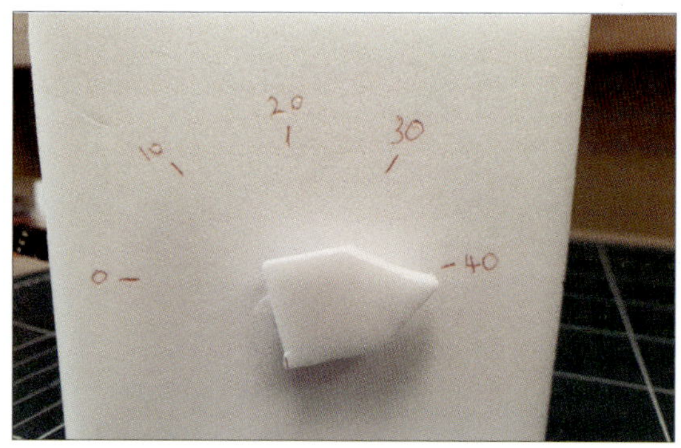

완성하였다. 온도는 약 8~9도를 가리키며 1월초의 날씨로 사무실이 매우 춥다.

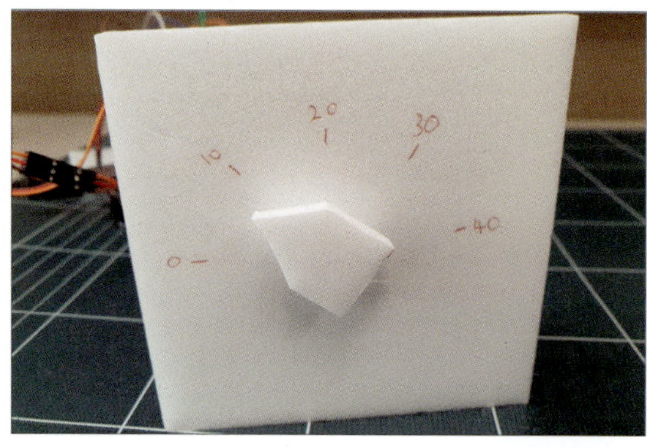

동작 동영상 링크

https://youtu.be/LqHgxh8lWHc

03 _ 26 적외선 리모컨을 이용한 선풍기 제어

학 습 목 표

적외선 리모컨을 이용하여 적외선 신호를 받아 선풍기의 풍량 및 ON/OFF를 제어하여 보자.

준비물

다음과 같은 부품을 준비한다.

부품명	수량
아두이노 우노	1개
브레드보드	1개
선풍기모듈	1개
적외선수신센서	1개
220uF 캐패시터	1개
수/수 점퍼케이블	9개
리모콘(회로연결은 하지 않음)	1개

회로 구성

브레드보드에 다음과 같이 회로를 구성한다.

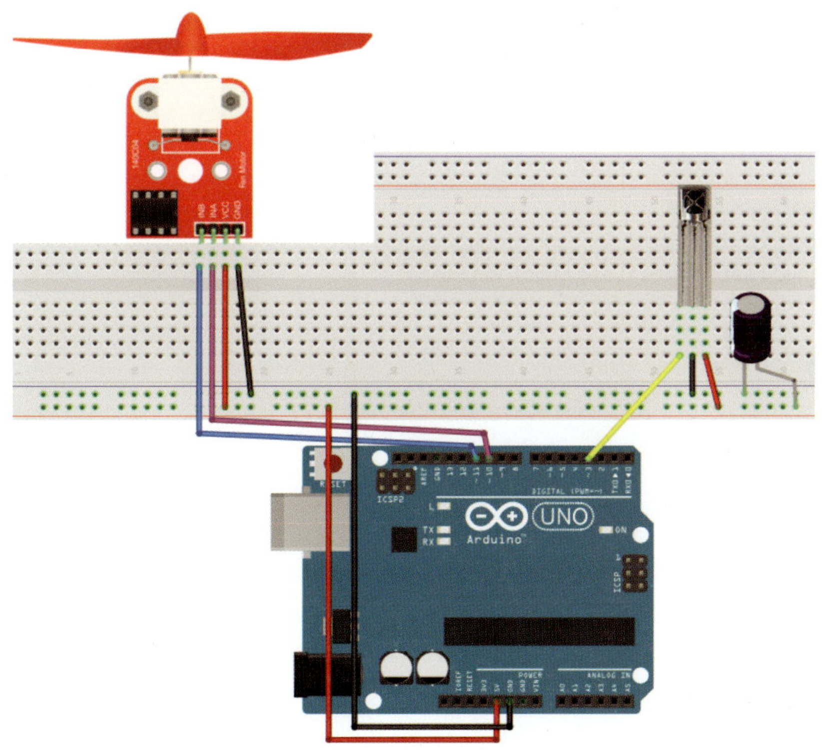

선풍기 모듈의 INB는 아두이노의 11번 핀, INA는 아두이노의 10번 핀에 연결한다.
적외선 수신센서의 1번 핀(가장왼쪽)핀은 신호핀으로 아두이노의 7번 핀에 연결한다. 가운데는 GDN, 오른쪽은 5V에 연결한다.
캐패시터는 적외선 수신센서 가까운 쪽에 연결한다. 긴 다리가 +, 짧은 다리가 - 이다. 극성에 유의하여 연결한다. 극성을 반대로 연결할 경우 터질 수 있다. 그리고 적외선 수신센서 근처에 연결하는 이유는 모터가 동작할 때 노이즈가 발생하여 전원이 불안정해진다. 캐패시터를 센서근처에 달아서 불안정해진 전원을 안정적으로 해준다. 실제로 캐패시터가 없으면 센서가 동작하지 않는다.

적외선 수신은 라이브러리를 사용한다. 가장 많이 사용하는 라이브러리는 IRREMOTE 라이브러리로 적외선 송수신 기능을 가지고 있는 라이브러리이다. 적외선 송신할 때는 핀이 3번 핀으로 고정되어 있어서 유의하여 사용한다. 본 작품에서는 적외선 송신은 하지 않고 적외선 수신만을 하여 동작한다. 적외선 수신은 핀의 제한이 없다. 적외선 수신을 하는 코드를 테스트 하여 보자.

[스케치] -> [라이브러리 포함하기] -> [라이브러리관리...]를 클릭하여 [라이브러리 매니저] 창을 연다.
"irremote"를 검색하여 IRremote 라이브러리를 설치한다.

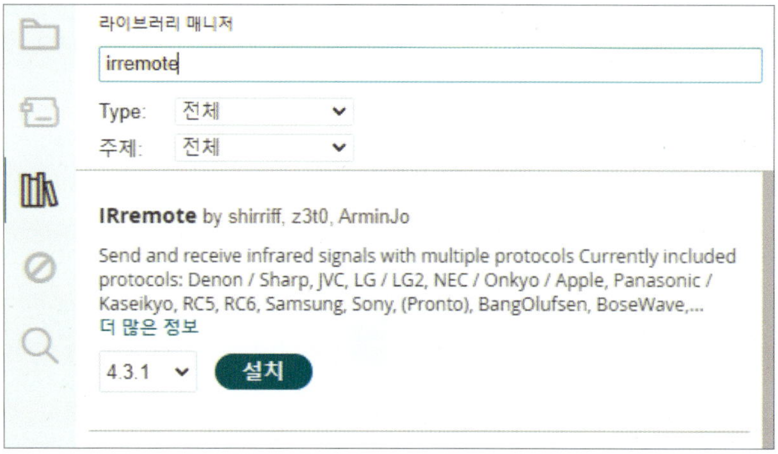

라이브러리 매니저
irremote
Type: 전체
주제: 전체
IRremote by shirriff, z3t0, ArminJo
Send and receive infrared signals with multiple protocols Currently included protocols: Denon / Sharp, JVC, LG / LG2, NEC / Onkyo / Apple, Panasonic / Kaseikyo, RC5, RC6, Samsung, Sony, (Pronto), BangOlufsen, BoseWave,...
더 많은 정보
4.3.1 설치

아두이노 코드 작성

다음과 같은 아두이노 코드를 작성한다.

26_1.ino

```
01	#include <IRremote.h>
02	
03	int IR_RECEIVE_PIN =7;
04	
05	IRrecv IrReceiver(IR_RECEIVE_PIN);
06	
07	decode_results results;
08	
09	void setup()
10	{
11	 Serial.begin(9600);
12	 IrReceiver.enableIRIn();
13	}
14	
15	void loop()
16	{
17	 if (IrReceiver.decode(&results))
18	 {
19	         Serial.println(results.value);
20	         IrReceiver.resume();
21	 }
22	 delay(100);
23	}
```

01: IRremote 라이브러리를 추가한다.
03: 수신에 사용하는 핀을 설정한다.
05: IrReceiver 이름으로 클래스를 생성한다.
07: results 이름으로 수신데이터를 받을 변수를 선언한다.
12: 데이터수신을 활성화한다.
17: 받은 데이터가 있다면 조건문은 참이 된다.
19: 받은 데이터 중 value(값)만 시리얼통신으로 전송한다.
20: 데이터를 받고나면 resume을 해야 다음데이터를 받을 수 있다. 다음 데이터를 받기위해 초기화한다.

동작 결과

아두이노를 업로드 후 시리얼 모니터를 열어 값을 확인한다.

리모콘의 0~9까지의 숫자를 눌러 값을 확인하자

리모콘의 버튼을 누르고 있으면 값이 나온 후 4294967295의 값이 계속 나온다. 4294967295 값은 버튼이 눌리고 있음을 나타낸다.

```
출력    시리얼 모니터 ×

Message (Enter to send message to

16724175
4294967295
4294967295
4294967295
4294967295
4294967295
4294967295
4294967295
4294967295
4294967295
4294967295
4294967295
```

리모콘에서 0~9의 버튼을 눌렀을 때 시리얼 모니터를 확인하여 각각의 데이터가 출력됨을 확인 할 수 있다.

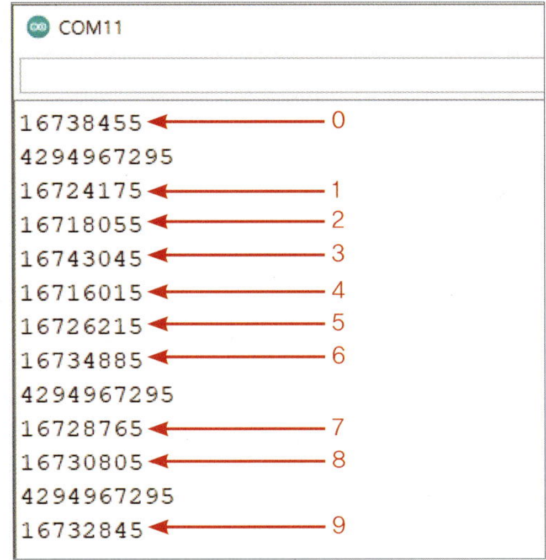

이제 버튼에 맞게 조건문을 만들어보자.

아두이노 코드 작성

다음과 같은 아두이노 코드를 작성한다.

26_2.ino

```
#include <IRremote.h>

int IR_RECEIVE_PIN =7;

IRrecv IrReceiver(IR_RECEIVE_PIN);

```

```
07      decode_results results;
08
09      #define REMOTE_VALUE_0 16738455
10      #define REMOTE_VALUE_1 16724175
11      #define REMOTE_VALUE_2 16718055
12      #define REMOTE_VALUE_3 16743045
13
14      void setup()
15      {
16       Serial.begin(9600);
17       IrReceiver.enableIRIn();
18      }
19
20      void loop()
21      {
22       if (IrReceiver.decode(&results))
23       {
24               if(results.value == REMOTE_VALUE_0)
25               {
26                Serial.println(“ number=0 ”);
27               }
28               else if(results.value == REMOTE_VALUE_1)
29               {
30                Serial.println(“ number=1 ”);
31               }
32               else if(results.value == REMOTE_VALUE_2)
33               {
34                Serial.println(“ number=2 ”);
35               }
36               else if(results.value == REMOTE_VALUE_3)
37               {
38                Serial.println(“ number=3 ”);
39               }
40
41               IrReceiver.resume();
42       }
43       delay(100);
44      }
```

09~12: define 문을 이용하여 각각의 버튼값을 정의하였다.

24~39: 버튼이 눌린 값을 비교하여 시리얼통신으로 눌린 버튼이 무엇인지 전송하였다.

동작 결과

아두이노를 업로드 후 시리얼 모니터를 열어 값을 확인한다.

리모콘의 0~3까지의 숫자를 눌러 값을 확인하자

```
출력    시리얼 모니터 ×
Message (Enter to send messa
number=0
number=1
number=2
number=3
```

버튼에 따른 조건문까지 만들었으니 모터를 동작시켜보자. 0을 누르면 꺼짐 1~3 까지 모터의 속도를 변경하여 선풍기를 완성하여보자.

아두이노 코드 작성

다음과 같은 아두이노 코드를 작성한다.

26_3.ino

```
#include <IRremote.h>

int IR_RECEIVE_PIN =7;

IRrecv IrReceiver(IR_RECEIVE_PIN);

decode_results results;

#define REMOTE_VALUE_0 16738455
#define REMOTE_VALUE_1 16724175
#define REMOTE_VALUE_2 16718055
#define REMOTE_VALUE_3 16743045

#define MOTOR_INA 10
#define MOTOR_INB 11

void setup()
{
 Serial.begin(9600);
 IrReceiver.enableIRIn();
}

void loop()
{
```

```
25      if (IrReceiver.decode(&results))
26      {
27              if(results.value == REMOTE_VALUE_0)
28              {
29               Serial.println( “ number=0 ” );
30               analogWrite(MOTOR_INA, 0);
31               analogWrite(MOTOR_INB, 0);
32              }
33              else if(results.value == REMOTE_VALUE_1)
34              {
35               Serial.println( “ number=1 ” );
36               analogWrite(MOTOR_INA, 80);
37               analogWrite(MOTOR_INB, 0);
38              }
39              else if(results.value == REMOTE_VALUE_2)
40              {
41               Serial.println( “ number=2 ” );
42               analogWrite(MOTOR_INA, 170);
43               analogWrite(MOTOR_INB, 0);
44              }
45              else if(results.value == REMOTE_VALUE_3)
46              {
47               Serial.println( “ number=3 ” );
48               analogWrite(MOTOR_INA, 255);
49               analogWrite(MOTOR_INB, 0);
50              }
51
52              IrReceiver.resume();
53      }
54      delay(100);
55    }
```

14~15: 선풍기 모터에 사용하는 핀을 정의하였다.

30~31: 모터를 끈다.

36~37: 모터를 80의 속도로 켠다.

42~43: 모터를 170의 속도로 켠다.

48~49: 모터를 255의 속도로 켠다.

동작 결과

아두이노 프로그램을 업로드 후 리모컨의 0~3까지의 버튼을 눌러 동작을 확인하여 보자.

1~3까지 누르면 모터가 켜진다. 그리고 다시 0을 누르면 모터가 꺼진다.

동작 동영상 링크

https://youtu.be/BSdDZuw5JBw 

03 _ 27 시한폭탄 게임 만들기

학 습 목 표

시한폭탄 게임기를 만들어보자. 가변저항으로 시간을 조절하고 버튼을 누르면 FND에 카운트다운을 시작하고 0이 되면 폭탄이 터져(부저가 울림) 종료된다. 3개의 전선을 각각 포트에 연결하고 선을 자르거나 포트에서 뺐을 때 카운트다운 중지, 아무런 일도 일어나지 않음, 바로폭탄이 터짐(부저가 울림) 기능을 하는 작품을 만들어보자. 실제 폭탄이 터지는 작품이 아니라 부저로 폭탄이 터졌음을 의미하는 게임이다.

준비물

다음과 같은 부품을 준비한다.

부품명	수량
아두이노 우노	1개
브레드보드	1개
부저	1개
버튼 스위치	1개
가변저항	1개
4digit FND 모듈	1개
수/수 점퍼케이블	14개
암/수 점퍼케이블	4개

회로 구성

브레드보드에 다음과 같이 회로를 구성한다.

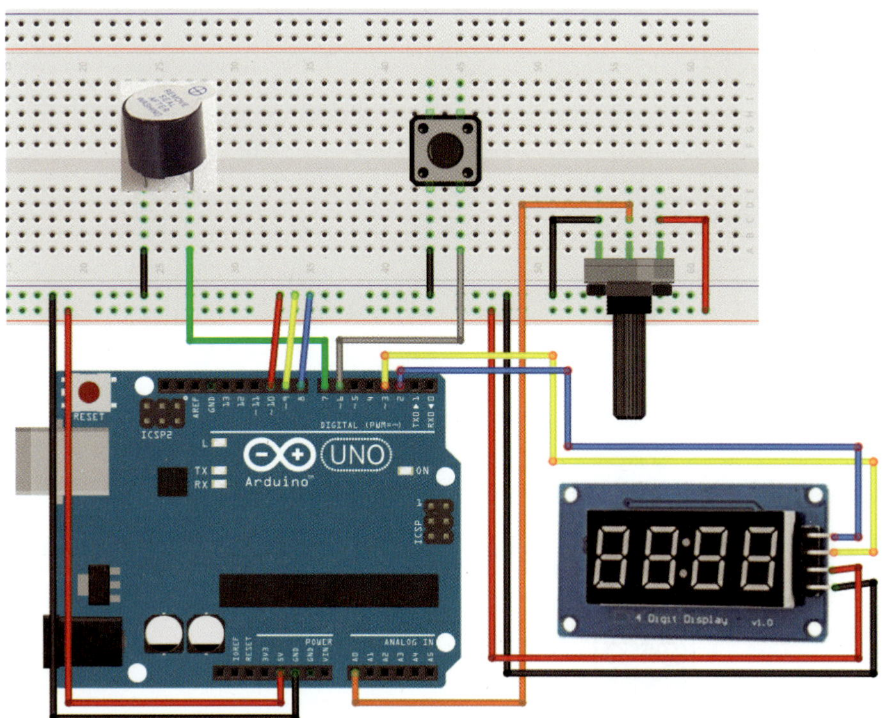

부저의 +는 아두이노의 7번 핀에 연결한다. -는 GND에 연결한다.

스위치는 아두이노의 6번 핀에 연결한다. 나머지 한 개 핀은 GND에 연결한다.

가변저항의 가운데 핀은 아두이노의 A0핀에 연결한다. 왼쪽은 GND, 오른쪽은 5V에 연결한다. 4digit FND의 CLK는 아두이노의 2번 핀, DIO는 아두이노의 3번 핀 VCC는 5V GND는 GND에 연결한다.

라이브러리 설치하기

새로운 모듈인 FND를 사용하기 위해서는 라이브러리를 추가하자.

4digit FND는 TM1637 IC를 사용하였다. TM1637 IC는 FND, LED, 스위치 등 핀의 확장을 위해서 많이 사용하는 IC이다. CLK, DIO 2개의 핀으로 여러 핀을 확장이 가능하다.

[스케치] -> [라이브러리 포함하기] -> [라이브러리관리...]를 클릭하여 [라이브러리 매니저] 창을 연다.

"tm1637"을 검색하여 TM1637 라이브러리를 설치한다.

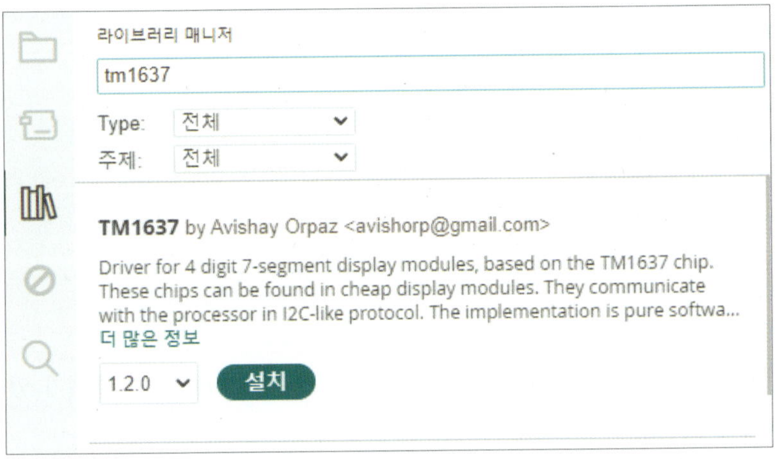

라이브러리 매니저

tm1637

Type: 전체

주제: 전체

TM1637 by Avishay Orpaz <avishorp@gmail.com>

Driver for 4 digit 7-segment display modules, based on the TM1637 chip. These chips can be found in cheap display modules. They communicate with the processor in I2C-like protocol. The implementation is pure softwa...

더 많은 정보

1.2.0 설치

TM1637을 테스트하는 코드를 만들어보자.

아두이노 코드 작성

다음과 같은 아두이노 코드를 작성한다.

27_1.ino

```
#include <TM1637Display.h>

#define CLK 2
#define DIO 3

TM1637Display display(CLK, DIO);

```

```
08        int cnt =0;
09
10        void setup()
11        {
12         display.setBrightness(0x0f);
13         display.clear();
14        }
15
16        void loop()
17        {
18         display.showNumberDec(cnt++, true);
19         delay(100);
20        }
```

01 : TM1637을 사용하기 위한 헤더파일을 추가한다.
03~04 : 클럭 핀과 데이터 핀을 정의한다.
06 : TM1637Display 이름으로 클래스를 생성한다.
08 : cnt 변수를 생성하고 0으로 초기화한다.
12 : FND의 밝기를 설정한다.
13 : FND를 지운다.
18 : FND에 cnt 변수의 값을 표시한다. true는 FND의 빈자리의 값을 0으로 채워 넣는다. false는 값을 비워둔다. true일 경우 숫자 7을 표시하면 FND에 0007로 표시되고, false일 경우 7로만 표시된다. 앞의 세 자리는 FND가 꺼진다.
19 : 100mS 기다린다.

동작 결과

아두이노에 프로그램을 업로드하고 FND에 숫자가 표시됨을 확인하여 보자. 100mS의 딜레이가 있어서 100mS마다 숫자가 증가하여 표시된다.

이제 기능을 하나씩 추가하여 보도록 하자. 첫 번째로 가변저항을 돌려서 시간을 설정하고 버튼을 누르면 값이 감소하는 기능을 넣어보자. 그리고 시간이 0이 되면 알람이 울리도록 한다.

아두이노 코드 작성

다음과 같은 아두이노 코드를 작성한다.

27_2.ino

```
#include <TM1637Display.h>

#define CLK 2
#define DIO 3
#define BUTTON_PIN 6
#define VR_PIN A0
#define BUZZER_PIN 7
```

```

TM1637Display display(CLK, DIO);

unsigned long currTime =0;
unsigned long prevTime =0;

int runState =0;
int timerCnt;

void setup()
{
 display.setBrightness(0x0f);
 display.clear();
 Serial.begin(9600);
 pinMode(BUTTON_PIN, INPUT_PULLUP);
 pinMode(BUZZER_PIN, OUTPUT);
 digitalWrite(BUZZER_PIN, LOW);
}

void loop()
{
 if (runState ==0)
 {
        int aValue =analogRead( VR_PIN );
        timerCnt =map(aValue, 0, 1023, 0, 9999);
        display.showNumberDec(timerCnt, true);
        if (digitalRead(BUTTON_PIN) ==0)
        {
         runState =1;
        }
        delay(100);
 }
 else if(runState ==1)
 {
        currTime =millis();
        if (currTime - prevTime >=100)
        {
         prevTime = currTime;
         display.showNumberDec(timerCnt, true);
         if (timerCnt ==0)
         {
                while(1) digitalWrite(BUZZER_PIN,HIGH);
         }
         else timerCnt--;
        }
 }
}
```

05~07 : 버튼, 가변저항, 부저 핀을 정의한다.
11~12 : millis를 이용한 일정 주기마다 실행시키기 위해서 필요한 변수를 정의한다.
14 : runState라는 상태를 저장하는 변수이다.
15 : 타이머의 값을 저장하는 변수이다.
29~39 : runState 변수의 값이 0일 때 실행된다.
40~53 : runState 변수의 값이 1일 때 실행된다.
31~33 : 가변저항에서 값을 읽어 timercnt에 값을 넣고 FND에 표시한다.
34~37 : 버튼이 눌렸으면 runState에 1을 대입하여 40~53을 실행한다. 즉 버튼을 누르면 다음 상태로 넘어간다.
43~52 : 100mS마다 동작한다.
36 : timerCnt의 값을 FND에 표시한다.
47 : timerCnt의 값이 0이라면 조건에 만족한다.
49 : while반복문을 사용하여 부저를 울린다. while(1) 조건은 항상 참이기 때문에 while문안에 계속 머문다. 리셋하기 전에는 빠져나올 수 없다.
51 : timerCnt의 값이 0이 아니라면 timerCnt의 값을 -1씩 감소시킨다.

동작 결과

아두이노 프로그램을 업로드 한다.

runState의 값이 0일 때, 즉 처음에 실행했을 때 가변저항을 돌려 시간을 설정하고 버튼을 누르면 rnnState의 값이 1이 되어 설정한 timerCnt의 값을 -1씩 줄인다. timerCnt의 값이 0이 되면 부저가 울려 폭탄이 터진다. (폭탄은 실제로 터지지 않고 부저가 울리는 것을 터진 것으로 간주한다.)

시간을 설정하고 시간이 0이 되면 터지는 동작을 완료 하였다. 케이블을 3개 추가하여 카운트다운중지, 아무런 일도 일어나지 않음, 바로폭탄이 터짐(부저가 울림) 기능을 추가하도록 해보자.

아두이노 코드 작성

다음과 같은 아두이노 코드를 작성한다.

27_3.ino

```
#include <TM1637Display.h>

#define CLK 2
#define DIO 3
#define BUTTON_PIN 6
#define VR_PIN A0
#define BUZZER_PIN 7
#define RED_CABLE 10
#define YELLOW_CABLE 9
#define BLUE_CABLE 8

TM1637Display display(CLK, DIO);

```

```
unsigned long currTime =0;
unsigned long prevTime =0;

int runState =0;
int timerCnt;

String strArray[] = { “ bomb ” , “ nothing ” , “ stop ” };

void setup()
{
 display.setBrightness(0x0f);
 display.clear();
 Serial.begin(9600);
 pinMode(BUTTON_PIN, INPUT_PULLUP);
 pinMode(BUZZER_PIN, OUTPUT);
 digitalWrite(BUZZER_PIN, LOW);
 pinMode(RED_CABLE, INPUT_PULLUP);
 pinMode(YELLOW_CABLE, INPUT_PULLUP);
 pinMode(BLUE_CABLE, INPUT_PULLUP);

 randomSeed(analogRead(1));
 for (int i =0; i <3; i++) {
        int n =random(0, 2);
        String temp = strArray[n];
        strArray[n] = strArray[i];
        strArray[i] = temp;
 }
 Serial.print(strArray[0]);
 Serial.print( “ , ” );
 Serial.print(strArray[1]);
 Serial.print( “ , ” );
 Serial.println(strArray[2]);
}

void loop()
{
 if (runState ==0)
 {
        int aValue =analogRead( VR_PIN );
        timerCnt =map(aValue, 0, 1023, 0, 9999);
        display.showNumberDec(timerCnt, true);
        if (digitalRead(BUTTON_PIN) ==0)
        {
         runState =1;
        }
        delay(100);
```

```
60        }
61        else if (runState ==1)
62        {
63                currTime =millis();
64                if (currTime - prevTime >=100)
65                {
66                 prevTime = currTime;
67                 display.showNumberDec(timerCnt, true);
68                 if (timerCnt ==0)
69                 {
70                         while (1) digitalWrite(BUZZER_PIN, HIGH);
71                 }
72                 else timerCnt--;
73                }
74
75                String result =” ”;
76                if ( digitalRead(RED_CABLE) ==1 ) result = strArray[0];
77                else if ( digitalRead(YELLOW_CABLE) ==1 ) result = strArray[1];
78                else if ( digitalRead(BLUE_CABLE) ==1 ) result = strArray[2];
79
80                if (result.indexOf( “ bomb ” ) >=0)
81                {
82                 Serial.println( “ bomb ” );
83                 while (1) digitalWrite(BUZZER_PIN, HIGH);
84                }
85                else if (result.indexOf( “ stop ” ) >=0)
86                {
87                 Serial.println( “ stop ” );
88                 while (1) digitalWrite(BUZZER_PIN, LOW);
89                }
90                else if (result.indexOf( “ nothing ” ) >=0)
91                {
92                 Serial.println( “ nothing ” );
93                }
94        }
95      }
```

08~10 : 빨강, 노랑, 파랑의 케이블이 연결된 핀을 정의하였다.

20 : 상태를 가지는 string 타입의 배열을 만들고 각각 bomb, nothing, stop 문자열을 넣어 초기화하였다. bomb = 폭탄이 터짐, nothong = 아무런 일도 일어나지 않음, stop = 멈춤 의 기능을 한다. string 타입은 문자열을 저장하는 변수이다.

30~32 : 빨강, 노랑, 파랑이 연결된 핀은 풀업 입력으로 사용하였다.

34~40 : bomb, nothing, stop 문자열이 저장된 string 배열을 무작위로 섞는다. 무작위로 섞어서 빨강, 노랑, 파랑 케이블의 기능을 랜덤하게 하기 위해서 이다.

41~45 : 무작위로 섞인 배열의 값을 시리얼통신으로 전송한다. 섞인 값을 확인하기 위해서 이다.

75 : 결과값을 저장하는 result 변수를 string 타입으로 만든다.
76 : 빨간색 케이블이 떨어졌다면(잘렸다면) 결과값에 무작위로 섞인 strArray 변수의 0번째 값을 넣는다.
77 : 노란색 케이블이 떨어졌다면(잘렸다면) 결과값에 무작위로 섞인 strArray 변수의 1번째 값을 넣는다.
78 : 파란색 케이블이 떨어졌다면(잘렸다면) 결과값에 무작위로 섞인 strArray 변수의 2번째 값을 넣는다.
80~84 : 만약 result 변수에 bomb 이름이 포함되어 있다면 부저를 계속 울린다. 즉 폭탄이 터진다. indexOf는 문자를 찾아서 동일한 문자가 있다면 시작되는 위치를 반환한다. 시작위치는 0부터 시작한다. 찾는 문자가 없다면 -1일 반환한다.
85~89 : 만약 result 변수에 stop 이름이 포함되어 있다면 부저를 계속 멈춘다. 즉 폭탄이 터지지 않고 멈춰있다.
90~93 : 만약 result 변수에 nothing 이름이 포함되어 있다면 아무런 일도 일어나지 않는다.

동작 결과

아두이노 프로그램을 업로드 후 동작을 확인한다.

가변저항 돌려 시간을 설정하고, 버튼을 누르면 시간이 줄어든다. 시간이 0이 되면 폭탄이 터진다.

폭탄이 터지기 전에 빨강, 노랑, 파란색 케이블 중 하나를 잘라서 시간을 멈춰야 한다.

한 번 동작을 마치면 리셋 버튼을 눌러야 다시 동작이 가능하다.

다음은 리셋 버튼을 여러 번 눌러서 각각의 케이블의 기능이 바뀌는 것을 시리얼통신을 통해 확인할 수 있다.

```
출력    시리얼 모니터 ×
Message (Enter to send messag
nothing,stop,bomb
stop,bomb,nothing
stop,nothing,bomb
stop,bomb,nothing
```

동작 동영상 링크

https://youtu.be/VUNXCgBp6Js

03 _ 28 전원이 꺼져도 시간이 유지되는 시계 만들기

학 습 목 표

RTC를 사용하여 전원이 꺼져도 동작하는 시계를 만들어보자. 시간은 표시는 FND 모듈을 사용한다.

준비물

다음과 같은 부품을 준비한다.

부품명	수량
아두이노 우노	1개
브레드보드	1개
DS1302 RTC모듈	1개
4digit FND 모듈	1개
수/수 점퍼케이블	2개
암/수 점퍼케이블	9개

회로 구성

브레드보드에 다음과 같이 회로를 구성한다.

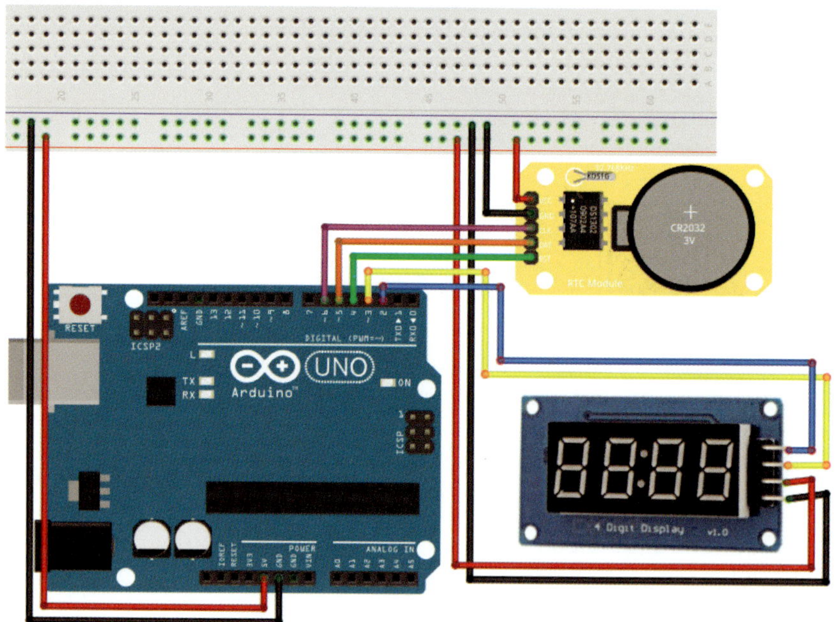

DS1302 RTC모듈의 CLK는 아두이노의 6번 핀, DAT는 5번, RST는 4번 핀에 연결한다. VCC는 5V GND는 GND에 연결한다.

4digit FND의 CLK는 아두이노의 2번 핀, DIO는 아두이노의 3번 핀, VCC는 5V, GND는 GND에 연결한다.

RTC모듈은 Real Time Clock의 약자로 시간을 측정하는 소자이다. 컴퓨터에도 하나씩 달려있다. 코인배터리를 사용해서 전원이 꺼지더라도 시계가 동작한다. 컴퓨터의 전원을 끄고 다시 키더라도 시간이 현재시간과 맞는 이유이다. 몇 년 정도 사용하면 코인배터리를 모두 사용하여 동작을 하지 않는다. 컴퓨터를 오래 사용하면 시간이 맞지 않는 이유이다. 그럴 때는 코인배터리만 교체해서 사용하면 된다. 우리는 DS1302라는 RTC 소자를 이용해서 시간을 측정하는 작품을 만들어보자.

라이브러리 설치하기

우선 DS1302 모듈을 사용해보도록 하자.

[스케치] -> [라이브러리 포함하기] -> [라이브러리관리...]를 클릭하여 [라이브러리 매니저] 창을 연다.

"ds1302"를 검색하여 "RTC by Makuna" 라이브러리를 설치한다.

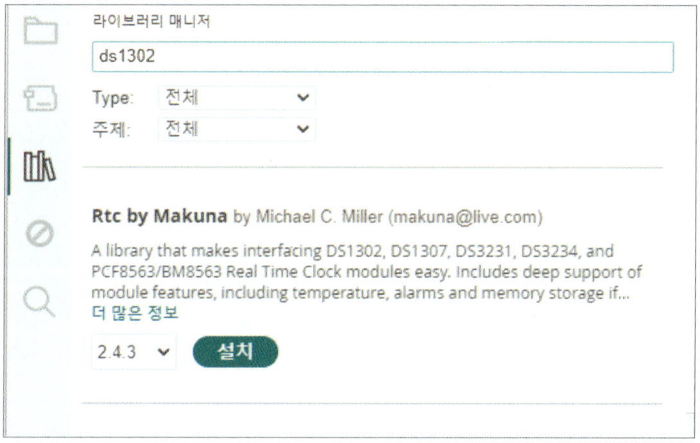

아두이노 코드 작성

다음과 같은 아두이노 코드를 작성한다.

28_1.ino

```
#include <ThreeWire.h>
#include <RtcDS1302.h>

#define DS1302_CLK 6
#define DS1302_DAT 5
#define DS1302_RST 4

ThreeWire myWire(DS1302_DAT,DS1302_CLK,DS1302_RST);
RtcDS1302<ThreeWire> Rtc(myWire);

void setup()
```

```
12      {
13        Serial.begin(9600);
14
15        Serial.print( “ compiled: “ );
16        Serial.print(__DATE__);
17        Serial.println(__TIME__);
18
19        Rtc.Begin();
20
21        RtcDateTime compiled = RtcDateTime(__DATE__, __TIME__);
22
23        if (!Rtc.IsDateTimeValid()) Rtc.SetDateTime(compiled);
24        if (Rtc.GetIsWriteProtected()) Rtc.SetIsWriteProtected(false);
25        if (!Rtc.GetIsRunning()) Rtc.SetIsRunning(true);
26
27        RtcDateTime now = Rtc.GetDateTime();
28        if (now < compiled) Rtc.SetDateTime(compiled);
29
30      }
31
32      void loop()
33      {
34              RtcDateTime now = Rtc.GetDateTime();
35
36              Serial.print(now.Year());Serial.print( “ / ” );
37              Serial.print(now.Month());Serial.print( “ / ” );
38              Serial.print(now.Day());
39              Serial.print( “ \t ” );
40              Serial.print(now.Hour());Serial.print( “ : ” );
41              Serial.print(now.Minute());Serial.print( “ : ” );
42              Serial.println(now.Second());
43
44              delay(1000);
45      }
```

01~02 : DS1302 RTC를 사용하기 위한 라이브러리 헤더를 추가한다.
04~06 : DS1302 핀을 정의한다.
08 : myWire의 이름으로 3핀 통신 클래스를 생성한다.
09 : Rtc이름으로 클래스 생성한다.
16 : 아두이노 프로그램이 컴파일된 날짜를 시리얼통신으로 출력한다. 아두이노에 업로드 한 컴퓨터 날짜를 출력한다.
17 : 아두이노 프로그램을 컴파일된 시간을 시리얼통신으로 출력한다. 아두이노에 업로드 한 컴퓨터 시간을 출력한다.
19 : RTC를 시작한다.
21~:28 : RTC의 시간을 기록하고 동작시키는 기능이다.
21 : RTC 시간형식의 변수를 만들고 컴파일된 날짜, 시간을 넣는다.

23 : 만약 기록된 시간이 없다면 컴파일된 날짜와 시간을 기록한다. RTC를 처음 구동했을 때 기록된 시간이 없을 때만 동작한다.
24 : 만약 쓰기 보호가 동작되어 있다면 쓰기 보호를 푼다.
25 : 만약 RTC가 동작하지 않는다면 동작하게 한다. RTC는 멈추거나 동작할 수 있다. RTC가 공장에서 나올 때는 머춰있다. 'Rtc.SetIsRunning(true);' 명령을 줘야 동작한다. 한 번 명령을 주면 다시 멈추는 명령을 줄때까지 계속 동작한다.
27 : RTC에서 시간을 가지고 온다.
28 : 현재시간보다 컴파일된 시간이 크면 컴파일된 시간으로 시간을 다시 설정한다.
34 : RTC에서 시간을 가지고 온다.
36~42 : 년/월/일 시:분:초를 출력한다.
44 : 1초 기다린다.

RTC에 시간이 쓰이지 않았다면 시간을 기록하고 동작시키는 기능이다. 그리고 1초에 한 번씩 시간을 읽어 시리얼 통신으로 전송한다.

동작 결과

아두이노 프로그램을 업로드 후 시리얼 모니터를 열어 시간이 출력됨을 확인하여 보자.

출력　시리얼 모니터 ×

Message (Enter to send message to 'Ard

```
compiled: Jan  4 2021 16:55:53
2021/1/4        16:56:3
2021/1/4        16:56:4
2021/1/4        16:56:5
2021/1/4        16:56:6
2021/1/4        16:56:7
```

이제 RTC로 측정된 시간을 FND 모듈에 표시하여보자.

아두이노 코드 작성

다음과 같은 아두이노 코드를 작성한다.

28_2.ino

```
#include <ThreeWire.h>
#include <RtcDS1302.h>
#include <TM1637Display.h>

#define DS1302_CLK 6
#define DS1302_DAT 5
#define DS1302_RST 4
#define CLK 2
#define DIO 3
```

```
ThreeWire myWire(DS1302_DAT, DS1302_CLK, DS1302_RST);
RtcDS1302<ThreeWire> Rtc(myWire);

TM1637Display display(CLK, DIO);

unsigned long currTime =0;
unsigned long prevTime =0;

unsigned int fndData =0;

void setup()
{
 Serial.begin(9600);

 Serial.print( " compiled: " );
 Serial.print(__DATE__);
 Serial.println(__TIME__);

 Rtc.Begin();

 RtcDateTime compiled = RtcDateTime(__DATE__, __TIME__);

 if (!Rtc.IsDateTimeValid()) Rtc.SetDateTime(compiled);
 if (Rtc.GetIsWriteProtected()) Rtc.SetIsWriteProtected(false);
 if (!Rtc.GetIsRunning()) Rtc.SetIsRunning(true);

 RtcDateTime now = Rtc.GetDateTime();
 if (now < compiled) Rtc.SetDateTime(compiled);

 display.setBrightness(0x0f);
 display.clear();
}

void loop()
{
 currTime =millis();
 if (currTime - prevTime >=1000)
 {
        prevTime = currTime;
        RtcDateTime now = Rtc.GetDateTime();
        fndData = now.Hour() *100 + now.Minute();
        display.showNumberDec(fndData, true);
 }
}
```

47~53 : 1초에 한 번씩 조건문에 만족한다.

50 : 현재시간을 RTC에서 받아서 now 변수에 대입한다.

51 : fndData 변수에 시간 * 100 + 분을 계산하여 대입한다. FND는 4자리이기 때문에 시간은 앞의 두자리로 보내기 위해서 곱하기 100을 하였다.

52 : 시간:분을 FND에 표시한다.

동작 결과

아두이노 프로그램을 업로드 한다. FND에 시간이 표시되었다.

시간이 출력되고 있는데 가운데 점 두 개가 깜빡이면서 시계가 동작하고 있다는 것을 알려보자. 시계답게 만들어보자.

아두이노 코드 작성

다음과 같은 아두이노 코드를 작성한다.

28_3.ino

```
#include <ThreeWire.h>
#include <RtcDS1302.h>
#include <TM1637Display.h>

#define DS1302_CLK 6
#define DS1302_DAT 5
#define DS1302_RST 4
#define CLK 2
#define DIO 3

ThreeWire myWire(DS1302_DAT, DS1302_CLK, DS1302_RST);
RtcDS1302<ThreeWire> Rtc(myWire);

TM1637Display display(CLK, DIO);

unsigned long currTime =0;
unsigned long prevTime =0;

unsigned int fndData =0;

void setup()
{
 Serial.begin(9600);

 Serial.print( “ compiled: “ );
 Serial.print(__DATE__);
```

```
27        Serial.println(__TIME__);
28
29        Rtc.Begin();
30
31        RtcDateTime compiled = RtcDateTime(__DATE__, __TIME__);
32
33        if (!Rtc.IsDateTimeValid()) Rtc.SetDateTime(compiled);
34        if (Rtc.GetIsWriteProtected()) Rtc.SetIsWriteProtected(false);
35        if (!Rtc.GetIsRunning()) Rtc.SetIsRunning(true);
36
37        RtcDateTime now = Rtc.GetDateTime();
38        if (now < compiled) Rtc.SetDateTime(compiled);
39
40        display.setBrightness(0x0f);
41        display.clear();
42      }
43
44      void loop()
45      {
46        currTime =millis();
47        if (currTime - prevTime >=1000)
48        {
49                prevTime = currTime;
50                RtcDateTime now = Rtc.GetDateTime();
51                fndData = now.Hour() *100 + now.Minute();
52                if(now.Second() % 2 ==1)
53                {
54                 display.showNumberDecEx(fndData,0x80>>1, true);
55                }
56                else display.showNumberDecEx(fndData,0x80>>0, true);
57        }
58      }
```

52~56: RTC에서 측정된 초에서 2로 나누었을 때 나머지가 1이면 " : "를 표시하고 그렇지 않다면 즉 나머지가 0이면 " : "를 표시하지 않는다. 즉 1초마다 깜빡이면서 " : "를 표시했다 안했다 한다.

동작 결과

아두이노 프로그램을 업로드 한다. 가운데 " : " 콜론이 1초마다 깜빡이면서 시계다운 시계를 완성하였다.

동작 동영상 링크

https://youtu.be/ZAIijVxwxK0

03 _ 29 온도습도센서 데이터 로거 만들기

학 습 목 표

온도습도센서와 RTC를 이용하여 SD 카드에 온도와 습도를 기록하는 데이터 로거를 만들어보자.

준비물

다음과 같은 부품을 준비한다.

부품명	수량
아두이노 우노	1개
브레드보드	1개
DS1302 RTC모듈	1개
SD 카드	1개
DHT11 온습도센서모듈	1개
수/수 점퍼케이블	5개
암/수 점퍼케이블	11개

회로 구성

브레드보드에 다음과 같이 회로를 구성한다.

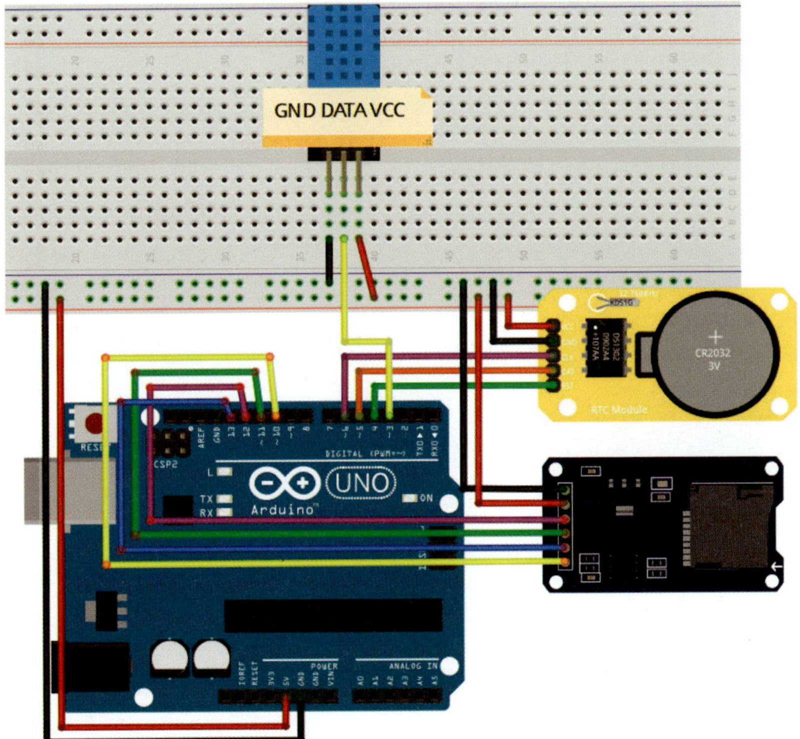

다음의 표를 참조하여 회로를 연결한다.

모듈	모듈 핀	아두이노핀
DHT11 온습도센서모듈	GND	GND
	DATA	3번
	VCC	VCC
DS1302 RTC 모듈	VCC	5V
	GND	GND
	CLK	7번
	DAT	6번
	RST	5번
SD 카드 모듈	GND	GND
	VCC	5V
	MISO	12
	MOSI	11
	SCK	13
	CS	10

SD 카드를 사용하기 위해서는 FAT형식으로 포맷을 해야 한다. 다음의 과정으로 SD 카드 포맷을 진행하자.

SD 카드 포맷하기

SD 카드를 USB 리더기에 넣은 후 컴퓨터 USB에 연결한다.

생성된 SD드라이브에서 [마우스 오른쪽]을 클릭 후 [포맷]을 클릭한다. 필자의 컴퓨터에서는 D: 드라이로 생성되었다. 컴퓨터 마다 생성되는 드라이브가 틀리므로 생성된 SD 카드의 드라이브를 잘 확인 후 진행한다.

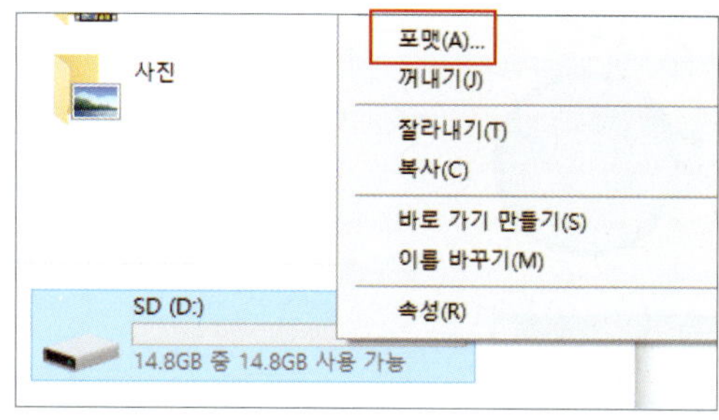

파일시스템: FAT32(기본값)
할단 단위 크기: 기본 할당 크기
볼륨 레이블: “SD”로 설정 SD 카드의 이름. 아무 이름이나 상관없다.
포맷 옵션: 빠른 포맷 체크

[시작]을 눌러 포맷을 진행한다.

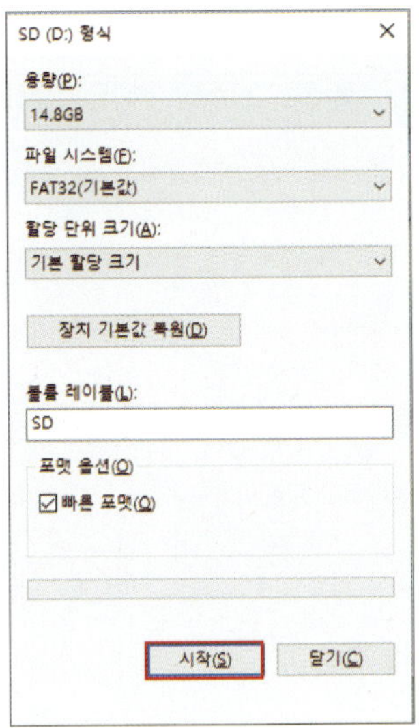

"포맷이 완료되었습니다." 창이 나오면 [확인]을 눌러 완료한다.

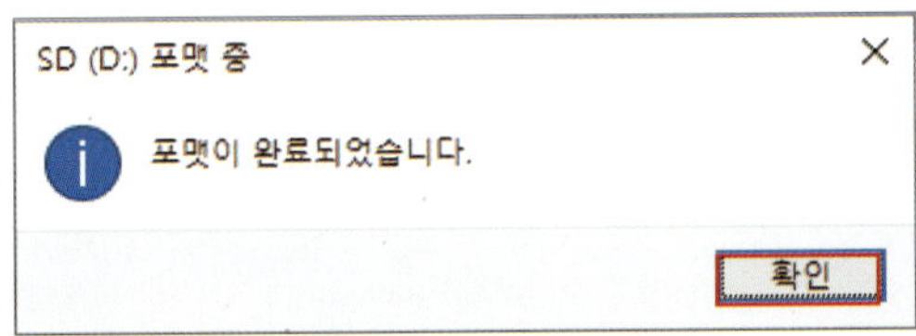

폴더에 접속하면 비어있는 것을 확인할 수 있다.

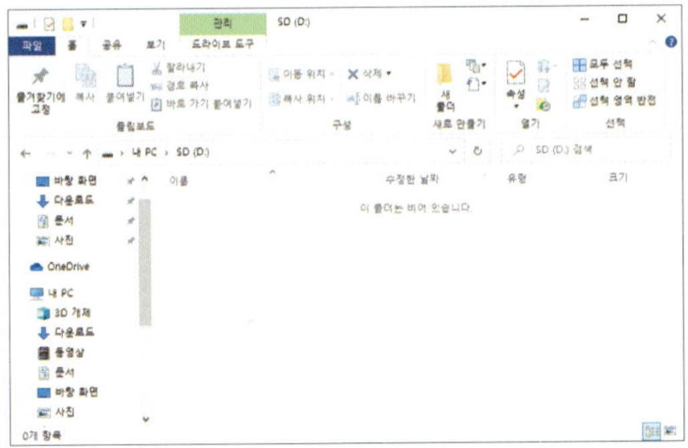

이제 마이크로 SD 카드를 SD 모듈에 끼워 넣는다.

SD 카드를 테스트 해보는 코드를 만들어보자.

아두이노 코드 작성

다음과 같은 아두이노 코드를 작성한다.

29_1.ino

```
01	#include <SPI.h>
02	#include <SD.h>
03
04	const int chipSelect =10;
05
06	void setup() {
07	 Serial.begin(9600);
08	 if (!SD.begin(chipSelect)) while (1);
09	 Serial.println(“init sd card”);
10	 File dataFile = SD.open(“test.txt”, FILE_WRITE);
11
12	 if (dataFile) {
13	         dataFile.println(“arduino sd test”);
14	         dataFile.close();
15	 }
16	}
17
18	void loop() {
19
20	}
```

01 : SD 카드는 SPI 통신을 사용한다. SPI 통신을 위한 라이브러리 헤더파일을 추가한다.

02 : SD 카드 헤더파일을 추가한다. SD.h 라이브러리는 아두이노 설치 시 기본으로 설치된 라이브러리 이다. 추가로 설치하지 않아도 된다.

04 : chipSelect 변수를 생성하고 10의 값을 대입한다. 10은 SD 카드의 칩선택 핀이다. const로 선언 시 상수로 선언된다. 상수는 값을 변경할 수 없다.

08 : SD를 시작한다. 만약 SD가 시작되지 않는다면 while(1)로 다음상태로 넘어가지 않는다. SD 카드를 연결하지 않는다면 여기에서 멈춰있다.

09 : SD 카드가 정상적으로 시작되었다면 시리얼통신으로 “init sd card” 문구를 전송한다.

10 : dataFile의 이름으로 변수를 만들고 “test.txt” 이름으로 파일을 생성한다. 파일이 있다면 파일을 연다.

12 : dataFile이 정상적으로 열렸다면 참 조건이다.

13 : “arduino sd test” 문구를 파일에 써넣는다.

14 : 파일을 닫는다.

18~20 : loop에서는 아무것도 하지 않는다.

동작 결과

SD 카드를 모듈에 넣는다. 아두이노 프로그램을 업로드 후 5초정도 기다린다.

SD 카드를 빼서 USB 리더기에 넣은 후 컴퓨터에 연결한다.

다음과 같이 TEST.TXT 파일이 생성됨을 확인할 수 있다.

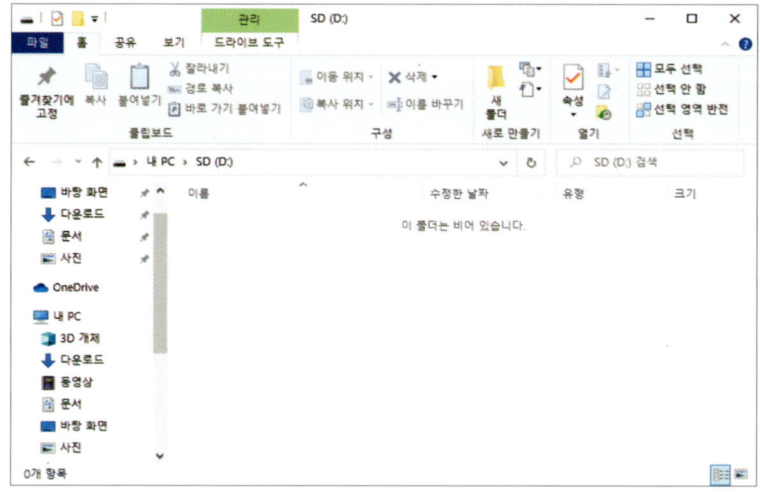

파일을 더블클릭하여 열면 “auduino sd test” 문구가 정상적으로 써져 있는 것을 확인할 수 있다.

TEST.TXT - Windows 메모장

파일(F) 편집(E) 서식(O) 보기(V) 도움말(H)

arduino sd test

이제 1초에 한 번씩 SD 카드에 데이터를 쓰는 코드를 만들어보자.

아두이노 코드 작성

다음과 같은 아두이노 코드를 작성한다.

29_2.ino

```
#include <SPI.h>
#include <SD.h>

const int chipSelect =10;

unsigned long currTime =0;
unsigned long prevTime =0;

int cnt =0;

File dataFile;

void setup() {
 Serial.begin(9600);
 if (!SD.begin(chipSelect)) while (1);
 Serial.println( “ init sd card ” );
}

void loop() {
 currTime =millis();
```

```
21         if (currTime - prevTime >=1000)
22         {
23                 prevTime = currTime;
24                 dataFile = SD.open(“test.txt”, FILE_WRITE);
25                 if (dataFile) {
26                  dataFile.print(cnt++);
27                  dataFile.println(“arduino sd test”);
28                  dataFile.close();
29                  Serial.println(“file write ok”);
30                 }
31                 else Serial.println(“error opening file”);
32         }
33        }
```

09 : cnt 변수를 생성하였다. 숫자를 세기 위함이다.
11 : dataFile 변수를 전역변수로 설정하였다.
21~32 : 1초에 한 번씩 조건에 만족한다.
26 : cnt 변수를 써넣고 +1을 증가시킨다.
29 : 정상적으로 써넣고 파일을 닫았다면 "file write ok"라는 문구를 시리얼통신으로 전송한다.
31 : 파일이 정상적으로 열리지 않으면 "error opening file" 문구를 시리얼통신으로 전송한다.

동작 결과

아두이노 프로그램을 업로드하고 시리얼 모니터를 열어 파일이 정상적으로 쓰이는지 확인한다.

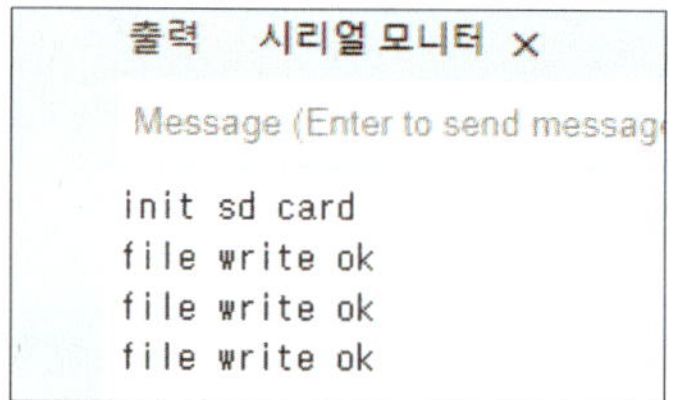

수 초정도 기다린 후 SD 카드를 USB 리더기에 넣고 컴퓨터와 연결한다.

TEST.TXT 파일을 열어 cnt의 값도 함께 쓰여 있는지 확인한다.

TEST.TXT - Windows 메모장
파일(F) 편집(E) 서식(O) 보기(V) 도움말(H)

```
arduino sd test
arduino sd test
0arduino sd test
1arduino sd test
2arduino sd test
3arduino sd test
4arduino sd test
5arduino sd test
6arduino sd test
7arduino sd test
```

DHT11 온습도센서 값을 읽어 1초마다 SD 카드에 저장하는 코드를 만들어보자. DHT11 온습도센서의 라이브러리 추가방법은 [18. 온도습도 불쾌지수 표시기 만들기] 단원을 참조하여 추가한다.

아두이노 코드 작성

다음과 같은 아두이노 코드를 작성한다.

29_3.ino

```
#include <SPI.h>
#include <SD.h>
#include "DHT.h"

const int chipSelect =10;

unsigned long currTime =0;
unsigned long prevTime =0;

int cnt =0;

#define DHTPIN 3

#define DHTTYPE DHT11

DHT dht(DHTPIN, DHTTYPE);

File dataFile;

void setup() {
 Serial.begin(9600);
 if (!SD.begin(chipSelect)) while (1);
 Serial.println("init sd card");
 dht.begin();
}

void loop() {
 currTime =millis();
 if (currTime - prevTime >=1000)
 {
        prevTime = currTime;
        float humi = dht.readHumidity();
        float temp = dht.readTemperature();
        Serial.print(temp);
        Serial.print(",");
        Serial.println(humi);
        if (temp >=0 && temp <=60)
```

```
38              {
39               dataFile = SD.open( “ temphumi.txt ” , FILE_WRITE);
40               if (dataFile) {
41                       dataFile.print(temp);
42                       dataFile.print( “ , ” );
43                       dataFile.println(humi);
44                       dataFile.close();
45                       Serial.println( “ file write ok ” );
46               }
47               else Serial.println( “ error opening file ” );
48              }
49      }
50     }
```

32~33 : DHT11 센서에서 온도와 습도값을 읽는다.

34~36 : 온도와 습도값을 시리얼통신으로 전송한다.

37 : 온도값이 0도 이상이거나 60도 이하의 조건이 모두 만족해야 참이다. DHT11 온습도센서는 에러가 많이 발생하는 소자로 값이 터무니없이 크거나 작게 나올 때는 값을 무시한다.

39 : temphumi.txt 파일을 열고 dataFile에 대입한다.

40 : 정상적으로 파일이 열렸다면

41~44 : 온도와 습도 파일을 temphumi.txt 파일에 써 넣는다. 온도,습도 형식으로 써넣는다.

동작 결과

아두이노 프로그램을 업로드 후 시리얼 모니터를 열어 확인한다.

온도와 습도가 정상적으로 나오는지와 파일이 정상적으로 쓰이는지 확인한다.

수 초정도 기다린 후 SD 카드를 USB 리더기에 넣고 컴퓨터와 연결한다.

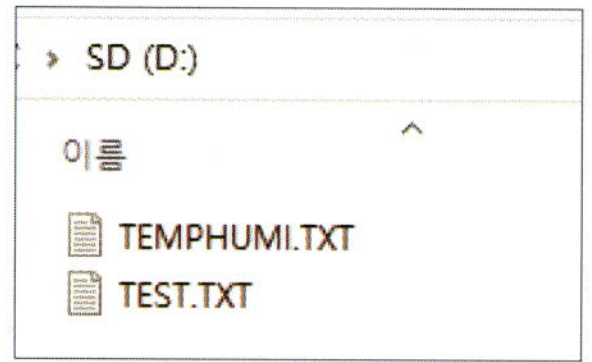

TEMPHUMI.TXT 파일을 열어 값을 확인한다.

온도,습도 형식으로 쓰이는지 확인한다.

```
TEMPHUMI.TXT - Windows 메모장
파일(F) 편집(E) 서식(O) 보기(V) 도움말(H)
24.20,17.00
24.20,17.00
21.30,20.00
21.30,20.00
21.30,20.00
21.30,20.00
21.30,20.00
```

이제 RTC로 시간을 측정하여 시간도 함께 저장하는 데이터 로거를 완성하도록 하자.

아두이노 코드 작성

다음과 같은 아두이노 코드를 작성한다.

29_4.ino

```
#include <SPI.h>
#include <SD.h>
#include “DHT.h”
#include <ThreeWire.h>
#include <RtcDS1302.h>

const int chipSelect =10;

unsigned long currTime =0;
unsigned long prevTime =0;

#define DHTPIN 3

#define DHTTYPE DHT11

DHT dht(DHTPIN, DHTTYPE);

#define DS1302_CLK 6
#define DS1302_DAT 5
#define DS1302_RST 4

ThreeWire myWire(DS1302_DAT, DS1302_CLK, DS1302_RST);
RtcDS1302<ThreeWire> Rtc(myWire);

File dataFile;

void setup() {
 Serial.begin(9600);
 if (!SD.begin(chipSelect)) while (1);
 Serial.println(“init sd card”);
 dht.begin();
```

```
    Rtc.Begin();

    RtcDateTime compiled = RtcDateTime(__DATE__, __TIME__);

    if (!Rtc.IsDateTimeValid()) Rtc.SetDateTime(compiled);
    if (Rtc.GetIsWriteProtected()) Rtc.SetIsWriteProtected(false);
    if (!Rtc.GetIsRunning()) Rtc.SetIsRunning(true);

    RtcDateTime now = Rtc.GetDateTime();
    if (now < compiled) Rtc.SetDateTime(compiled);
}

void loop() {
  currTime =millis();
  if (currTime - prevTime >=1000)
  {
        prevTime = currTime;
        RtcDateTime now = Rtc.GetDateTime();
        float humi = dht.readHumidity();
        float temp = dht.readTemperature();
        Serial.print(temp);
        Serial.print( “ , ” );
        Serial.println(humi);
        if (temp >=0 && temp <=60)
        {
         dataFile = SD.open( “ Logger.txt ” , FILE_WRITE);
         if (dataFile) {
                dataFile.print(now.Year());
                dataFile.print( “ / ” );
                dataFile.print(now.Month());
                dataFile.print( “ / ” );
                dataFile.print(now.Day());
                dataFile.print( “ , ” );
                dataFile.print(now.Hour());
                dataFile.print( “ : ” );
                dataFile.print(now.Minute());
                dataFile.print( “ : ” );
                dataFile.print(now.Second());
                dataFile.print( “ , ” );
                dataFile.print(temp);
                dataFile.print( “ , ” );
                dataFile.println(humi);
                dataFile.close();
                Serial.println( “ file write ok ” );
         }
         else Serial.println( “ error opening file ” );
        }
  }
}
```

50 : now 변수에 RTC에서 시간을 읽어 저장한다.
58 : Logger.txt 파일로 저장한다.
60~71 : 년/월/일,시:분:초, 형식으로 시간을 저장하였다.

동작 결과

아두이노 프로그램을 업로드 후 시리얼 모니터를 열어 확인한다.

온도와 습도가 정상적으로 나오는지와 파일이 정상적으로 쓰이는지 확인한다.

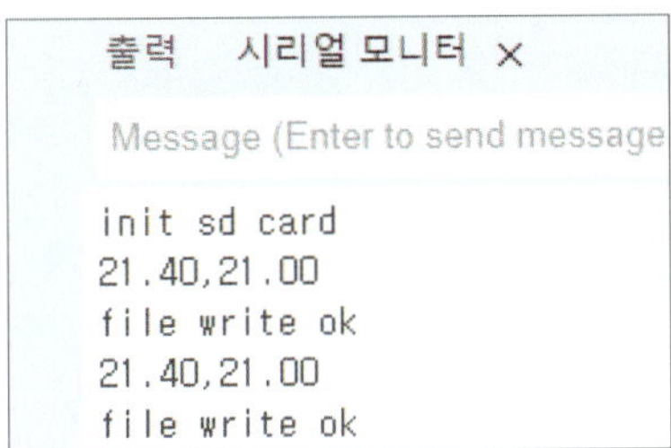

수 초정도 기다린 후 SD 카드를 USB 리더기에 넣고 컴퓨터와 연결한다.

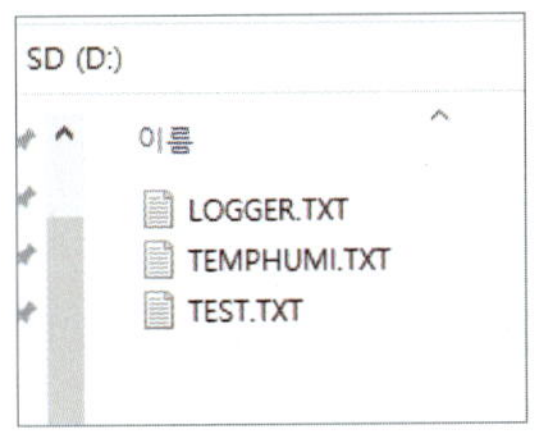

LOGGER.TXT 파일을 열어 값을 확인한다.

년/월/일,시:분:초,온도,습도 형식으로 데이터가 잘 쓰인 것을 확인할 수 있다.

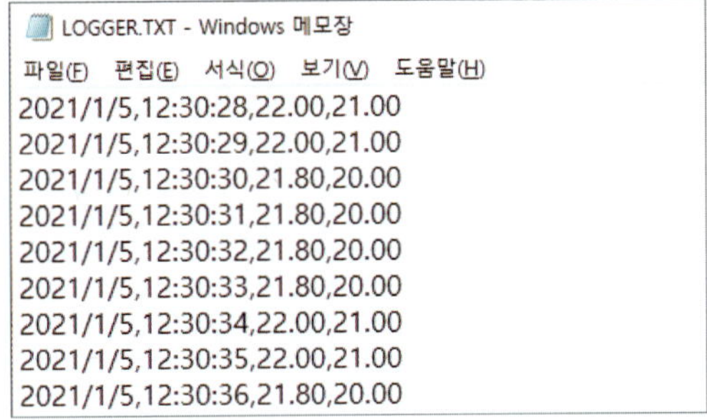

LOGGER.TXT - Windows 메모장

파일(F) 편집(E) 서식(O) 보기(V) 도움말(H)

```
2021/1/5,12:30:28,22.00,21.00
2021/1/5,12:30:29,22.00,21.00
2021/1/5,12:30:30,21.80,20.00
2021/1/5,12:30:31,21.80,20.00
2021/1/5,12:30:32,21.80,20.00
2021/1/5,12:30:33,21.80,20.00
2021/1/5,12:30:34,22.00,21.00
2021/1/5,12:30:35,22.00,21.00
2021/1/5,12:30:36,21.80,20.00
```

동작 동영상 링크

https://youtu.be/rTD8iXZxxsI

Arduino project

CHAPTER 04

사물인터넷 응용 작품 만들기

사물인터넷을 이용한 작품을 만들어보자. 아두이노와 블루투를 이용하여 앱을 만들어서 제어해보고 ESP8266의 WIFI기능을 이용하여 공공데이터를 활용한 미세먼지, 코로나현황, 로또 데이터를 받아서 표시해보는 작품을 만들어보자. 또한 ChatGPT를 활용한 작품도 만들어보자.

04 _ 30 블루투스LE 스마트 조명제어(아두이노+앱인벤터)

학 습 목 표

블루투스를 사용하여 LED를 제어한다. 아두이노 코드를 만들고 앱인벤터로 앱을 만들어서 제어한다.

※ 이번 책은 블루투스LE(블루투스 4.0) 모듈을 다루고 있다. 블루투스2.0의 사용방법은 "블루투스와 와이파이 통신을 이용한 아두이노와 앱인벤터 입문 + 실전(종합편) " 책에 많은 예제를 다루고 있다.

준비물

다음과 같은 부품을 준비한다.

부품명	수량
아두이노 우노	1개
브레드보드	1개
HM10 블루투스모듈	1개
RGB LED 모듈	1개
수/수 점퍼케이블	10개

회로 구성

브레드보드에 다음과 같이 회로를 구성한다.

다음의 표를 참조하여 회로를 구성한다.

모듈	모듈 핀	아두이노핀
HM-10블루투스 모듈	RXD	10
	TXD	9
	GND	GND
	VCC	5V
RGB LED 모듈	B	6
	G	5
	R	3
	-	GND

아두이노 코드 작성

블루투스 4.0 모듈의 테스트를 위해 다음과 같은 아두이노 코드를 작성한다.

30_1.ino

```
01	#include <SoftwareSerial.h>
02
03	SoftwareSerial btSerial = SoftwareSerial(9, 10);
04
05	void setup()
06	{
07	 Serial.begin(115200);
08	 btSerial.begin(115200);
09	}
10
11	void loop()
12	{
13	 if (btSerial.available() >0)
14	 {
15	         Serial.write(btSerial.read());
16	 }
17	 if (Serial.available() >0)
18	 {
19	         btSerial.write(Serial.read());
20	 }
21	}
```

01: 소프트웨어 시리얼통신을 사용한다.

03: btSerial이름으로 클래스를 생성하고, 핀 번호를 RX핀은 9번, TX핀은 10번으로 설정한다. 블루투스 모듈의 RX는 아두이노 TX핀인 10번에 연결하고, 블루투스 모듈의 TX는 아두이노 RX핀인 9번에 연결하였다.

07: PC 시리얼통신을 통신속도 115200으로 시작한다.

08: btSerial을 통신속도 115200으로 시작한다. 키트에 제공되는 HM-10 블루투스 모듈의 기본 통신속도가 115200이다. 통신속도는 AT 명령어로 변경이 가능하다.

13~16: 블루투스 시리얼통신으로 데이터를 받으면 PC 시리얼통신으로 보내준다.

17~19: PC 시리얼통신으로 데이터를 받으면 블루투스 시리얼통신으로 데이터를 보내준다.

이 프로그램을 역할은 단순히 블루투스 모듈과 PC를 시리얼통신으로 연결해주는 역할이다.

동작 결과

아두이노 프로그램을 업로드 후 시리얼 모니터를 연다.

[Both NL & CL]로 설정한다. Line Feed(LF) 줄바꿈, Carriage Return(CR) 처음 칸으로 이동을 문자 끝에 함께 보낸다. 줄을 바꾼 후 바꾼 줄의 처음 칸으로 이동한다. [Enter] 키와 같은 역할이다.

통신속도를 [115200]으로 설정한다.

"AT"를 전송한다.

"OK"의 응답이 오면 HM-10과 정상적으로 통신을 하였다.

AT+NAMEBLE1 명령을 전송하여 통신모듈의 이름을 "BLE1"으로 변경하였다.

AT+NAME 변경할 이름으로 이름을 변경할 수 있다. HM-10 모듈의 이름은 HM-10, HMSoft 등 여러 회사에서 생산을 하고 있어 다양한 이름이 존재한다. 초기에 이름을 변경하고 진행하면 연결 시에 편하다.

이름변경이 성공적으로 되었다면 다음과 같이 응답이 온다.

블루투스 통신모듈의 아래 빨간 네모칸에 LED가 존재한다.

전원을 넣으면 LED가 깜빡인다. LED의 상태에 따라서 연결여부 확인이 가능하다.

LED 깜빡임은 블루투스 연결되지 않음을 의미고, LED 계속 켜져 있음은 블루투스가 연결되었음을 의미한다.

AT 명령어로 설정하기 위해서는 블루투스가 연결되지 않아야 한다. AT 명령으로 응답이 오지 않는다면 LED의 상태를 확인하여 연결되었는지 확인한다.

시리얼통신의 명령어로 LED를 제어하는 코드를 만들어보자.

아두이노 코드 작성

다음과 같은 아두이노 코드를 작성한다.

30_2.ino

```
#include <SoftwareSerial.h>

SoftwareSerial btSerial = SoftwareSerial(9, 10);

#define RED_PIN 3
#define GREEN_PIN 5
#define BLUE_PIN 6

void setup()
{
```

```
11        Serial.begin(115200);
12        btSerial.begin(115200);
13       }
14
15       void loop()
16       {
17        if (Serial.available() >0)
18        {
19               String strData =Serial.readStringUntil( ‘ \n ’ );
20
21               if (strData.indexOf( “ RED ” ) >=0 )
22               {
23                String strValue = strData.substring(3, strData.length());
24                analogWrite( RED_PIN, strValue.toInt() );
25                Serial.print( “ RED= ” );
26                Serial.println(strValue.toInt());
27               }
28        }
29       }
```

05~07 : RGB LED에 사용하는 핀을 정의한다.

19 : Serial.readStringUntil은 '₩n' 종료문자를 만날때까지 값을 읽어 strData의 String 변수에 대입한다. String은 문자열을 저장하는 변수이다.

21 : .inDexOf는 문자열을 찾아서 찾은 문자열의 첫 번째 위치를 알려준다. 찾지 못하면 -1을 반환한다. 즉 RED를 찾았다면 참 조건이 된다. RED의 시작위치는 0번이다.

23 : substring(시작위치,종료위치) 시작에서부터 종료까지 문자열을 반환한다. 시작위치는 3으로 RED(012) 다음위치인 3번째 위치부터 값을 읽기 위함이고 .length()로 마지막 위치를 확인하여 3번째부터~ 마지막까지의 문자열을 반환하여 strValue에 저장한다.

24 : 아날로그 출력으로 RED_PIN에 strValue.toInt()로 숫자값으로 대입한다. .toInt()는 문자열 데이터를 숫자형으로 바꿔준다.

25~26 : 시리얼통신으로 값을 보여준다.

동작 결과

아두이노 프로그램을 업로드 후 시리얼 모니터 창을 연다,

RED100, RED200 등 RED0~RED255까지의 값을 입력하여서 RGB LED의 빨간색 LED가 숫자값에 맞는 밝기로 켜지는지 확인한다.

시리얼통신으로 문자열을 입력받고 문자열을 잘라서 내가 필요한 데이터만 가져오는 방법을 알아보았다. 녹색과 파란색을 모두 완성한다.

30_3.ino

```
01	#include <SoftwareSerial.h>
02
03	SoftwareSerial btSerial = SoftwareSerial(9, 10);
04
05	#define RED_PIN 3
06	#define GREEN_PIN 5
07	#define BLUE_PIN 6
08
09	void setup()
10	{
11	 Serial.begin(115200);
12	 btSerial.begin(115200);
13	}
14
15	void loop()
16	{
17	 if (Serial.available() >0)
18	 {
19	        String strData =Serial.readStringUntil( ‘ \n ’ );
20
21	        if (strData.indexOf( “ RED ” ) >=0 )
22	        {
23	         String strValue = strData.substring(3, strData.length());
24	         analogWrite( RED_PIN, strValue.toInt() );
25	         Serial.print( “ RED= ” );
26	         Serial.println(strValue.toInt());
27	        }
28	        else if (strData.indexOf( “ GREEN ” ) >=0 )
29	        {
30	         String strValue = strData.substring(5, strData.length());
31	         analogWrite( GREEN_PIN, strValue.toInt() );
32	         Serial.print( “ GREEN= ” );
33	         Serial.println(strValue.toInt());
34	        }
35	        else if (strData.indexOf( “ BLUE ” ) >=0 )
36	        {
37	         String strValue = strData.substring(4, strData.length());
38	         analogWrite( BLUE_PIN, strValue.toInt() );
39	         Serial.print( “ BLUE= ” );
40	         Serial.println(strValue.toInt());
41	        }
42	 }
43	}
```

28~33 : GREEN의 대한 조건이다.

30 : 시작위치가 5번째 위치부터 시작한다. GREEN(01234) 다음인 5번째 위치이다.

35~41 : BLUE의 대한 조건이다.

37 : 시작위치가 4번째 위치부터 시작한다. BLUE(0123) 다음인 4번째 위치이다.

동작 결과

아두이노 프로그램을 업로드 후 시리얼 모니터 창을 연다,

GREEN50, BLUE100 등 GREEN과 BLUE의 명령어도 전송하여서 출력되는지 확인한다.

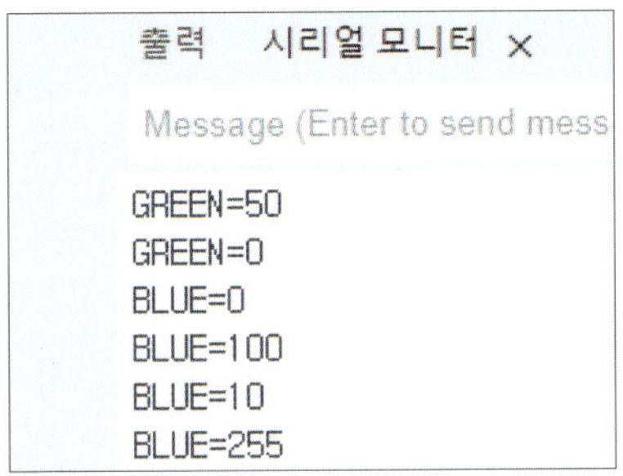

시리얼통신으로 확인하였다. 시리얼통신을 블루투스 시리얼통신으로 변경하여 코드를 업로드 한다. 코드 업로드 후 앱인벤터로 어플을 제작하여 테스트하여보자.

아두이노 코드 작성

다음과 같은 아두이노 코드를 작성한다.

30_4.ino

```
#include <SoftwareSerial.h>

SoftwareSerial btSerial = SoftwareSerial(9, 10);

#define RED_PIN 3
#define GREEN_PIN 5
#define BLUE_PIN 6

void setup()
{
 Serial.begin(115200);
 btSerial.begin(115200);
}

void loop()
{
 if (btSerial.available() >0)
 {
         String strData = btSerial.readStringUntil( ‘ \n ’ );

         if (strData.indexOf( “ RED ” ) >=0 )
         {
          String strValue = strData.substring(3, strData.length());
          analogWrite( RED_PIN, strValue.toInt() );
          Serial.print( “ RED= ” );
          Serial.println(strValue.toInt());
```

```
27              }
28              else if (strData.indexOf( " GREEN " ) >=0 )
29              {
30               String strValue = strData.substring(5, strData.length());
31               analogWrite( GREEN_PIN, strValue.toInt() );
32               Serial.print( " GREEN= " );
33               Serial.println(strValue.toInt());
34              }
35              else if (strData.indexOf( " BLUE " ) >=0 )
36              {
37               String strValue = strData.substring(4, strData.length());
38               analogWrite( BLUE_PIN, strValue.toInt() );
39               Serial.print( " BLUE= " );
40               Serial.println(strValue.toInt());
41              }
42      }
43     }
```

17, 19: Serial을 btSerial로 변경하였다.

작품을 만들 때 테스트 할 때 유선으로 가능하다면 테스트를 끝내고 무선을 진행하면 조금 더 수월하다. 무선의 경우 연결이 잘못됐는지 코드가 잘못됐는지 확인해야 할부분이 더 있어서 에러를 찾기가 힘들다. 이처럼 유선으로 충분히 코드 테스트한 후 통신만 변경하여 진행한다.

❝ 블루투스 모듈 통신속도 변경 방법

블루투스4 4.0 모듈은 제조사가 여러군데로 기본 통신속도가 틀릴 수 있으므로 기본속도를 확인한 다음 통신속도를 115200으로 맞춰준다.
다음의 코드를 업로드 한다.

30_0.ino

```
#include <SoftwareSerial.h>

SoftwareSerial btSerial = SoftwareSerial(9, 10);

void setup()
{
Serial.begin(9600);
btSerial.begin(9600);
}

void loop()
{
if (btSerial.available() > 0)
{
Serial.write(btSerial.read());
}
```

```
if (Serial.available() > 0)
{
btSerial.write(Serial.read());
}
}
```

[Both NL & CR]과 [9600 보드레이트]로 설정한 다음 AT를 전송한다. "OK"의 응답이 오면 정상적으로 연결된 것이다.

AT+BAUD8을 입력하여 통신속도를 115200으로 변경한다.

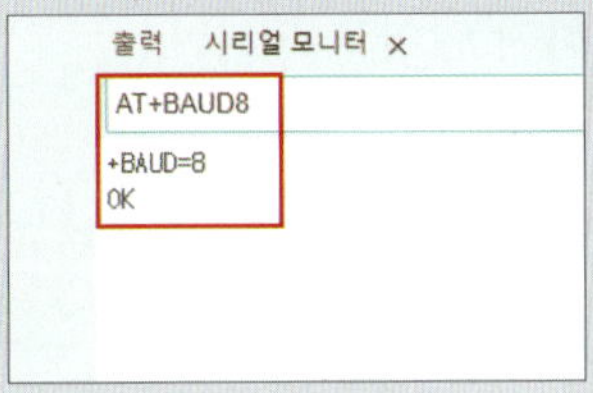

앱인벤터로 앱 만들고 결화 확인

1 다음의 앱인벤터 사이트에 접속한다.

http://appinventor.mit.edu/

2 [Create Apps!]를 눌러 새로운 앱을 만들자.

앱인벤터는 구글에서 서비스를 하고 있어 구글 계정이 필요하다. 구글 계정이 없다면 구글 계정을 만들어서 로그인 한다.

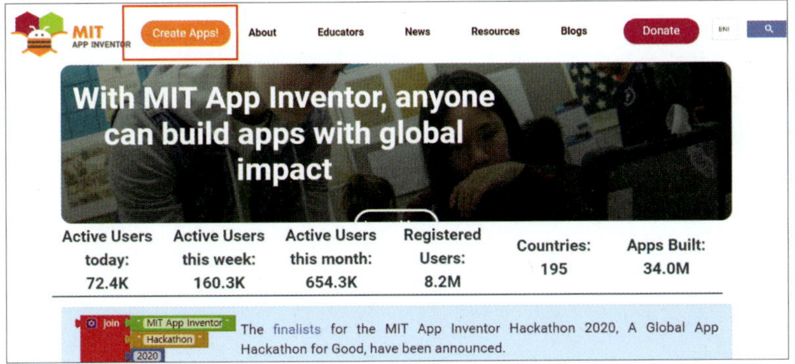

❸ [새 프로젝트 시작하기] 버튼을 클릭한다.

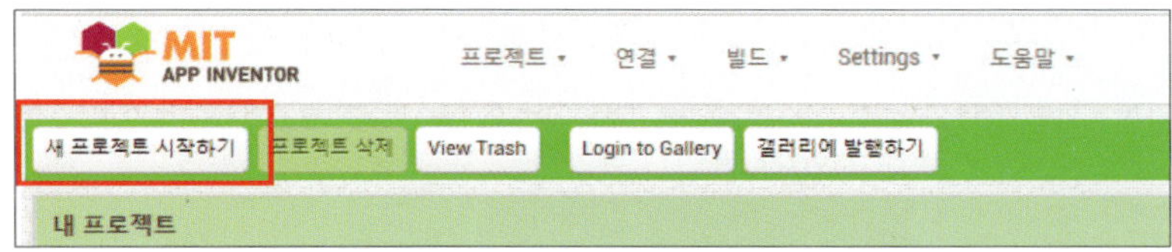

❹ 프로젝트 이름을 써 넣은 후 [확인] 버튼을 누른다. 이번 작품이 30번째라서 project_30의 이름으로 정했다.

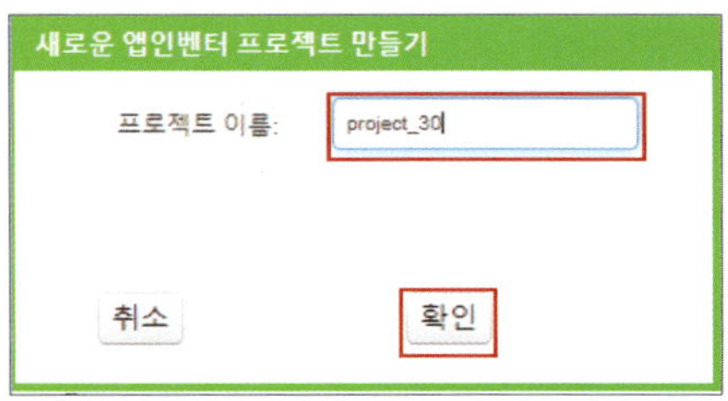

❺ 앱인벤터의 초기화면이다. 따라해 보면서 충분히 만들 수 있으니 걱정하지 않아도 된다. 처음에 보이는 화면은 [디자이너]화면으로 앱에서 보이는 화면을 구성할 수 있다.

6 우리가 이번 작품에 사용하는 블루투스 4.0은 앱인벤터의 기본기능에는 없고 추가적으로 확장기능을 다운받아서 설치해야 한다.

블루투스 4.0을 사용하기 위한 추가기능을 다운로드 받고 설치하여보자.

구글에서 “app inventor ble extension”를 검색한 후 다음의 사이트에 접속한다.

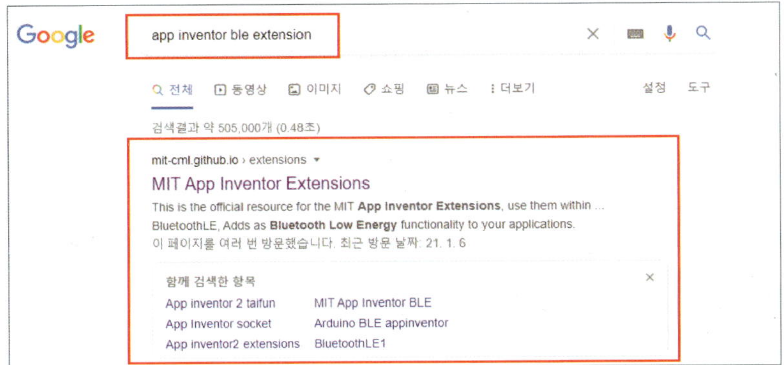

7 BluetoothLE.aix 파일을 다운로드 받는다. aix 파일은 앱인벤터의 확장기능 파일이다.

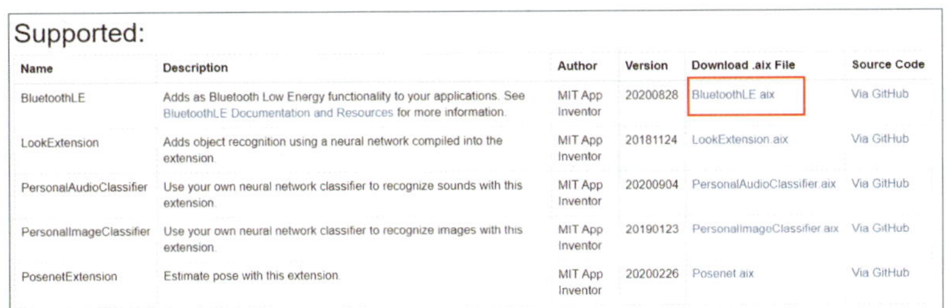

Supported:

Name	Description	Author	Version	Download .aix File	Source Code
BluetoothLE	Adds as Bluetooth Low Energy functionality to your applications. See BluetoothLE Documentation and Resources for more information.	MIT App Inventor	20200828	BluetoothLE.aix	Via GitHub
LookExtension	Adds object recognition using a neural network compiled into the extension	MIT App Inventor	20181124	LookExtension.aix	Via GitHub
PersonalAudioClassifier	Use your own neural network classifier to recognize sounds with this extension	MIT App Inventor	20200904	PersonalAudioClassifier.aix	Via GitHub
PersonalImageClassifier	Use your own neural network classifier to recognize images with this extension	MIT App Inventor	20190123	PersonalImageClassifier.aix	Via GitHub
PosenetExtension	Estimate pose with this extension	MIT App Inventor	20200226	Posenet.aix	Via GitHub

8 바로 다운로드가 되지 않으면 링크에서 마우스 오른쪽을 눌러 [링크 주소 복사]를 클릭한다.

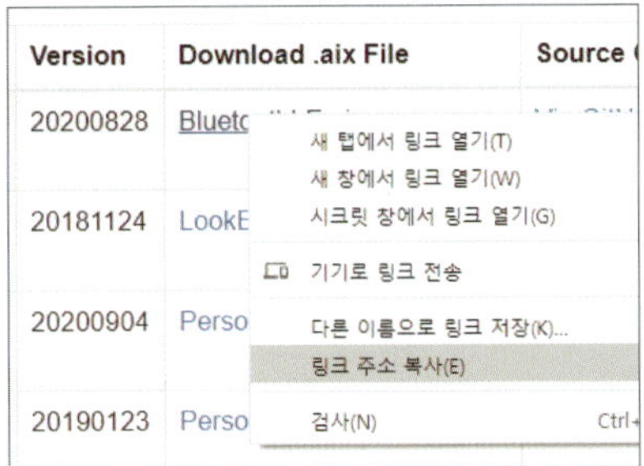

9 [크롬] 등 브라우저에서 새 탭을 열어 Ctrl + V 를 눌러 주소를 붙여 넣은 후 Enter 를 누르면 다운로드 된다.

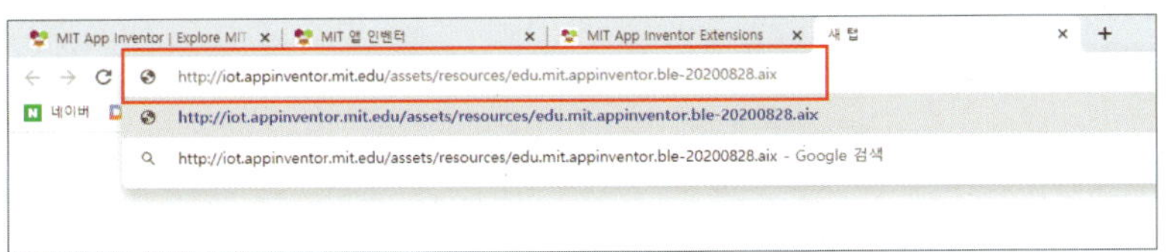

10 [내PC]의 [다운로드] 폴더에 다운로드 받은 파일의 확인이 가능하다.

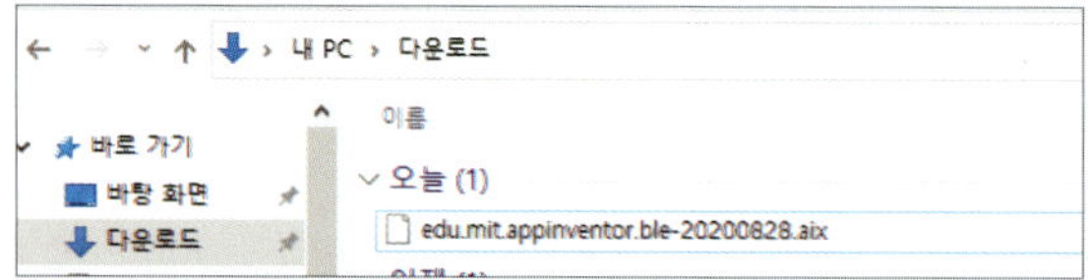

11 다시 앱인벤터로 돌아와 [팔레트]의 맨 아래 확장기능에서 [확장기능 추가하기] 버튼을 클릭한다.

12 [파일 선택] 버튼을 클릭한다.

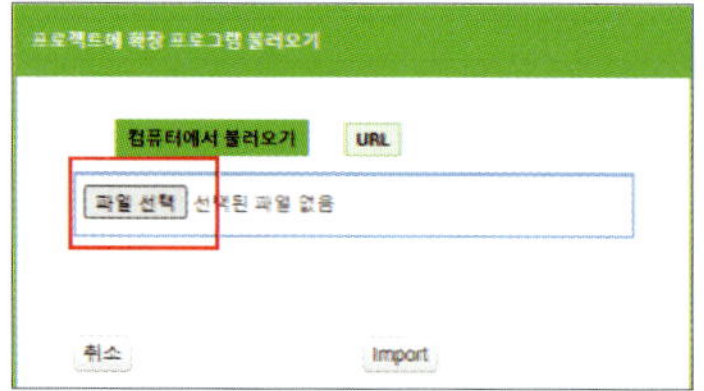

13 방금 전에 다운받았던 파일을 선택하고 [열기] 버튼을 누른다.

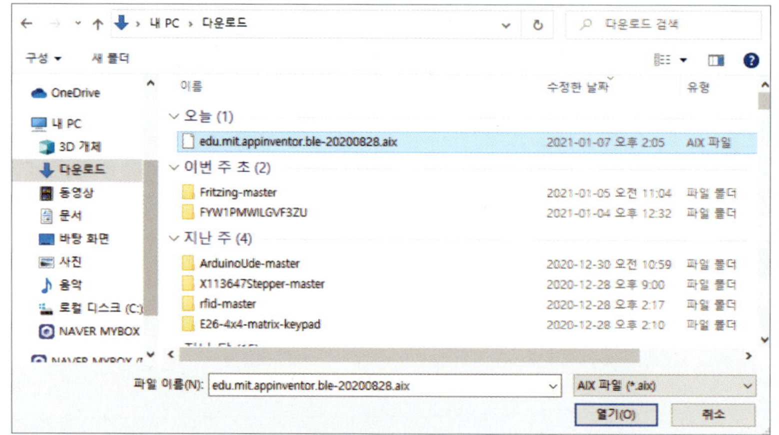

14 [Import] 버튼을 눌러 확장기능을 추가한다.
바로 추가되지 않고 10~30초 정도 소요된다. 복잡한 확장기능의 경우는 1~2분 정도 소요되는 경우도 있다.

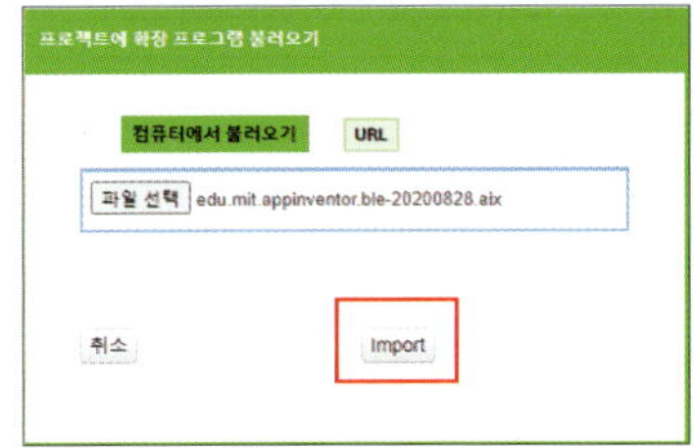

15 BluetoothLE의 확장기능이 추가되었음을 확인 할 수 있다.

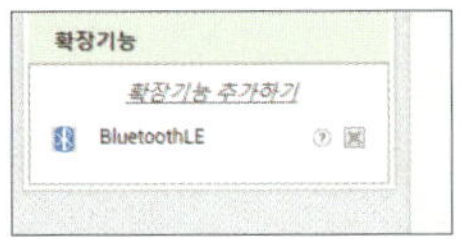

16 [레이아웃]에서 [수평배치]를 끌어 뷰어에 위치시킨다.
수평배치1의 속성을 다음과 같이 설정한다.

- 높이: 50픽셀
- 너비: 부모 요소에 맞추기...

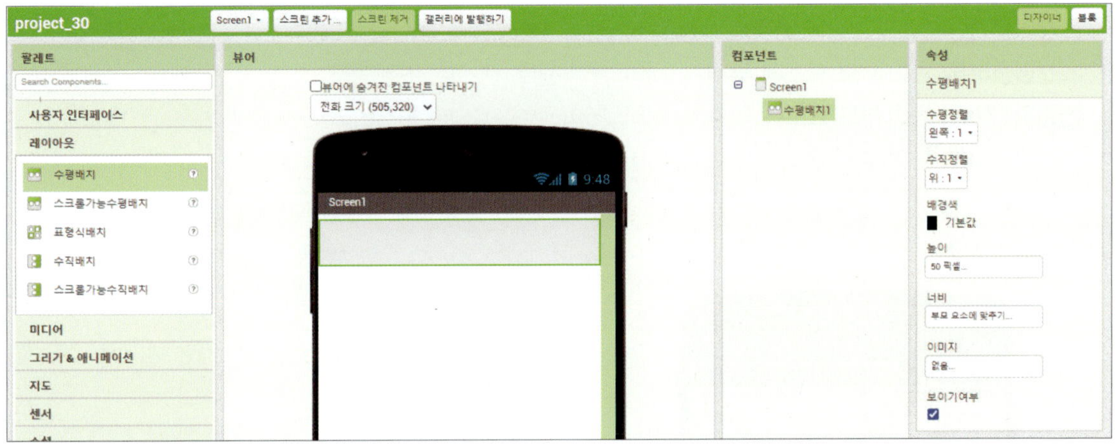

17 [사용자 인터페이스]에서 [버튼]을 4개 끌어 뷰어의 수평배치1 안에 위치시킨다. 버튼을 위치시킬 때는 앞쪽으로 위치시킨다. 버튼이 4개째가 되면 화면에 안보여 뒤에는 위치시킬 수 없기 때문이다.

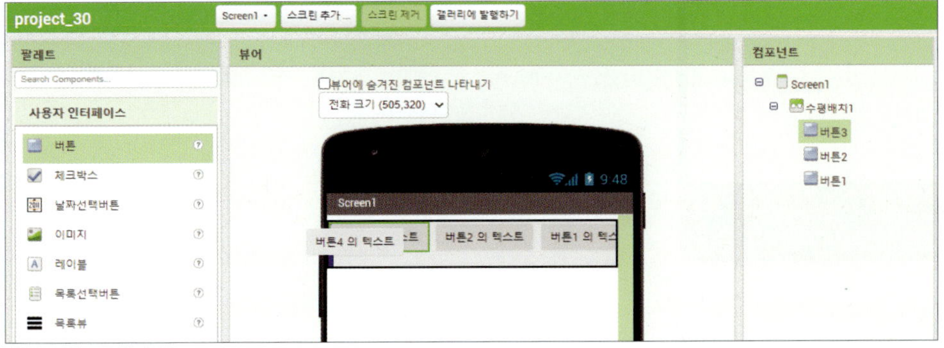

⑱ 각각 버튼을 [이름 바꾸기]를 클릭하여 다음과 같이 변경한다.
스캔버튼, 스캔멈춤버튼, 연결하기버튼, 연결끊기버튼으로 변경한다.

⑲ 스캔버튼, 스캔멈춤버튼, 연결하기버튼, 연결끊기버튼의 속성을 다음과 같이 설정한다.

- 스캔버튼, 높이:부모 요소에 맞추기, 너비: 25퍼센트, 텍스트: 스캔
- 스캔멈춤버튼, 높이:부모 요소에 맞추기, 너비: 25퍼센트, 텍스트: 스캔멈춤
- 연결하기버튼, 높이:부모 요소에 맞추기, 너비: 25퍼센트, 텍스트: 연결하기
- 연결끊기버튼, 높이:부모 요소에 맞추기, 너비: 25퍼센트, 텍스트: 연결끊기

20 [사용자 인터페이스]에서 [목록뷰]를 끌어 뷰어에 위치시킨다. 목록뷰1의 속성을 다음과 같이 설정한다.

– • 너비: 부모 요소에 맞추기

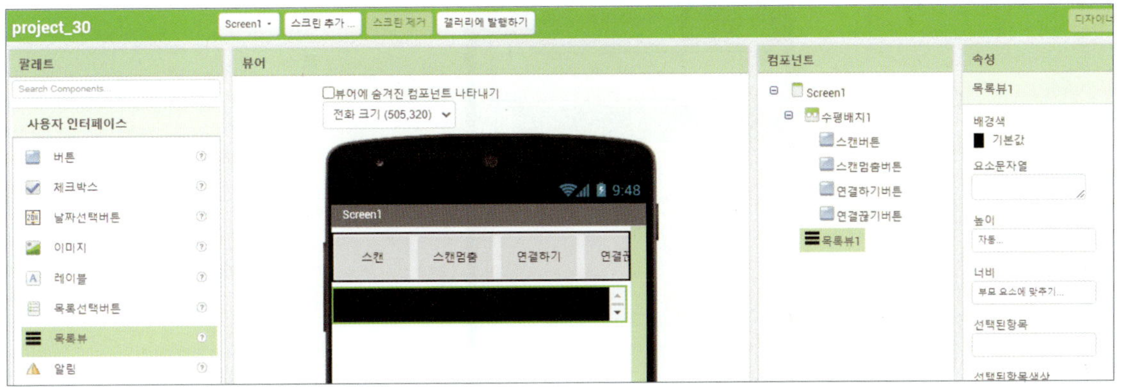

21 [레이아웃]에서 [수평배치]를 끌어와 뷰어에 위치시킨다. 수평배치2의 속성을 다음과 같이 설정한다.

- 수평정렬: 가운데3
- 수직정렬: 가운데2
- 높이: 50픽셀
- 너비: 부모요소에 맞추기

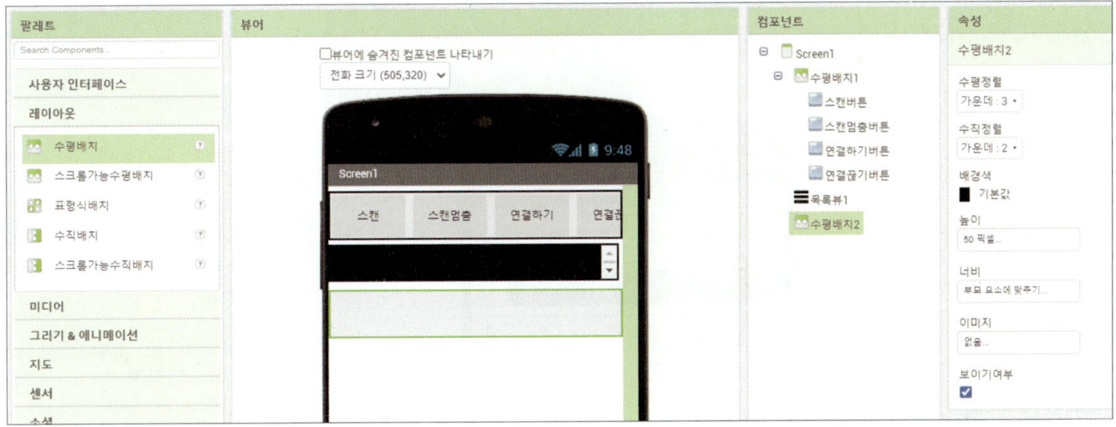

22 [사용자 인터페이스]에서 [레이블]을 끌어와 수평배치2 안에 위치시킨다. 레이블1의 속성을 다음과 같이 설정한다.

- 글꼴크기: 20
- 텍스트: R:

23 [사용자 인터페이스]에서 [슬라이더]를 끌어와 수평배치2 안에 위치시킨다. 슬라이더의 이름을 [빨강_슬라이더]로 변경한다. [빨강_슬라이더]의 속성을 다음과 같이 설정한다.

- 너비: 60퍼센트
- 최댓값: 255
- 최솟값: 0
- 썸네일위치: 0

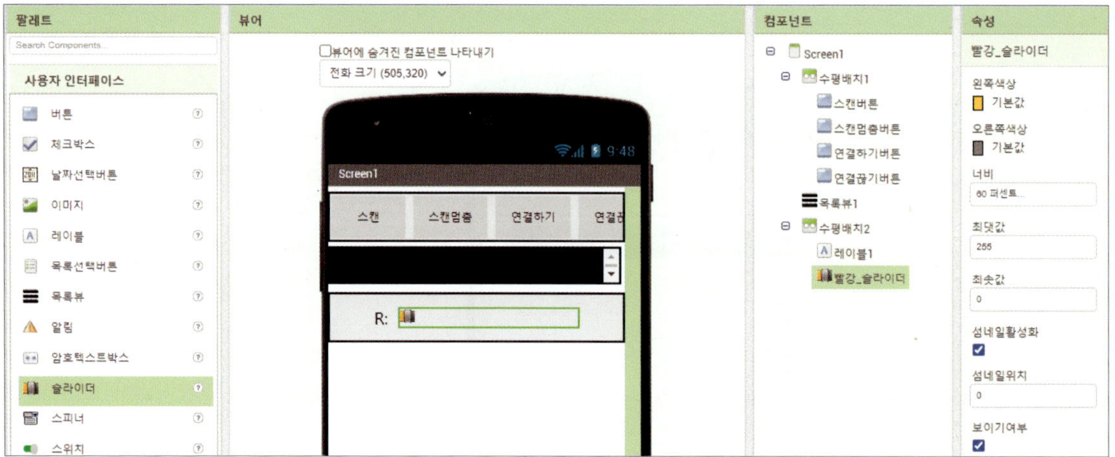

24 [레이아웃]에서 [수평배치]를 끌어와 뷰어에 위치시킨다.

수평배치3의 속성을 다음과 같이 설정한다.

- 수평정렬: 가운데3
- 수직정렬: 가운데2
- 높이: 50픽셀
- 너비: 부모요소에 맞추기

[사용자 인터페이스]에서 [레이블]을 끌어와 수평배치3 안에 위치시킨다.

레이블2의 속성을 다음과 같이 설정한다.

- 글꼴크기: 20
- 텍스트: G:

[사용자 인터페이스]에서 [슬라이더]를 끌어와 수평배치3 안에 위치시킨다. 슬라이더의 이름을 [녹색_슬라이더]로 변경한다. [녹색_슬라이더]의 속성을 다음과 같이 설정한다.

- 너비: 60퍼센트
- 최댓값: 255
- 최솟값: 0
- 썸네일위치: 0

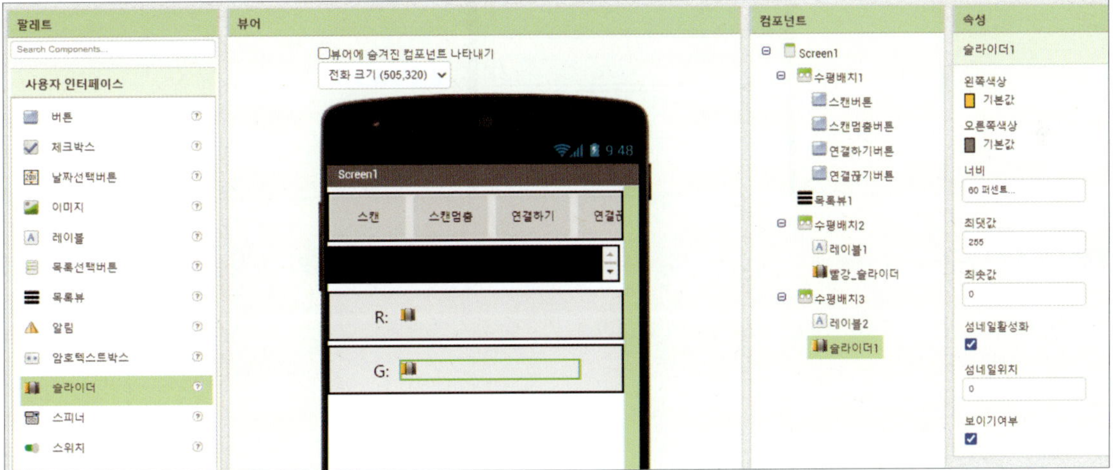

25 [레이아웃]에서 [수평배치]를 끌어와 뷰어에 위치시킨다.

수평배치4의 속성을 다음과 같이 설정한다.

- 수평정렬: 가운데3
- 수직정렬: 가운데2
- 높이: 50픽셀
- 너비: 부모요소에 맞추기

[사용자 인터페이스]에서 [레이블]을 끌어와 수평배치4 안에 위치시킨다.

레이블3의 속성을 다음과 같이 설정한다.

- 글꼴크기: 20
- 텍스트: B:

[사용자 인터페이스]에서 [슬라이더]를 끌어와 수평배치4 안에 위치시킨다. 슬라이더의 이름을 [파랑_슬라이더]로 변경한다. [파랑_슬라이더]의 속성을 다음과 같이 설정한다.

- 너비: 60퍼센트
- 최댓값: 255
- 최솟값: 0
- 썸네일위치: 0

26 [레이아웃]에서 [수평배치]를 끌어와 뷰어에 위치시킨다. 수평배치5의 속성을 다음과 같이 설정한다.

- 수평정렬: 가운데3
- 수직정렬: 가운데2
- 높이: 50픽셀
- 너비: 부모요소에 맞추기

27 [사용자 인터페이스]에서 [버튼]을 끌어와 수평배치5 안에 위치시킨다. 이름을 [전송버튼]으로 변경한다. 전송버튼의 속성을 다음과 같이 설정한다.

- 텍스트: 전송

28 [확장기능]에서 [BluetoothLE]를 끌어와 뷰어에 위치시킨다. 보이지 않는 컴포넌트로 등록되어 뷰어에는 보이지 않는다. 속성값은 변경하지 않는다.

29 앱인벤터 디자이너 화면에서 오른쪽 위에 [블록]을 클릭하여 프로그램을 한다.

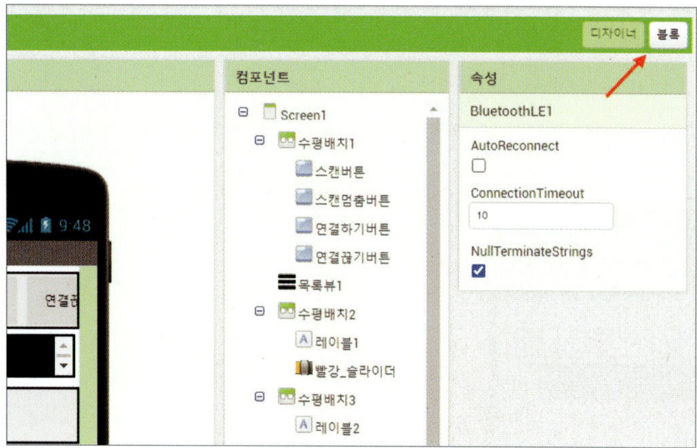

30 [블록]화면으로 이동하였다. 프로그램은 [블록] 화면에서 이루어진다.
[디자이너]를 눌러 다시 디자이너 화면으로 이동할 수 있다.

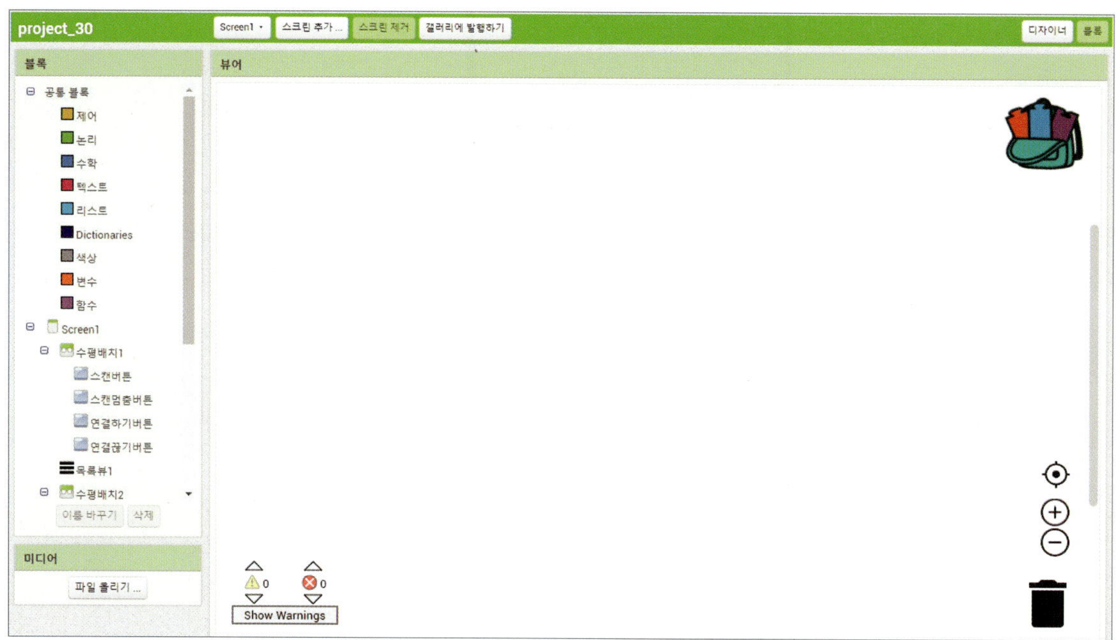

31 다음 그림처럼 뷰어에 위치되어 보이는 블록은 [블록] 항목의 이름으로 나타난다.
[블록]에서 각각의 블록을 끌어 뷰어에 위치시킨다.

[스캔버튼]을 클릭하였을 때 블루투스는 스캔을 시작하고, 목록뷰의 보이기 여부가 [참]이 되어 목록이 보인다. [참] 블록은 공통 블록의 논리 블록에 위치한다.

언제 스캔버튼 .클릭했을때
실행 호출 BluetoothLE1 .StartScanning
지정하기 목록뷰1 . 보이기여부 값 참

블루투스가 디바이스를 찾았다면 목록뷰에 블루투스 리스트를 보여준다.

언제 BluetoothLE1 .DeviceFound
실행 지정하기 목록뷰1 . 요소문자열 값 BluetoothLE1 . DeviceList

[스캔멈춤버튼]을 클릭했을 때 블루투스 스캔을 멈춘다.

언제 스캔멈춤버튼 .클릭했을때
실행 호출 BluetoothLE1 .StopScanning

[연결하기버튼]을 클릭했을 때 블루투스를 목록에 선택된 항목의 번호로 연결된다.

언제 연결하기버튼 .클릭했을때
실행 호출 BluetoothLE1 .연결
index 목록뷰1 . 선택된항목번호

32 변수에서 전역변수 만들기 블록두개를 끌어와 뷰어에 위치시키고 이름을 service_UUID 와 Characteristic_UUID로 정한다.

service_UUID 는 공통블록에서 텍스트에서 빈 텍스트 창을 끌어와 연결한다. 다음의 숫자를 정확하게 적어서 넣는다. 0000FFE0-0000-1000-8000-00805F9B34FB

Characteristic_UUID는 공통블록에서 텍스트에서 빈 텍스트 창을 끌어와 연결한다. 다음의 숫자를 정확하게 적어서 넣는다. 0000FFE1-0000-1000-8000-00805F9B34FB

블루투스 4.0이상부터는 서비스ID와 특징ID 두 개로 어떤 서비스를 시작할지 결정한다. 우리가 사용하는 서비스는 블루투스 통신으로 시리얼통신을 하기위한 서비스ID와 특징ID이다.

```
전역변수 만들기 service_UUID 초기값 " 0000FFE0-0000-1000-8000-00805F9B34FB "
전역변수 만들기 Characteristic_UUID 초기값 " 0000FFE1-0000-1000-8000-00805F9B34FB "
```

블루투스가 연결되었다면, 서비스를 등록한다. 목록뷰는 더 이상 보여주지 않고 숨긴다.

```
언제 BluetoothLE1 .Connected
실행 호출 BluetoothLE1 .RegisterForStrings
         serviceUuid  가져오기 전역변수 service_UUID
         characteristicUuid  가져오기 전역변수 Characteristic_UUID
         utf16  거짓
     지정하기 목록뷰1 . 보이기여부 값 거짓
```

[연결끊기버튼]을 클릭했을 때는 블루투스의 연결을 끊는다.

```
언제 연결끊기버튼 .클릭했을때
실행 호출 BluetoothLE1 .연결끊기
```

빨강, 녹색, 파랑의 전역변수를 만들고 0으로 초기화한다. 파란색 0블록은 공통블록 숫자에 위치한다.

```
전역변수 만들기 빨강 초기값 0
전역변수 만들기 녹색 초기값 0
전역변수 만들기 파랑 초기값 0
```

33 빨강, 녹색, 파랑 슬라이드 위치가 변경되었을 때 전역변수 빨강, 녹색, 파랑에 위치를 저장하는 블록을 만든다.

```
언제 빨강_슬라이더 .위치가변경되었을때
 섬네일위치
실행 지정하기 전역변수 빨강 값 가져오기 섬네일위치
```

언제 녹색_슬라이더 .위치가변경되었을때
섬네일위치
실행 지정하기 전역변수 녹색 값 가져오기 섬네일위치

언제 파랑_슬라이더 .위치가변경되었을때
섬네일위치
실행 지정하기 전역변수 파랑 값 가져오기 섬네일위치

34 전송버튼을 클릭하였을 때 블루투스로 값을 전송한다.

전송하는 값은 빨강, 녹색, 파랑 색을 합쳐서 보내준다. 슬라이더 위치는 소수점자리까지 나오므로 값을 내림하였다. 내림은 공통 블록의 수학에 위치한다. " ₩n " 은 줄바꿈으로 아두이노에서 종료 문자를 알리기 위해 사용하였다.

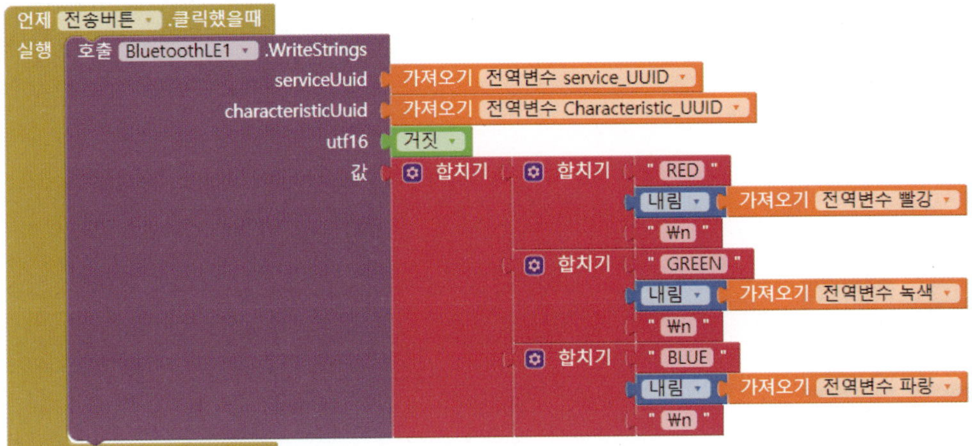

35 합치기 블록에서 톱니바퀴를 클릭하고 왼쪽의 문자열을 합치기 안쪽에 배치하면 칸을 늘릴 수 있다.

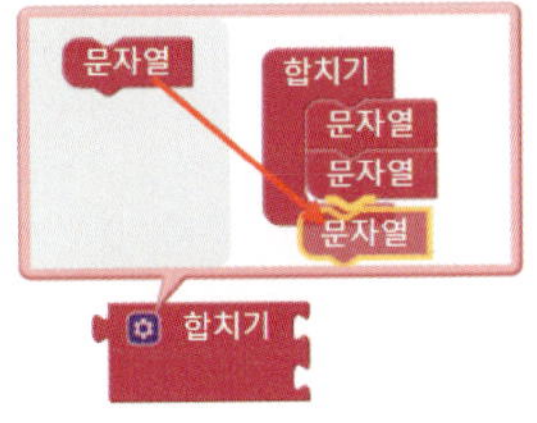

36 모든 블록이 완성되었다. [연결]에서 [AI 컴패니언]을 클릭하여 앱을 테스트하여 본다.

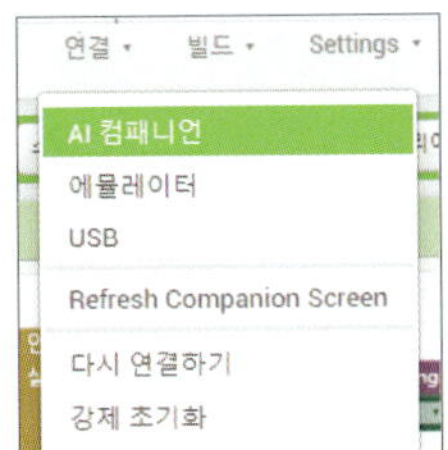

37 생성되는 QR코드를 스마트폰의 앱인벤터 앱에서 스캔하여 실행한다.

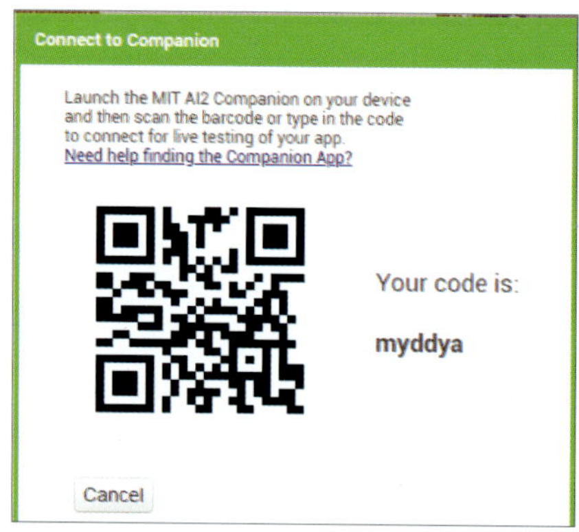

38 안드로이드 스마트폰에서 구글플레이스토어 접속수 "앱인벤터"를 검색 후 아래 어플을 설치한다.

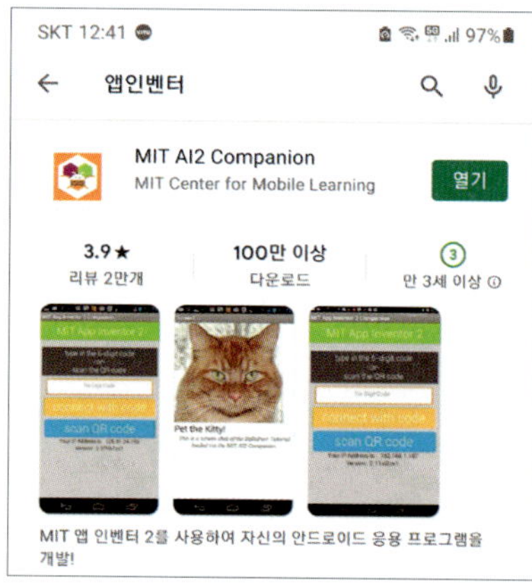

39 scan QR code를 눌러 생성된 QR코드를 찍고 어플을 실행한다.

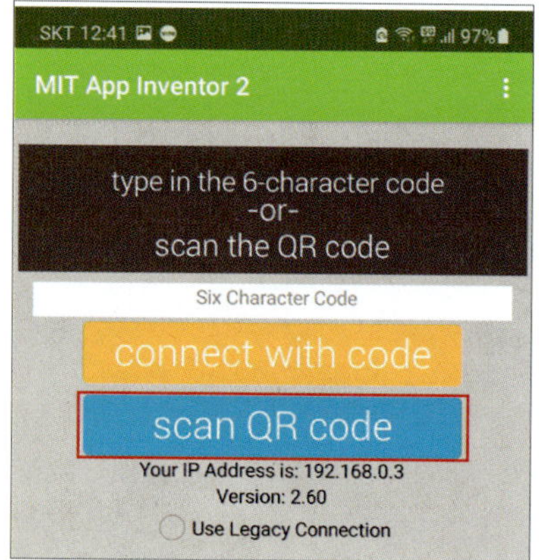

동작 결과

[스캔] 버튼을 눌러 블루투스를 스캔하고 목록을 선택한 후 [연결하기] 버튼을 눌러 연결한다. 아래 빨간색 네모칸의 BLE1가 블루투스 모듈의 이름이다. 스캔으로 검색이 되지 않는다면 스마트폰의 블루투스가 켜져 있는지 확인한다. 블루투스LE의 경우 안드로이드 OS에서 블루투스만을 켜고 스캔과 접속은 앱에서 이루어진다. 안드로이드 OS에서 블루투스를 연결하지 않아도 된다.

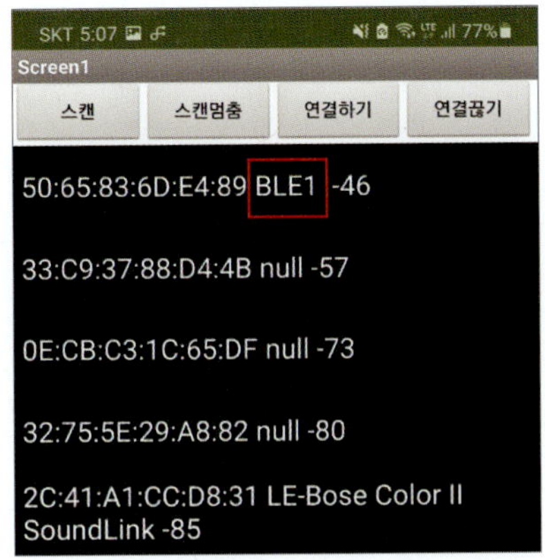

R,G,B 값을 움직여보고 전송을 눌러 LED의 색상이 변하는지 확인하자.

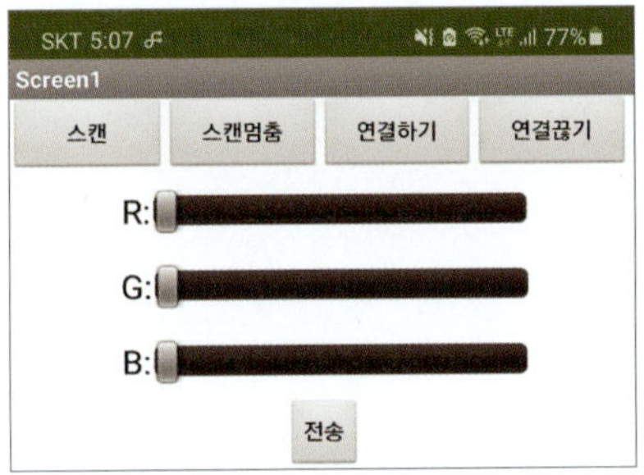

블루투스 4.0의 경우 AI 컴패니언으로 연결된 상태에서 코드를 중간 중간 수정하면 연결이 자주 끊긴다. 그럴때는 블루투스 모듈의 전원을 뺐다고 다시 연결하면 연결할 수 있다. 앱을 만들고 나서는 연결 끊김이 없고 만드는 과정에 그렇기 때문에 AI 컴패니언으로 앱을 만들면서 진행할 때 블루투스 연결을 확인하면서 진행한다.

동작 동영상 링크

https://youtu.be/urb_P4S0-gY

04 _ 31 블루투스LE 침입자 감지 알림(아두이노+앱인벤터)

학 습 목 표

초음파센서와 블루투스를 사용하여 초음파센서로 측정된 거리 값이 일정거리 안에 들어오면 침입자를 알려주는 알림장치를 만들어보자.

준비물

다음과 같은 부품을 준비한다.

부품명	수량
아두이노 우노	1개
브레드보드	1개
HM10 블루투스모듈	1개
초음파센서 모듈	1개
수/수 점퍼케이블	10개

브레드보드에 다음의 회로를 꾸며 연결한다.

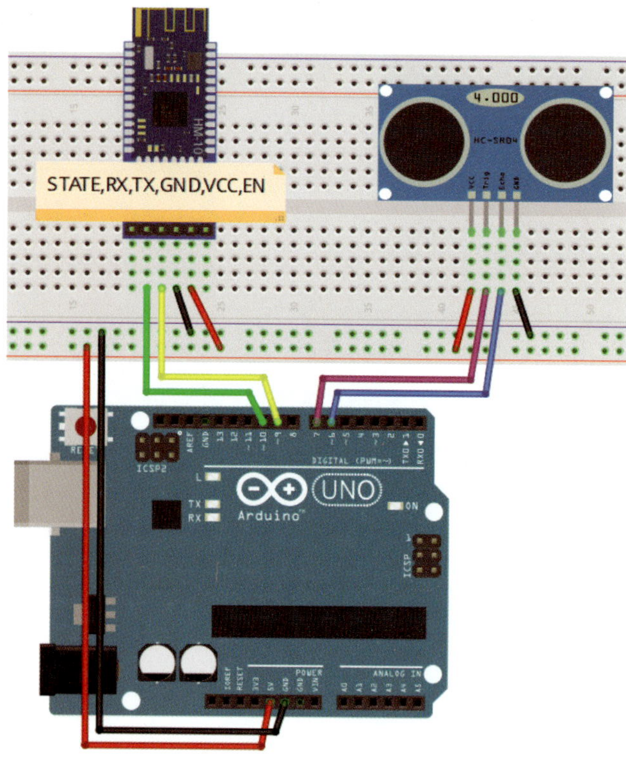

다음의 표를 참조하여 회로를 구성한다.

모듈	모듈 핀	아두이노핀
HM-10블루투스 모듈	RXD	10
	TXD	9
	GND	GND
	VCC	5V
초음파센서 모듈	VCC	5V
	Trig	7
	Echo	6
	GND	GND

아두이노 코드 작성

다음과 같은 아두이노 코드를 작성한다.

31_1.ino

```
#include <SoftwareSerial.h>

SoftwareSerial btSerial = SoftwareSerial(9, 10);

int echo =6;
int trig =7;

void setup() {
 Serial.begin(115200);
 btSerial.begin(115200);
 pinMode(trig, OUTPUT);
 pinMode(echo, INPUT);
}

void loop() {
 float distance = ultraSonic();
 Serial.print(distance);
 Serial.println( “ cm ” );

 if(distance <=20)
 {
         Serial.print( “ danger ” );
         btSerial.println( “ danger ” );
         delay(2000);
 }
 else
 {
         Serial.print( “ good ” );
         btSerial.println( “ good ” );
 }
 delay(100);
}
```

```
33
34       float ultraSonic()
35       {
36        digitalWrite(trig, HIGH);
37        delayMicroseconds(10);
38        digitalWrite(trig, LOW);
39
40        unsigned long duration = pulseIn(echo, HIGH);
41
42        float distanceCM = ((34000 * duration) /1000000) /2;
43
44        return distanceCM;
45       }
```

16 : 초음파센서에서 거리값을 읽어 distance 변수에 대입한다.
17~18 : PC와 연결된 시리얼통신으로 거리값을 전송한다. 모니터링 용도이다.
20~25 : 거리값이 20cm 이하이면 PC시리얼통신과, 블루투스 시리얼 통신으로 "danger"를 전송한다. 그리고 2초 기다린다. 너무 빨리 보내면 앱에서 종료 문자를 알기 힘들어 danger를 전송하고 충분히 기다려준다
26~30 : 그렇지 않다면 즉 20cm 보다 크면 PC시리얼통신과, 블루투스 시리얼 통신으로 "good"을 전송한다.
31 : 100mS 기다린다.

동작 결과

아두이노 프로그램을 업로드 후 시리얼 모니터를 열어 동작을 확인한다.

통신속도는 [115200]으로 맞춰야 한다.

거리에 따라서 danger 또는 good이 출력되는 것을 확인 할 수 있다.

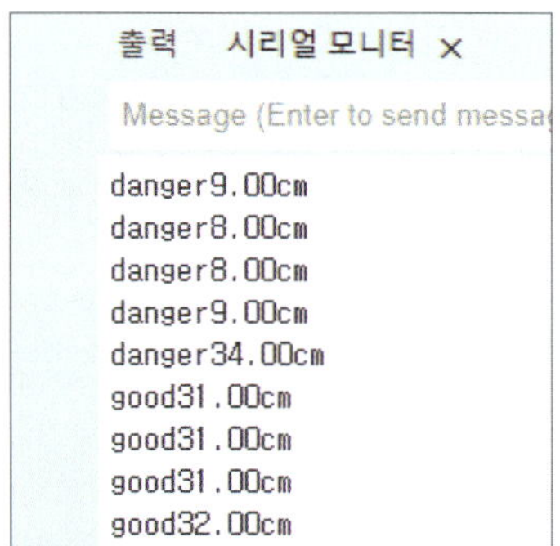

이제 앱인벤터로 앱을 만들고 테스트해보자.

앱인벤터로 앱 만들고 테스트하기

1 project_31의 이름으로 새로운 프로젝트를 만든다.

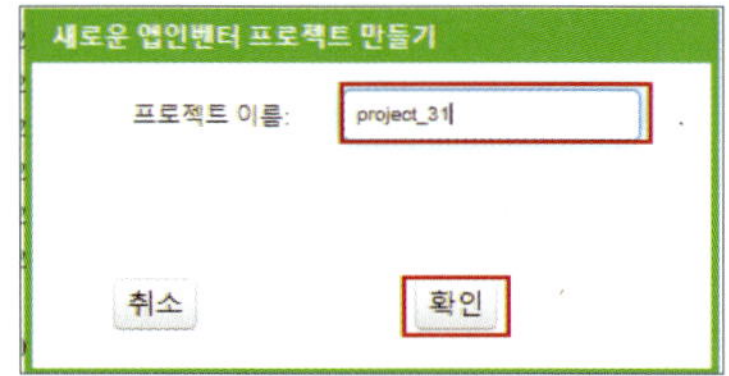

2 BluetoothLE의 확장기능을 추가한다. BluetoothLE의 확장기능의 추가방법은 "블루투스LE 스마트 조명제어 (아두이노+앱인벤터)"을 참고한다.

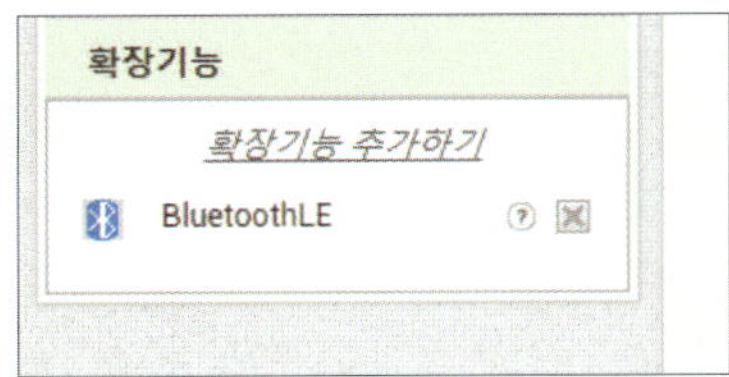

3 [레이아웃]에서 [수평배치]를 끌어 뷰어에 위치시킨다.

수평배치1의 속성을 다음과 같이 설정한다.

- 높이: 50픽셀
- 너비: 부모 요소에 맞추기...

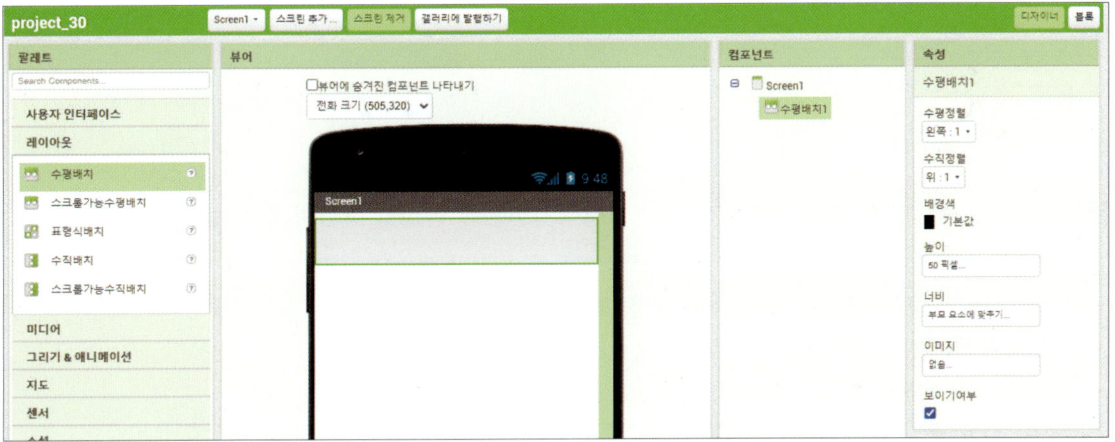

4 [사용자 인터페이스]에서 [버튼]을 4개 끌어 뷰어의 수평배치1 안에 위치시킨다. 버튼을 위치시킬 때는 앞쪽으로 위치시킨다. 버튼이 4개째가 되면 화면에 안보여 뒤에는 위치시킬 수 없기 때문이다.

5 각각 버튼을 [이름 바꾸기]를 클릭하여 다음과 같이 변경한다.

스캔버튼, 스캔멈춤 버튼, 연결하기버튼, 연결끊기버튼으로 변경한다.

6 스캔버튼, 스캔멈춤버튼, 연결하기버튼, 연결끊기버튼의 속성을 다음과 같이 설정한다.

- 스캔버튼, 높이:부모 요소에 맞추기, 너비: 25퍼센트, 텍스트: 스캔
- 스캔멈춤버튼, 높이:부모 요소에 맞추기, 너비: 25퍼센트, 텍스트: 스캔멈춤
- 연결하기버튼, 높이:부모 요소에 맞추기, 너비: 25퍼센트, 텍스트: 연결하기
- 연결끊기버튼, 높이:부모 요소에 맞추기, 너비: 25퍼센트, 텍스트: 연결끊기

7 [사용자 인터페이스]에서 [목록뷰]를 끌어 뷰어에 위치시킨다. 목록뷰1의 속성을 다음과 같이 설정한다.

- 너비: 부모 요소에 맞추기

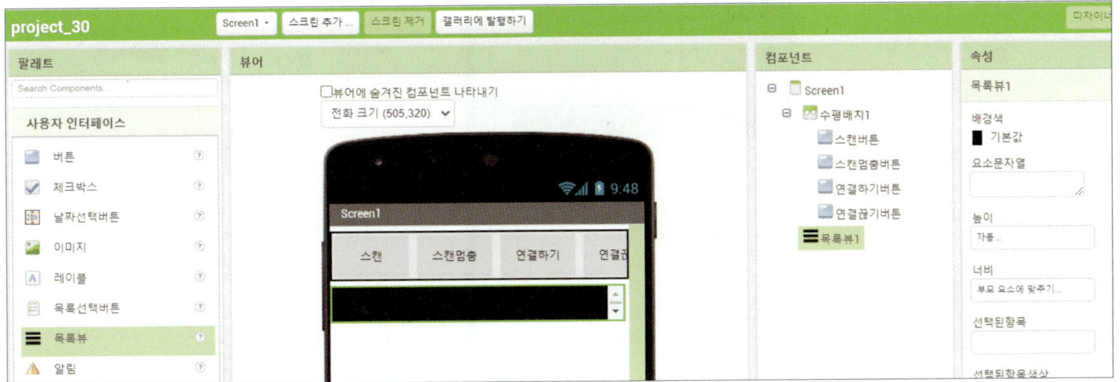

8 [레이아웃]에서 [수평배치]를 끌어와 뷰어에 위치시킨다. 수평배치2의 속성을 다음과 같이 설정한다.

- 수평정렬: 가운데3
- 수직정렬: 가운데2
- 높이: 50픽셀
- 너비: 부모요소에 맞추기

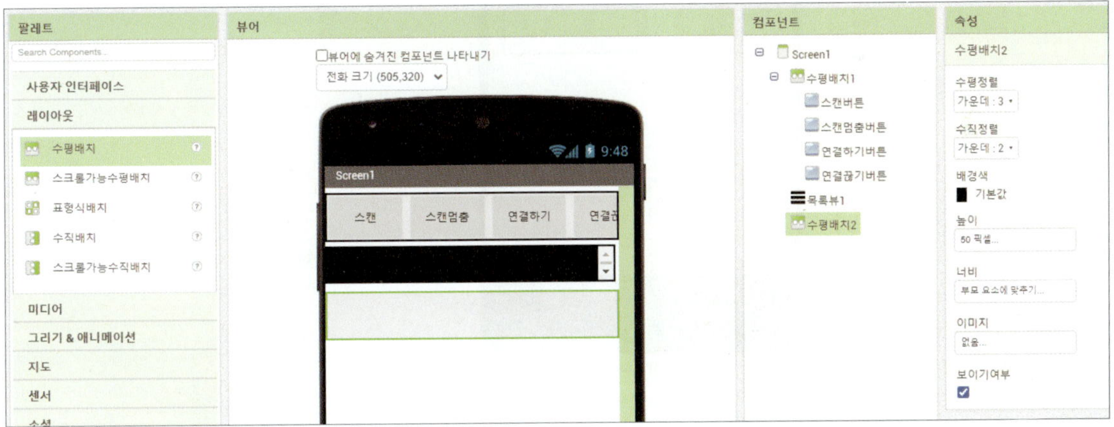

9 [사용자 인터페이스]에서 레이블을 끌어와 뷰어에 위치시킨다. 상태표시로 이름을 변경하고 상태표시의 속성을 다음과 같이 설정한다.

- 텍스트: 정상

10 [확장기능]에서 [BluetoothLE]를 끌어와 뷰어에 위치시킨다. [미디어]에서 [음성변환]을 끌어와 뷰어에 위치시킨다. 두 개의 보이지 않는 컴포넌트를 등록하였다. 속성은 둘 다 수정하지 않는다.

11 이제 [블록]으로 이동하여 프로그램하도록 한다.
다음의 블루투스 연결에 필요한 블록을 프로그램한다.

```
언제 스캔버튼 .클릭했을때
실행 호출 BluetoothLE1 .StartScanning
     지정하기 목록뷰1 . 보이기여부 값 참

언제 BluetoothLE1 .DeviceFound
실행 지정하기 목록뷰1 . 요소문자열 값 BluetoothLE1 . DeviceList

언제 스캔멈춤버튼 .클릭했을때
실행 호출 BluetoothLE1 .StopScanning

언제 연결하기버튼 .클릭했을때
실행 호출 BluetoothLE1 .연결
                    index 목록뷰1 . 선택된항목번호

전역변수 만들기 service_UUID 초기값 " 0000FFE0-0000-1000-8000-00805F9B34FB "

전역변수 만들기 Characteristic_UUID 초기값 " 0000FFE1-0000-1000-8000-00805F9B34FB "

언제 BluetoothLE1 .Connected
실행 호출 BluetoothLE1 .RegisterForStrings
                    serviceUuid 가져오기 전역변수 service_UUID
             characteristicUuid 가져오기 전역변수 Characteristic_UUID
                         utf16 거짓
     지정하기 목록뷰1 . 보이기여부 값 거짓

언제 연결끊기버튼 .클릭했을때
실행 호출 BluetoothLE1 .연결끊기
```

12 BluetoothLE에서 문자열 신호를 전송받았을 때 동작하는 블록이다.
받은 문자열에서 good 이라는 문자열이 포함되어 있다면 [상태표시]에 "정상"을 출력한다.
받은 문자열에서 danger 라는 문자열이 포함되어 있다면 [상태표시]에 "침입자가 발생하였습니다"를 표시하고 음성변환.말하기 블록으로 "침입자가 발생하였습니다"를 음성출력 하도록 한다.

```
언제 BluetoothLE1 .StringsReceived
  serviceUuid characteristicUuid stringValues
실행 만약 텍스트가 단어를 포함 하는가? 텍스트 가져오기 stringValues
                                  단어 " good "
     이라면 실행 지정하기 상태표시 . 텍스트 값 " 정상 "
     만약 텍스트가 단어를 포함 하는가? 텍스트 가져오기 stringValues
                                  단어 " danger "
     이라면 실행 지정하기 상태표시 . 텍스트 값 " 침입자가 발생하였습니다. "
               호출 음성변환1 .말하기
                         메시지 " 침입자가 발생하였습니다. "
```

10 [연결]에서 [AI컴패니언]을 클릭하여 스마트폰과 연결한다.

동작 결과

블루투스모듈과 연결 후 정상일 때 "정상" 문구가 출력된다.

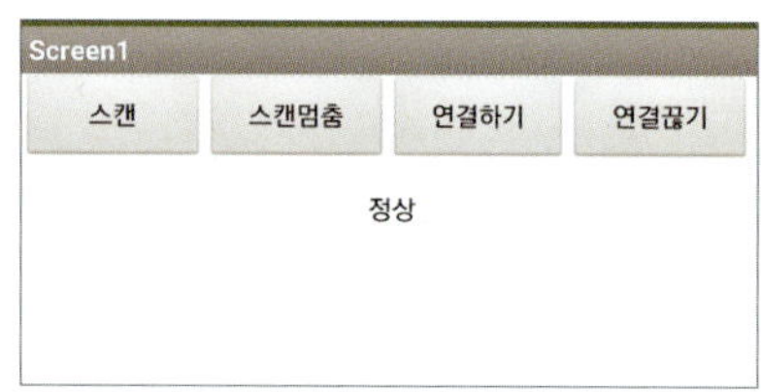

아두이노에서 danger의 문자열을 받았을 때
"침입자가 발생하였습니다" 문구를 출력하고 음성출력을 한다.
소리가 들리지 않을 시 스마트폰의 음량을 크게 한다.

동작 동영상 링크

https://youtu.be/PtRMrsWNPII

04 _ 32 블루투스LE 앱인벤터 온습도 기록하기(아두이노+앱인벤터)

학 습 목 표

아두이노의 온습도를 블루투스로 전송하고 앱인벤터에서 전송받은 온습도 데이터를 파일에 기록하는 작품을 만들어보자. 파일로 데이터가 기록되기 때문에 자료로 활용이 가능하다.

준비물

다음과 같은 부품을 준비한다.

부품명	수량
아두이노 우노	1개
브레드보드	1개
HM10 블루투스모듈	1개
DHT11 온습도센서모듈	1개
수/수 점퍼케이블	9개

회로 구성

브레드보드에 다음과 같이 회로를 구성한다.

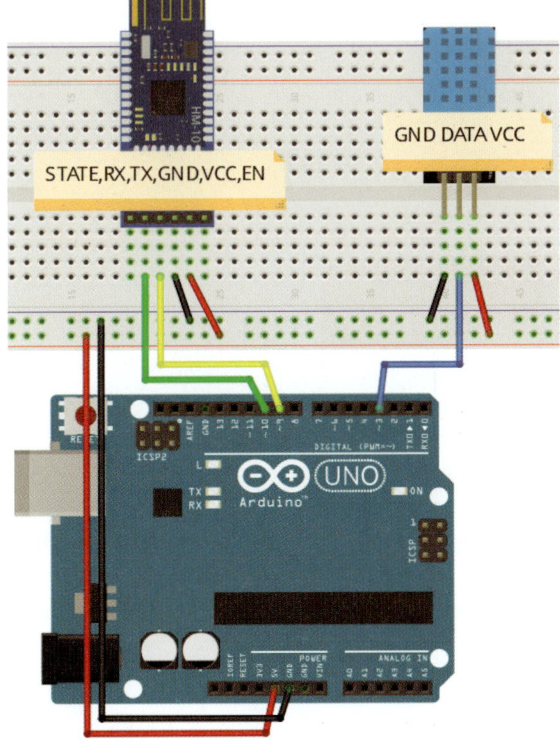

다음의 표를 참조하여 회로를 구성한다.

모듈	모듈 핀	아두이노핀
HM-10블루투스 모듈	RXD	10
	TXD	9
	GND	GND
	VCC	5V
DHT11 온습도센서모듈	GND	GND
	DATA	3
	VCC	5V

아두이노 코드 작성

다음과 같은 아두이노 코드를 작성한다.

32_1.ino

```
#include <SoftwareSerial.h>
#include “DHT.h”

SoftwareSerial btSerial = SoftwareSerial(9, 10);

#define DHTPIN 3
#define DHTTYPE DHT11
DHT dht(DHTPIN, DHTTYPE);

unsigned long currTime =0;
unsigned long prevTime =0;

void setup() {
 Serial.begin(115200);
 btSerial.begin(115200);
 dht.begin();
}

void loop() {
 currTime =millis();
 if (currTime - prevTime >=5000)
 {
         prevTime = currTime;
         float humi = dht.readHumidity();
         float temp = dht.readTemperature();
         if (temp >=0 && temp <=60)
         {
          Serial.print(temp);
          Serial.print(“,”);
```

```
30                 Serial.println(humi);
31                 btSerial.print(temp);
32                 btSerial.print( “ , ” );
33                 btSerial.println(humi);
34               }
35         }
36       }
```

21~34 : 5초마다 한 번씩 온도,습도 데이터를 전송한다.
24~25 : 센서에서 온도, 습도를 읽어 변수에 대입한다.
26 : 온도가 0도 이상이고 60도 이하일 때만 조건에 만족한다.
28~39 : PC시리얼 통신으로 온도,습도 데이터를 전송한다. 모니터링 용도이다.
31~33 : 블루투스 시리얼 통신으로 온도,습도 데이터를 전송한다.

동작 결과

아두이노 프로그램을 업로드 한다. 시리얼 모니터를 열어 값이 출력됨을 확인할 수 있다.

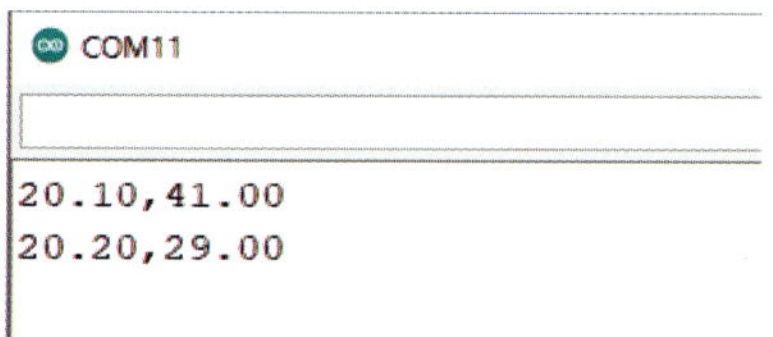

이제 앱인벤터 프로그램을 만들어서 확인하도록 한다.

앱인벤터로 앱 만들고 테스트하기

1 project_32 이름으로 새로운 프로젝트를 만든다.

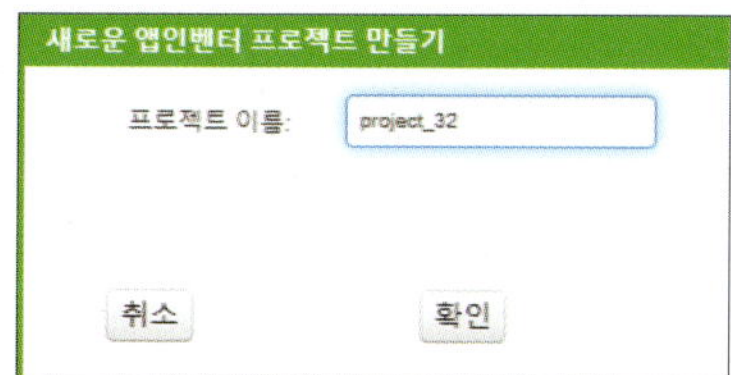

2 BluetoothLE의 확장기능을 추가한다.

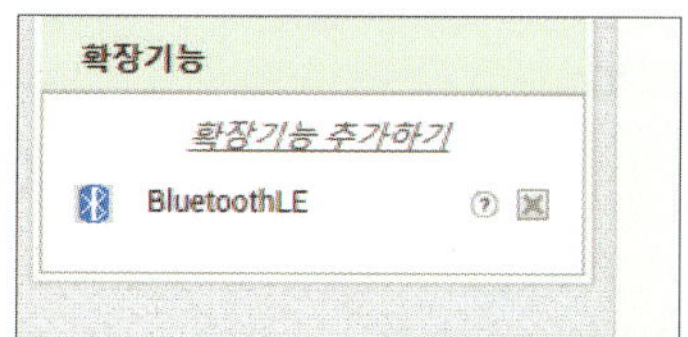

3 [레이아웃]에서 [수평배치]를 끌어 뷰어에 위치시킨다. 수평배치1의 속성을 다음과 같이 설정한다.

- 높이: 50픽셀
- 너비: 부모 요소에 맞추기...

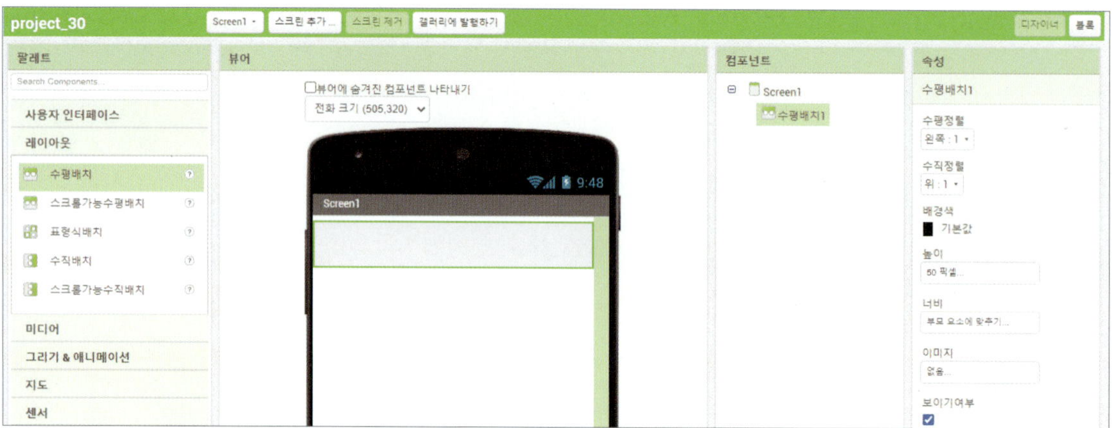

4 [사용자 인터페이스]에서 [버튼]을 4개 끌어 뷰어의 수평배치1 안에 위치시킨다. 버튼을 위치시킬 때는 앞쪽으로 위치시킨다. 버튼이 4개째가 되면 화면에 안보여 뒤에는 위치시킬 수 없기 때문이다.

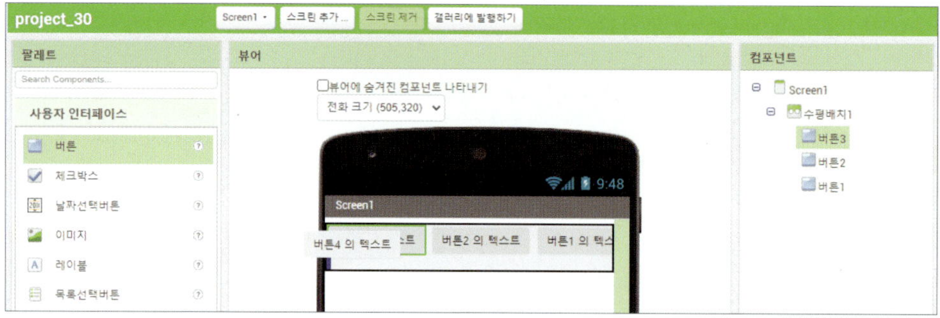

5 각각 버튼을 [이름 바꾸기]를 클릭하여 다음과 같이 변경한다.
스캔버튼, 스캔멈춤버튼, 연결하기버튼, 연결끊기버튼으로 변경한다.

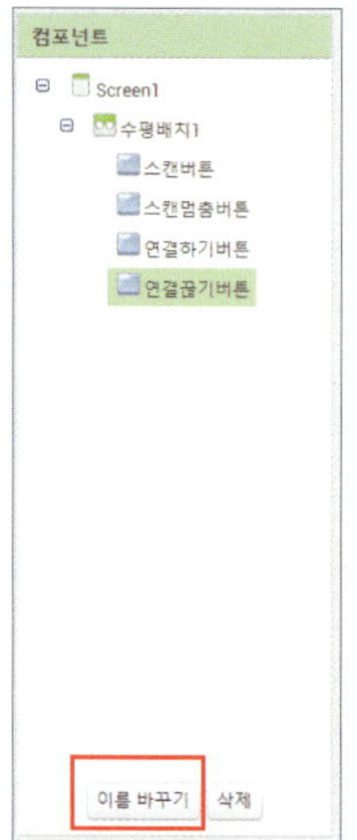

6 스캔버튼, 스캔멈춤버튼, 연결하기버튼, 연결끊기버튼 의 속성을 다음과 같이 설정한다.

- 스캔버튼, 높이:부모 요소에 맞추기, 너비: 25퍼센트, 텍스트: 스캔
- 스캔멈춤버튼, 높이:부모 요소에 맞추기, 너비: 25퍼센트, 텍스트: 스캔멈춤
- 연결하기버튼, 높이:부모 요소에 맞추기, 너비: 25퍼센트, 텍스트: 연결하기
- 연결끊기버튼, 높이:부모 요소에 맞추기, 너비: 25퍼센트, 텍스트: 연결끊기

7 [사용자 인터페이스]에서 [목록뷰]를 끌어 뷰어에 위치시킨다. 목록뷰1의 속성을 다음과 같이 설정한다.

- 너비: 부모 요소에 맞추기

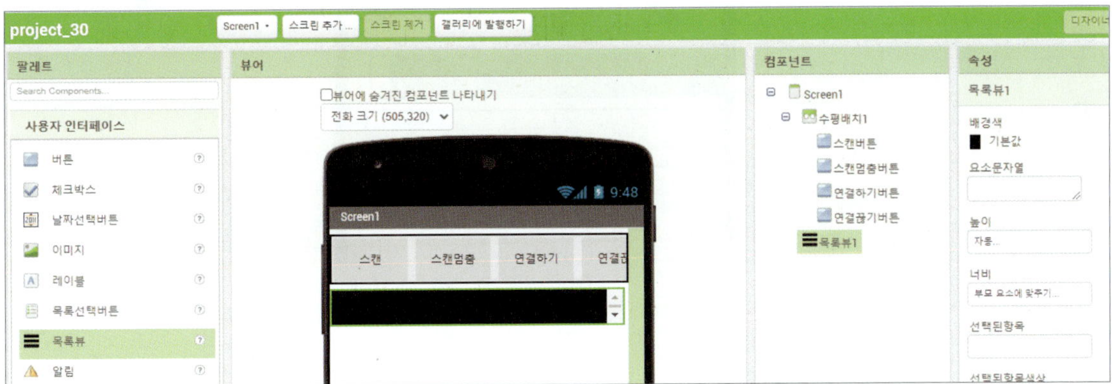

8 [레이아웃]에서 [수평배치]를 끌어와 뷰어에 위치시킨다. 수평배치2의 속성을 다음과 같이 설정한다.

- 수평정렬: 가운데3
- 수직정렬: 가운데2
- 높이: 50픽셀
- 너비: 부모요소에 맞추기

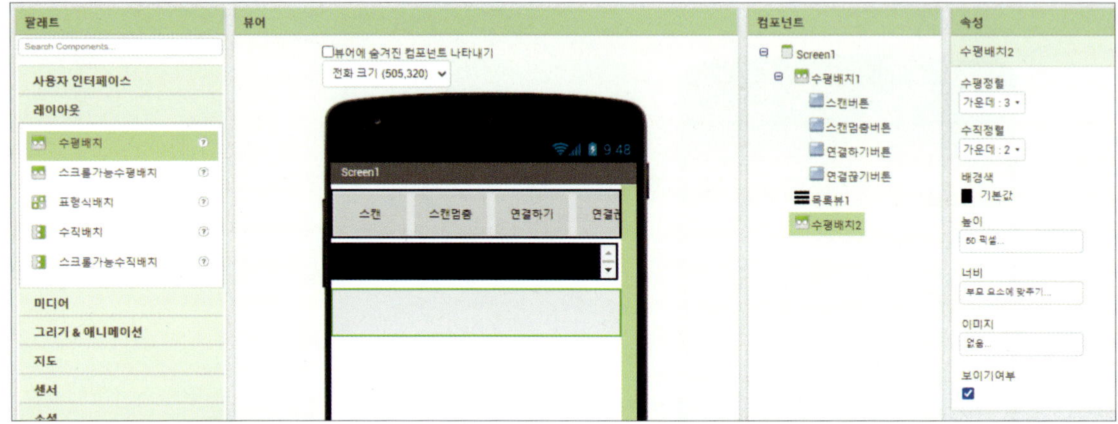

9 [사용자 인터페이스]에서 [레이블]을 4개 끌어와 수평배치2 안에 위치시킨다. 앞쪽으로 위치시킨다. 4번째를 추가할 때 안보이기 때문에 앞쪽으로 위치시킨다.

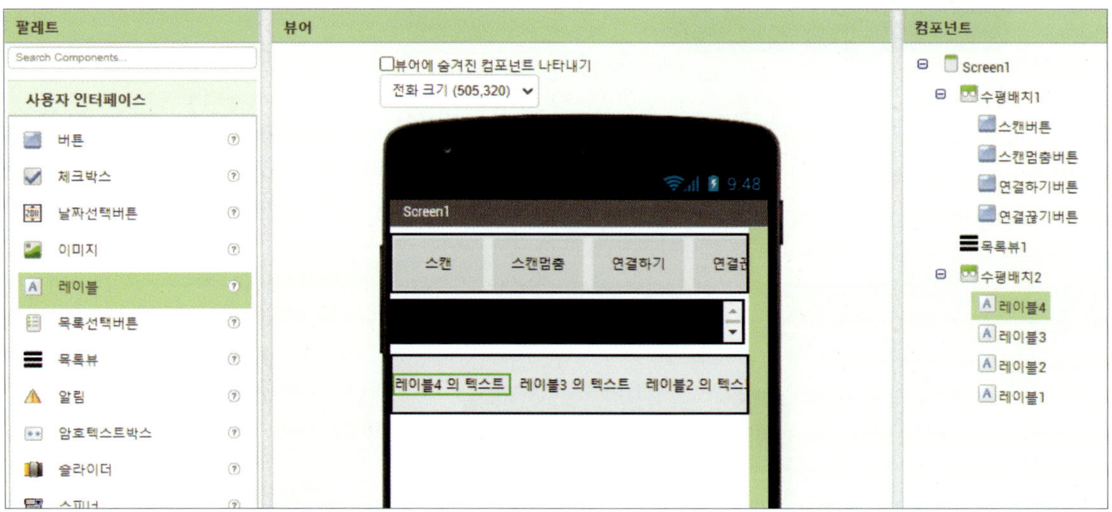

10 4개의 레이블의 이름을 온도, 온도값, 습도, 습도값으로 변경한다.

- [온도]의 속성을 다음과 같이 설정한다. 텍스트: "온도:"
- [온도값]의 속성을 다음과 같이 설정한다. 텍스트: 비워두기
- [습도]의 속성을 다음과 같이 설정한다. 텍스트: "습도:"

• [습도값]의 속성을 다음과 같이 설정한다. 텍스트: 비워두기

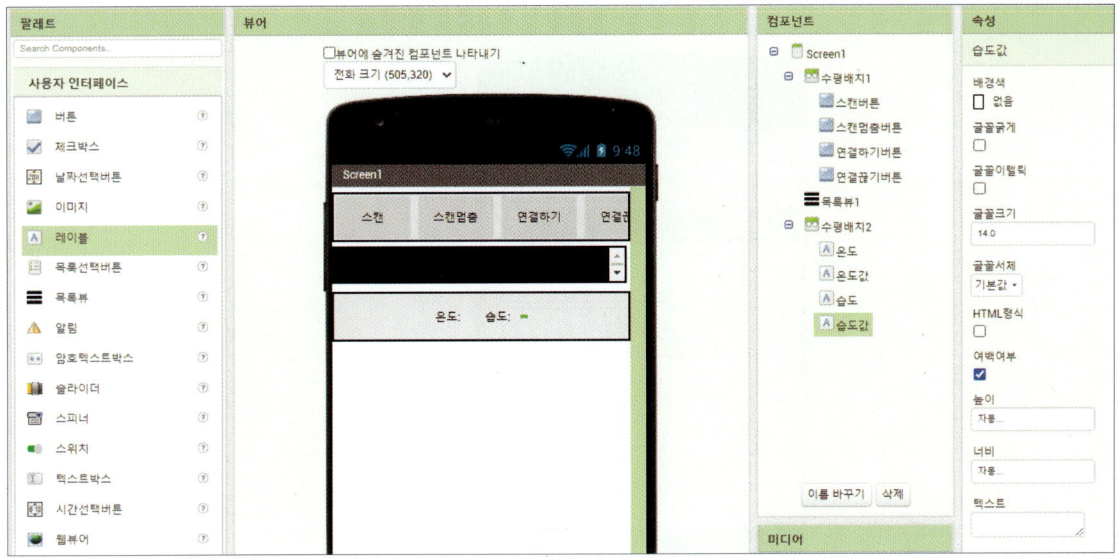

11 [레이아웃]에서 [수평배치]를 끌어와 뷰어에 위치시킨다. 수평배치3의 속성을 다음과 같이 설정한다.

• 수평정렬: 가운데3
• 수직정렬: 가운데2
• 높이: 50픽셀
• 너비: 부모요소에 맞추기

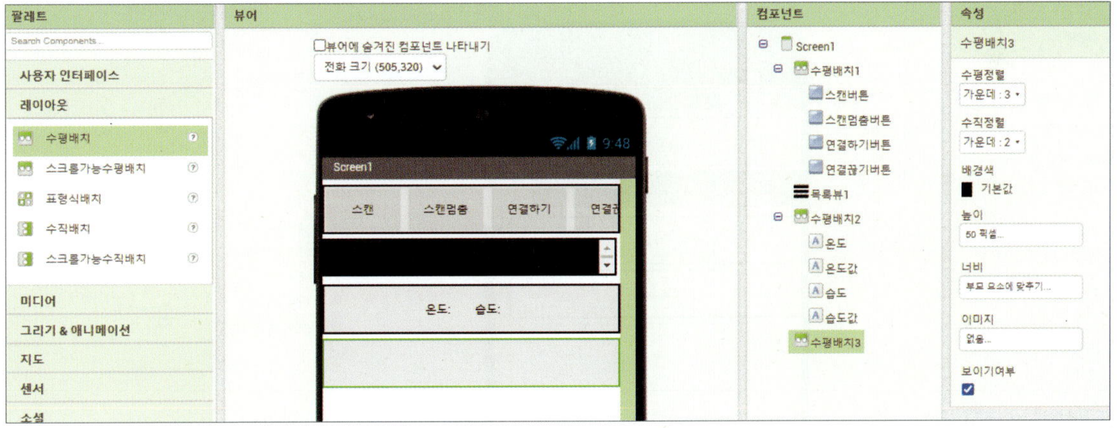

12 [사용자 인터페이스]에서 [버튼]을 끌어와 뷰어의 수평배치3 안에 위치시킨다. 이름을 [파일읽기버튼]으로 변경한다. [파일읽기버튼]의 속성을 다음과 같이 설정한다.

• 텍스트: "파일읽기"

⑬ [레이아웃]에서 [스크롤가능수직배치]를 끌어와 뷰어에 위치시킨다. [스크롤가능수직배치] 컴포넌트 안에 파일을 읽어 보여준다. 파일의 길이가 길어지면 스크롤을 해서 아래쪽도 확인할 수 있도록 [스크롤가능수직배치]를 활용한다.

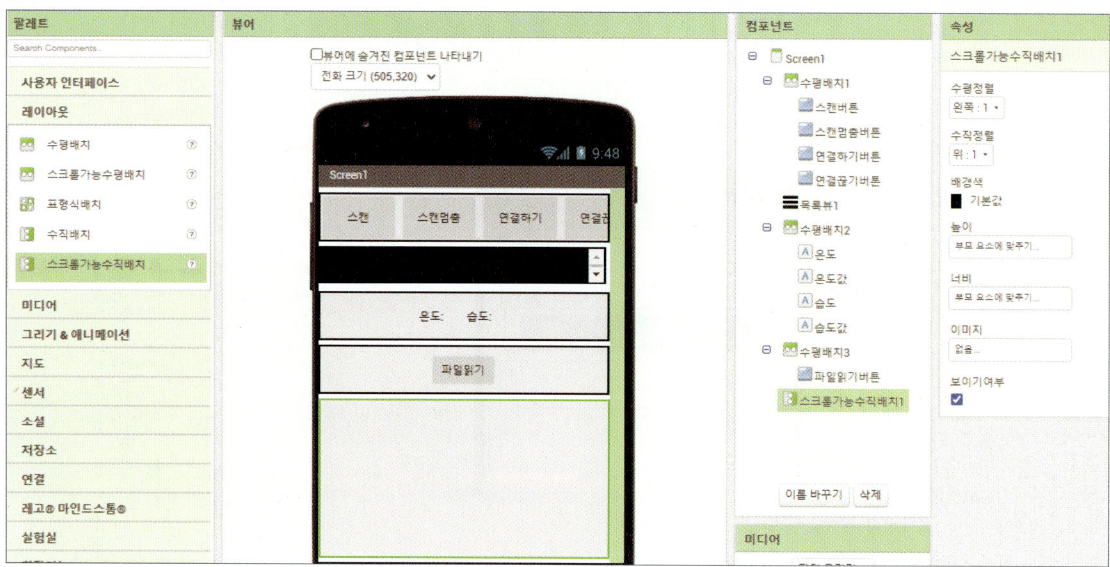

14 [사용자 인터페이스]에서 [레이블]을 끌어와 [스크롤가능수직배치1] 안에 위치시킨다. 이름을 [파일읽기값]으로 변경한다. [파일읽기값]의 속성을 다음과 같이 설정한다.

- 높이: 부모 요소에 맞추기
- 너비: 부모 요소게 맞추기
- 텍스트: 비워두기

15 다음의 보이지 않는 컴포넌트 3개를 추가한다. [확장기능]에서 [BluetoothLE]를 추가한다. [저장소]에서 [파일]을 추가한다. [센서]에서 [시계]를 추가한다.

16 이제 [블록]으로 이동하여 프로그램하도록 한다. 다음의 블루투스 연결에 필요한 블록을 프로그램한다.

```
언제 스캔버튼 .클릭했을때
실행 호출 BluetoothLE1 .StartScanning
     지정하기 목록뷰1 . 보이기여부 값 참

언제 BluetoothLE1 .DeviceFound
실행 지정하기 목록뷰1 . 요소문자열 값 BluetoothLE1 . DeviceList

언제 연결하기버튼 .클릭했을때
실행 호출 BluetoothLE1 .연결
              index 목록뷰1 . 선택된항목번호
```

전역변수 만들기 service_UUID 초기값 " 0000FFE0-0000-1000-8000-00805F9B34FB "

전역변수 만들기 Characteristic_UUID 초기값 " 0000FFE1-0000-1000-8000-00805F9B34FB "

언제 BluetoothLE1 .Connected
실행 호출 BluetoothLE1 .RegisterForStrings
serviceUuid 가져오기 전역변수 service_UUID
characteristicUuid 가져오기 전역변수 Characteristic_UUID
utf16 거짓
지정하기 목록뷰1 . 보이기여부 값 거짓

언제 연결끊기버튼 .클릭했을때
실행 호출 BluetoothLE1 .연결끊기

17 블루투스에서 문자열을 받았을 때 동작하는 블록이다.

- 받은 값에서 3번째부터 4개의 문자를 온도값에 표시한다.
- 받은 값에서 9번째부터 4개의 문자를 습도값에 표시한다.
- 시간을 불러와서 년도/월/일,시간:분,초,온도값,습도값의 형태로 temphumi.txt 파일에 덧붙인다. 파일의 끝에 써넣는다.

언제 BluetoothLE1 .StringsReceived
serviceUuid characteristicUuid stringValues
실행 지정하기 온도값 . 텍스트 값 텍스트에서 문자열 추출하기 텍스트 가져오기 stringValues
시작위치 3
문자열길이 4
지정하기 습도값 . 텍스트 값 텍스트에서 문자열 추출하기 텍스트 가져오기 stringValues
시작위치 9
문자열길이 4
호출 파일1 .파일에덧붙이기
텍스트 합치기 호출 시계1 .날짜시간형식으로바꾸기
인스턴트 호출 시계1 .현재시각인스턴트로가져오기
패턴 " yyyy/MM/dd,HH:mm:ss "
" , "
온도값 . 텍스트
" , "
습도값 . 텍스트
" ₩r₩n "
파일이름 " temphumi.txt "

18 파일읽기버튼을 클릭했을 때 humitemp.txt 파일을 읽는다.

언제 파일읽기버튼 .클릭했을때
실행 호출 파일1 .불러오기
파일이름 " temphumi.txt "

19 파일을 읽고나면 파일읽기값에 받은 텍스트를 보여준다.

언제 파일1 .텍스트를받았을때
텍스트
실행 지정하기 파일읽기값 . 텍스트 값 가져오기 텍스트

20 모든 블록이 완성되었다. [연결]에서 [AI 컴패니언]을 클릭하여 앱을 테스트하여 본다.

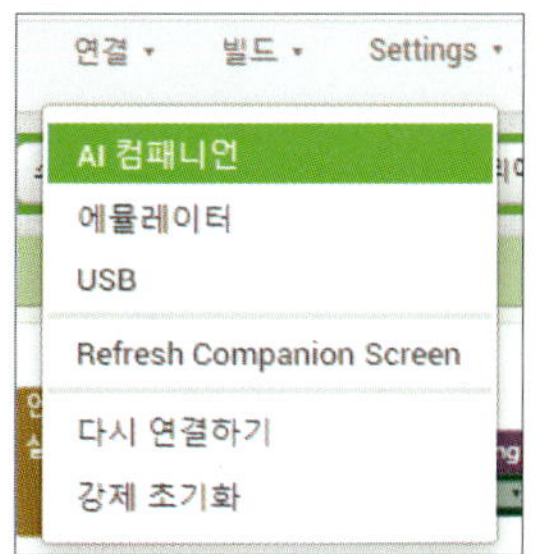

동작 결과

블루투스와 연결한다. [파일읽기] 버튼을 눌러 값이 계속 저장되는지 확인한다.

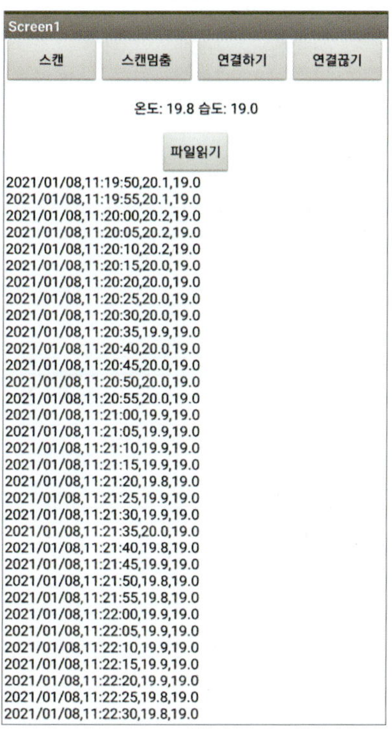

다음의 위치에 파일이 저장된다.

안드로이드의 파일위치 확인

1 파일관리 앱을 통해 확인할 수 있다. [내장 메모리] -> [Android] 폴더에 접속한다.

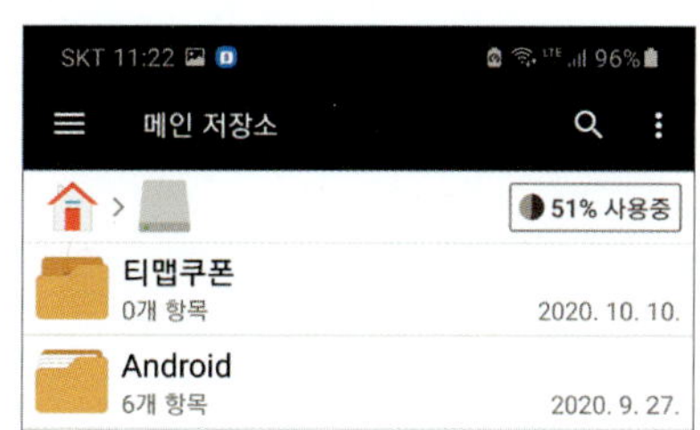

2 [내장 메모리] –> [Android] –> [data] 폴더에 접속한다.

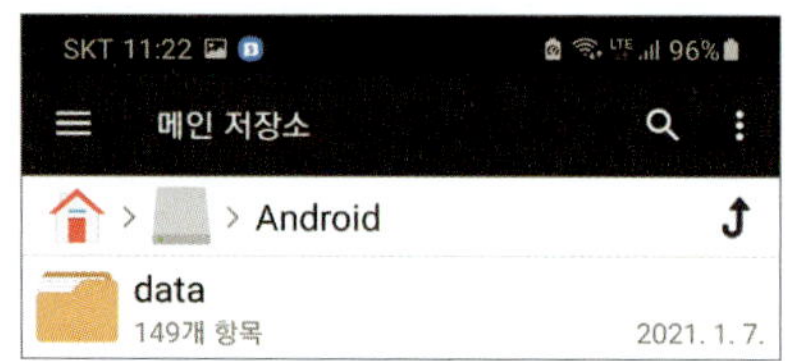

3 [내장 메모리] –> [Android] –> [data] –> [edu.mit.appinventor.aicompaino3] 폴더에 접속한다.

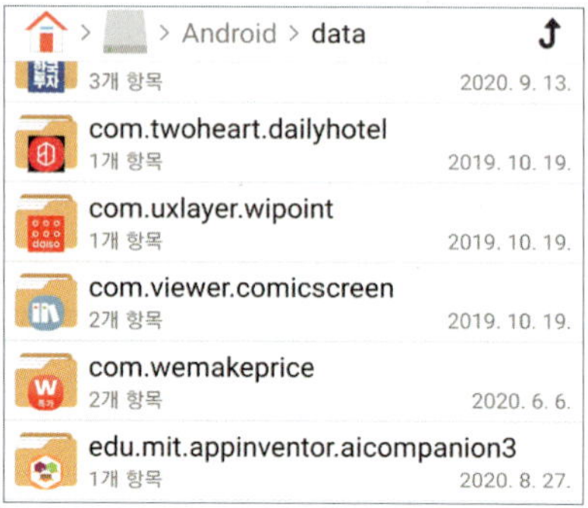

4 [내장 메모리] –> [Android] –> [data] –> [edu.mit.appinventor.aicompaion3] –> [files]에 접속한다.

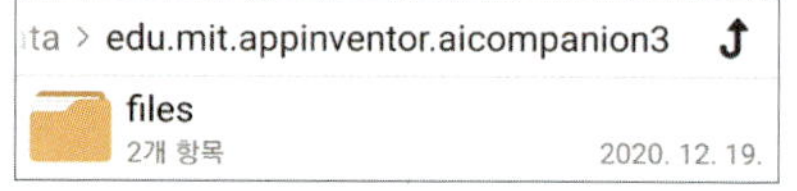

5 [내장 메모리] –> [Android] –> [data] –> [edu.mit.appinventor.aicompaion3] –> [files] –> [data] 폴더에 접속한다.

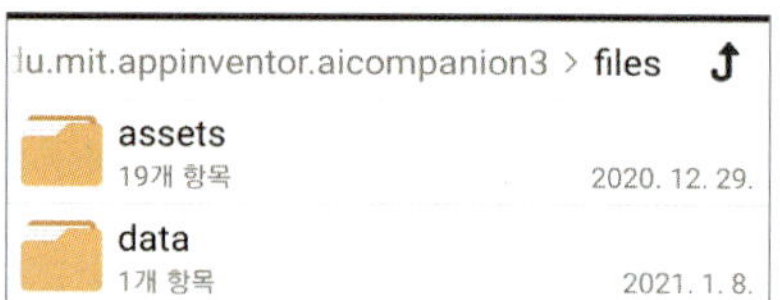

6 앱인벤터에서 만든 파일의 위치이다.

7 앱인벤터의 ai compaion앱을 통해서 앱을 실행하여 [edu.mit.appinventor.aicompaion3] 폴더에 파일이 만들어졌다. 자신의 직접 apk 파일로 앱을 만들 경우 자신의 앱 이름의 경로에 저장된다.

동작 동영상 링크

https://youtu.be/dBgX0VIuAuc

04 _ 33 사물인터넷 _ 인터넷 시간 표시장치 만들기(ESP8266 WIFI)

학 습 목 표

WIFI 통신을 사용하여 인터넷에서 시간을 받아오고 시간을 LCD에 표시하는 장치를 만들어보자.

준비물

다음과 같은 부품을 준비한다.

부품명	수량
ESP8266 WEMOS D1 R1 보드	1개
브레드보드	1개
I2C LCD 모듈	1개
암/수 점퍼케이블	4개

회로 구성

브레드보드에 다음과 같이 회로를 구성한다.

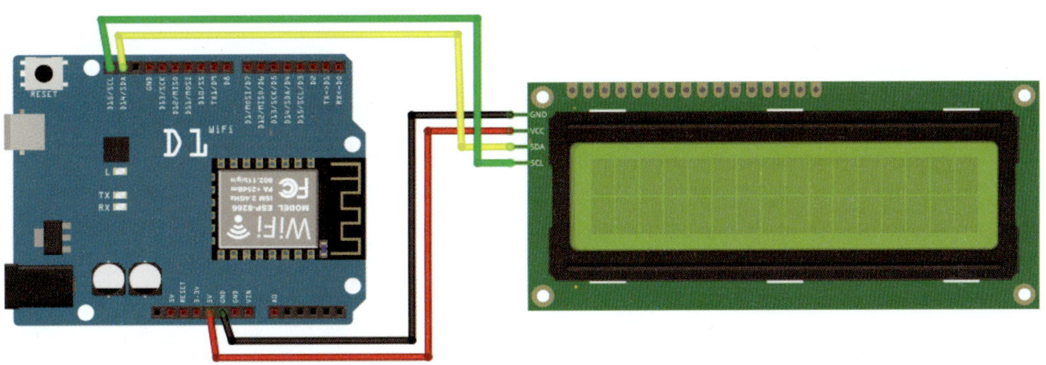

다음의 표를 참조하여 회로를 구성한다.

모듈	모듈 핀	아두이노핀
I2C LCD 모듈	GND	GND
	VCC	5V
	SDA	SDA(D14)
	SCL	SCL(D15)

아두이노에 ESP8266보드 설치하기

WEMOS D1 R1 아두이노 보드는 ESP8266 칩을 사용한 아두이노 우노 형태의 보드이다. 아두이노 개발환경으로 프로그램이 가능하며 WIFI 기능이 있다. 속도는 아두이노 우노보다 빠르다.

ESP8266의 특징은 다음과 같다.

- WIFI 기능이 제공된다.
- 2.4G만 연결가능하며 5G는 연결 불가능하다.
- 80Mhz~160Mhz로 동작(아두이노 우노는 16Mhz), 클럭 속도만 비교할 경우 10배 빠르다.
- 가격이 저렴하다. (아두이노 우노보다 저렴)
- 아날로그 입력 핀 1개
- 모든핀이 PWM가능
- 하드웨어 부트로더(단점으로는 특정핀을 사용하여 업로드가 되지 않음)
- 아두이노 개발환경 사용가능하다. (추가적으로 보드설치 해야 함)

아두이노 개발환경에서 ESP8266 칩을 사용한 WEMOS D1 R1 보드를 사용하기 위해서는 추가적인 보드설치가 필요하다. 다음의 과정을 통해 ESP8266을 설치하자.

1 [구글]에서 "esp8266 arduino"를 검색한 후 아래 사이트에 접속한다.

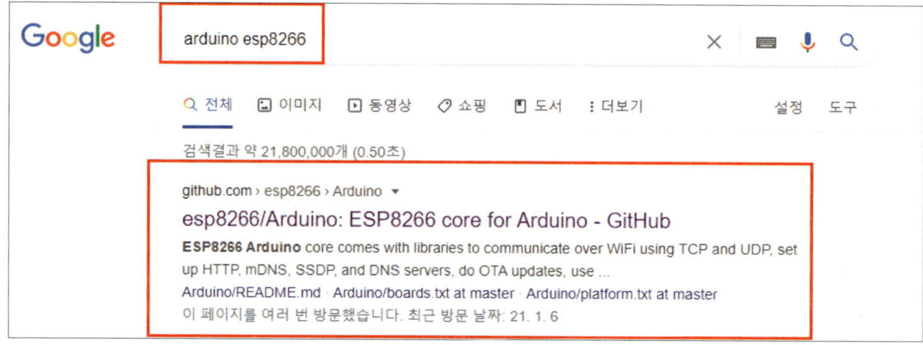

2 스크롤을 아내로 내려 [https://arduino.esp8266.com/stable/package_esp8266com_index.json]을 복사한다.

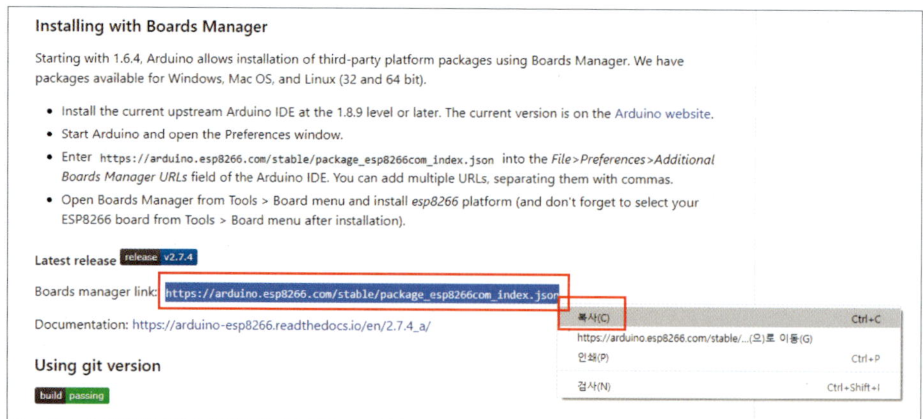

3 아두이노 개발환경으로 돌아와 [파일] –〉 [환경설정]을 클릭한다.

4 추가적인 보드 매니저 URLs에 붙여넣고 [확인] 버튼을 누른다.

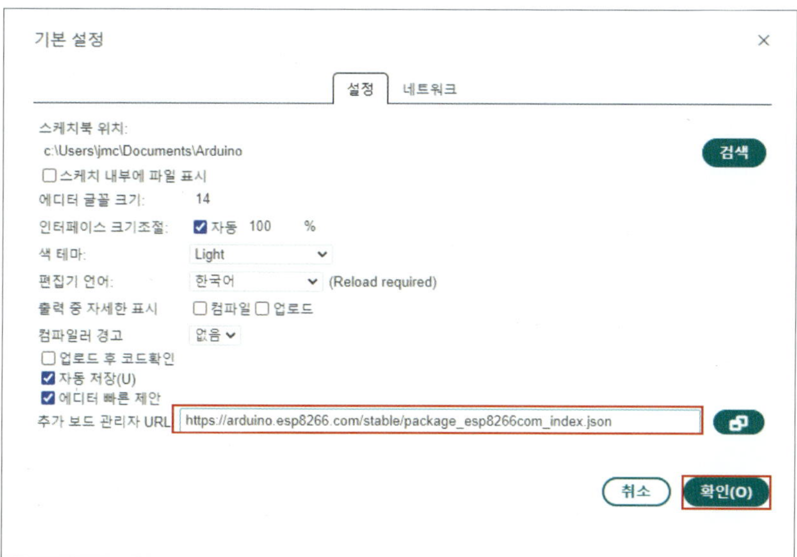

5 [툴] –〉 [보드] –〉 [보드 매니저]를 클릭한다.

6 [보드 매니저] 창에서 "esp8266"을 검색한 후 설치한다.

버전은 3.1.2로 계속 업데이트 되고 있다. 설치하는 시점의 최신 버전으로 설치한다.

단, 가끔 버전이 업그레이드되면서 특정 기능이 동작하지 않는 경우도 있다. 그럴 경우는 앤써북 네이버카페(http://answerbook.co.kr)를 통해 공지하도록 하겠다. 특별한 공지가 없는 이상 그 시점의 최신버전으로 설치한다.

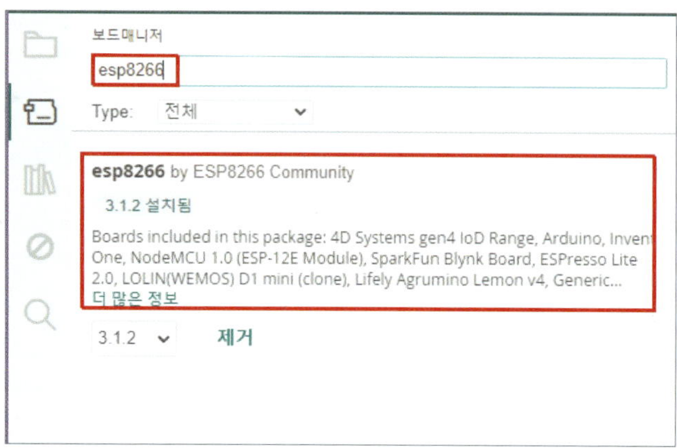

7 다른 버전은 다음의 버전을 선택하여 설치가 가능하다.

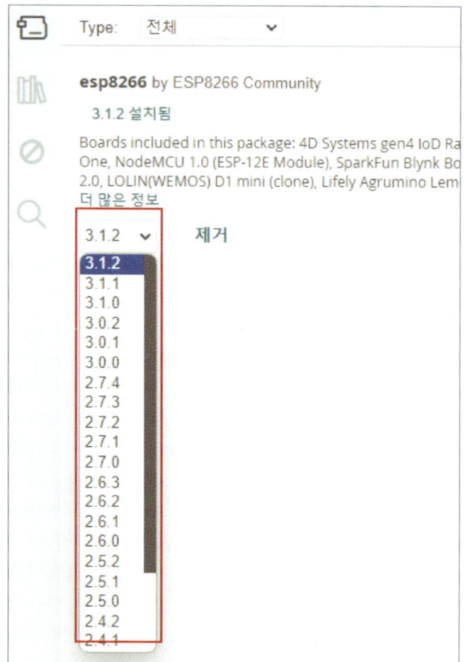

8 우리가 사용하는 WEMOS D1 R1 보드는 [툴] –> [보드] –> [ESPO8266 Boards] –> [Wemos D1 R1]으로 선택이 가능하다.

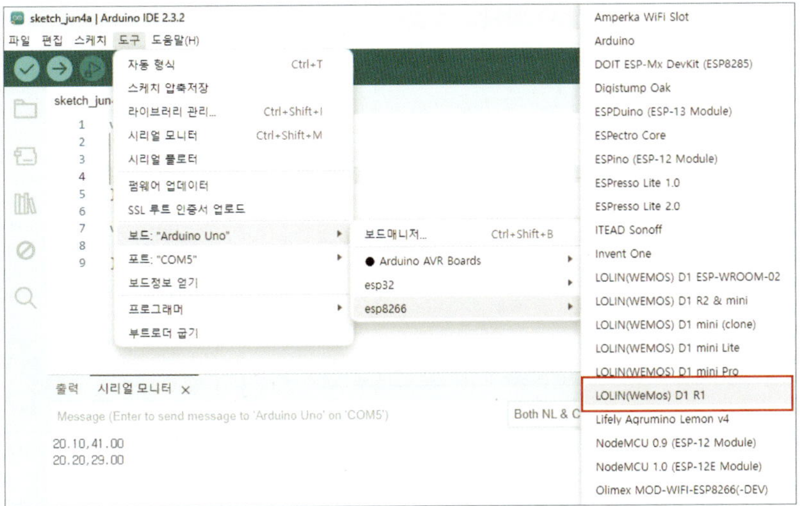

9 Wemos D1 R1 보드를 선택하면 다양하게 기능을 변경할 수 있는데 특별하게 수정하지 않고 사용한다.

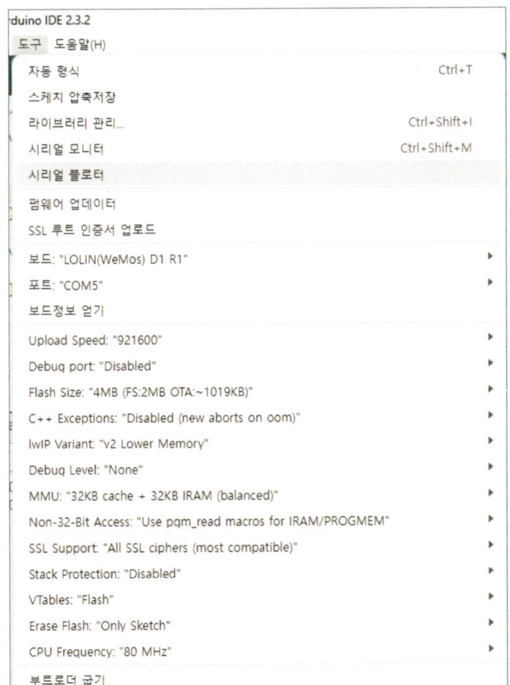

10 포트를 설정할 차례이다.

[툴] -> [포트]에서 COM 포트를 설정해줘야 한다. Wemos D1 R1 보드는 ch340 USB to 시리얼 IC 칩을 사용한다. ch340 칩의 드라이버를 설치하도록 한다.

Wemos D1 R1 보드에서 USB to Serial칩으로 CH340을 사용하고 있다. CH340 드라이버를 추가적으로 설치한다.

"ch340 driver download"를 검색한다.

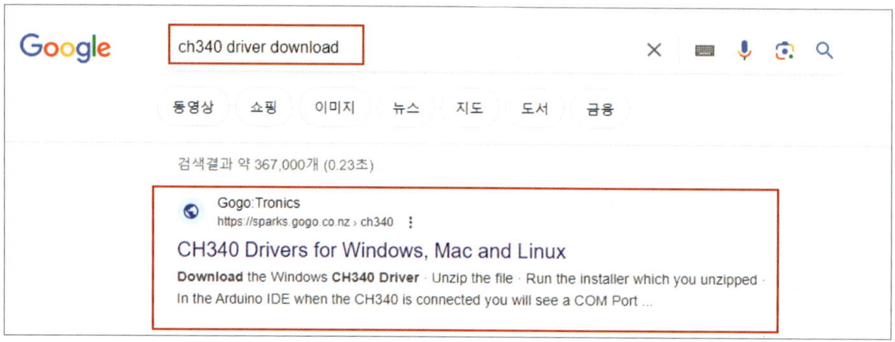

11 스크롤을 아래로 내려 [Windows CH340 Driver]를 클릭하여 설치프로그램을 다운로드 받는다.

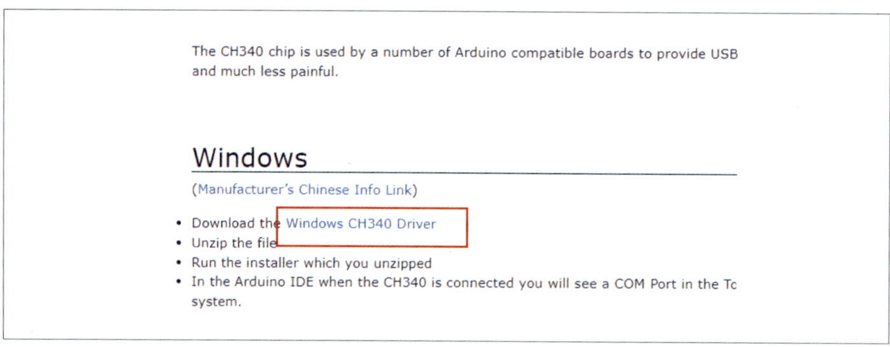

12 다운로드 받은 파일의 압축을 풀어준다.

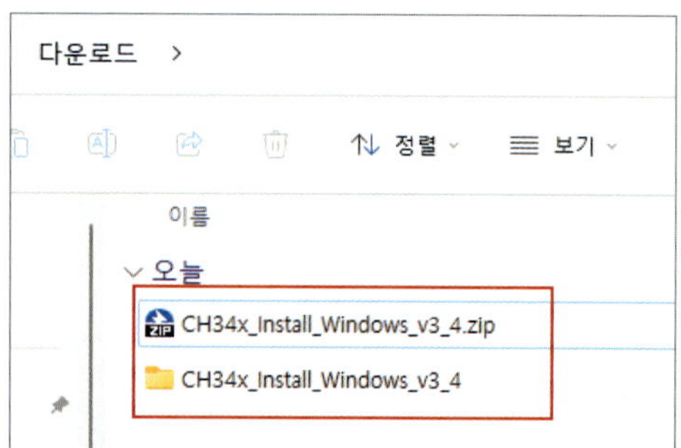

13 설치 프로그램을 더블클릭하여 실행한다.

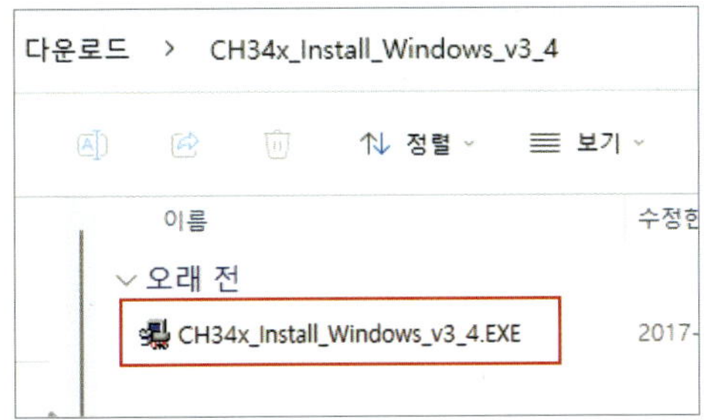

14 INSTALL을 눌러 CH340 드라이버를 설치한다.

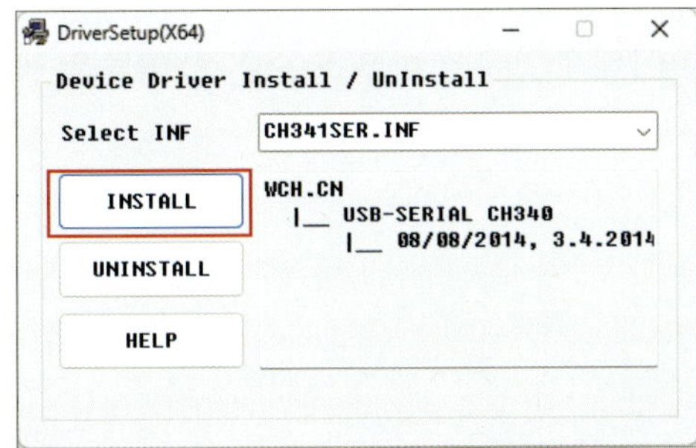

15 Wemos D1 R1 보드를 컴퓨터에 연결하지 않고 설치를 진행하면 설치가 진행되지 않는다.

16 Wemos D1 R1 보드를 컴퓨터와 연결한다.

17 다시 INSTALL을 눌러 CH340 드라이버를 설치한다.

드라이버를 정상적으로 설치를 완료하였다. 설치 프로그램을 닫아도 된다.

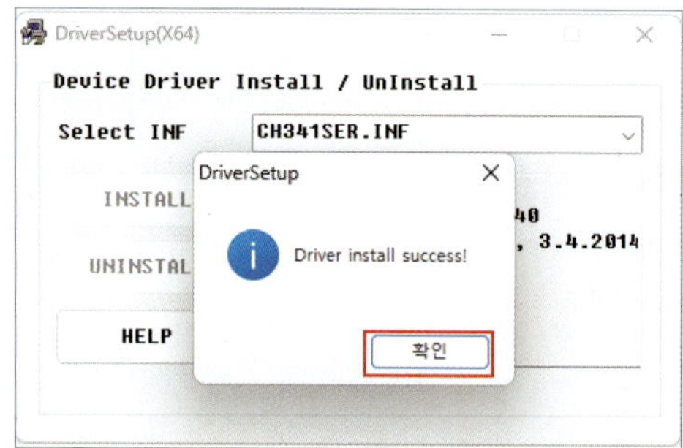

18 드라이버가 설치된 포트의 확인 방법은 아무 폴더를 열어 [내 PC]에서 마우스 오른쪽 버튼을 클릭한 후 [속성]을 클릭한다.

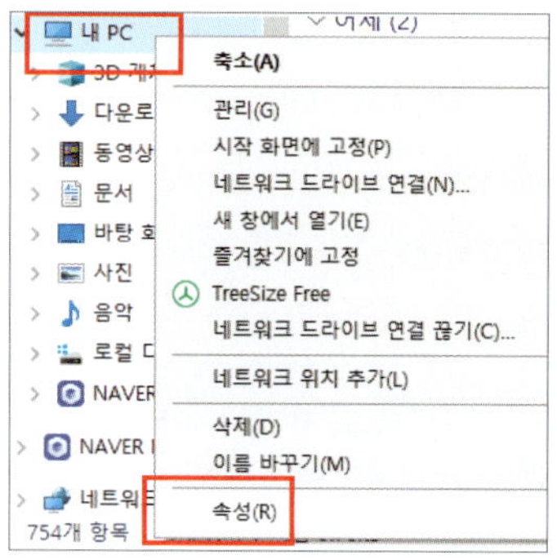

19 왼쪽의 [장치 관리자]를 클릭한다.

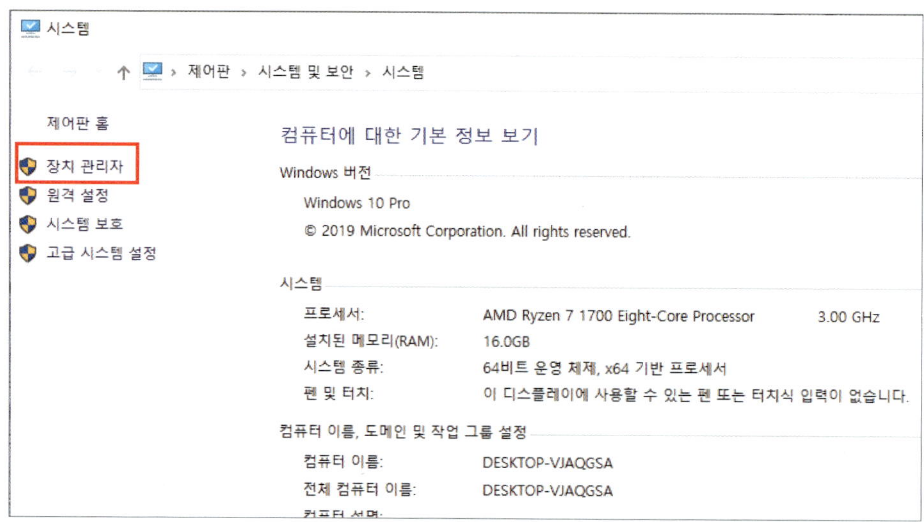

20 [포트]에서 CH340으로 연결된 포트번호를 확인하자.

필자의 컴퓨터에서는 COM6으로 연결되었다.

Wemos D1 R1 보드와 컴퓨터를 USB 케이블로 연결해야지 아래의 포트가 보인다.

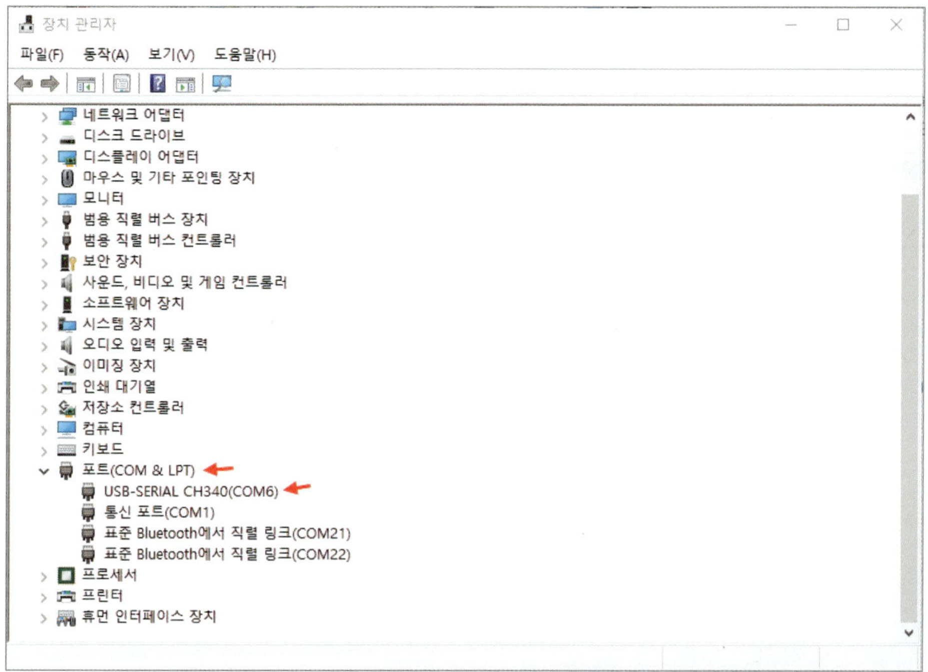

21 다시 아두이노 개발환경으로 이동하여 [툴] -> [포트]를 자신의 Wemos D1 R1 보드가 연결된 포트를 선택한다.

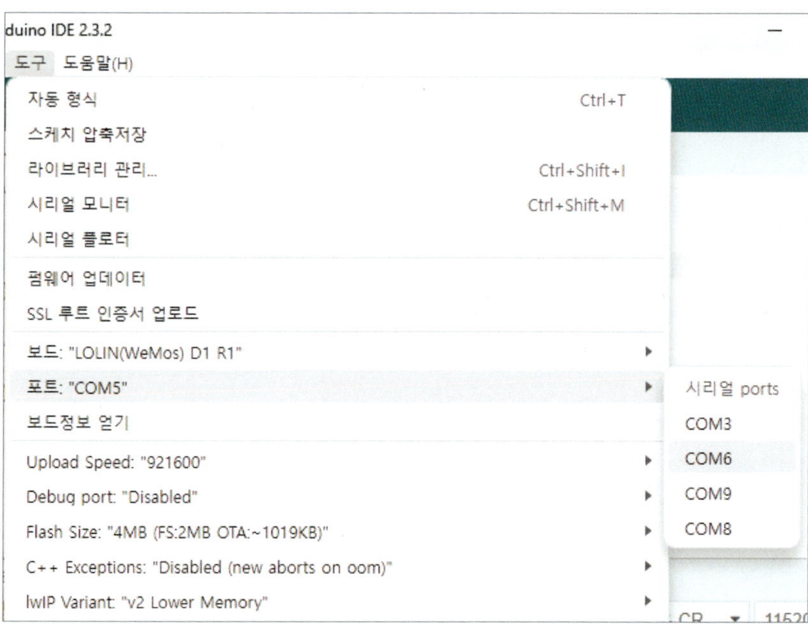

22 빈 프로그램을 업로드 버튼을 눌러 업로드한다.

업로드 완료의 출력이 나타나고 아래의 문구가 나타나면 정상적으로 업로드가 완료된 것이다. ESP8266의 아두이노 개발환경 구성을 완료하였다.

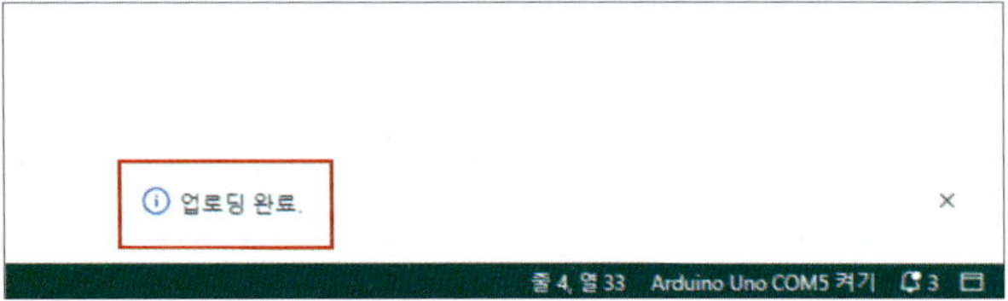

23 이제 시간을 받아보자.

NTP 시간을 받아오는 라이브러리를 설치한다. NTP는 Network Time Protocol의 약자로 네트워크에서 시간을 받아올 수 있다. NTP는 표준 프로토콜이다.

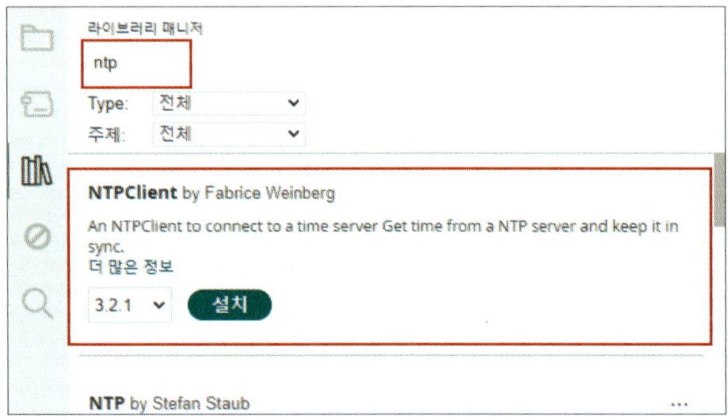

WIFI에 접속하여 NTP 서버에 접속하여 시간을 받아오는 코드를 작성한다.

아두이노 코드 작성

다음과 같은 아두이노 코드를 작성한다

33_1.ino

```
#include <NTPClient.h>
#include <ESP8266WiFi.h>
#include <WiFiUdp.h>

const char *ssid = "jmcjmc";
const char *password = "melab12345";

WiFiUDP ntpUDP;
NTPClient timeClient(ntpUDP);

void setup() {
 Serial.begin(115200);
```

```
13
14        WiFi.begin(ssid, password);
15
16        while ( WiFi.status() != WL_CONNECTED ) {
17                delay ( 500 );
18                Serial.print ( “.” );
19        }
20
21        timeClient.begin();
22      }
23
24      void loop() {
25        timeClient.update();
26        Serial.println(timeClient.getFormattedTime());
27        delay(1000);
28      }
```

01 : 시간을 받기위해 NTP 라이브러리 헤더파일을 추가한다.
02 : ESP8266 WIFI의 헤더파일 추가한다.
03 : UDP통신을 사용하기 위한 헤더파일을 추가한다. NTP 서버는 UDP통신으로 값을 받아온다.
05~06 : 공유기의 ID와 패스워드를 입력한다. 쌍따옴표 안에 ID와 패스워드를 입력한다. 그리고 주의할 점은 2.4G만 연결이 가능하다.
08 : ntpUDP로 클래스를 생성한다.
09 : timeClient로 클래스를 생성한다.
12 : 시리얼 통신속도를 115200으로 설정한다.
14 : WIFI를 시작한다. 05~06줄에서 입력한 ID와 패스워드로 시작한다.
16~18 : WIFI에 접속될 때까지 0.5초마다 .(쩜)을 시리얼통신으로 전송한다. 접속되면 while문을 탈출한다.
21 : NTP 시간을 시작한다.
25 : NTP 시간을 업데이트 한다.
26 : NTP 시간을 시리얼통신으로 전송한다.
27 : 1초 기다린다.

동작 결과

지금 오후 1시38분인데 오전4시로 되었다. 왜 이런 결과를 출력했냐면 NTP 시간은 표준시간으로 출력된다. 우리나라는 표시시간보다 9시간 빠르다 9시간을 더해줘야 우리나라 시간과 맞는다.

```
출력    시리얼 모니터 ×
Message (Enter to send message to 'Arduino U
?..........................04:38:43
04:38:44
04:38:45
04:38:46
04:38:47
04:38:48
04:38:49
```

표준시간에서 +9시간을 더해 우리나라 시간으로 표시되는 코드를 작성해보자.

아두이노 코드 작성

다음과 같은 아두이노 코드를 작성한다.

33_2.ino

```
01 #include <NTPClient.h>
02 #include <ESP8266WiFi.h>
03 #include <WiFiUdp.h>
04
05 const char *ssid = " jmcjmc " ;
06 const char *password = " melab12345 " ;
07
08 WiFiUDP ntpUDP;
09 NTPClient timeClient(ntpUDP,32400);
10
11 void setup() {
12  Serial.begin(115200);
13
14  WiFi.begin(ssid, password);
15
16  while ( WiFi.status() != WL_CONNECTED ) {
17          delay ( 500 );
18          Serial.print ( " . " );
19  }
20
21  timeClient.begin();
22 }
23
24 void loop() {
25  timeClient.update();
26  Serial.println(timeClient.getFormattedTime());
27  delay(1000);
28 }
```

09: 32400을 추가하였다. 9시간을 초로 계산했을 때 1시간 3600초 * 9시간을 한 값이다. NTP 라이브러리에서 offset 값을 입력할 수 있다.

동작 결과

우리나라 시간으로 출력되었다.

```
출력    시리얼 모니터 ×
Message (Enter to send messag
13:48:08
13:48:09
13:48:10
```

이제 LCD를 추가하여 시간을 LCD에 표시하도록 하자.

아두이노 코드 작성

다음과 같은 아두이노 코드를 작성한다.

33_3.ino

```
#include <NTPClient.h>
#include <ESP8266WiFi.h>
#include <WiFiUdp.h>
#include <Wire.h>
#include <LiquidCrystal_I2C.h>

LiquidCrystal_I2C lcd(0x27, 16, 2);

const char *ssid = "jmcjmc";
const char *password = "melab12345";

WiFiUDP ntpUDP;
NTPClient timeClient(ntpUDP, "kr.pool.ntp.org", 32400, 3600000);

void setup() {
 Serial.begin(115200);

 WiFi.begin(ssid, password);

 while ( WiFi.status() != WL_CONNECTED ) {
#include <NTPClient.h>
#include <ESP8266WiFi.h>
#include <WiFiUdp.h>
#include <Wire.h>
#include <LiquidCrystal_I2C.h>

LiquidCrystal_I2C lcd(0x27, 16, 2);

const char *ssid = "jmcjmc";
const char *password = "melab12345";

WiFiUDP ntpUDP;
NTPClient timeClient(ntpUDP, "kr.pool.ntp.org", 32400, 3600000);

void setup() {
 Serial.begin(115200);

 WiFi.begin(ssid, password);

 while ( WiFi.status() != WL_CONNECTED ) {
        delay ( 500 );
        Serial.print ( "." );
 }

 timeClient.begin();
```

```
26
27        lcd.init();
28        lcd.backlight();
29        lcd.setCursor(0, 0);
30        lcd.print( " NTP TIME " );
31      }
32
33      void loop() {
34        timeClient.update();
35        Serial.println(timeClient.getFormattedTime());
36        lcd.setCursor(0, 1);
37        lcd.print(timeClient.getFormattedTime());
38        delay(1000);
39      }
```

04~07 : I2C LCD를 사용하기 위함

13 : NTP 시간을 받아올 때 NTP 타임서버의 주소를 "kr.pool.ntp.org"로 하였다. 32400으로 표준시간에 9시간을 더했고 마지막 인자인 360000의 mS의 단위로 1시간 마다 시간을 업데이트한다.

27~30 : I2C LCD를 초기화 하고 NTP TIME글자를 출력한다.

36~37 : I2C LCD에 NTP 시간을 출력한다.

동작 결과

프로그램을 업로드하고 LCD에 글자가 표시되는지 확인하여 보자.

동작 동영상 링크

https://youtu.be/inzVHeI-JXE

04 _ 34 사물인터넷 _ 기상청 날씨 표시장치 만들기(ESP8266 WIFI)

학 습 목 표

WIFI를 이용하여 기상청에서 운영하는 사이트에 접속하여 자신의 지역의 날씨 정보를 LCD에 표시하는 작품을 만들어보자.

준비물

다음과 같은 부품을 준비한다.

부품명	수량
ESP8266 WEMOS D1 R1	1개
브레드보드	1개
I2C LCD 모듈	1개
암/수 점퍼케이블	4개

회로 구성

브레드보드에 다음과 같이 회로를 구성한다.

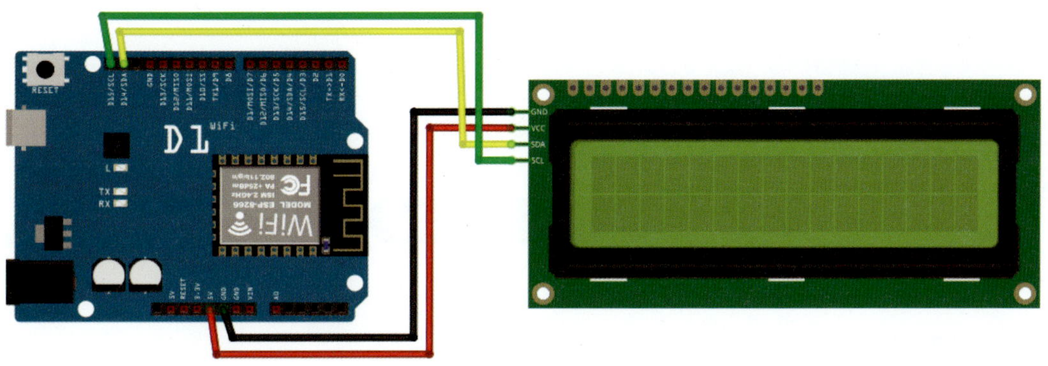

다음의 표를 참조하여 회로를 구성한다.

모듈	모듈 핀	아두이노핀
I2C LCD 모듈	GND	GND
	VCC	5V
	SDA	SDA(D14)
	SCL	SCL(D15)

날씨데이터 접속해서 시리얼로 가져오기

1 [구글]에서 "기상청 rss"를 검색 후 아래 사이트에 접속한다.

2 기상청에서 제공하는 RSS 서비스를 이용할 수 있는 페이지에 접속하였다.

3 동네예보 〉 시간별 예보에서 자신이 찾고 싶은 지역을 검색한 후 [RSS]를 클릭한다. 시도를 입력 후 [검색] 버튼을 눌러줘야 하위의 지역이 나타난다. 필자가 살고 있는 경기도 시흥시 은행동을 예로 들어 진행한다.

4 [RSS]를 클릭하면 팝업 창이 생긴다.

경기도 시흥시 은행동의 시간별 예보를 확인 할 수 있는 주소를 Ctrl + C 를 눌러 복사한다.

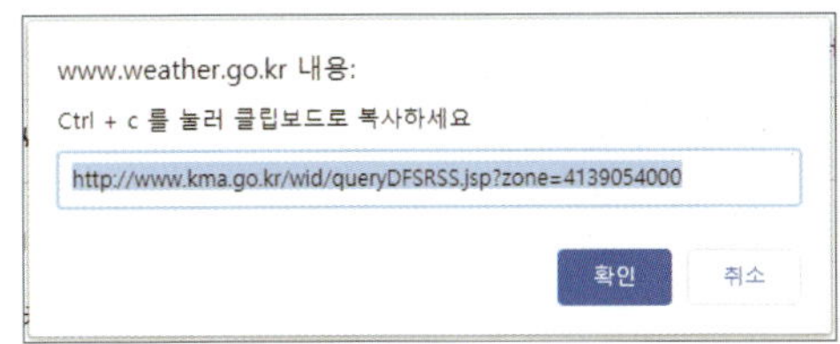

5 크롬 등 웹에서 접속 시 다음과 같이 XML 형태의 날씨 예보 데이터를 확인 할 수 있다.

다음과 같이 2021년 01월 11일 (월)요일 11:00의 온도는 -3.0도 습도는 45%로 확인이 가능하다. 예보데이터이다 보니 아래로 내리면 이후의 예측된 기상 데이터도 확인 할 수 있다.

출력되는 형태를 XML 형태로 아두이노에서 웹페이지에 접속 후 내가 원하는 부분만 데이터를 파싱 할 수 있다.


```
▼<rss version="2.0">
  ▼<channel>
      <title>기상청 동네예보 웹서비스 - 경기도 시흥시 은행동 도표예보</title>
      <link>http://www.kma.go.kr/weather/main.jsp</link>
      <description>동네예보 웹서비스</description>
      <language>ko</language>
      <generator>동네예보</generator>
      <pubDate>2021년 01월 11일 (월)요일 11:00</pubDate>
    ▼<item>
        <author>기상청</author>
        <category>경기도 시흥시 은행동</category>
        <title>동네예보(도표) : 경기도 시흥시 은행동 [X=57,Y=124]</title>
        <link>http://www.kma.go.kr/weather/forecast/timeseries.jsp?searchType=
        <guid>http://www.kma.go.kr/weather/forecast/timeseries.jsp?searchType=
      ▼<description>
        ▼<header>
            <tm>202101111100</tm>
            <ts>3</ts>
            <x>57</x>
            <y>124</y>
          </header>
        ▼<body>
          ▼<data seq="0">
              <hour>15</hour>
              <day>0</day>
              <temp>-3.0</temp>
              <tmx>-2.0</tmx>
              <tmn>-999.0</tmn>
              <sky>3</sky>
              <pty>0</pty>
              <wfKor>구름 많음</wfKor>
              <wfEn>Mostly Cloudy</wfEn>
              <pop>20</pop>
              <r12>0.0</r12>
              <s12>0.0</s12>
              <ws>1.0</ws>
              <wd>6</wd>
              <wdKor>서</wdKor>
              <wdEn>W</wdEn>
              <reh>45</reh>
              <r06>0.0</r06>
              <s06>0.0</s06>
            </data>
```


이제 ESP8266에서 웹페이지에 접속하여 데이터를 가지고 오고 가지고온 데이터를 시리얼 통신으로 보여주는 프로그램을 만들어보자.

아두이노 코드 작성

다음과 같은 아두이노 코드를 작성한다.

34_1.ino

```
01  #include <ESP8266WiFi.h>
02  #include <ESP8266HTTPClient.h>
03
04  const char* ssid = ” jmcjmc ” ;
05  const char* password = ” melab12345 ” ;
06
07  String url = ” http://www.kma.go.kr/wid/queryDFSRSS.jsp?zone=4139054000 ” ;
08
09  void setup() {
10   Serial.begin(115200);
11   WiFi.begin(ssid, password);
12   while (WiFi.status() != WL_CONNECTED) {
13           delay(500);
14           Serial.print( “ . ” );
15   }
16   Serial.println( “ ” );
17   Serial.println( “ WiFi connected ” );
18   Serial.println( “ IP address:  “ );
19   Serial.println(WiFi.localIP());
20  }
21
22  void loop() {
23   if (WiFi.status() == WL_CONNECTED)
24   {
25           WiFiClient client;
26           HTTPClient http;
27           http.begin(client, url);
28           int httpCode = http.GET();
29           if (httpCode >0)
30           {
31            String payload = http.getString();
32            Serial.println(payload);
33           }
34           http.end();
35   }
36   delay(10000);
37  }
```

01 : ESP8266의 WIFI 헤더파일을 추가한다.
02 : ESP8266의 HTTP Client 헤더파일을 추가한다. Client는 사용자이다.
04~05 : 자신의 공유기의 ID와 패스워드를 입력한다. 2.4G만 접속 가능하다.
07 : 위에서 복사한 동네의 시간별예보 웹 주소를 붙여넣는다.

10　　: 시리얼통신속도를 115200으로 시작한다. 많은 데이터를 시리얼로 전송하기 위해 통신속도를 9600 -〉 115200으로 변경하였다.

12~15 : WIFI에 접속한다. 접속될때까지 0.5초 간격으로 시리얼통신으로 .(점)을 전송한다.

16~19 : 접속정보를 시리얼통신으로 전송한다.

23　　: WIFI에 접속이 되었다면

26　　: http 클래스를 생성한다.

27　　: 07 중의 url 주소로 접속한다.

28　　: http의 접속데이터의 수를 httpCode에 저장한다. 접속되지 않는다면 httpCode의 값이 -1이 출력된다.

29　　: http 데이터가 0이상이면

31　　: http로 받은 문자열을 payload 변수에 대입한다.

32　　: payload 값을 시리얼 통신으로 전송한다.

34　　: http를 종료한다.

36　　: 10초간 기다린다. 10초마다 http에 접속하여 날씨 예보를 받아오기 위해서

10초마다 기상청예보에 접속하여 접속된 데이터를 시리얼통신으로 전송하였다. 너무 자주 접속하면 서버측에서 공격으로 판단하여 IP를 막을 수 있어서 10초마다 한번씩 데이터를 받아왔다. 공공의 서버를 접속할때는 되도록 자주 접속하지 않고 필요할때만 접속하여 데이터를 받아 온다.

동작 결과

아두이노 프로그램을 업로드 후 시리얼모니터를 열어 값을 확인한다. 시리얼모니터의 통신속도를 115200이다.

아래와 같이 웹에서 접속한 데이터를 시리얼모니터로 확인하였다.

이제 받아온 데이터에서 온도와 습도 데이터만 파싱하여보자. 파싱이란 자신이 원하는 부분만 데이터화 하는 과정이다. 기상청에서 제공하는 데이터는 XML의 데이터 형태로 온도는 〈temp〉온도〈/temp〉 습도는 〈reh〉습도〈/reh〉로 시작과 종료의 문자가 구분되어 있어 아두이노에서 파싱하기 쉽다.

아두이노 코드 작성

다음과 같은 아두이노 코드를 작성한다.

34_2.ino

```
#include <ESP8266WiFi.h>
#include <ESP8266HTTPClient.h>

const char* ssid = "jmcjmc";
const char* password = "melab12345";

String url = "http://www.kma.go.kr/wid/queryDFSRSS.jsp?zone=4139054000";

void setup() {
  Serial.begin(115200);
  WiFi.begin(ssid, password);
  while (WiFi.status() != WL_CONNECTED) {
        delay(500);
        Serial.print(".");
  }
  Serial.println("");
  Serial.println("WiFi connected");
  Serial.println("IP address: ");
  Serial.println(WiFi.localIP());
}

void loop() {
  if (WiFi.status() == WL_CONNECTED)
  {
        WiFiClient client;
        HTTPClient http;
        http.begin(client, url);
        int httpCode = http.GET();
        if (httpCode >0)
        {
         String payload = http.getString();
         //Serial.println(payload);
         int temp = payload.indexOf("</temp>");
         if (temp >0)
         {
                String tmp_str = "<temp>";
                String wt_temp = payload.substring(payload.indexOf("<temp>") + tmp_str.length(), temp);
                Serial.print("temp: ");
                Serial.println(wt_temp);
         }

         int humi = payload.indexOf("</reh>");
```

```
43                  if (humi >0)
44                  {
45                          String tmp_str = "<reh>";
46                          String wt_humi = payload.substring(payload.indexOf("<reh>") + tmp_str.
length(), humi);
47                          Serial.print("humi: ");
48                          Serial.println(wt_humi);
49                  }
50              }
51              http.end();
52          }
53          delay(10000);
54      }
```

32　　: http의 전체 데이터를 시리얼로 전송하는 부분은 "//"으로 주석처리 하였다.
33　　: 온도값의 종료 문자인 〈/temp〉를 찾아서 temp 변수에 대입하였다. 찾았다면 〈/temp〉문자의 시작위치를 반환한다.
34　　: temp의 위치가 0보다 크면 참이다.
36　　: tmp_str 변수에 〈temp〉 문자열을 넣어 초기화 하였다.
37　　: substring(시작문자,종료문자)까지의 문자열을 자른다. payload.indexOf("〈temp〉") + tmp_str.length() 시작 문자열을 찾는다. 〈temp〉찾은 문자위치에서 "〈temp〉" 문자의 수만큼 더해 시작위치를 정했다. temp는 〈/temp〉의 종료 문자열의 첫 번째 위치이다. 즉 〈temp〉-10〈/temp〉 -10을 찾아서 wt_temp 변수에 저장한다.
38~39 : 파싱된 온도값을 시리얼통신으로 전송한다.
42~49 : 〈reh〉습도〈/reh〉 습도값도 온도값과 같은 방식으로 파싱하여 시리얼통신으로 전송하였다.

내가 원하는 부분만을 파싱하여 데이터를 분리해 내는 방법을 알아보았다.

동작 결과

아두이노 프로그램을 업로드 후 시리얼모니터로 값을 확인한다.

온도와 습도값만 파싱하여 시리얼통신으로 전송하였다.

이제 파싱된 데이터를 LCD에 표시하여 보자.

아두이노 코드 작성

다음과 같은 아두이노 코드를 작성한다.

34_3.ino

```
#include <ESP8266WiFi.h>
#include <ESP8266HTTPClient.h>
#include <Wire.h>
#include <LiquidCrystal_I2C.h>

LiquidCrystal_I2C lcd(0x27,16,2);

const char* ssid ="jmcjmc";
const char* password ="melab12345";

String url ="http://www.kma.go.kr/wid/queryDFSRSS.jsp?zone=4139054000";

void setup() {
 Serial.begin(115200);
 WiFi.begin(ssid, password);
 while (WiFi.status() != WL_CONNECTED) {
		delay(500);
		Serial.print(“.”);
 }
 Serial.println(“”);
 Serial.println(“WiFi connected”);
 Serial.println(“IP address: “);
 Serial.println(WiFi.localIP());
 lcd.init();
 lcd.backlight();
}

void loop() {
 if (WiFi.status() == WL_CONNECTED)
 {
		WiFiClient client;
		HTTPClient http;
		http.begin(client, url);
		int httpCode = http.GET();
		if (httpCode >0)
		{
		 String payload = http.getString();
		 //Serial.println(payload);
		 int temp = payload.indexOf(“</temp>”);
		 if (temp >0)
		 {
```

```
42                  String tmp_str ="<temp>";
43                  String wt_temp = payload.substring(payload.indexOf(“<temp>") + tmp_str.length(), temp);
44                  Serial.print(“temp: “);
45                  Serial.println(wt_temp);
46                  lcd.setCursor(0, 0);
47                  lcd.print(“temp: “);
48                  lcd.print(wt_temp);
49              }
50
51              int humi = payload.indexOf(“</reh>");
52              if (humi >0)
53              {
54                  String tmp_str ="<reh>";
55                  String wt_humi = payload.substring(payload.indexOf(“<reh>") + tmp_str.length(), humi);
56                  Serial.print(“humi: “);
57                  Serial.println(wt_humi);
58                  lcd.setCursor(0, 1);
59                  lcd.print(“temp: “);
60                  lcd.print(wt_humi);
61              }
62          }
63          http.end();
64      }
65      delay(10000);
66  }
```

45~47: 온도값을 LCD에 표시한다.
57~59: 습도값을 LCD에 표시한다.

동작 결과

LCD에 온도와 습도가 표시되었다.

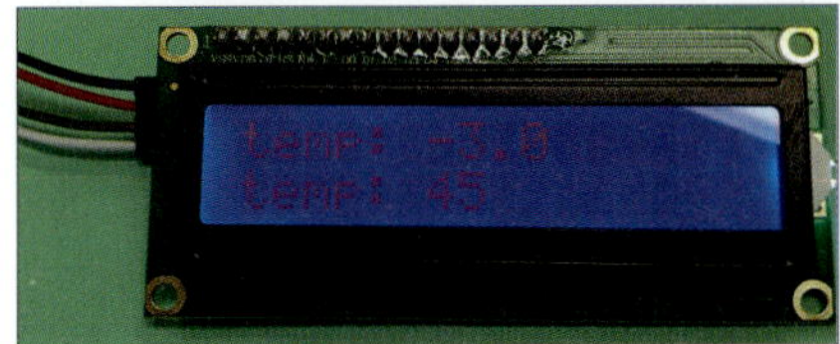

동작 동영상 링크

https://youtu.be/3N9IAOzvlZQ

04 _ 35 사물인터넷 _ 공공데이터를 활용한 미세먼지 표시기 만들기(ESP8266 WIFI)

학 습 목 표

정부에서 운영하는 공공데이터포털에서 미세먼지 데이터를 받아와 미세먼지상태에 따라서 RGB LED의 색상이 변하는 작품을 만들어보자.

준비물

다음과 같은 부품을 준비한다.

부품명	수량
ESP8266 WEMOS D1 R1 아두이노 보드	1개
브레드보드	1개
RGB LED 모듈	1개
I2C LCD	1개
암/수 점퍼케이블	4개
수/수 점퍼케이블	6개

회로 구성

브레드보드에 다음과 같이 회로를 구성한다.

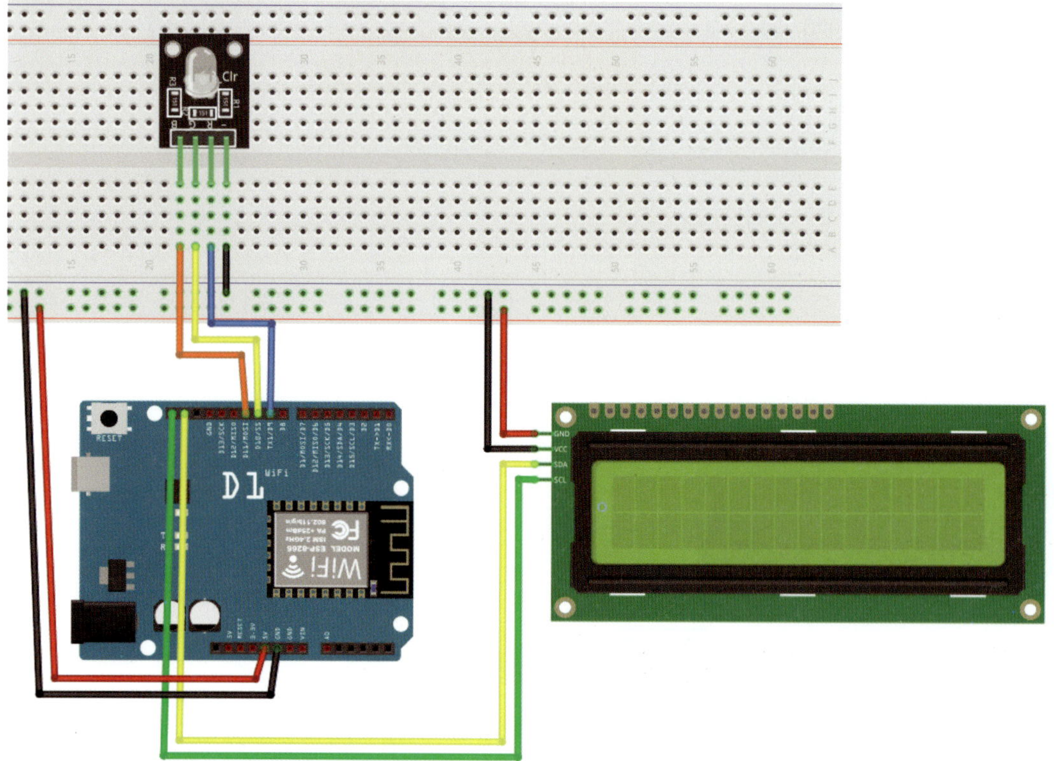

다음의 표를 참조하여 회로를 구성한다.

모듈	모듈 핀	아두이노핀
I2C LCD 모듈	GND	GND
	VCC	5V
	SDA	SDA(D14)
	SCL	SCL(D15)
RGB LED	B	D11
	G	D10
	R	D9
	–	DND

공공데이터 가져오기

공공데이터 포탈 가입 및 활용신청을 해보자.

1 [구글]에서 "공공데이터포털"을 검색하여 공공데이터포털 사이트에 접속한다.
또는 https://www.data.go.kr/ 에 직접 접속한다.

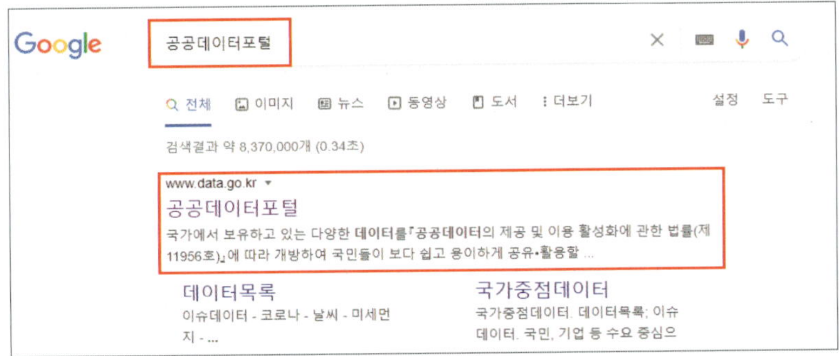

2 정부에서 운영하는 사이트로 여러 공공데이터를 제공한다. 회원가입 후 진행한다.
"대기오염 정보조회 서비스"로 검색한다.

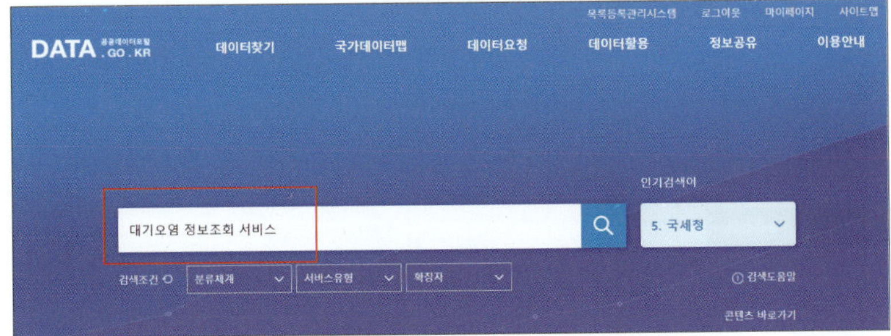

3 스크롤을 아래로 내려 [한국환경공단_대기오염정보]에서 [활용신청]을 클릭한다.

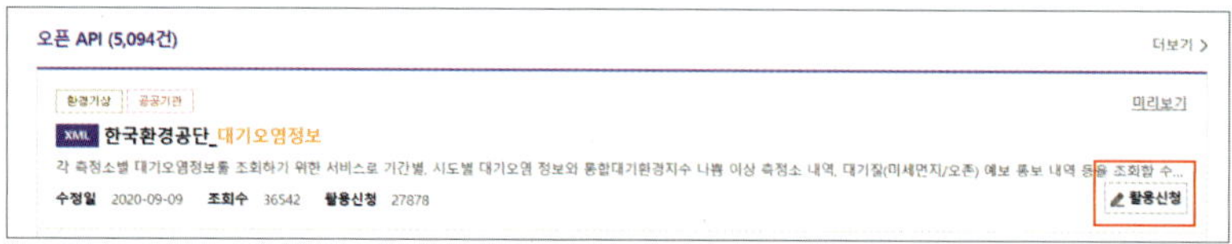

4 활용목적을 적어준다.

활용목적 선택

*표시는 필수 입력항목입니다.

*활용목적 ○ 웹 사이트 개발 ○ 앱개발 (모바일,솔루션등) ◉ 기타 ○ 참고자료 ○ 연구(논문 등)

학교에서 교육용으로 사용합니다.

17/250

첨부파일 파일 선택

Drag & Drop으로 파일을 선택 가능합니다.

5 일일 트래픽의 제한이 있어 너무 자주 읽으면 접속이 되지 않는다.

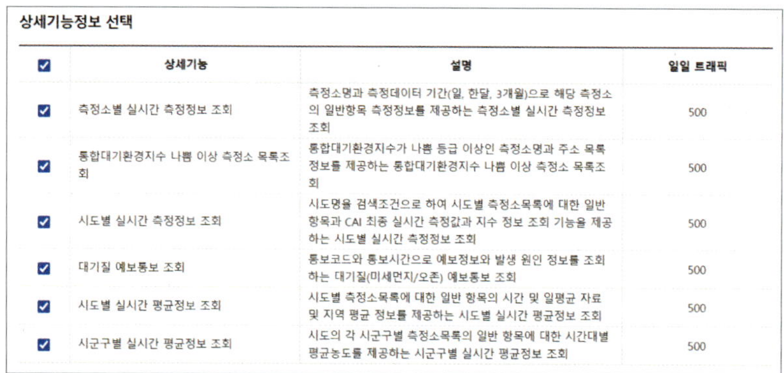

상세기능정보 선택

☑	상세기능	설명	일일 트래픽
☑	측정소별 실시간 측정정보 조회	측정소명과 측정데이터 기간(일, 한달, 3개월)으로 해당 측정소의 일반항목 측정정보를 제공하는 측정소별 실시간 측정정보 조회	500
☑	통합대기환경지수 나쁨 이상 측정소 목록조회	통합대기환경지수가 나쁨 등급 이상인 측정소명과 주소 목록 정보를 제공하는 통합대기환경지수 나쁨 이상 측정소 목록조회	500
☑	시도별 실시간 측정정보 조회	시도명을 검색조건으로 하여 시도별 측정소목록에 대한 일반 항목과 CAI 최종 실시간 측정값과 지수 정보 조회 기능을 제공하는 시도별 실시간 측정정보 조회	500
☑	대기질 예보통보 조회	통보코드와 통보시간으로 예보정보와 발생 원인 정보를 조회하는 대기질(미세먼지/오존) 예보통보 조회	500
☑	시도별 실시간 평균정보 조회	시도별 측정소목록에 대한 일반 항목의 시간 및 일평균 자료 및 지역 평균 정보를 제공하는 시도별 실시간 평균정보 조회	500
☑	시군구별 실시간 평균정보 조회	시도의 각 시군구별 측정소목록의 일반 항목에 대한 시간대별 평균농도를 제공하는 시군구별 실시간 평균정보 조회	500

6 스크롤을 아래로 내려 동의에 체크한 후 [활용신청] 버튼을 클릭한다.

라이선스 표시

*이용허락범위 저작자표시

☑ 동의합니다.

취소 활용신청

7 신청이 완료되었다. 바로 호출되지 않고 1~2시간 후 호출이 가능하다고 나온다. 1~2시간 기다렸다가 아래를 진행하도록 한다.

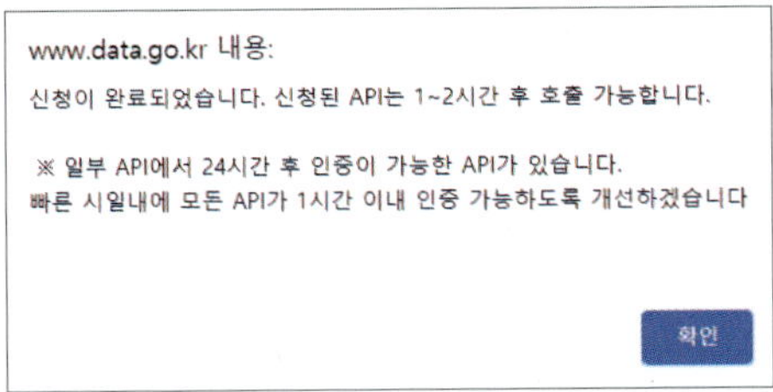

8 [마이페이지]에서 [활용]을 클릭한다.

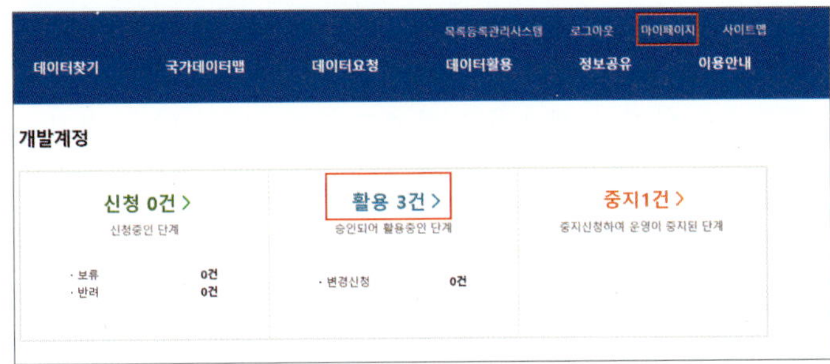

9 내가 활용한 목록을 확인 할 수 있다. 한국환경공단_대기오염정보를 클릭한다.

10 스크롤을 아래로 내여 6번 항목인 시군구별 신시간 평균정보 조회에서 [확인]을 누르고 한 페이지 결과수를 30으로 늘린다. 시도 이름을 입력한다. 필자는 경기도에 살고 있으므로 "경기"를 입력한 후 [미리보기]를 클릭한다.

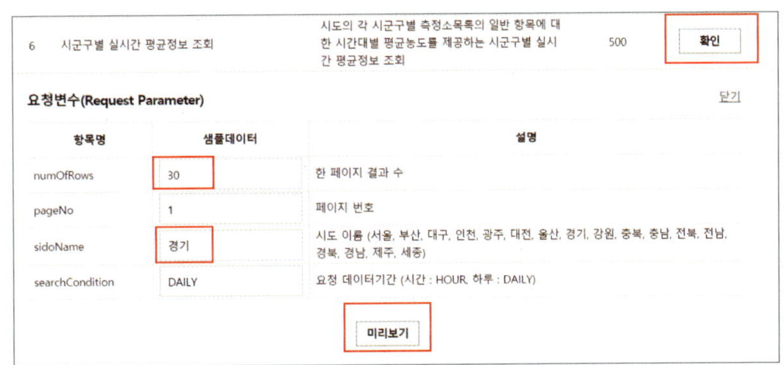

11 스크롤을 이동하여 자신이 찾고 싶은 시를 찾는다. 필자가 찾고 싶은 [시흥시]의 2021년 1월 08일의 PM10 미세먼지 값은 21이고, PM20 초미세먼지 값은 7이다. o3 오존값은 0.026이다. 우리가 필요한 값은 PM10 미세먼지의 값이다.


```
▼<item>
    <dataTime>2021-01-08 17:00</dataTime>
    <cityName>시흥시</cityName>
    <so2Value>0.004</so2Value>
    <coValue>0.4</coValue>
    <o3Value>0.026</o3Value>
    <no2Value>0.019</no2Value>
    <pm10Value>21</pm10Value>
    <pm25Value>7</pm25Value>
  </item>
```


12 자신이 찾고자 하는 시나 구가 위에서부터 몇 번째 위치하는지 확인하고 한 페이지 결과수를 줄이고 페이지를 통해서 찾는다. 이유는 ESP8266은 한정된 메모리를 가지고 있다. 너무 많은 데이터를 받아들이면 메모리가 부족하여 에러가 발생한다. 자신이 찾고자 지역을 줄여 값을 확인한다.

[시흥시]는 경기도의 14번째에 위치하였다. 그래서 1개씩 보기로 하고 14페이지에 위치한다. [한 페이지 결과수]와 [페이지번호]를 수정한 후 [미리보기]를 클릭한다.

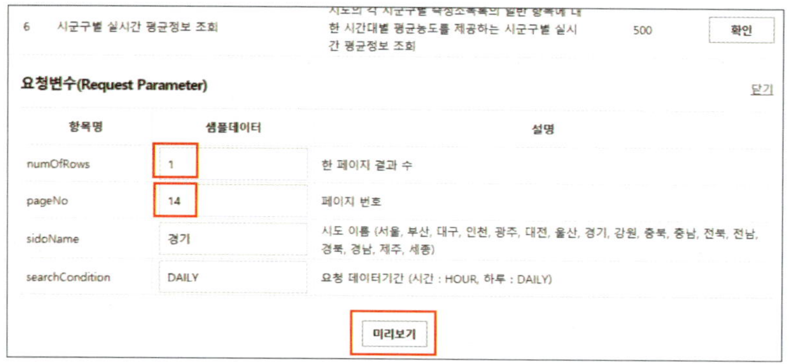

13 시흥시의 미세먼지 데이터를 받았다. 주소에는 자신의 API 키도 포함되어있다.

크롬등 웹브라우저에서 접속된 주소를 복사한다.

This XML file does not appear to have any style info


```
▼<response>
  ▼<header>
      <resultCode>00</resultCode>
      <resultMsg>NORMAL SERVICE.</resultMsg>
    </header>
  ▼<body>
    ▼<items>
      ▼<item>
          <dataTime>2021-01-11 14:00</dataTime>
          <cityName>시흥시</cityName>
          <so2Value>0.005</so2Value>
          <coValue>0.6</coValue>
          <o3Value>0.010</o3Value>
          <no2Value>0.043</no2Value>
          <pm10Value>42</pm10Value>
          <pm25Value>32</pm25Value>
        </item>
      </items>
      <numOfRows>1</numOfRows>
      <pageNo>14</pageNo>
      <totalCount>775</totalCount>
    </body>
  </response>
```

이제 아두이노에서 자신의 API 키가 포함된 주소로 접속하여 데이터를 읽어보자.

아두이노 코드 작성

다음과 같은 아두이노 코드를 작성한다.

35_1.ino

```
01 #include <ESP8266WiFi.h>
02 #include <ESP8266HTTPClient.h>
03 
04 const char* ssid ="jmcjmc";
05 const char* password ="melab12345";
06 
07 void setup() {
08  Serial.begin(115200);
09  WiFi.begin(ssid, password);
10  while (WiFi.status() != WL_CONNECTED) {
11         delay(500);
12         Serial.print(".");
13  }
14  Serial.println("");
15  Serial.println("WiFi connected");
16  Serial.println("IP address: ");
17  Serial.println(WiFi.localIP());
18 }
19 
20 void loop() {
21  if (WiFi.status() == WL_CONNECTED)
22  {
23         WiFiClient client;
24         HTTPClient http;
25         const String url ="http://openapi.airkorea.or.kr/openapi/services/rest/
ArpltnInforInqireSvc/getCtprvnMesureSidoLIst?serviceKey=fFWLxGIoKo8cQCIuS5Is1fVoiKXkdls%2FU5DSGRw
zmbiwIBI0nlz5V6jllexlrGLKR9y8wV3E3i0SMPTLtAhyvw%3D%3D&numOfRows=1&pageNo=14&sidoName=%EA
%B2%BD%EA%B8%B0&searchCondition=DAILY";
26         http.begin(client, url);
27         int httpCode = http.GET();
28         if (httpCode >0)
29         {
30          String payload = http.getString();
31          Serial.println(payload);
32         }
33         http.end();
34  }
35  delay(10000);
36 }
```

25: 위에서 복사한 url 주소를 입력한다. url주소에는 자신의 API 키도 포함되어 있다.
31: 읽은 http 문자를 시리얼통신으로 전송한다.

동작 결과

아두이노 프로그램을 업로드 후 시리얼 모니터를 열어 데이터를 확인한다.

시흥시의 미세먼지 데이터를 확인이 가능하다.

출력 시리얼 모니터 ×

Message (Enter to send message to 'Arduino Uno' on 'COM5')


```
  <item>
     <dataTime>2021-01-11 14:00</dataTime>
     <cityName>시흥시</cityName>
      <so2Value>0.005</so2Value>
      <coValue>0.6</coValue>
      <o3Value>0.010</o3Value>
      <no2Value>0.043</no2Value>
     <pm10Value>42</pm10Value>
      <pm25Value>32</pm25Value>
  </item>
</items>
<numOfRows>1</numOfRows>
```


이제 pm10데이터를 파싱하고 LCD에 pm10데이터를 표시하여보자.

아두이노 코드 작성

다음과 같은 아두이노 코드를 작성한다.

35_2.ino

```
#include <ESP8266WiFi.h>
#include <ESP8266HTTPClient.h>
#include <Wire.h>
#include <LiquidCrystal_I2C.h>

LiquidCrystal_I2C lcd(0x27, 16, 2);

const char* ssid = " jmcjmc " ;
const char* password = " melab12345 " ;

void setup() {
 Serial.begin(115200);
 WiFi.begin(ssid, password);
 while (WiFi.status() != WL_CONNECTED) {
        delay(500);
        Serial.print( " . " );
 }
 Serial.println( " " );
 Serial.println( " WiFi connected " );
 Serial.println( " IP address: " );
 Serial.println(WiFi.localIP());
 lcd.init();
 lcd.backlight();
```

```
24      }
25
26      void loop() {
27       if (WiFi.status() == WL_CONNECTED)
28       {
29               WiFiClient client;
30               HTTPClient http;
31               const String url = "http://openapi.airkorea.or.kr/openapi/services/rest/Ar-
pltnInforInqireSvc/getCtprvnMesureSidoLIst?serviceKey=fFWLxGIoKo8cQCIuS5Is1fVoiKXkdls%2FU5DSGR-
wzmbiwIBI0nlz5V6jllexlrGLKR9y8wV3E3i0SMPTLtAhyvw%3D%3D&numOfRows=1&pageNo=14&sidoName=%EA%B2%B-
D%EA%B8%B0&searchCondition=DAILY";
32               http.begin(client, url);
33               int httpCode = http.GET();
34               if (httpCode >0)
35               {
36                String payload = http.getString();
37                //Serial.println(payload); //모든값 보여줌
38                int pm10Value = payload.indexOf("</pm10Value>");
39                if (pm10Value >=0)
40                {
41                        String tmp_str = "<pm10Value>";
42                        String dust_val = payload.substring(payload.indexOf("<pm10Value>") +
tmp_str.length(), pm10Value);
43                        Serial.print("pm10 dust: ");
44                        Serial.println(dust_val);
45                        lcd.clear();
46                        lcd.setCursor(0, 0);
47                        lcd.print("PM10=");
48                        lcd.print(dust_val);
49                }
50               }
51               http.end();
52       }
53       delay(10000);
54      }
55
```

37 : 모든값을 보여주는 부분은 // 주석처리 하였다.

38~49 : <pm10Value>미세먼지값</pm10Value>에서 미세먼지 값만 파싱하여 시리얼통신으로 전송하고 lcd에 표시하였다.

동작 결과

아두이노 프로그램을 업로드 후 시리얼모니터를 열어 데이터를 확인한다. 시흥시의 미세먼지 데이터를 확인이 가능하다.

```
출력   시리얼 모니터 ×
Message (Enter to send message

..........................
WiFi connected
IP address:
192.168.43.42
pm10 dust: 67
pm10 dust: 67
```

미세먼지 값이 LCD에도 표시되었다.

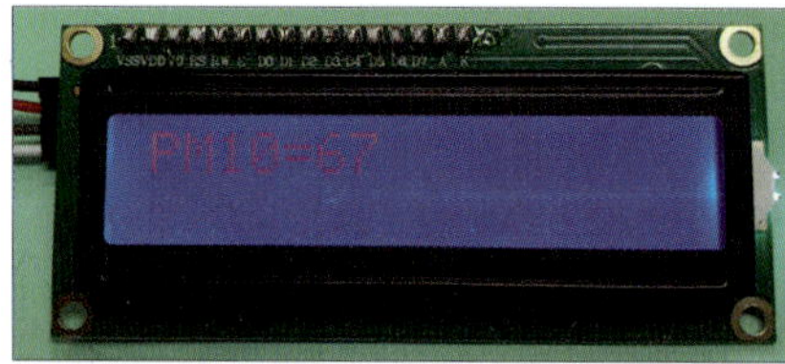

이제 미세먼지값에 따라서 RGB LED에 직관적으로 표시하여보자.

미세먼지의 기준은 다음의 표로 확인할 수 있다.

좋음(파랑색)	보통(초록색)	나쁨(노란색)	매우나쁨(빨간색)
0~30	31~80	81~150	151이상

미세먼지 값에 따라서 RGB LED의 색상을 표시해주는 코드를 만들고 작품을 완성하도록 한다.

아두이노 코드 작성

다음과 같은 아두이노 코드를 작성한다.

35_3.ino

```
#include <ESP8266WiFi.h>
#include <ESP8266HTTPClient.h>
#include <Wire.h>
#include <LiquidCrystal_I2C.h>

LiquidCrystal_I2C lcd(0x27, 16, 2);

const char* ssid = "jmcjmc";
const char* password = "melab12345";

#define RED_LED D9
#define GREEN_LED D10
#define BLUE_LED D11

void setup() {
 Serial.begin(115200);
 WiFi.begin(ssid, password);
 while (WiFi.status() != WL_CONNECTED) {
         delay(500);
         Serial.print(".");
 }
 Serial.println("");
 Serial.println("WiFi connected");
 Serial.println("IP address: ");
 Serial.println(WiFi.localIP());
 lcd.init();
```

```
    lcd.backlight();
    pinMode(RED_LED,OUTPUT);
    pinMode(GREEN_LED,OUTPUT);
    pinMode(BLUE_LED,OUTPUT);
   }

   void loop() {
    if (WiFi.status() == WL_CONNECTED)
    {
            WiFiClient client;
            HTTPClient http;
            const String url = "http://openapi.airkorea.or.kr/openapi/services/rest/ArpltnInforInqireSvc/getCtprvnMesureSidoLIst?serviceKey=fFWLxGIoKo8cQCIuS5Is1fVoiKXkdls%2FU5DSGRwzmbiwIBI0nlz5V6jllexlrGLKR9y8wV3E3i0SMPTLtAhyvw%3D%3D&numOfRows=1&pageNo=14&sidoName=%EA%B2%BD%EA%B8%B0&searchCondition=DAILY";
            http.begin(client, url);
            int httpCode = http.GET();
            if (httpCode >0)
            {
             String payload = http.getString();
             //Serial.println(payload); //모든값 보여줌
             int pm10Value = payload.indexOf("</pm10Value>");
             if (pm10Value >=0)
             {
                     String tmp_str = "<pm10Value>";
                     String dust_val = payload.substring(payload.indexOf("<pm10Value>") + tmp_str.length(), pm10Value);
                     //Serial.print("pm10 dust: ");
                     //Serial.println(dust_val);
                     lcd.clear();
                     lcd.setCursor(0, 0);
                     lcd.print("PM10=");
                     lcd.print(dust_val);
                     int numDustValue = dust_val.toInt();
                     if(numDustValue >=0 && numDustValue<=30)
                     {
                      digitalWrite(RED_LED,LOW);
                      digitalWrite(GREEN_LED,LOW);
                      digitalWrite(BLUE_LED,HIGH);
                     }
                     else if(numDustValue >=31 && numDustValue<=80)
                     {
                      digitalWrite(RED_LED,LOW);
                      digitalWrite(GREEN_LED,HIGH);
                      digitalWrite(BLUE_LED,LOW);
                     }
                     else if(numDustValue >=81 && numDustValue<=150)
                     {
                      digitalWrite(RED_LED,HIGH);
                      digitalWrite(GREEN_LED,HIGH);
```

```
73                          digitalWrite(BLUE_LED,LOW);
74                         }
75                         else if(numDustValue >=151)
76                         {
77                          digitalWrite(RED_LED,HIGH);
78                          digitalWrite(GREEN_LED,LOW);
79                          digitalWrite(BLUE_LED,LOW);
80                         }
81                 }
82                }
83                http.end();
84        }
85        delay(10000);
86       }
```

11~13 : RGB LED가 연결된 핀을 정의한다. 아두이노 우노와 다르게 D9,D10,D11로 사용하고자 하는 핀번호 앞에 D를 붙여준다..

28~30 : RGB LED에 사용하는 핀을 출력으로 설정한다.

56 : dust_val 문자열 타입을 dust_val.toInt()를 사용하여 숫자형으로 바꾸고 numDustValue변수에 대입한다. 문자형은 조건문에서 사용하기 힘들기 때문에 숫자형으로 변경하였다.

57~80 : 0~30은 파란색, 31~80은 초록색, 81~150은 노란색, 151이상은 빨간색으로 표시한다.

동작 결과

아두이노에 프로그램을 업로드 한다.

LCD에 미세먼지 농도를 확인하고 RGB LED에 표시되는 색상을 확인한다.

동작 동영상 링크

https://youtu.be/3Wscm7dpoVw

04 _ 36 ChatGPT를 활용한 코드 만들기

학 습 목 표

ChatGPT를 활용하여 아두이노 코드를 생성하고 적용해본다.

준비물

다음과 같은 부품을 준비한다.

부품명	수량
아두이노 우노	1개
브레드보드	1개
LED 빨강	1개
LED 파랑	1개
220옴저항(빨빨검검갈)	2개
수/수 점퍼케이블	3개

회로 구성

브레드보드에 다음과 같이 회로를 구성한다.

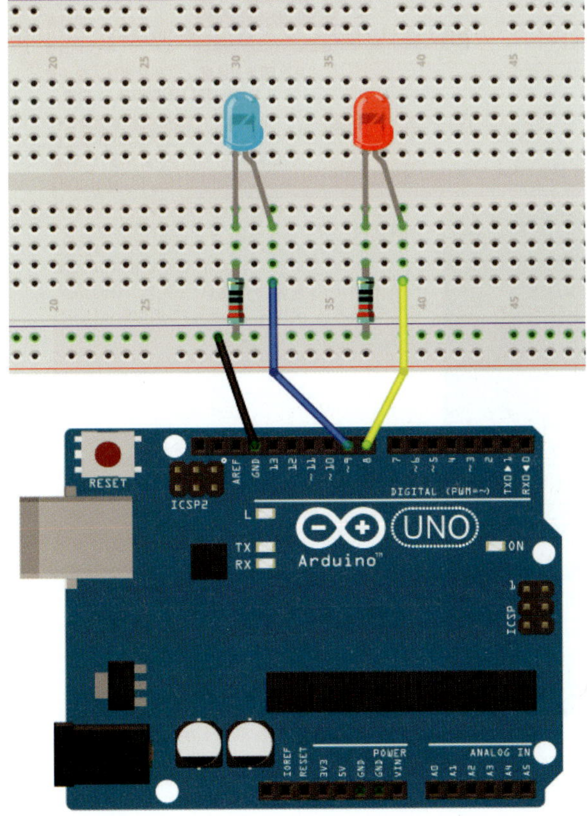

파란색 LED의 긴다리는 +로 아두이노의 9번핀에 연결하고, 빨간색 LED의 긴다리는 +로 아두이노의 8번핀에 연결한다. 각각의 LED는 220옴 저항을 통해 GND와 연결된다.

ChatGPT에게 질문해서 아두이노 코드를 생성해본다. 아두이노 코드를 요청하고 연결된 핀을 설명한 후 동작하는 코드에 대한 요청을 해본다.

> ChatGTP를 활용한 아두이노 소스 코드를 생성하고 제어하는 방법과 관련된 자세한 내용은 "챗GPT를 활용한 아두이노 입문(앤써북. 장문철 저)"책을 참조합니다.

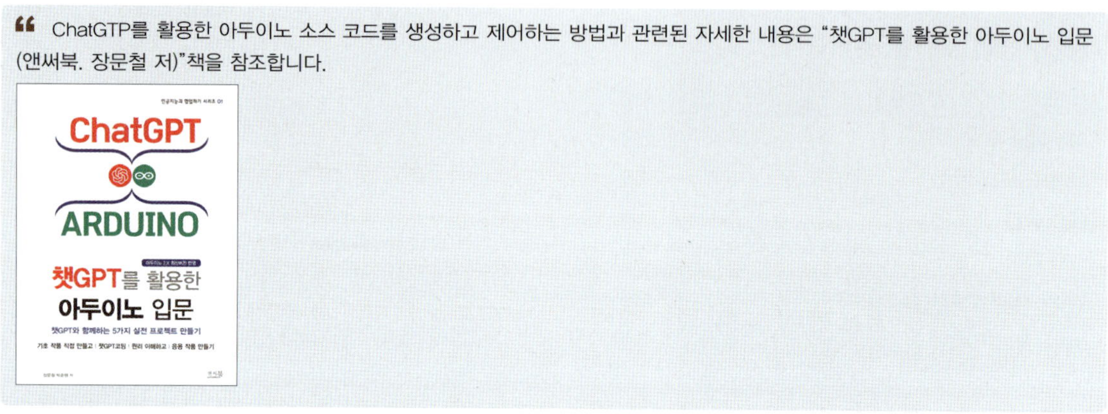

다음은 챗GPT에게 질문하고 챗GPT가 답변한 글과 아두이노 코드 결과 화면이다.

아두이노를 이용한 코드를 작성해줘. 아두이노 우노를 사용하고 9번핀에는 파란색 LED, 8번 핀에는 빨간색 LED가 연결되어 있어. 1초마다 파란색LED와 빨간색 LED가 번갈아가면서 깜빡이는 코드를 작성해줘

— ChatGPT에게 질문

아두이노 우노를 사용하여 9번 핀에 연결된 파란색 LED와 8번 핀에 연결된 빨간색 LED가 1초마다 번갈아가면서 깜빡이는 코드를 작성해 드리겠습니다.

— ChatGPT의 답변 내용

다음은 아두이노 코드입니다:

cpp 코드 복사

— [코드 복사]를 누르면 챗GPT가 생성한 아두이노 코드를 복사할 수 있다.

```cpp
// 핀 번호를 상수로 정의
const int blueLedPin = 9;  // 파란색 LED 핀
const int redLedPin = 8;   // 빨간색 LED 핀
const int delayTime = 1000; // 지연 시간 (밀리초 단위, 1초 = 1000밀리초)

void setup() {
  // LED 핀을 출력 모드로 설정
  pinMode(blueLedPin, OUTPUT);
  pinMode(redLedPin, OUTPUT);
}

void loop() {
  // 파란색 LED를 켜고 빨간색 LED를 끔
  digitalWrite(blueLedPin, HIGH);
  digitalWrite(redLedPin, LOW);
  delay(delayTime); // 1초 동안 대기

  // 파란색 LED를 끄고 빨간색 LED를 켬
  digitalWrite(blueLedPin, LOW);
  digitalWrite(redLedPin, HIGH);
  delay(delayTime); // 1초 동안 대기
}
```

이 코드는 다음과 같은 순서로 동작합니다:

1. `setup()` 함수에서 9번 핀과 8번 핀을 출력 모드로 설정합니다.

챗GPT를 통해 다음과 같이 질문하고 답변을 얻어보자.

아두이노를 이용한 코드를 작성해줘. 아두이노 우노를 사용하고 9번핀에는 파란색 LED, 8번핀에는 빨간색 LED가 연결되어 있어. 1초마다 파란색LED와 빨간색 LED가 번갈아가면서 깜빡이는 코드를 작성해줘

아두이노 우노를 사용하여 9번 핀에 연결된 파란색 LED와 8번 핀에 연결된 빨간색 LED가 1초마다 번갈아가면서 깜빡이는 코드는 다음과 같습니다.

```
// 핀 번호 설정
const int blueLEDPin =9;
const int redLEDPin =8;
void setup() {
   // LED 핀을 출력 모드로 설정
   pinMode(blueLEDPin, OUTPUT);
   pinMode(redLEDPin, OUTPUT);
}void loop() {
   // 파란색 LED 켜고 빨간색 LED 끄기
   digitalWrite(blueLEDPin, HIGH);
   digitalWrite(redLEDPin, LOW);
   delay(1000); // 1초 대기
   // 파란색 LED 끄고 빨간색 LED 켜기
   digitalWrite(blueLEDPin, LOW);
   digitalWrite(redLEDPin, HIGH);
   delay(1000); // 1초 대기
}
```

위 코드는 setup()함수에서 LED 핀을 출력 모드로 설정하고, loop()함수에서 파란색 LED와 빨간색 LED를 번갈아가면서 켜고 끄는 동작을 1초 간격으로 반복합니다. 이 코드를 아두이노 보드에 업로드하면 LED가 1초마다 번갈아가면서 깜빡이는 것을 확인할 수 있습니다.

결과 확인:

코드를 요청한 대로 잘 생성해 주었다. 챗GPT가 생성한 코드를 복사하여 동작시킨 결과 제대로 잘 동작한 것을 확인했다.

동일한 채팅방에서 delay를 사용하지 않고 코드를 만들어 달라고 요청하였다.

위의 코드를 delay를 사용하지 말고 다시 만들어줘.

delay()함수를 사용하지 않고 1초마다 LED를 번갈아가면서 깜빡이게 하려면 millis()함수를 사용하여 시간 경과를 추적할 수 있습니다. 이를 통해 non-blocking 방식으로 LED를 제어할 수 있습니다. 다음은 delay()를 사용하지 않고 LED를 제어하는 코드입니다:

```
// 핀 번호 설정
const int blueLEDPin =9;
const int redLEDPin =8;
// LED 상태를 추적하기 위한 변수
bool blueLEDState =false;
bool redLEDState =true; // 처음에 빨간색 LED가 켜져 있도록 설정
// 마지막으로 LED 상태를 변경한 시간을 저장할 변수
unsigned long previousMillis =0;
// LED를 변경할 간격 (1초)
const long interval =1000;
void setup() {
    // LED 핀을 출력 모드로 설정
    pinMode(blueLEDPin, OUTPUT);
    pinMode(redLEDPin, OUTPUT);
}
void loop() {
    // 현재 시간을 가져오기
    unsigned long currentMillis =millis();
    // 마지막으로 LED 상태를 변경한 시간으로부터 1초가 지났는지 확인
    if (currentMillis - previousMillis >= interval) {
        // 마지막 변경 시간을 현재 시간으로 업데이트
        previousMillis = currentMillis;
        // LED 상태를 반전
        blueLEDState =!blueLEDState;
        redLEDState =!redLEDState;
        // LED 상태를 적용
        digitalWrite(blueLEDPin, blueLEDState ? HIGH : LOW);
        digitalWrite(redLEDPin, redLEDState ? HIGH : LOW);
    }
}
```

이 코드는 millis()함수를 사용하여 현재 시간을 가져오고, 마지막으로 LED 상태를 변경한 시간(previousMillis)과의 차이를 계산하여 1초가 경과했는지 확인합니다. 1초가 지났으면 LED 상태를 반전시키고, 상태를 적용합니다. 이렇게 하면 delay()함수를 사용하지 않고도 1초마다 LED를 번갈아가며 깜빡이게 할 수 있습니다.

결과 확인:

millis()함수를 이용해서 delay를 사용하지 않고 코드를 생성해 주었다.

이제 코드를 재사용하기 수월하게 함수로 코드를 요청하였다.

위의 코드를 각 LED별로 함수로 만들어줘

LED 제어를 함수로 분리하여 코드의 가독성과 가동성을 높일 수 있습니다. 각 LED를 제어하는 함수를 작성하고 이를 loop()함수에서 호출하도록 하겠습니다.

다음은 LED 제어를 함수로 분리한 코드입니다:

```
// 핀 번호 설정
const int blueLEDPin =9;
const int redLEDPin =8;
// LED 상태를 추적하기 위한 변수
bool blueLEDState =false;
bool redLEDState =true; // 처음에 빨간색 LED가 켜져 있도록 설정
// 마지막으로 LED 상태를 변경한 시간을 저장할 변수
unsigned long previousBlueMillis =0;
unsigned long previousRedMillis =0;
// LED를 변경할 간격 (1초)
const long interval =1000;
void setup() {
    // LED 핀을 출력 모드로 설정
    pinMode(blueLEDPin, OUTPUT);
    pinMode(redLEDPin, OUTPUT);
}
void loop() {
    // 각 LED를 제어하는 함수를 호출
    controlLED(blueLEDPin, blueLEDState, previousBlueMillis);
    controlLED(redLEDPin, redLEDState, previousRedMillis);
}
void controlLED(int pin, bool &state, unsigned long &previousMillis) {
    // 현재 시간을 가져오기
    unsigned long currentMillis =millis();
    // 마지막으로 LED 상태를 변경한 시간으로부터 1초가 지났는지 확인
    if (currentMillis - previousMillis >= interval) {
      // 마지막 변경 시간을 현재 시간으로 업데이트
      previousMillis = currentMillis;
      // LED 상태를 반전
      state =!state;
      // LED 상태를 적용
      digitalWrite(pin, state ? HIGH : LOW);
    }
}
```

이 코드는 controlLED함수를 사용하여 LED 제어를 모듈화합니다. controlLED함수는 LED 핀 번호, 현재 LED 상태, 그리고 마지막으로 LED 상태를 변경한 시간을 인수로 받습니다. loop함수에서는 두 LED에 대해 각각 controlLED함수를 호출합니다.

이렇게 하면 LED 제어 로직을 재사용할 수 있으며, 추가 LED를 쉽게 제어할 수 있습니다.

결과 확인:

함수로 코드를 생성해주었다. 코드를 한번에 요청해도 되지만 동작 테스트를 해보면서 단계별로 요청하여 원하는 결과의 코드를 얻는다.

ChatGPT-4o는 이미지 입력도 가능하여 회로부분을 글로 설명하는 게 아닌 그림으로 입력하여 코드를 요청할 수 있다. 새로운 채팅방을 열어서 새로운 채팅을 시작하고 회로 그림을 입력하여 코드를 요청하여본다.

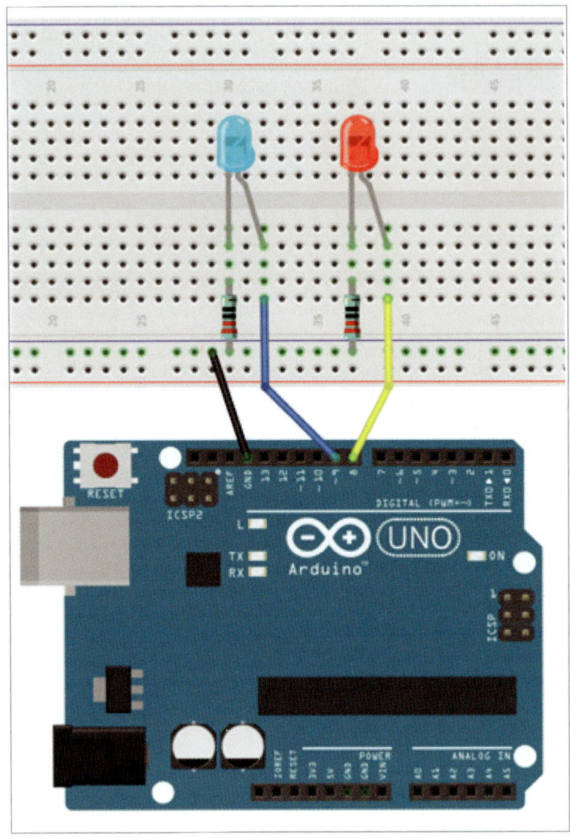

위의 이미지를 참고하여 1초마다 LED가 번갈아 가며 깜빡이는 아두이노 코드를 작성해줘. delay는 사용하지 말고

여기 1초마다 LED가 번갈아 가며 깜빡이도록 하는 아두이노 코드입니다. 이 코드는 delay 함수를 사용하지 않고, 대신 millis() 함수를 사용하여 구현되었습니다.

```
const int ledPin1 =9; // 첫 번째 LED 핀
const int ledPin2 =8; // 두 번째 LED 핀
unsigned long previousMillis =0; // 마지막으로 LED가 업데이트된 시간을 저장
const long interval =1000; // 깜빡이는 간격 (밀리초 단위)
void setup() {
   // 디지털 핀을 출력으로 설정
   pinMode(ledPin1, OUTPUT);
   pinMode(ledPin2, OUTPUT);
```

```
    // 초기에는 두 LED 모두 끄기
    digitalWrite(ledPin1, LOW);
    digitalWrite(ledPin2, LOW);
}
void loop() {
    unsigned long currentMillis =millis();
    // 지정된 간격이 지났는지 확인
    if (currentMillis - previousMillis >= interval) {
        previousMillis = currentMillis; // 마지막으로 LED가 업데이트된 시간 저장
        // 현재 LED 상태 읽기
        int state1 =digitalRead(ledPin1);
        int state2 =digitalRead(ledPin2);
        // LED 상태 토글
        digitalWrite(ledPin1, !state1);
        digitalWrite(ledPin2, !state2);
    }
}
```

이 코드에서:

- ledPin1은 아두이노의 9번 핀에, ledPin2는 8번 핀에 연결되어 있습니다.
- previousMillis는 마지막으로 LED가 토글된 시간을 추적합니다.
- interval은 토글 사이의 시간(밀리초 단위)으로, 1000밀리초(1초)로 설정되어 있습니다.
- loop()함수에서 millis()함수를 사용하여 현재 시간을 얻습니다. 현재 시간과 마지막 토글 시간의 차이가 간격 이상이면, LED의 상태를 토글합니다.

이렇게 하면 delay()함수를 사용하지 않고도 LED가 1초마다 번갈아 가며 깜빡이도록 할 수 있습니다.

결과 확인:

그림을 이해하고 핀을 정의하여 코드를 생성해 주었다. 그림으로 입력해도 되니 설명이 간단해지고 원하는 결과의 코드를 쉽게 얻을 수 있었다. 이처럼 ChatGPT를 활용하여 아두이노 코드의 생성이 가능하다.

04 _ 37 사물인터넷 _ 로또번호 자동으로 받아와서 LCD에 표시하기(ESP8266 WIFI)

학 습 목 표

키패드로 알고 싶은 로또 회차를 입력하면 인터넷에서 로또번호 API를 이용하여 번호를 받아와서 LCD에 표시해주는 작품을 만들어보자.

준비물

다음과 같은 부품을 준비한다.

부품명	수량
ESP8266 WEMOS D1 R1 아두이노 보드	1개
브레드보드	1개
4*4 키패드 모듈	1개
I2C LCD	1개
암/수 점퍼케이블	4개
수/수 점퍼케이블	12개

회로 구성

브레드보드에 다음과 같이 회로를 구성한다.

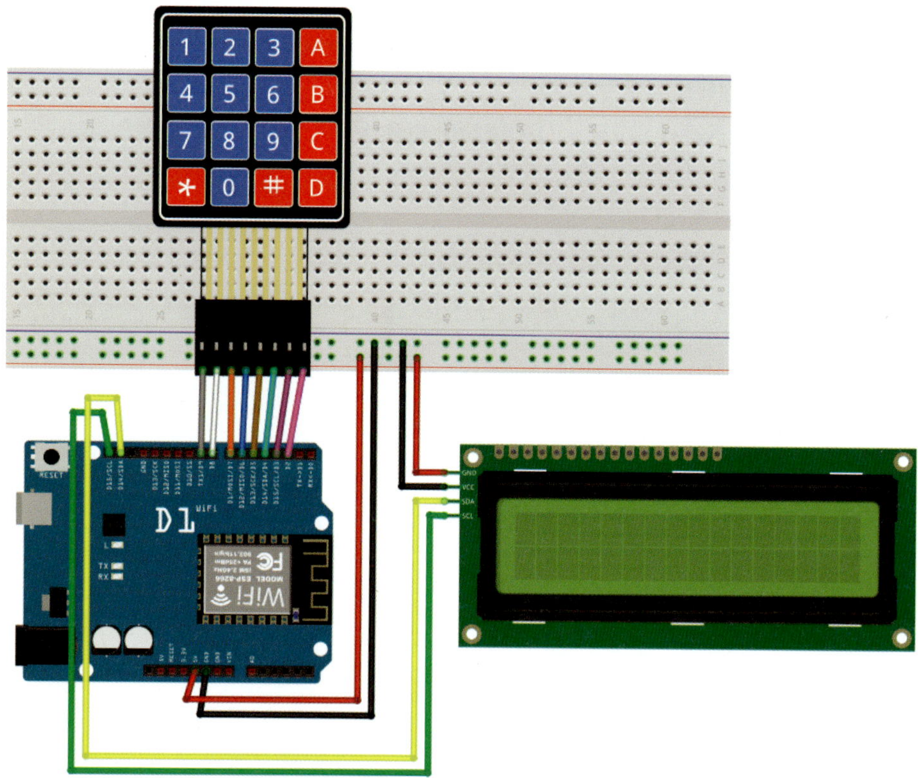

로또 번호 읽기

로또공식 API를 활용하여 로또 번호를 읽어보자.

1 로또번호를 읽기위해서는 다음의 주소형식으로 접속하면 된다.

"https://www.dhlottery.co.kr/common.do?method=getLottoNumber&drwNo=회차"

900회차의 값을 읽어보자. 브라우저에서 다음의 주소를 입력한다.

"https://www.dhlottery.co.kr/common.do?method=getLottoNumber&drwNo=900"

구글에서 "로또번호 api"로 검색하면 다양한 블로그에서 위의 링크주소를 제공한다. 위의 주소를 직접 타이핑하기 어렵다면 이 방법을 사용한다.

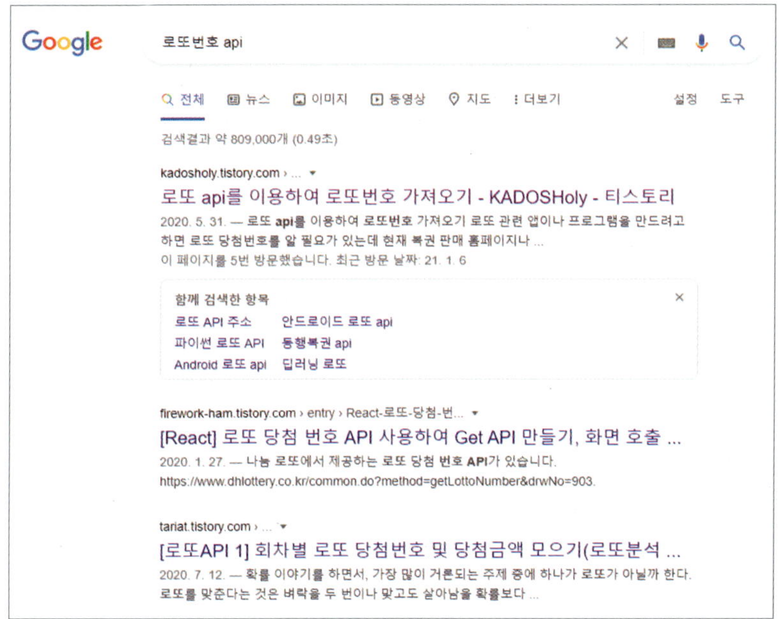

2 브라우저에서 다음과 같이 값이 나왔다. 출력되는 값의 형태는 JSON 형식이다. 데이터베이스등에서 손쉽게 데이터를 주고받기 위한 형식으로 아두이노에서 JSON 라이브러리를 설치하면 손쉽게 값을 파싱할 수 있다. 로또 당첨번호를 나타나는 값은 drwNo이다. 900회차의 당첨번호는 1,13,16,18,35,38 보너스 14이다.


```
{"totSellamnt":83639372000,"returnValue":"success","drwNoDate":"2020-02-29","firstWinamnt":3349851375,"drwtNo6":38,"drwtNo4":18,"firstPrzwnerCo":6,"drwtNo5":35,"bnusNo":14,"firstAccumamnt":20099108250,"drwNo":900,"drwtNo2":13,"drwtNo3":16,"drwtNo1":7}
```


위와 같이 페이지에 접속해서 회차에 따른 번호를 받아올 수 있다.

아두이노에서 로또 당첨 페이지에 접속하여 값을 가지고 오는 코드를 작성한다.

아두이노 코드 작성

다음과 같은 아두이노 코드를 작성한다.

37_1.ino

```
#include <ESP8266WiFi.h>
#include <ESP8266HTTPClient.h>

const char* ssid = "jmcjmc";
const char* password = "melab12345";

String url = "https://www.dhlottery.co.kr/common.do?method=getLottoNumber&drwNo=";
String lottoNum = "900";

void setup() {
 Serial.begin(115200);
 WiFi.begin(ssid, password);
 while (WiFi.status() != WL_CONNECTED) {
        delay(500);
        Serial.print(".");
 }
 Serial.println("");
 Serial.println("WiFi connected");
 Serial.println("IP address: ");
 Serial.println(WiFi.localIP());
}

void loop() {
 if (WiFi.status() == WL_CONNECTED)
 {
        WiFiClientSecure client;
        client.setInsecure();
        client.connect(url, 443);
        HTTPClient http;
        http.begin(client,url+lottoNum);
        int httpCode = http.GET();
        Serial.print("httpCode=");
        Serial.println( httpCode );
        if (httpCode >0)
        {
         String payload = http.getString();
         Serial.println(payload);
        }
        http.end();
 }
 delay(10000);
}
```

07　　: 로또담청번호 API주소를 넣는다.
08　　: 회차를 넣는다 900회차의 번호를 받아온다.
26~28 : 로또 API주소는 HTTPS이다. HTTP의 경우 접속자 정보를 물어보지 않는데 HTTPS의 경우 보안 때문에 접속자 정보를 물어본다. ESP8266장치에서 가장 손쉽게 HTTPS에 접속하는 방법은 보안연결로 접속하면 된다. 보안 연결기능을 하는 코드이다. 단점은 보안연결에 접속하는 시간이 5~30초 가량 소요된다.
30　　: url+회차로 접속한다.
36　　: 받은 값을 payload 변수에 대입한다.
37:　　시리얼통신으로 값을 전송한다.

동작 결과

아두이노 프로그램을 업로드 후 시리얼 모니터를 열어 값을 확인한다. 브라우저에서 접속 시 보았던 값을 볼 수 있다.

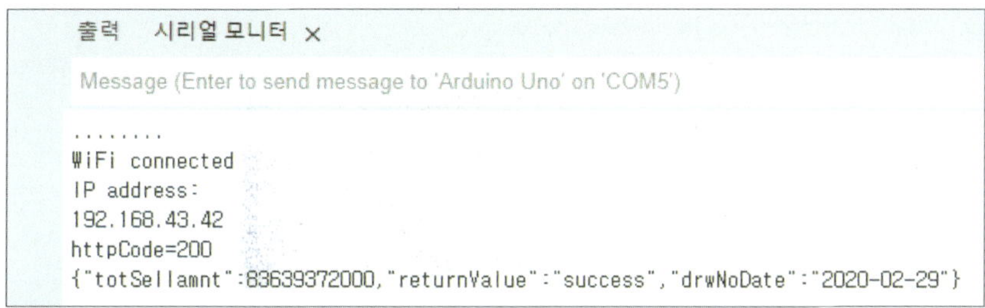

로또 API에 접속하여 데이터를 받아보았다. 받은 데이터는 JSON 형태로 JSON 형태의 값을 파싱하기 위해서 JSON 라이브러리를 설치한다. XML을 파싱했던 방식대로 문자열을 찾아서 해도 되나 JSON형식은 손쉽게 파싱할 수 있는 라이브러리가 존재한다. JSON 라이브러리를 사용해보자.

라이브러리 설치하기

1 [스케치] -> [라이브러리포함하기] -> [라이브러리관리]를 클릭하여 [라이브러리 매니저] 창을 연다. json을 검색하여 ArduinoJson을 설치한다. 이번 작품에서 사용한 ArduinoJson 라이브러리의 버전은 6.17.2이다. ArduinoJson 라이브러리는 업데이트가 빈번한 라이브러리로 다른버전 설치 시 동작이 되지 않는다면 6.17.2 버전을 설치한다.

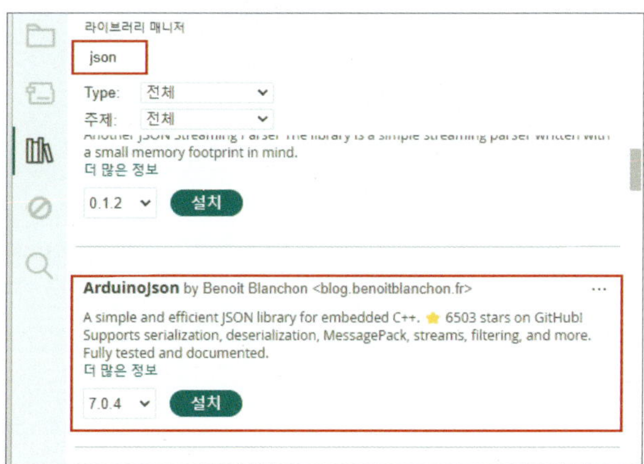

JSON 라이브러리를 이용하여 값을 파싱한다.

아두이노 코드 작성

다음과 같은 아두이노 코드를 작성한다.

37_2.ino

```
#include <ESP8266WiFi.h>
#include <ESP8266HTTPClient.h>
#include <ArduinoJson.h>

const char* ssid = "jmcjmc";
const char* password = "melab12345";

String url = "https://www.dhlottery.co.kr/common.do?method=getLottoNumber&drwNo=";
String lottoNum = "900";

void setup() {
 Serial.begin(115200);
 WiFi.begin(ssid, password);
 while (WiFi.status() != WL_CONNECTED) {
        delay(500);
        Serial.print(".");
 }
 Serial.println("");
 Serial.println("WiFi connected");
 Serial.println("IP address: ");
 Serial.println(WiFi.localIP());
 delay(1000);
}

void loop() {
 if (WiFi.status() == WL_CONNECTED)
 {
        WiFiClientSecure client;
        client.setInsecure();
        client.connect(url, 443);
        HTTPClient http;
        http.begin(client,url+lottoNum);
        int httpCode = http.GET();
        Serial.print("httpCode=");
        Serial.println( httpCode );
        if (httpCode >0)
        {
         //String payload = http.getString();
         DynamicJsonDocument doc(1024);
         deserializeJson(doc, http.getString());
         JsonObject obj = doc.as<JsonObject>();
         int Num1 = obj[String("drwtNo1")];
         int Num2 = obj[String("drwtNo2")];
```

```
44              int Num3 = obj[String(“drwtNo3”)];
45              int Num4 = obj[String(“drwtNo4”)];
46              int Num5 = obj[String(“drwtNo5”)];
47              int Num6 = obj[String(“drwtNo6”)];
48              int NumBonus = obj[String(“bnusNo”)];
49
50              Serial.print(Num1); Serial.print(“,”);
51              Serial.print(Num2); Serial.print(“,”);
52              Serial.print(Num3); Serial.print(“,”);
53              Serial.print(Num4); Serial.print(“,”);
54              Serial.print(Num5); Serial.print(“,”);
55              Serial.print(Num6); Serial.print(“\tBonus=”);
56              Serial.println(NumBonus);
57            }
58            http.end();
59      }
60      delay(10000);
61    }
```

03 : JSON 라이브러리 헤더파일을 추가한다.
38 : payload로 저장하는 코드를 //주석처리 하였다.
39~41 : json값을 찾기 위한 방법이다.
39 : doc이름으로 1024개의 동적버퍼를 생성하였다. 동정버퍼는 메모리에 상주하지 않고 다 쓰면 메모리를 반환해준다.
40 : http.getSting으로 읽은 값을 doc 변수에 대입한다.
41 : doc값에서 항목을 찾아 obj에 대입한다.
42 : obj에서 drwNo1의 문자열에 해당하는 값을 찾아 Num1 변수에 대입한다.
42~48 : 각각의 번호와 보너스번호를 찾아 변수에 대입한다.
50~56 : 번호를 시리얼 모니터로 전송한다.

동작 결과

아두이노 프로그램을 업로드 후 시리얼 모니터를 열어 값을 확인한다.

https 연결 시에 시간이 소요된다. 로또의 값이 출력되기까지 5~30초가량 소요된다.

출력 시리얼 모니터 ×

Message (Enter to send message to 'Arduino Uno' on '

```
..........................
WiFi connected
IP address:
192.168.43.42
httpCode=200
7,13,16,18,35,38          Bonus=14
```

이제 키패드를 테스트하는 코드를 작성하여보자.

아두이노 코드 작성

다음과 같은 아두이노 코드를 작성한다.

37_3.ino

```
const char keymap[4][4] = {
 {‘1’, ‘2’, ‘3’, ‘A’},
 {‘4’, ‘5’, ‘6’, ‘B’},
 {‘7’, ‘8’, ‘9’, ‘C’},
 {‘*’, ‘0’, ‘#’, ‘D’}
};

const int rpin[] = {D9, D8, D7, D6};
const int cpin[] = {D5, D4, D3, D2};

char newKey =0;
char oldKey =0;

String strNum =” ”;

void setup()
{
 Serial.begin(115200);
 for (int i =0; i <4; i++)
 {
        pinMode(rpin[i], OUTPUT);
        pinMode(cpin[i], INPUT_PULLUP);
 }
}

void loop()
{
 newKey = getkey();
 if (newKey != oldKey)
 {
        oldKey = newKey;
        if (newKey !=0)
        {
         Serial.println(newKey);

         if(newKey == ’D’)
         {
                Serial.print(“lottoNum=”);
                Serial.println(strNum);
                strNum =” ”;
         }
         else strNum += newKey;
        }
        delay(50);
 }
}
```

```
47
48        char getkey()
49        {
50         char key =0;
51         for (int i =0; i <4; i++)
52         {
53                 digitalWrite(rpin[i], LOW);
54                 for (int j =0; j <4; j++)
55                 {
56                  if (digitalRead(cpin[j]) ==LOW)
57                          key = keymap[i][j];
58                 }
59                 digitalWrite(rpin[i], HIGH);
60         }
61         return key;
62        }
```

키패드 코드는 [23.스마트 도어락 만들기]에서 상세하게 다루었다.

08~09 : 키패드가 연결된 핀 번호를 입력하였다.
14 : 번호를 저장하는 strNum 문자열 변수를 생성하고 빈값으로 초기화하였다.
36~41 : 키패드에서 D를 입력하였으면 strNum에 저장된 번호를 시리얼통신으로 전송한다.
42 : 그렇지 않다면 D를 제외한 값을 입력하였다면 strNum에 키패드 값을 저장한다.

동작 결과

아두이노 프로그램을 업로드 한 후 시리얼 모니터를 연다. 숫자를 입력 후 D를 누르면 입력한 숫자가 표시된다. 4입력, 5입력, 6입력, D입력 하면 456이 출력된다.

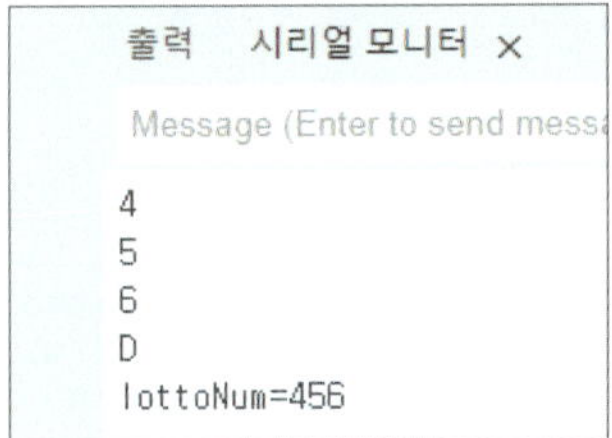

이제 키패드와 로또번호를 얻는 코드를 합쳐보자.

아두이노 코드 작성

다음과 같은 아두이노 코드를 작성한다.

37_4.ino

```
#include <ESP8266WiFi.h>
#include <ESP8266HTTPClient.h>
#include <ArduinoJson.h>

```

```
const char* ssid = ”jmcjmc”;
const char* password = ”melab12345”;

String url = ”https://www.dhlottery.co.kr/common.do?method=getLottoNumber&drwNo=”;

const char keymap[4][4] = {
 {‘1’, ‘2’, ‘3’, ‘A’},
 {‘4’, ‘5’, ‘6’, ‘B’},
 {‘7’, ‘8’, ‘9’, ‘C’},
 {‘*’, ‘0’, ‘#’, ‘D’}
};

const int rpin[] = {D9, D8, D7, D6};
const int cpin[] = {D5, D4, D3, D2};

char newKey =0;
char oldKey =0;

String strNum = ” ”;

void setup() {
 Serial.begin(115200);
 WiFi.begin(ssid, password);
 while (WiFi.status() != WL_CONNECTED) {
        delay(500);
        Serial.print(“.”);
 }
 Serial.println(“ ”);
 Serial.println(“WiFi connected”);
 Serial.println(“IP address: “);
 Serial.println(WiFi.localIP());

 for (int i =0; i <4; i++)
 {
        pinMode(rpin[i], OUTPUT);
        pinMode(cpin[i], INPUT_PULLUP);
 }
}

void loop() {
 newKey = getkey();
 if (newKey != oldKey)
 {
        oldKey = newKey;
        if (newKey !=0)
        {
         Serial.println(newKey);

         if (newKey == ’D’)
         {
                if (WiFi.status() == WL_CONNECTED)
                {
```

```
                    WiFiClientSecure client;
                    client.setInsecure();
                    client.connect(url, 443);
                    HTTPClient http;
                    http.begin(client, url + strNum);
                    int httpCode = http.GET();
                    Serial.print("httpCode=");
                    Serial.println( httpCode );
                    if (httpCode >0)
                    {
                            //String payload = http.getString();
                            DynamicJsonDocument doc(1024);
                            deserializeJson(doc, http.getString());
                            JsonObject obj = doc.as<JsonObject>();
                            int Num1 = obj[String("drwtNo1")];
                            int Num2 = obj[String("drwtNo2")];
                            int Num3 = obj[String("drwtNo3")];
                            int Num4 = obj[String("drwtNo4")];
                            int Num5 = obj[String("drwtNo5")];
                            int Num6 = obj[String("drwtNo6")];
                            int NumBonus = obj[String("bnusNo")];

                            Serial.print(Num1); Serial.print(",");
                            Serial.print(Num2); Serial.print(",");
                            Serial.print(Num3); Serial.print(",");
                            Serial.print(Num4); Serial.print(",");
                            Serial.print(Num5); Serial.print(",");
                            Serial.print(Num6); Serial.print("\tBonus=");
                            Serial.println(NumBonus);
                    }
                    http.end();
                    Serial.print("lottoNum=");
                    Serial.println(strNum);
                    strNum ="";
                   }
            }
            else strNum += newKey;
           }
           delay(50);
   }
  }

  char getkey()
  {
   char key =0;
   for (int i =0; i <4; i++)
   {
           digitalWrite(rpin[i], LOW);
           for (int j =0; j <4; j++)
           {
            if (digitalRead(cpin[j]) ==LOW)
                    key = keymap[i][j];
```

```
109                 }
110                 digitalWrite(rpin[i], HIGH);
111         }
112         return key;
113     }
```

01~05 : WIFI관련 코드 추가
26~35 : WIFI 접속
55~91 : 키패드에서 입력된 번호의 회차에 접속하여 시리얼통신으로 번호를 전송하는 코드이다.
61 : url+strNum로 키패드로 입력한 번호의 회차에 접속하여 값을 받아온다.

동작 결과

확인하고 싶은 로또번호의 회차를 입력한다. 자신을 숨기고 연결해야 하기 때문에 키패드 입력 후 값을 읽어오는데 시간이 약 5~30초가량 소요된다. 다음의 결과는 900회와 158회의 값을 받아왔다.

```
출력   시리얼 모니터 ×

192.168.43.42
9
0
0
D
httpCode=200
7,13,16,18,35,38      Bonus=14
lottoNum=900
1
5
8
D
httpCode=200
4,9,13,18,21,34 Bonus=7
lottoNum=158
```

이제 LCD에 표시하는 부분을 추가하여 완성하도록 한다.

아두이노 코드 작성

다음과 같은 아두이노 코드를 작성한다.

37_5.ino

```
#include <ESP8266WiFi.h>
#include <ESP8266HTTPClient.h>
#include <ArduinoJson.h>
#include <Wire.h>
#include <LiquidCrystal_I2C.h>

LiquidCrystal_I2C lcd(0x27, 16, 2);

const char* ssid = " jmcjmc " ;
const char* password = " melab12345 " ;

```

```
String url = ”https://www.dhlottery.co.kr/common.do?method=getLottoNumber&drwNo=”;

const char keymap[4][4] = {
 {‘1’, ‘2’, ‘3’, ‘A’},
 {‘4’, ‘5’, ‘6’, ‘B’},
 {‘7’, ‘8’, ‘9’, ‘C’},
 {‘*’, ‘0’, ‘#’, ‘D’}
};

const int rpin[] = {D9, D8, D7, D6};
const int cpin[] = {D5, D4, D3, D2};

char newKey =0;
char oldKey =0;

String strNum =” ”;

void setup() {
 Serial.begin(115200);
 WiFi.begin(ssid, password);
 while (WiFi.status() != WL_CONNECTED) {
         delay(500);
         Serial.print(“.”);
 }
 Serial.println(“ ”);
 Serial.println(“WiFi connected”);
 Serial.println(“IP address: “);
 Serial.println(WiFi.localIP());

 for (int i =0; i <4; i++)
 {
         pinMode(rpin[i], OUTPUT);
         pinMode(cpin[i], INPUT_PULLUP);
 }

 lcd.init();
 lcd.backlight();
 lcd.clear();
 lcd.setCursor(0, 0);
 lcd.print(“ok”);
}

void loop() {
 newKey = getkey();
 if (newKey != oldKey)
 {
         oldKey = newKey;
         if (newKey !=0)
         {
          Serial.println(newKey);

          if (newKey ==’D’)
```

```
        {
                if (WiFi.status() == WL_CONNECTED)
                {
                 WiFiClientSecure client;
                 client.setInsecure();
                 client.connect(url, 443);
                 HTTPClient http;
                 http.begin(client, url + strNum);
                 int httpCode = http.GET();
                 Serial.print(“ httpCode= ”);
                 Serial.println( httpCode );
                 if (httpCode >0)
                 {
                         //String payload = http.getString();
                         DynamicJsonDocument doc(1024);
                         deserializeJson(doc, http.getString());
                         JsonObject obj = doc.as<JsonObject>();
                         int Num1 = obj[String(“ drwtNo1 ”)];
                         int Num2 = obj[String(“ drwtNo2 ”)];
                         int Num3 = obj[String(“ drwtNo3 ”)];
                         int Num4 = obj[String(“ drwtNo4 ”)];
                         int Num5 = obj[String(“ drwtNo5 ”)];
                         int Num6 = obj[String(“ drwtNo6 ”)];
                         int NumBonus = obj[String(“ bnusNo ”)];

                         Serial.print(Num1); Serial.print(“ , ”);
                         Serial.print(Num2); Serial.print(“ , ”);
                         Serial.print(Num3); Serial.print(“ , ”);
                         Serial.print(Num4); Serial.print(“ , ”);
                         Serial.print(Num5); Serial.print(“ , ”);
                         Serial.print(Num6); Serial.print(“ \tBonus= ”);
                         Serial.println(NumBonus);

                         lcd.clear();
                         lcd.setCursor(0, 0);
                         lcd.print(Num1); lcd.print(“ , ”);
                         lcd.print(Num2); lcd.print(“ , ”);
                         lcd.print(Num3); lcd.print(“ , ”);
                         lcd.setCursor(0, 1);
                         lcd.print(Num4); lcd.print(“ , ”);
                         lcd.print(Num5); lcd.print(“ , ”);
                         lcd.print(Num6); lcd.print(“  “);
                         lcd.print(“ B= ”); lcd.print(NumBonus);
                 }
                 http.end();
                 Serial.print(“ lottoNum= ”);
                 Serial.println(strNum);
                 strNum =” ”;
                }
        }
        else
        {
```

```
116                     strNum += newKey;
117                     lcd.clear();
118                     lcd.setCursor(0, 0);
119                     lcd.print(strNum);
120               }
121              }
122              delay(50);
123       }
124     }
125
126     char getkey()
127     {
128      char key =0;
129      for (int i =0; i <4; i++)
130      {
131              digitalWrite(rpin[i], LOW);
132              for (int j =0; j <4; j++)
133              {
134               if (digitalRead(cpin[j]) ==LOW)
135                     key = keymap[i][j];
136              }
137              digitalWrite(rpin[i], HIGH);
138      }
139      return key;
140     }
```

097~106: 로또번호를 받아온 다음 LCD에 로또번호를 표시하였다.
117~119: LCD에 키패드로 입력하는 값을 표시하였다.

동작 결과

아두이노 프로그램을 업로드 후 키패드에 회차를 입력 후 LCD에 표시되는 번호정보를 확인한다.

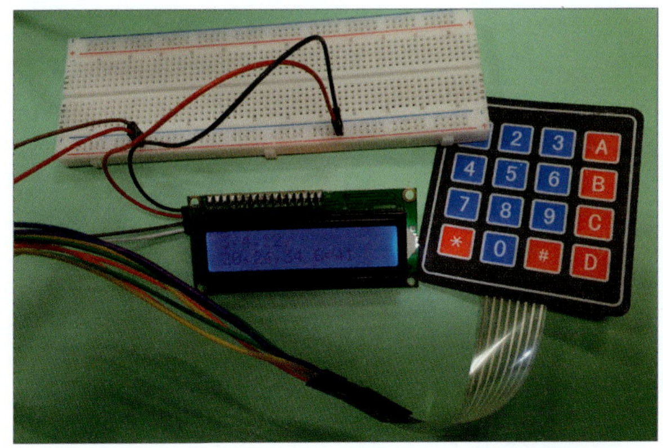

동작 동영상 링크

https://youtu.be/bWm6q6HL9UQ

Arduino project

CHAPTER 05

사물인터넷 & 인공지능 종합 작품 만들기

사물인터넷을 응용한 작품을 만들어보자. 구글에서 제공하는 파이어베이스를 이용하여 나만의 서버를 구성하여 동작하는 사물인터넷 작품을 만들고 마지막으로는 사람이 알고리즘을 만드는 방식이 아닌 인공지능 머신러닝을 활용한 분류기 작품을 만들어보자.

05 _ 38 사물인터넷 _ 어디서나 우리집 온도, 습도, 조도 모니터링하기 (ESP8266 WIFI + 파이어베이스 + 앱인벤터)

학 습 목 표

ESP8266에서 획득한 데이터를 구글의 데이터베이스 서비스인 firebase에 쓰고 앱인벤터에서 값을 읽어 어디서나 우리집의 데이터를 모니터링 할 수 있는 작품을 만들어보자.

파이어베이스

firebase(파이어베이스)는 구글에서 제공하는 데이터베이스로 모바일 또는 웹 개발에 필요한 기능을 제공한다.
주요 기능 중에는 실시간 데이터베이스, 인증, 클라우드저장소, 호스팅 등이 있다. 우리가 ESP8266으로 데이터를 보내고 저장하기 위해 firebase의 실시간 데이터베이스 서비스를 이용하면 된다. firebase가 없었다면 서버를 구성해야하고 관리를 해야 한다. 이는 서버를 구성하고 관리를 할 수 있어야 가능하다. 하지만 firebase는 모바일, 웹개발에 필요한 기능을 제공하여 서버 등을 관리할 필요 없이 기능 구현만 신경써서 개발하면 된다.
실제로 모바일 앱 등을 개발할 때도 서버 개발 없이 firebase에서 제공하는 기능으로 개발이 가능하다. firebase는 저장소, 데이터사용 등 일정부분 무료이나 사용량이 많아지면 정액제로 비용을 지불하고 사용하여야한다. 우리가 이번 책에서 만드는 작품은 많은 저장소나 데이터가 필요하지 않아 충분히 무료로 사용이 가능하다.

다음의 방식으로 구성된다.
[ESP8266] 〈-인터넷-〉 [firebase] 〈-인터넷-〉 [스마트폰 앱]
ESP8266의 데이터는 firebase에 저장되고 firebase에 저장된 데이터를 스마트폰 앱을 만들어 표시한다.

이번 프로젝트는 파이어베이스 설정 -〉 ESP8266 아두이노 프로그램 -〉 앱인벤터로 앱만들고 확인의 과정으로 진행된다.

파이어베이스 설정하기

1 구글에서 "파이어베이스"를 검색 후 다음의 사이트에 접속한다.

2 [시작하기]를 클릭한다. 구글 로그인 창이 나타나면 회원가입 및 로그인을 진행한다. 로그인 후 [프로젝트 만들기]를 클릭한다.

3 esp8266firebase의 이름을 만들고 약관에 동의 후 [계속]을 눌러 진행한다.

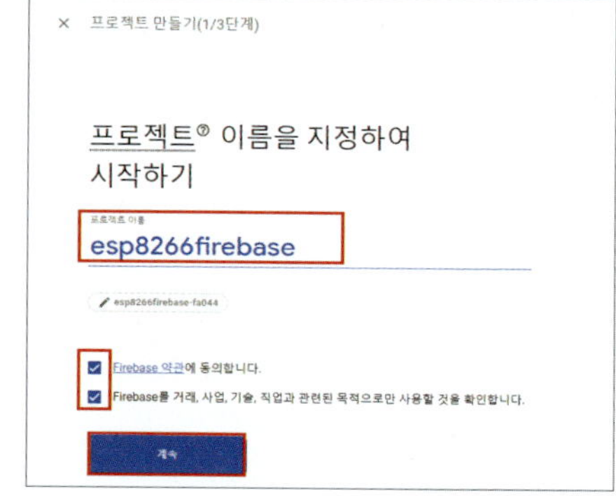

4 계속]을 눌러 진행한다.

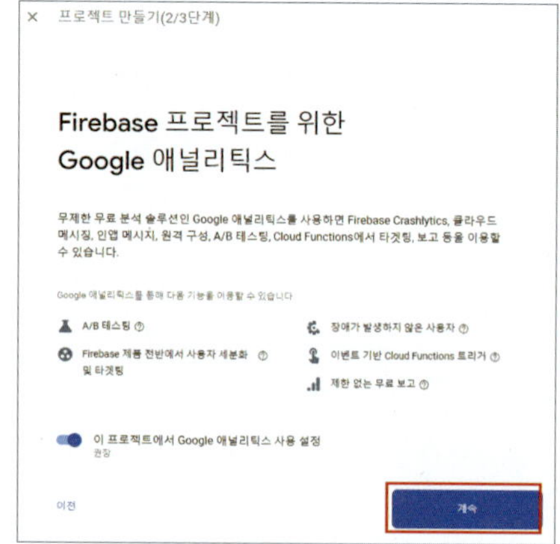

5 약관에 동의 후 [프로젝트 만들기]를 클릭한다. 1분가량 기다린 후 프로젝트가 생성되었다. [계속]을 눌러 진행한다.

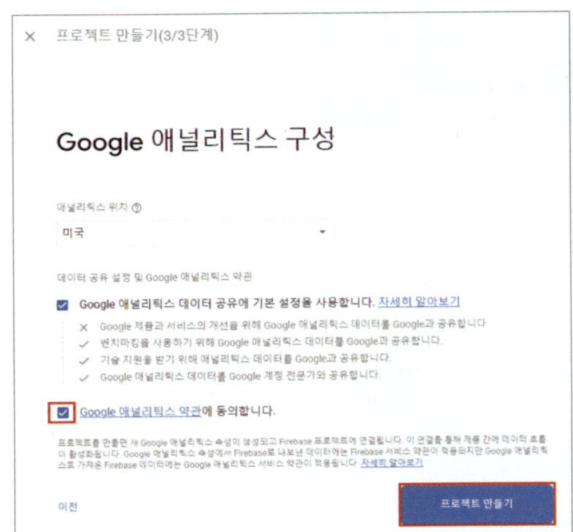

6 내가 생성한 esp8266firebase의 이름으로 프로젝트가 생성되었다. 빌드탭의 Realtime Database를 클릭한다.

7 처음에는 만들어진 데이터베이스가 없기 때문에 [데이터베이스 만들기]를 클릭한다.

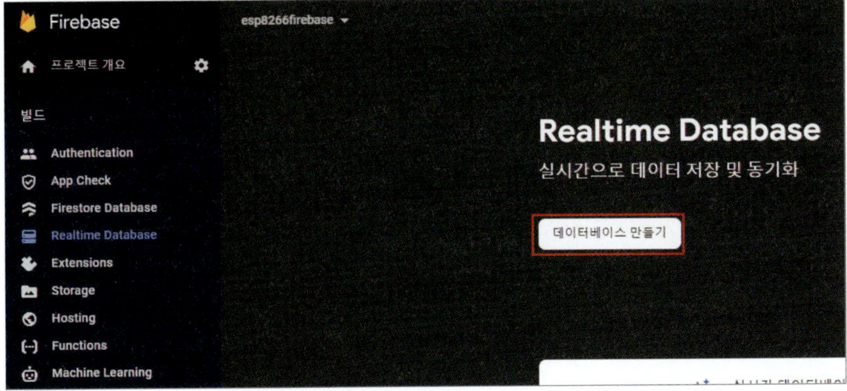

8 데이터베이스의 위치를 설정한다. 미국, 벨기에 두 곳뿐 이라서 [미국]을 선택하였습니다. 추후 대한민국이 추가되면 대한민국으로 선택한다.

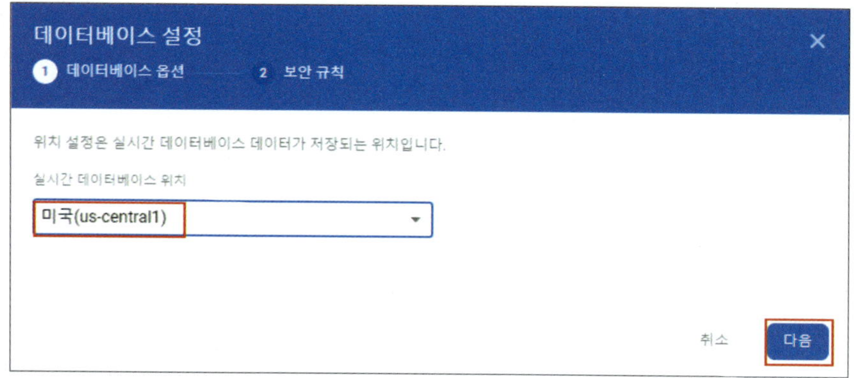

9 [잠금 모드에서 시작]을 선택하고 [사용 설정]을 클릭한다.

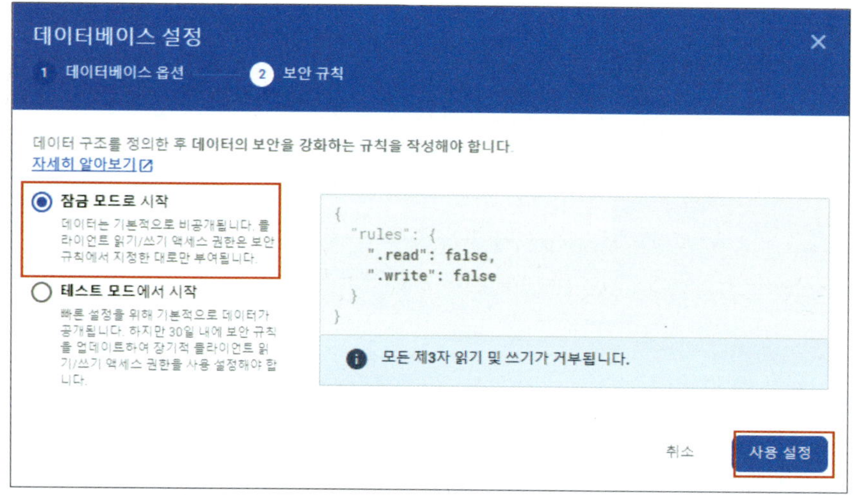

10 실시간 데이터베이스가 생성되었다. 우리는 [잠금 모드에서 시작]을 했기 때문에 데이터베이스를 읽고 쓸수가 없습니다. 규칙을 수정하여 읽고 쓰기를 가능하게 한다. [규칙] 탭을 클릭한다. 규칙에서 false 두 군데를 true로 변경하고 [게시]를 클릭한다. 읽고 쓸수 있게 하는 규칙으로 변경하였습니다.

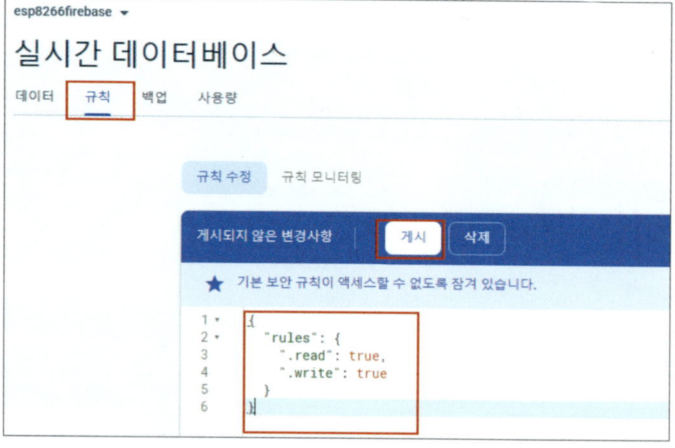

11 보안 규칙이 공개로 정의되었다고 위험을 알립니다. 넘어가도록 한다.

⚠ 보안 규칙이 공개로 정의되어 있어 누구나 데이터베이스의 데이터를 도용, 수정, 삭제할 수 있습니다.

```
{
  "rules": {
    ".read": true,
    ".write": true
  }
}
```

ESP8266에서 firebase로 데이터를 보내면 아래 빨간색 네모부분에 데이터가 보여진다.

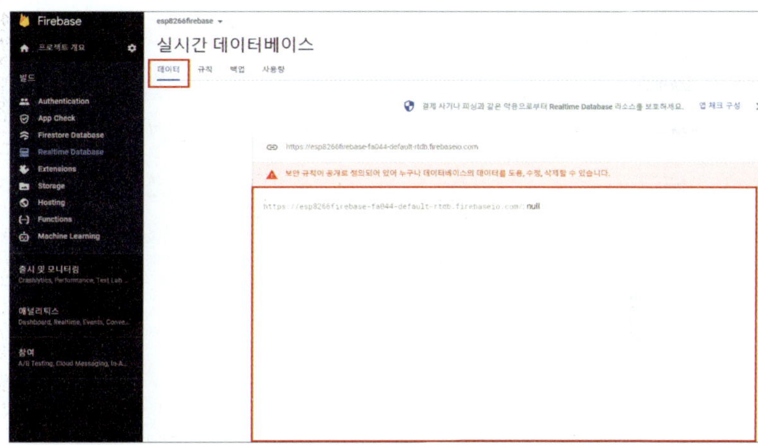

12 ESP8266에서 내 firebase의 정보를 알기 위해서는 두 가지의 정보가 필요하다. 아두이노에서는 데이터베이스 주소가 필요하다. 앱인벤터에서는 데이터베이스 주소와 비밀번호이다. 데이터베이스주소는 복사 아이콘을 클릭하여 획득한다.

13 비밀번호는 [톱니바퀴] -> [프로젝트 설정]을 클릭한다.

14 [서비스 계정] 탭에서 [데이터베이스 비밀번호] -> [표시]를 클릭한다.

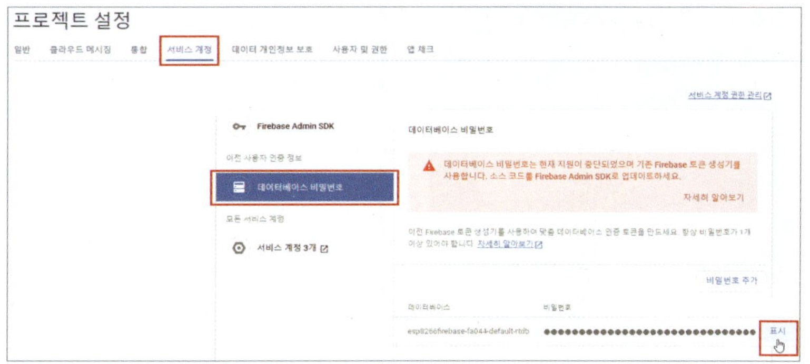

15 표시된 비밀번호에서 [비밀번호 복사]를 눌러 획득한다.

ESP8266 아두이노 프로그램 만들기

이제 아두이노에서 프로그램을 만든다.

준비물

다음과 같은 부품을 준비한다.

부품명	수량
아두이노 우노	1개
브레드보드	1개
CDS조도센서	1개
10k옴 저항(갈빨검검갈)	1개
DHT11 온습도센서모듈	1개
수/수 점퍼케이블	7개

회로 구성

브레드보드에 다음과 같이 회로를 구성한다.

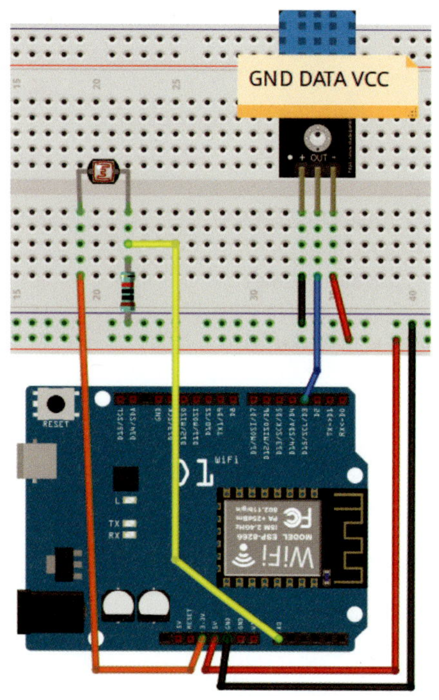

CDS센서의 한쪽 리는 3.3V에 연결하고 나머지 한쪽은 10k옴(갈빨검검갈)저항을 통해 GND에 연결한다. CDS와 저항이 연결된 부분은 Wemos D1 R1 보드의 A0번 핀에 연결한다.

DHT11 센서의 OUT핀은 Wemos D1 R1 보드의 D3번 핀에 연결한다.

라이브러리 설치하기

작품에 필요한 라이브러리를 설치한다. [라이브러리 매니저] 아이콘을 클릭하여 [라이브러리 매니저]를 연 다음 라이브러리를 설치한다.

firebase를 사용하기 위한 라이브러리를 설치한다. firebase를 검색 후 ESP8266 Firebase를 설치한다. 버전은 설치 시점의 최신버전을 사용하나 업데이트되어 동작하지 않는다면 1.3.1 버전을 설치한다.

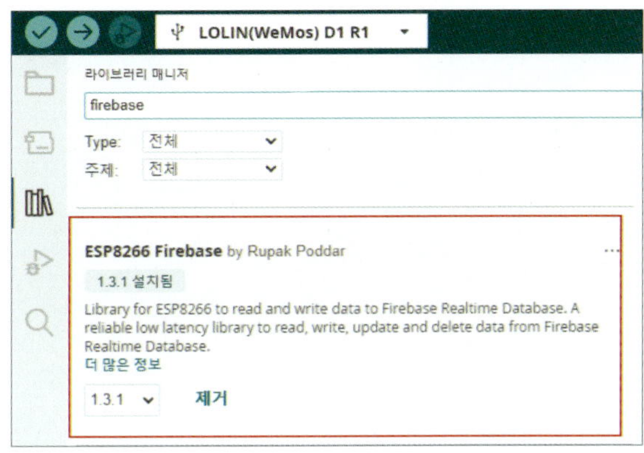

DHT11 온도습도센서를 사용하기 위한 라이브러리를 설치한다. "dht11"를 검색 후 DHT sensor library 라이브러리를 설치한다.

버전은 설치 시점의 최신버전을 사용하나 업데이트되어 동작하지 않는다면 1.4.6 버전을 설치한다.

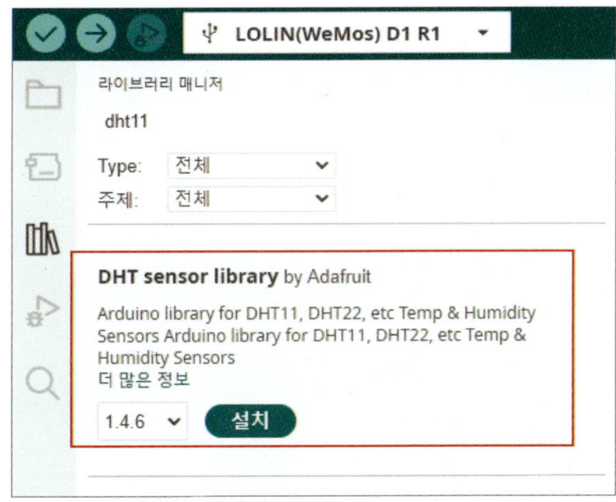

DHT sensor library를 사용하기 위해서 종속성 라이브러리가 필요하다는 창이 나타난다. [모두 설치]을 클릭하여 모두 설치한다.

버전은 설치 시점의 최신버전을 사용하나 업데이트되어 동작하지 않는다면 1.4.6 버전을 설치한다.

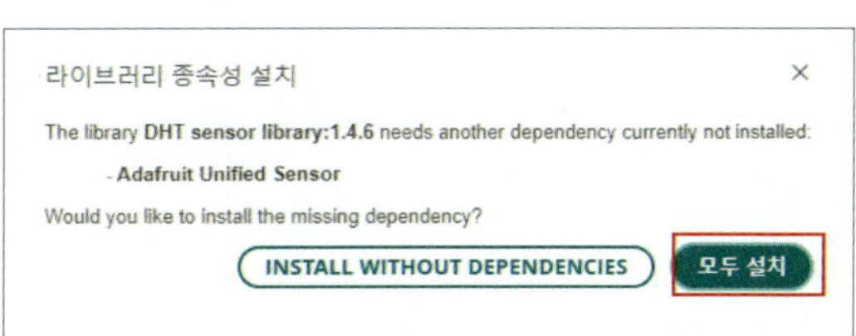

firebase에 데이터 쓰기

firebase에 데이터를 쓰는 프로그램을 만들어본다. 아래의 프로그램을 작성한다.

38_1.ino

```
01  #include <ESP8266Firebase.h>
02  #include <ESP8266WiFi.h>
03
04  #define WIFI_SSID “ jmc ”
05  #define WIFI_PASSWORD “ 123456789 ”
06  #define REFERENCE_URL “ https://esp8266-test-72f62-default-rtdb.firebaseio.com/ ”
07
08  Firebase firebase(REFERENCE_URL);
09
10  void setup() {
11   Serial.begin(115200);
12
13   WiFi.begin(WIFI_SSID, WIFI_PASSWORD);
14   Serial.println();
15   Serial.print( “ Connecting to Wi-Fi ” );
16   while (WiFi.status() != WL_CONNECTED)
17   {
18          Serial.print( “ . ” );
19          delay(300);
20   }
21   Serial.println();
22   Serial.print( “ Connected with IP: “ );
23   Serial.println(WiFi.localIP());
24   Serial.println();
25  }
26
27  void loop() {
28   static int cnt =0;
29   static unsigned long prevTime =0;
30   static unsigned long nowTime =0;
31
32   nowTime =millis();
33   if (nowTime - prevTime >=5000)
34   {
35          prevTime = nowTime;
36          firebase.setFloat( “ /esp8266/count ” , cnt++);
37   }
38  }
```

01 : firebase를 사용하기 위한 헤더 파일을 추가한다.
04 : 파이어베이스의 링크주소로 https://부분을 제외한 나머지 부분을 붙여넣습니다.
05 : 파이어베이스의 비밀번호를 붙여넣습니다.
06~07 : 접속하고자 하는 WIFI의 ID와 패스워드를 입력한다.
09 : firebaseData의 이름으로 클래스를 생성한다.
14~25 : WIFI에 접속한다.
27~33 : firebase에 접속하고 기본 설정을 한다.
45 : 5초마다 /esp8266/count 에 cnt값을 보냅니다. cnt값은 1씩 증가한다.

[업로드] 버튼을 클릭하여 프로그램을 업로드 후 [시리얼모니터]를 열어 값을 확인한다.

동작 결과

아두이노 프로그램을 업로드 후 시리얼모니터를 열어 WIFI의 접속 여부를 확인한다.

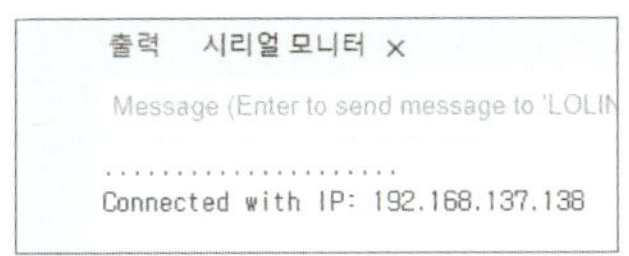

접속 후 firebase에서 데이터가 써졌는지 확인한다. firebase의 Realtime Database를 확인하면 5초마다 count의 값이 증가함을 확인 할수 있다

정말 간단하게 서버를 구성하였다. firebase가 없었더라면 서버를 구매하고 서버를 설치하고 관리해야 한다. 서버를 구매하는 것 만해도 수십~ 수백만 원이다. 진입장벽이 굉장히 높았던 것을 firebase라는 서비스를 통해 간단하게 구성하였다. firebase에 써진 데이터는 인터넷이 연결된 곳 어디에서 든 접속이 가능하다.

온도 습도를 firebase에 기록하기

아래의 코드를 작성하여 온도/습도/조도 데이터를 firebase에 기록한다. 아래의 코드를 작성한다.

38_2.ino

```
#include <ESP8266Firebase.h>
#include <ESP8266WiFi.h>
#include “DHT.h”

#define WIFI_SSID “jmc”
#define WIFI_PASSWORD “123456789”
#define REFERENCE_URL “https://esp8266-test-72f62-default-rtdb.firebaseio.com/”

Firebase firebase(REFERENCE_URL);

#define DHTPIN D3
#define DHTTYPE DHT11
DHT dht(DHTPIN, DHTTYPE);

#define CDS_PIN A0
```

```
16
17    void setup() {
18     Serial.begin(115200);
19
20     WiFi.begin(WIFI_SSID, WIFI_PASSWORD);
21     Serial.println();
22     Serial.print(“Connecting to Wi-Fi”);
23     while (WiFi.status() != WL_CONNECTED)
24     {
25             Serial.print(“.”);
26             delay(300);
27     }
28     Serial.println();
29     Serial.print(“Connected with IP: “);
30     Serial.println(WiFi.localIP());
31     Serial.println();
32
33     dht.begin();
34    }
35
36    void loop() {
37     static int cnt =0;
38     static unsigned long prevTime =0;
39     static unsigned long nowTime =0;
40
41     nowTime =millis();
42     if (nowTime - prevTime >=5000)
43     {
44             prevTime = nowTime;
45             float temp = dht.readTemperature();
46             float humi = dht.readHumidity();
47             int cdsVal =analogRead(CDS_PIN);
48             if (temp >=0 && temp <60)
49             {
50              firebase.setFloat(“/esp8266/temp”, temp);
51              firebase.setFloat(“/esp8266/humi”, humi);
52              firebase.setInt(“/esp8266/cds”, cdsVal);
53             }
54     }
55    }
```

54~56 : 온도/습도/조도 값을 읽어 각각 변수에 대입한다.
57 : 온도값이 0~60도일 때 만 조건에 만족한다. DHT11센서는 오류가 많아 0~60 외에 데이터는 무시한다.
59 : /esp8266/temp 경로에 온도값을 보냅니다.
60 : /esp8266/humi 경로에 습도값을 보냅니다.
61 : /esp8266/cds 경로에 조도값을 보냅니다.

5초에 한 번씩 firebase에 온도/습도/조도값을 보낸다.

[업로드] 버튼을 클릭하여 프로그램을 업로드 후 [시리얼모니터]를 열어 값을 확인한다.

동작 결과

아두이노 프로그램을 업로드 후 시리얼모니터를 열어 WIFI가 접속됨을 확인한다.

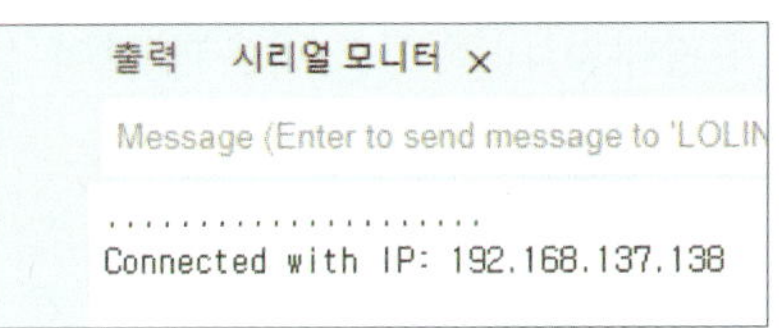

esp8266경로안에 CDs, humi, temp의 값이 추가됨을 확인할 수 있다. eps8266에서 5초마다 새로운 값이 써진다.

사용하지 않는 데이터는 [X]를 눌러 삭제가 가능하다. count는 사용하지 않으므로 삭제하도록 한다.

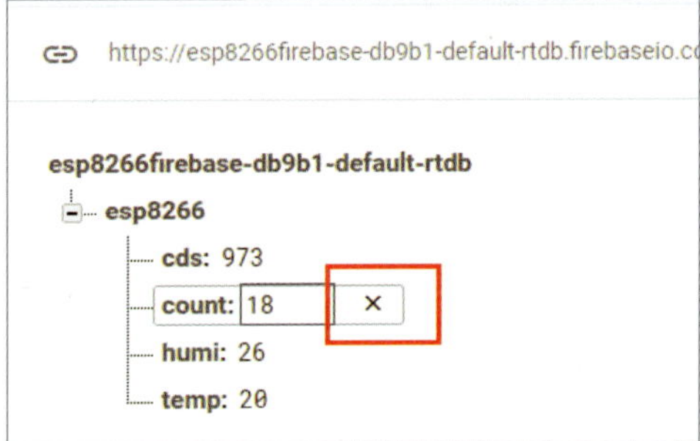

[삭제] 버튼을 눌러 삭제한다.

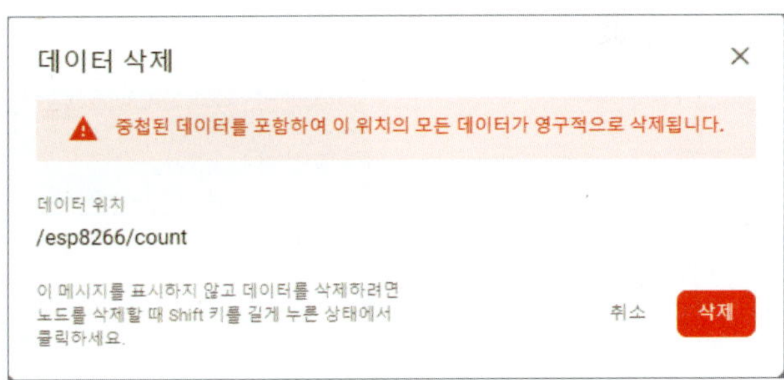

앱인벤터로 앱만들고 확인하기

앱인벤터로 앱만들기

이제 앱인벤터로 firebase에 접속 후 데이터를 확인하는 앱을 만들어보도록 한다.

1 앱인벤터에서 "project_38"의 이름으로 새로운 프로젝트를 생성한다.

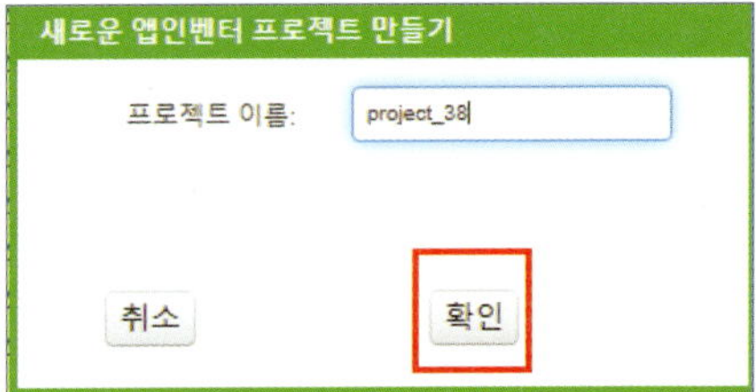

2 [레이아웃]에서 [수평배치]를 끌어와 뷰어에 위치시킨다.
수평배치1의 속성을 다음과 같이 설정한다.

- 수평정렬: 가운데:3
- 수직정렬: 가운데:2
- 높이: 80픽셀
- 너비: 부모 요소에 맞추기

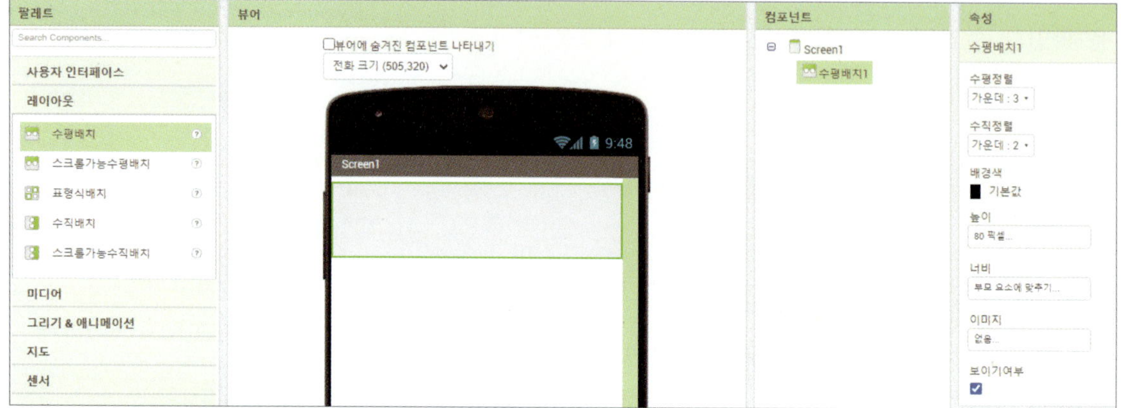

3 [사용자 인터페이스]에서 [레이블]을 끌어와 수평배치1 안에 위치시킨다.
이름을 [온도]로 변경한다. 온도의 속성을 다음과 같이 설정한다.

- 글꼴크기: 30
- 텍스트: "온도:"

4 [사용자 인터페이스]에서 [레이블]을 끌어와 수평배치1 안에 위치시킨다. 이름을 [온도_값]로 변경한다. [온도_값]의 속성을 다음과 같이 설정한다.

- 글꼴크기: 30
- 텍스트: 비워두기

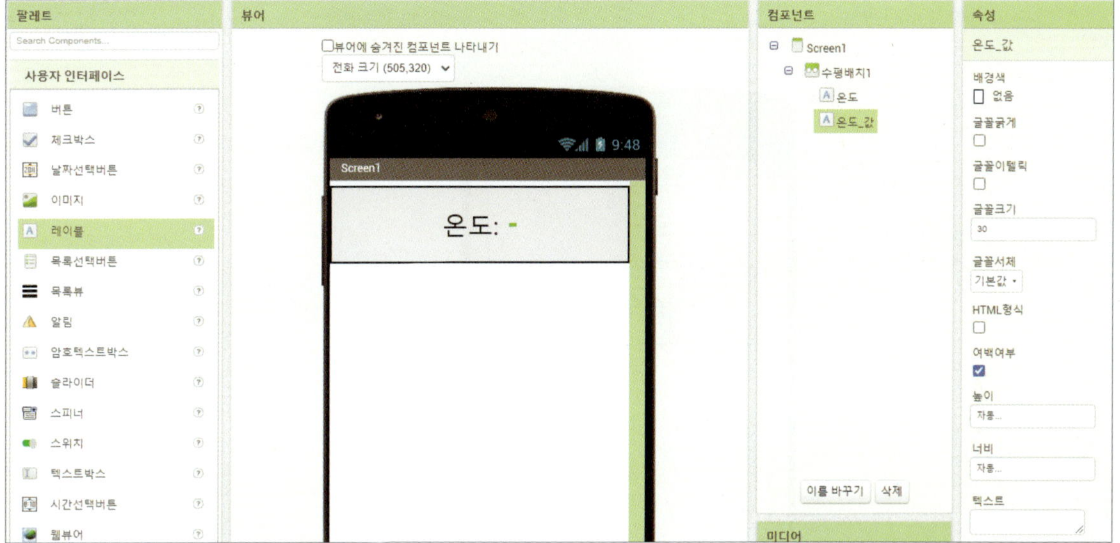

5 [레이아웃]에서 [수평배치]를 끌어와 뷰어에 위치시킨다. 수평배치2의 속성을 다음과 같이 설정한다.

- 수평정렬: 가운데:3
- 수직정렬: 가운데:2
- 높이: 80픽셀
- 너비: 부모 요소에 맞추기

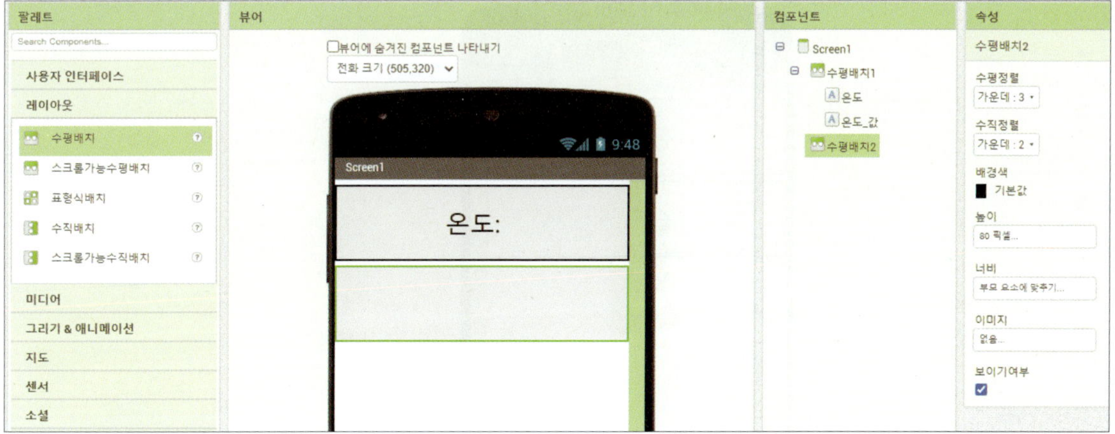

6 [사용자 인터페이스]에서 [레이블]을 끌어와 수평배치1 안에 위치시킨다. 이름을 [습도]로 변경한다. 습도의 속성을 다음과 같이 설정한다.

- 글꼴크기: 30
- 텍스트: "습도:"

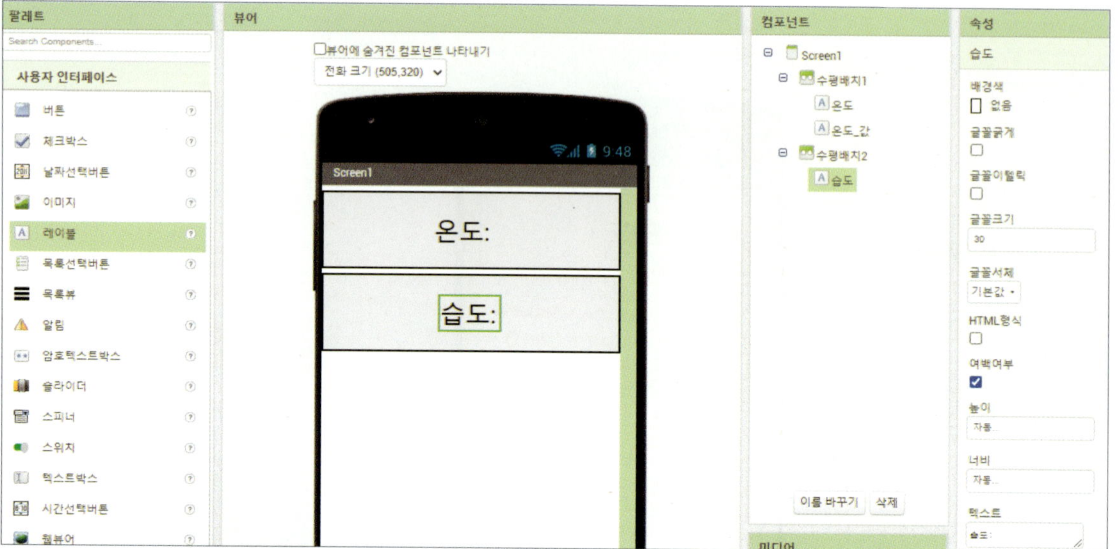

7 [사용자 인터페이스]에서 [레이블]을 끌어와 수평배치2 안에 위치시킨다. 이름을 [습도_값]로 변경한다. [습도_값]의 속성을 다음과 같이 설정한다.

- 글꼴크기: 30
- 텍스트: 비워두기

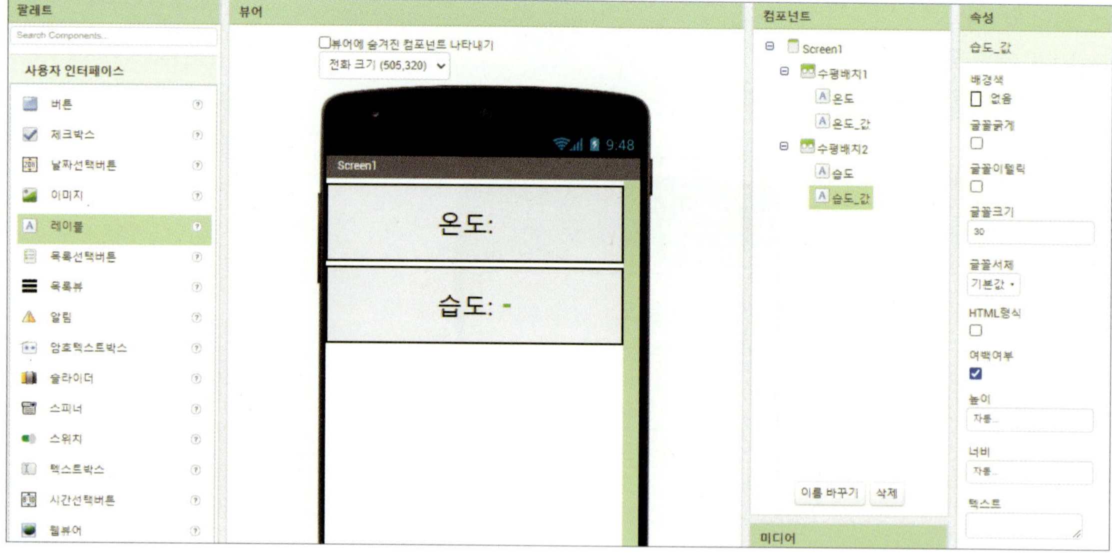

8 [레이아웃]에서 [수평배치]를 끌어와 뷰어에 위치시킨다.

수평배치3의 속성을 다음과 같이 설정한다.

- 수평정렬: 가운데:3
- 수직정렬: 가운데:2
- 높이: 80픽셀
- 너비: 부모 요소에 맞추기

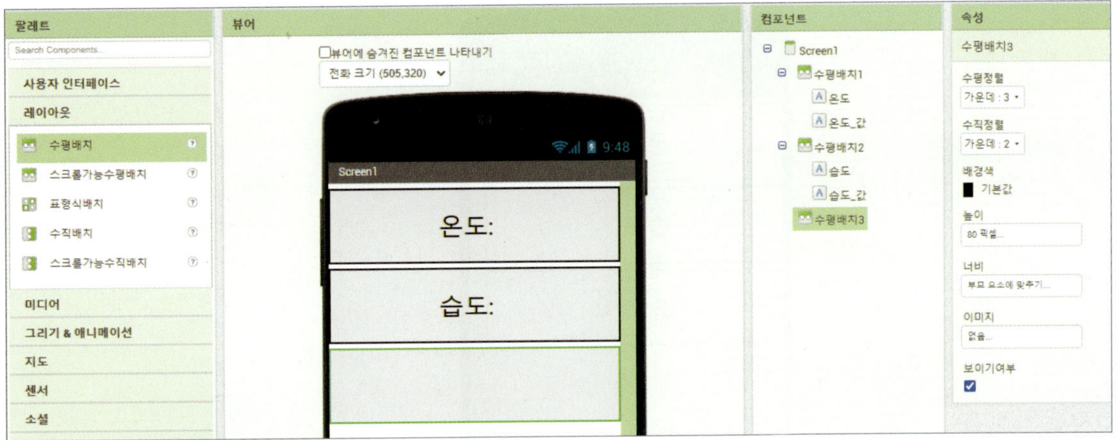

9 [사용자 인터페이스]에서 [레이블]을 끌어와 수평배치3 안에 위치시킨다.

이름을 [조도]로 변경한다. 습도의 속성을 다음과 같이 설정한다.

- 글꼴크기: 30
- 텍스트: "조도:"

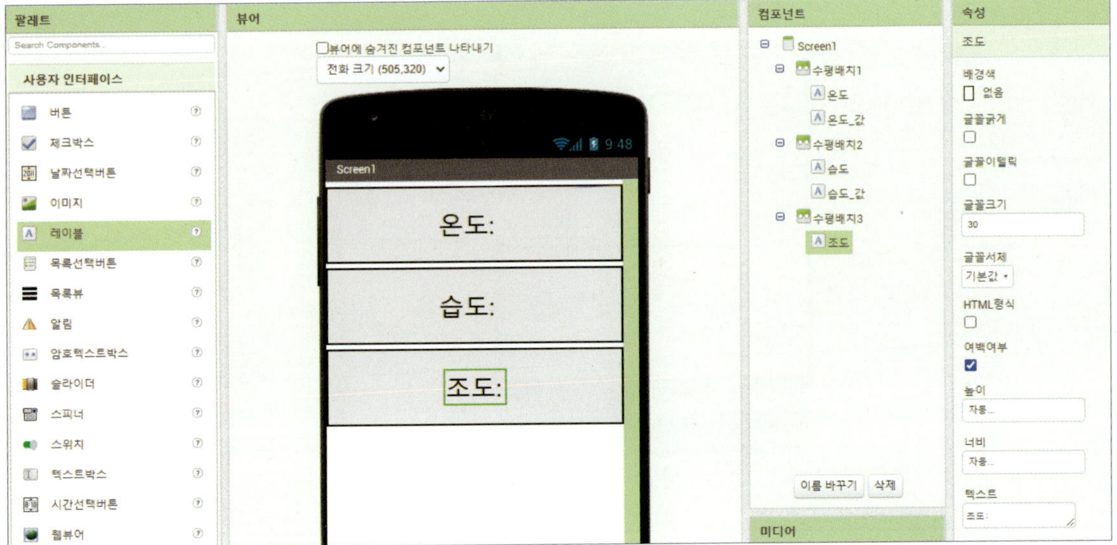

10 [사용자 인터페이스]에서 [레이블]을 끌어와 수평배치3 안에 위치시킨다.

이름을 [조도_값]로 변경한다. [조도_값]의 속성을 다음과 같이 설정한다.

- 글꼴크기: 30
- 텍스트: 비워두기

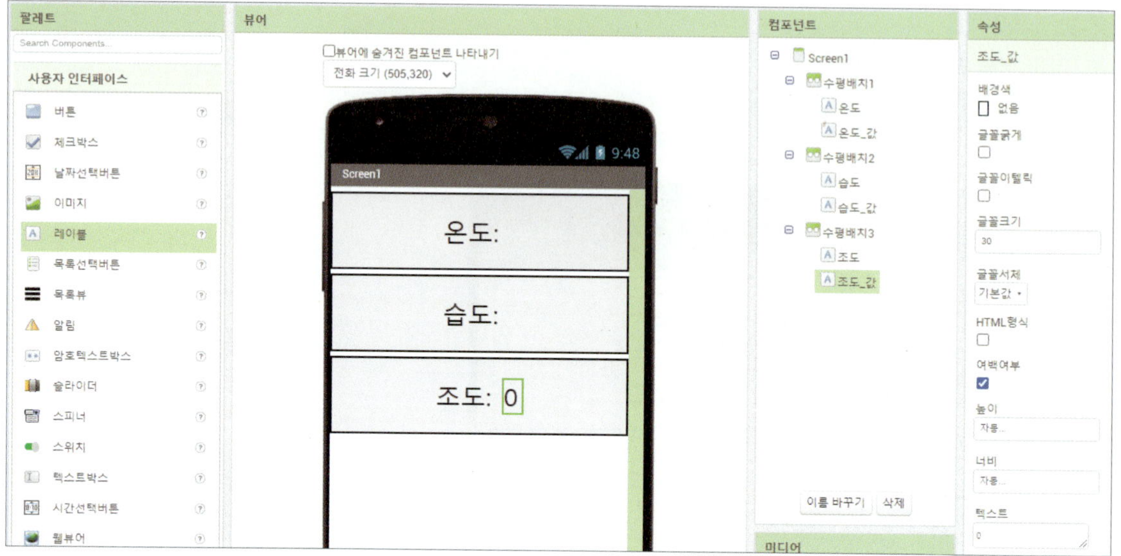

11 [실험실]에서 [파이어베이스DB]를 끌어와 뷰어에 위치시킨다.

파이어베이스DB는 실험적 기능으로 변경되거나 작동이 중지될 수 있다는 경고창이 뜬다. [확인]을 눌러 진행한다. 앱인벤터에서 실험실 기능으로 기능이 중지될 경우 [확장기능]을 추가하여 동작이 가능하므로 걱정하지 않아도 된다.

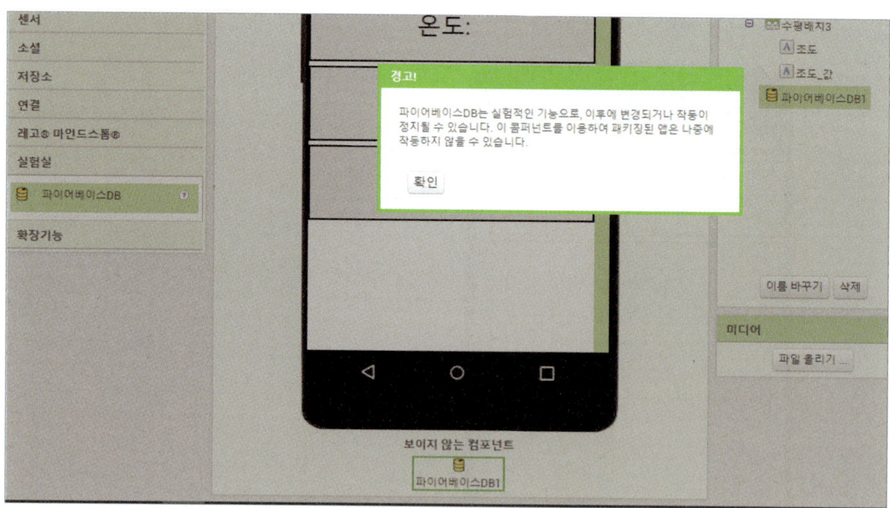

12 파이어베이스의 토큰(비밀번호)와 url 주소를 입력한다.

비밀번호는 [톱니바퀴] -> [프로젝트설정] -> [서비스계정] -> [데이터베이스 비밀번호]에서 확인이 가능하며 URL은 [Realtime Database] -> [데이터 탭]에서 주소확인이 가능하다. 앱인벤터에서는 파이어베이스의 전체 주소를 복사하여 붙여넣는다.

13 토큰과 URL을 입력한다.

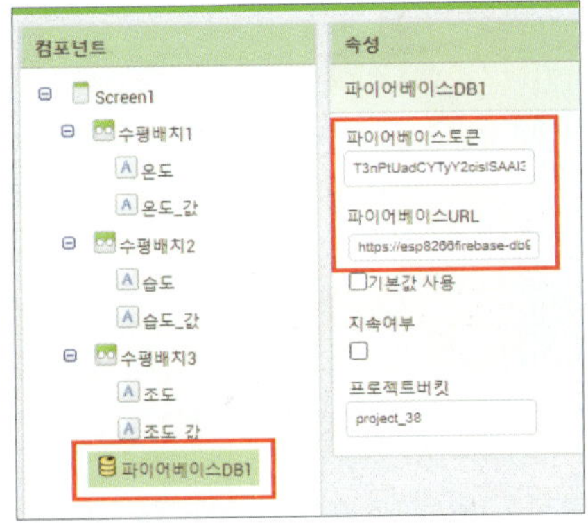

14 [센서]에서 [시계]를 끌어와 뷰어에 위치시킨다. [시계1]의 속성에서 타이머간격을 5000으로 수정한다. 5초마다 타이머가 동작된다.

15 [블록]으로 이용하여 코딩을 하도록 한다. 5초마다 타이머가 작동되어 파이어베이스의 프로젝트버킷을 비운다. 프로젝트 버킷이 앱인벤터의 파일이름으로 자동으로 채워져서 의도적으로 초기화되었을 때 비운다. / esp8266 경로에서 값을 가지고 온다.

16 읽은 값에서 temp의 데이터는 온도_값에 넣고, humi의 데이터는 습도_값, cds의 데이터는 조도_값에 넣는다.

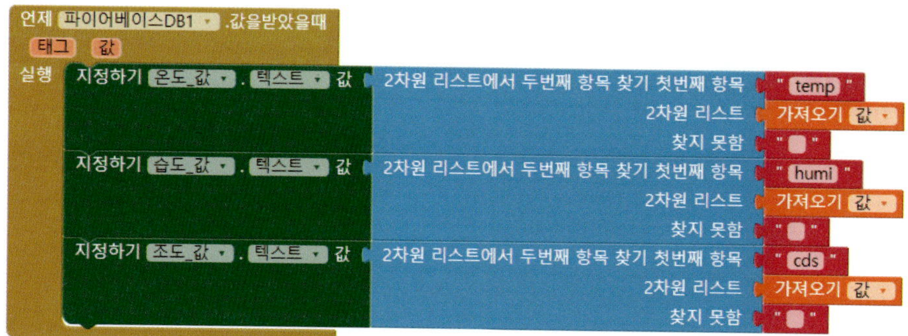

17 모두 완성하였다. [연결] –> [AI컴패니언]으로 앱을 실행한다.

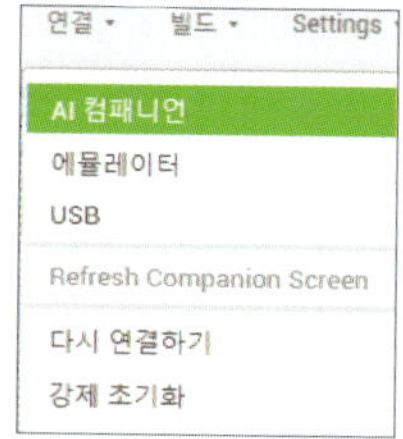

동작 결과

앱인벤터에서 firebase의 데이터를 읽어 온도/습도/조도가 표시되었다.

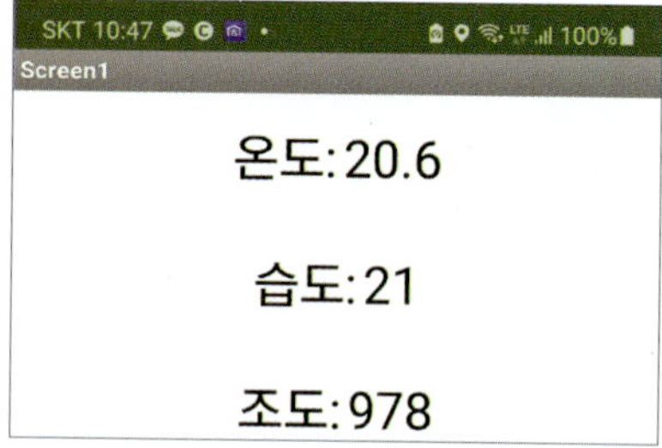

동작 동영상 링크

https://youtu.be/bDbyQeM_vhg

05 _ 39 사물인터넷 _ 어디서나 스마트 스위치 컨트롤러 만들기 (ESP8266 WIFI + 파이어베이스 + 앱인벤터)

학 습 목 표

앱인벤터에서 버튼을 눌러 어디서나 전등을 끄고 켤 수 있는 스마트 스위치 컨트롤러를 만들어보자.

준비물

다음과 같은 부품을 준비한다.

부품명	수량
Wemos D1 R1	1개
브레드보드	1개
CDS조도센서	1개
10k옴 저항(갈빨검검갈)	1개
SG90서보모터(파란색)	2개
220uF 캐패시터	1개
두꺼운양면테이프	2개
수/수 점퍼케이블	7개

회로 구성

브레드보드에 다음과 같이 회로를 구성한다.

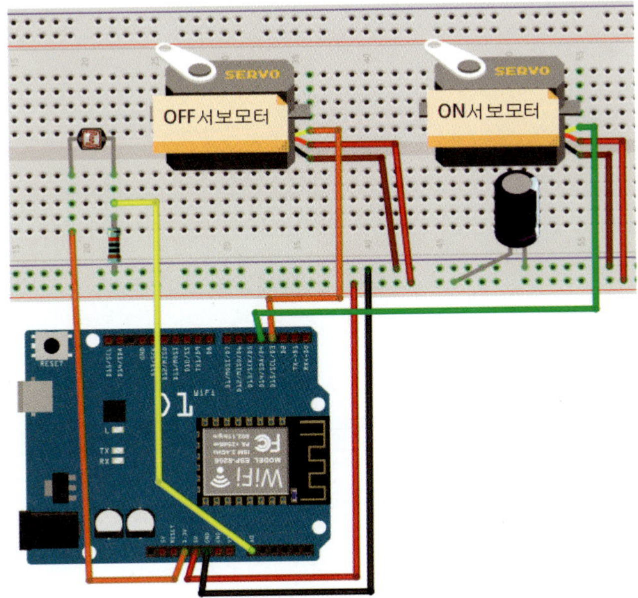

CDS센서의 한쪽다리는 3.3V에 연결하고 나머지 한쪽은 10k옴(갈빨검검갈)저항을 통해 GND에 연결한다. CDS와 저항이 연결된 부분은 Wemos D1 R1 보드의 A0번 핀에 연결한다.

SG90모터(OFF서보모터)의 주황색핀은 Wemos D1 R1 보드의 D3번 핀에 연결하고 갈색은 GND 빨간색은 5V에 연결한다.

SG90모터(ON서보모터)의 주황색핀은 Wemos D1 R1 보드의 D4번 핀에 연결하고 갈색은 GND 빨간색은 5V에 연결한다.

fasebase로 5초마다 조도값을 보내고 firebase에서 값이 변경될 때 값을 받아오는 코드를 만들어보자.

라이브러리 설치

작품에 필요한 라이브러리를 설치한다. [라이브러리 매니저] 아이콘을 클릭하여 [라이브러리 매니저]를 연 다음 라이브러리를 설치한다.

firebase를 사용하기 위한 라이브러리를 설치한다. firebase를 검색 후 ESP8266 Firebase를 설치한다. 버전은 설치 시점의 최신버전을 사용하나 업데이트되어 동작하지 않는다면 1.3.1 버전을 설치한다.

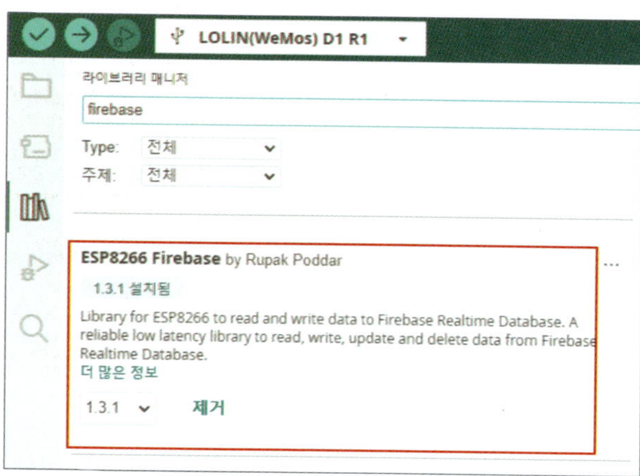

firebase로 조도값 전송하기

fasebase로 5초마다 조도값을 보내고 firebase에서 값이 변경될 때 값을 받아오는 코드를 만들어본다.

아두이노 코드 작성

아래의 코드를 작성한다.

39_1.ino

```
#include <ESP8266Firebase.h>
#include <ESP8266WiFi.h>

#define WIFI_SSID “jmc”
#define WIFI_PASSWORD “123456789”
#define REFERENCE_URL “https://esp8266-test-72f62-default-rtdb.firebaseio.com/”

```

```
08        Firebase firebase(REFERENCE_URL);
09
10        String path = "/appinventor/onoff";
11
12        #define CDS_PIN A0
13
14        unsigned long prevTime =0;
15        unsigned long nowTime =0;
16
17        String prevOnOff = "0";
18
19        void setup() {
20         Serial.begin(115200);
21
22         WiFi.begin(WIFI_SSID, WIFI_PASSWORD);
23         Serial.println();
24         Serial.print("Connecting to Wi-Fi");
25         while (WiFi.status() != WL_CONNECTED)
26         {
27                 Serial.print(".");
28                 delay(300);
29         }
30         Serial.println();
31         Serial.print("Connected with IP: ");
32         Serial.println(WiFi.localIP());
33         Serial.println();
34        }
35
36        void loop() {
37         nowTime =millis();
38         if (nowTime - prevTime >=5000)
39         {
40                 prevTime = nowTime;
41                 int cdsVal =analogRead(CDS_PIN);
42                 firebase.setInt("/esp8266/cds", cdsVal);
43         }
44
45         String newOnOff = firebase.getString(path);
46         if(newOnOff != prevOnOff)
47         {
48                 prevOnOff = newOnOff;
49                 Serial.print(path);
50                 Serial.print(":");
51                 Serial.println(newOnOff);
52         }
53        }
```

09 : 받는 firebaseDataReceive 객체를 생성한다. 받는쪽은 stream 기능을 사용한다. stream 기능을 사용하면 값이 바뀔때만 값을 읽어올수 있어 데이터를 아낄 수 있다

10 : 보내는 firebaseDataSend 객체 생성한다.

12 : firebase의 stream 동작을 하는 path를 설정한다. 앱인벤터에서 /appinventor/onoff 경로에 값을 써 넣습니다. ESP8266에서는 이 경로의 값이 변경되면 stream 기능이 활성화 된다. stream은 "흐르는"이라는 뜻으로 데이터가 변경될 때 알 수 있다.

14 : 조도센서에 사용하는 핀을 정의한다.

35~36 : firebase에 연결한다.

38~40 : 받는 firebaseDataReceive 객체를 설정한다. firebaseDataReceive는 stream 기능을 활성화한다.

42~45 : 보내는 firebaseDataSend 개체를 설정한다.

49 : firebaseDataReceive에서 값을 읽습니다.

51 : 값이 변경되었다면 조건에 만족한다.

53~55 : 경로와 데이터를 보여줍니다.

58~64 : 5초마다 조도센서의 값을 /esp8266/cds 경로로 보냅니다.

동작 결과

앱인벤터 앱을 만들어서 테스트해도 되나 우선 웹상의 firebase의 Realtime Database 상에서 데이터를 만들어서 테스트해본다.

firebase 웹페이지에서 진행한다.

firebase의 [Realtime Database] –> [데이터] 탭에서 + 버튼을 클릭한다.

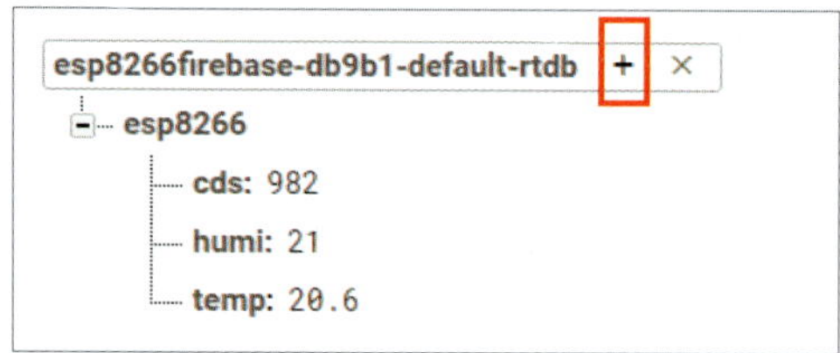

이름 appinventor를 적고 + 버튼을 클릭한다.

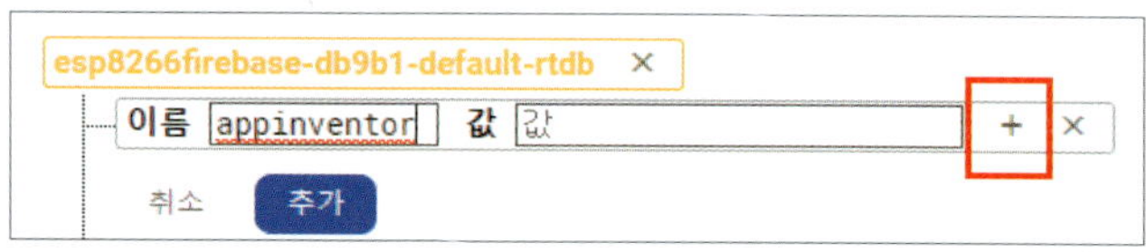

이름 onoff를 적고 값에 "1"을 넣습니다. 쌍따옴표 안의 값은 문자열 형태로 저장된다. 앱인벤터에서 firebase로 줄 수 있는 값은 문자열 형태뿐이어서 테스트 시도 동일하게 문자열을 만들어 진행한다.

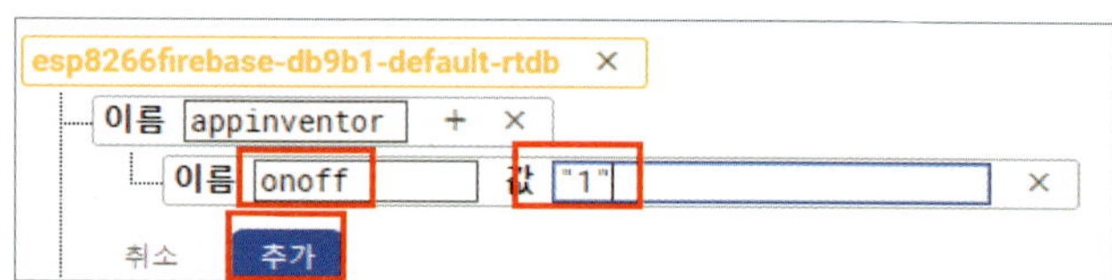

/appinventor/onoff 경로가 추가되었고 문자열 "1"의 값이 저장되었다. "1"의 값을 "0"으로 수정해본다.

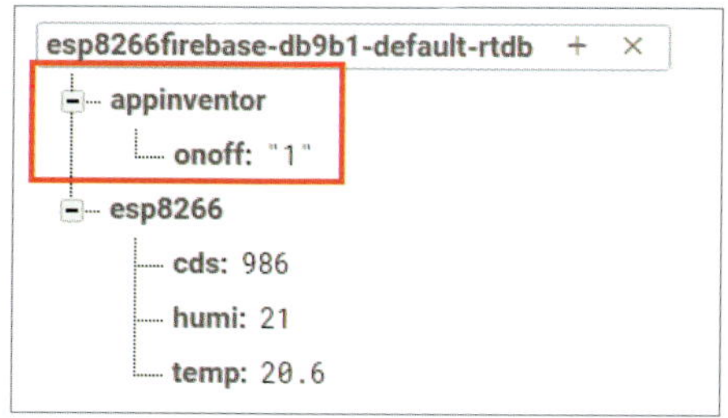

아두이노에 프로그램을 업로드 한 후 시리얼모니터를 열어 확인한다.

firebase에서 /appinventor/onoff 경로상의 값이 0, 1로 변경되었을 때 아두이노의 시리얼모니터 창에서 값이 출력됨을 확인 할수 있다.

서보모터를 다음과 같이 조립한다.

서보모터는 오른쪽의 사진처럼 조립한다. 서보모터는 공장에서 만들어져 나올 때 초기 상태가 90도 쯤으로 되어 있어 오른쪽 사진처럼 조립해 놓으면 각도를 맞추기 편하다.

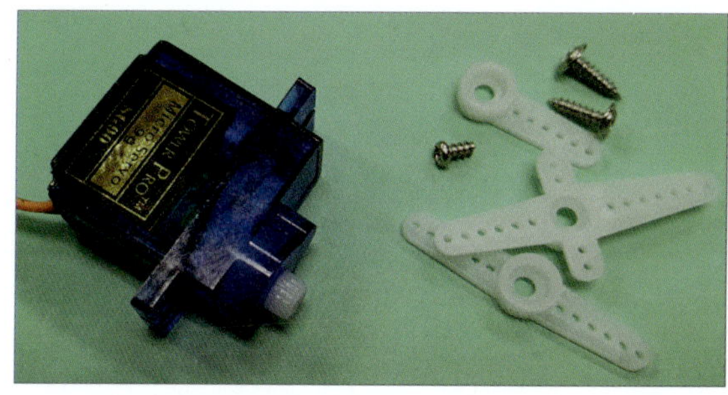

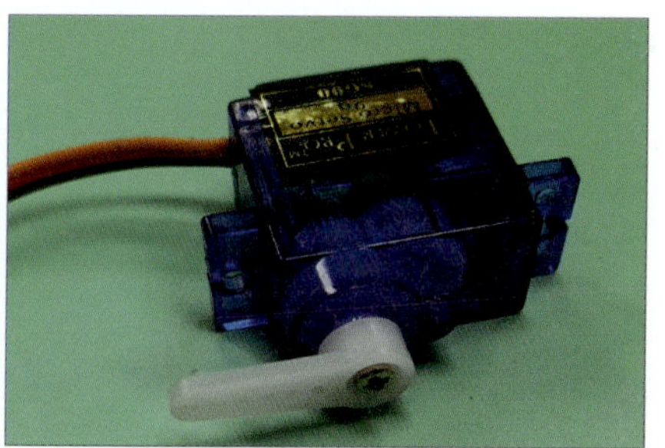

아두이노 코드 작성

이제 /appinventor/onoff 경로의 값이 "0“,"1“에 값에 따라서 동작하는 서보모터를 추가하여 아두이노 프로그램은 완성한다.

39_2.ino

```
#include <ESP8266Firebase.h>
#include <ESP8266WiFi.h>
#include <Servo.h>

Servo myservoOff;
Servo myservoOn;

#define WIFI_SSID "jmc"
#define WIFI_PASSWORD "123456789"
#define REFERENCE_URL "https://esp8266-test-72f62-default-rtdb.firebaseio.com/"

Firebase firebase(REFERENCE_URL);

String path = "/appinventor/onoff";

#define CDS_PIN A0

unsigned long prevTime =0;
unsigned long nowTime =0;

String prevOnOff = "0";

void setup() {
 Serial.begin(115200);

 WiFi.begin(WIFI_SSID, WIFI_PASSWORD);
 Serial.println();
 Serial.print("Connecting to Wi-Fi");
 while (WiFi.status() != WL_CONNECTED)
 {
         Serial.print(".");
         delay(300);
 }
 Serial.println();
 Serial.print("Connected with IP: ");
 Serial.println(WiFi.localIP());
 Serial.println();

 myservoOff.attach(D3);
 myservoOff.write(180);
 myservoOn.attach(D4);
 myservoOn.write(0);
}

void loop() {
```

```
46        String newOnOff = firebase.getString(path);
47        if(newOnOff != prevOnOff)
48        {
49                prevOnOff = newOnOff;
50                Serial.print(path);
51                Serial.print( " : " );
52                Serial.println(newOnOff);
53
54                if(newOnOff == " 0 " )
55                {
56                 myservoOff.write(40);
57                 delay(2000);
58                 myservoOff.write(180);
59                }
60                else if(newOnOff == " 1 " )
61                {
62                 myservoOn.write(140);
63                 delay(2000);
64                 myservoOn.write(0);
65                }
66        }
67
68        nowTime =millis();
69        if (nowTime - prevTime >=5000)
70        {
71                prevTime = nowTime;
72                int cdsVal =analogRead(CDS_PIN);
73                firebase.setInt( " /esp8266/cds " , cdsVal);
74        }
75      }
```

51~52 : D3번은 전등을 끄는 Off 서보모터를 연결하고 각도를 180도로 초기화하였습니다.
53~54 : D4번은 전등을 켜는 On 서보모터를 연결하고 각도를 0도로 초기화하였습니다.
62 : 문자열 값을 숫자형으로 변환하여 onOff 변수에 저장한다.
63~68 : 받은 값이 0이라면 myservoOff 서보모터를 40의 도의 각도로 이동한 후 2초 후 다시 180도로 원상복귀한다.
69~73 : 받은 값이 1이라면 myservoOn 서보모터를 140의 도의 각도로 이동한 후 2초 후 다시 0도로 원상복귀한다.

[업로드] 버튼을 클릭하여 프로그램을 업로드 후 [시리얼모니터]를 열어 값을 확인한다.

동작 결과

fireabase의 웹페이지에서 값을 수정한다. /appinventor/onoff 데이터를 "1", "0"으로 바꾸어본다. 바꿨을 때 서보모터가 동작하는지 확인한다.

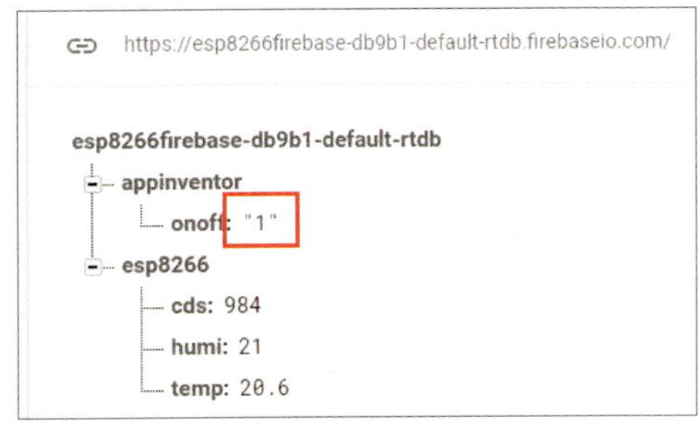

서보모터를 전등에 다음과 같이 부착한다. 서보모터 부착은 두꺼운 양면테이프를 이용하여 부착한다.

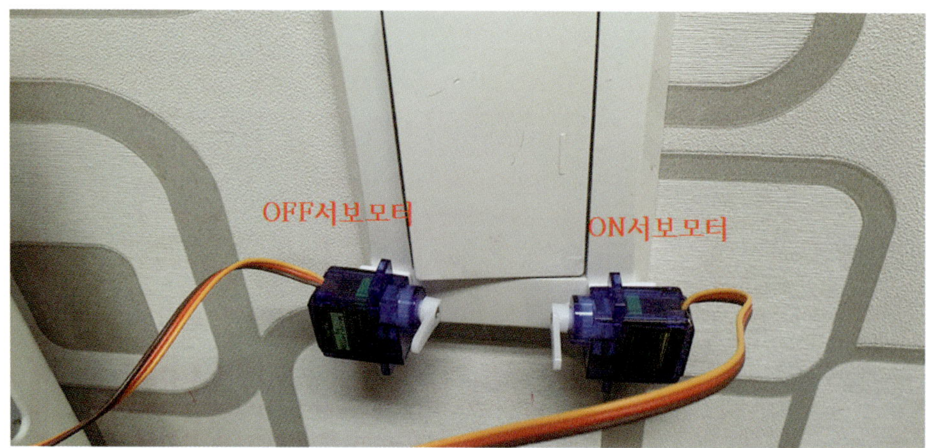

/appinventor/onoff의 데이터가 0이 되면 OFF 서보모터가 40도로 움직여 전등을 끄고 2초 후에 다시 원래 자리인 180도로 이동한다.

/appinventor/onoff의 데이터가 1이 되어 ON 서보모터의 각도가 140도로 움직여 전등을 켜고 2초 후에 다시 원래 자리인 0도로 이동한다.

서보모터의 각도는 아래와 같다.

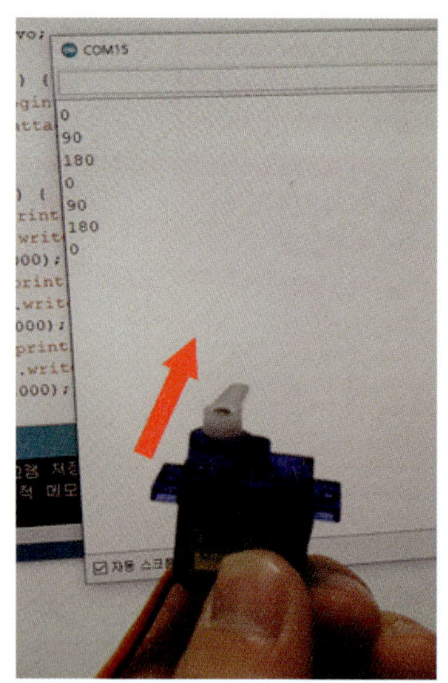

◆ 〈0도〉

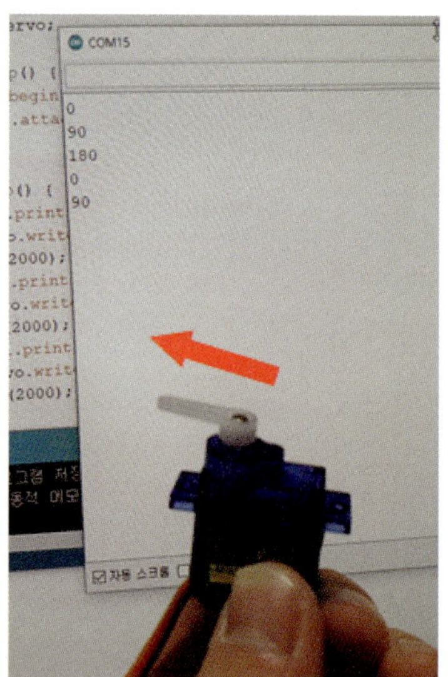

◆ 〈90도〉

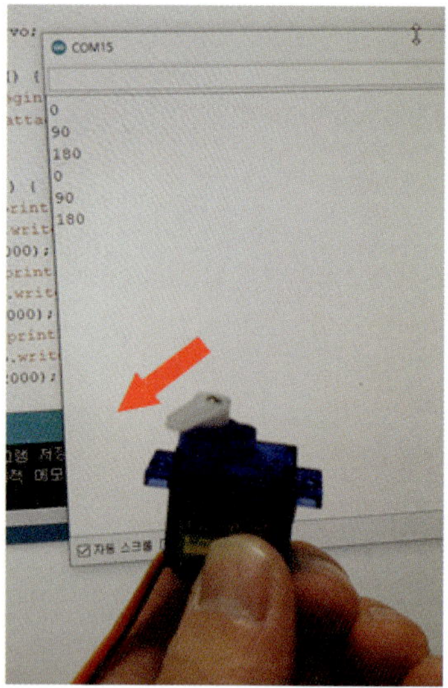

◆ 〈180도〉

서보모터는 나의 집에 배치된 스위치 상황에 맞게 각도는 변경해서 사용한다.

이제 앱인벤터로 앱을 만들어서 진행하도록 한다.

앱인벤터로 앱 만들고 테스트하기

1 앱인벤터에서 'project_39' 이름으로 정하고 [확인]을 눌러 새로운 프로젝트를 생성한다.

2 [레이아웃]에서 [수평배치]를 끌어와 뷰어에 위치시킨다. 수평배치1의 속성을 다음과 같이 설정한다.

- 수평정렬: 가운데:3
- 수직정렬: 가운데:2
- 높이: 80픽셀
- 너비: 부모 요소에 맞추기

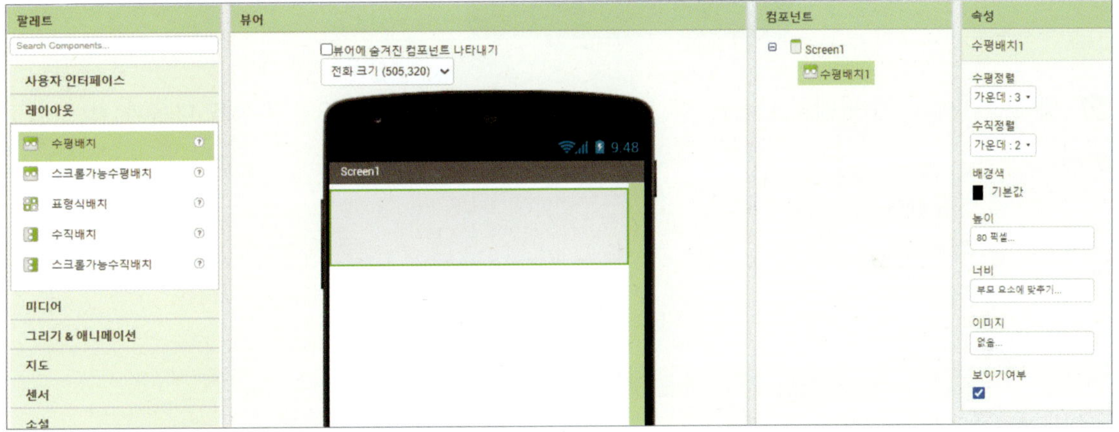

3 [사용자인터페이스]에서 버튼2개를 끌어와 뷰어의 수평배치1 안에 위치시킨다.
이름을 각각 왼쪽 오른쪽 [끔_버튼],[켬_버튼]으로 이름을 바꾼다.

[끔_버튼]의 속성을 다음과 같이 설정한다.

- 글꼴크기 30, 높이:부모 요소에 맞추기. 너비:부모 요소에 맞추기, 텍스트:OFF

[켬_버튼]의 속성을 다음과 같이 설정한다.

- 글꼴크기 30, 높이:부모 요소에 맞추기. 너비:부모 요소에 맞추기, 텍스트:ON

4 [레이아웃]에서 [수평배치]를 끌어와 뷰어에 위치시킨다. 수평배치2의 속성을 다음과 같이 설정한다.

- 수평정렬: 가운데:3
- 수직정렬: 가운데:2
- 높이: 80픽셀
- 너비: 부모 요소에 맞추기

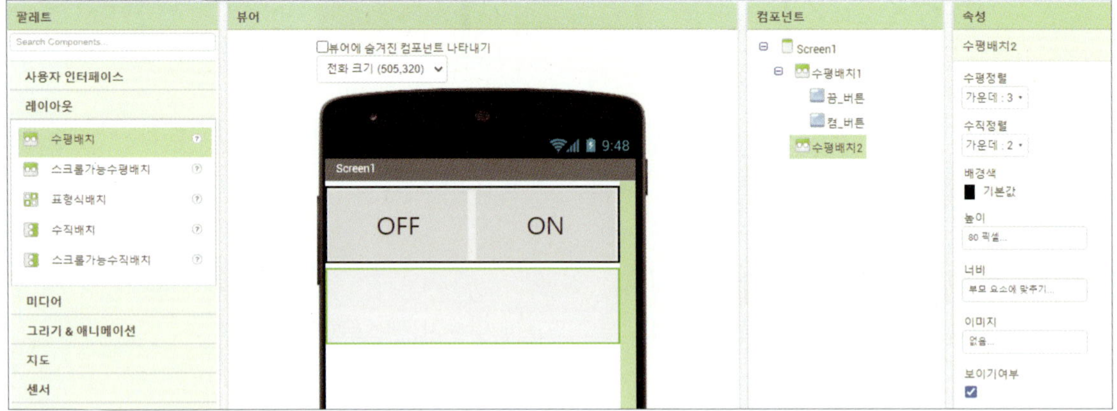

5 [사용자 인터페이스]에서 [레이블]을 끌어와 수평배치2 안에 위치시킨다. 이름을 [조도]로 변경하고 [조도]의 속성을 다음과 같이 설정한다.

- 글꼴크기: 30
- 텍스트: 조도

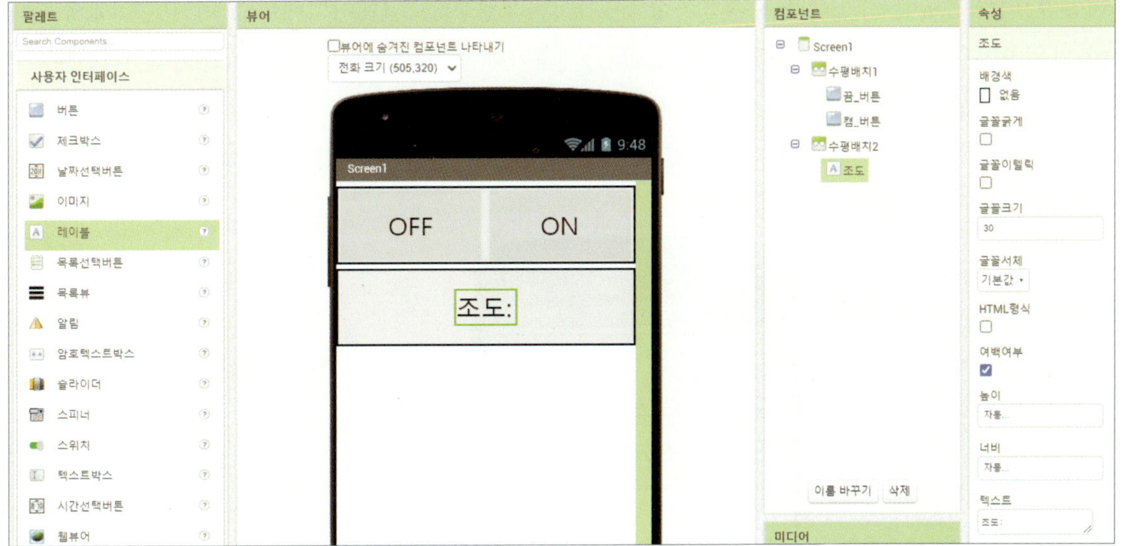

6 [사용자 인터페이스]에서 [레이블]을 끌어와 수평배치2 안에 위치시킨다. 이름을 [조도_값]로 변경하고 [조도_값]의 속성을 다음과 같이 설정한다.

- 글꼴크기: 30
- 텍스트: 비워두기

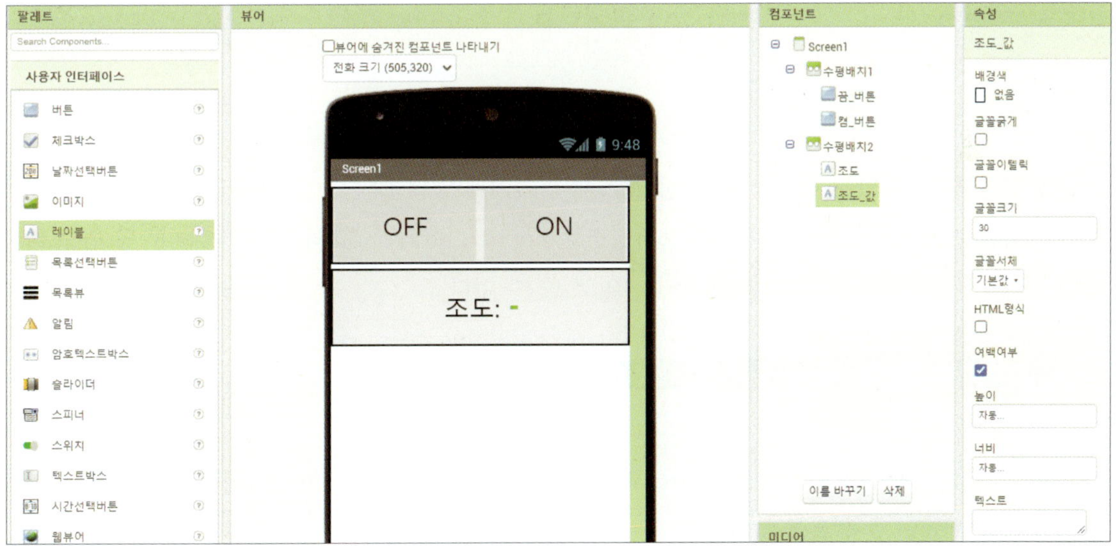

7 [실험실]에서 [파이어베이스DB]를 끌어와 뷰어에 위치시킨다. 파이어베이스DB1의 속성을 다음과 같이 설정한다. 파이어베이스의 토큰(비밀번호)와 url 주소를 입력한다.

비밀번호는 [톱니바퀴] –> [프로젝트설정] –> [서비스계정] –> [데이터베이스 비밀번호]에서 확인이 가능하며, URL은 [Realtime Database] –> [데이터 탭]에서 주소확인이 가능하다. 앱인벤터에서는 파이어베이스의 전체 주소를 복사하여 붙여넣는다.

8 이제 [블록]으로 이동하여 코딩하도록 한다.

Screnn1이 초기화되었을 때, 즉 앱을 시작할 때 파이어베이스DB의 프로젝트버킷은 의도적으로 비운다. 비우지 않는다면 경로가 프로젝트버킷경로/appinventor/onoff의 경로가 된다. 앞에 프로젝트버킷경로가 추가되어 제대로 된 데이터를 읽고 쓸 수 없다.

언제 Screen1 .초기화되었을때
실행 지정하기 파이어베이스DB1 . 프로젝트버킷 값 " "

[끔_버튼]과 [켬_버튼]을 클릭했을 때 /appinventor/onoff 경로 상에 0또는 1의 값을 저장한다. 0,1 값은 수학에 위치한 숫자값으로 지정한다.

파이어베이스DB의 값이 변경되었다면 동작한다. 태그에서 ESP8266이 있을 때만 조건에 만족하여 cds에 해당하는 값을 가지고와서 [조도_값]에 표시한다.

9 [연결]에서 [AI 컴패니언]을 클릭하여 앱을 실행하자.

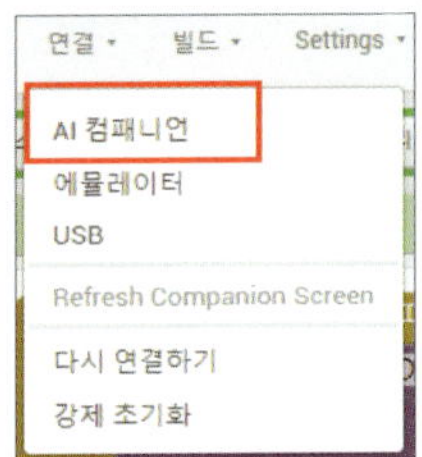

동작 결과

OFF/ON 버튼을 눌러 서보모터가 동작하여 스위치를 끄고 켜는지 확인하여보자.

OFF버튼을 눌러 전등이 꺼졌을 때 조도값이 낮아졌다.

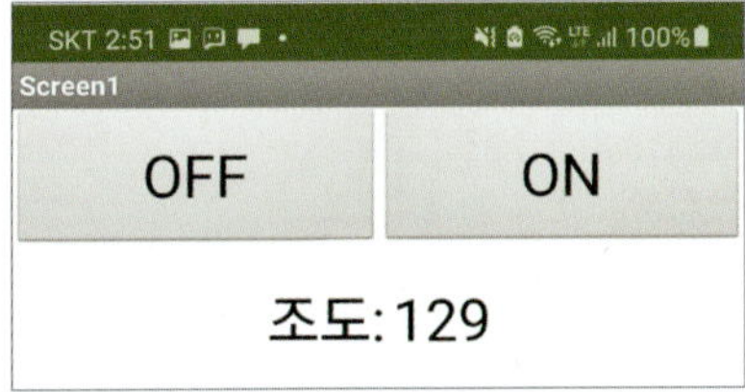

ON버튼을 눌러 전등이 켜졌을 때 조도값이 높아졌다.

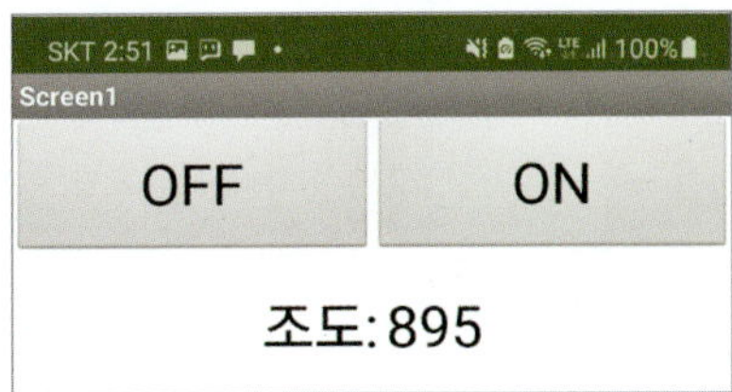

동작 동영상 링크

https://youtu.be/QXlthd3zhYM

05 _ 40 인공지능 _ 머신러닝 제스처 분류기 만들기

학 습 목 표

가속도, 자이로센서의 데이터를 받아서 제스처를 분류하는 분류기를 만들어보자. 일반적으로 가속도, 자이로센서의 데이터를 받아 사람이 계산한 알고리즘을 통한 분류가 아닌 데이터를 획득한 후 기계학습을 통한 분류기를 만들어본다.
일반적으로 오랜기간동안 해왔던 방식은 [데이터획득] -> [인간이 알고리즘만든다] -> [기계에적용] 이었다면 인공지능 머신러닝을 통해 [데이터획득] -> [기계가학습] -> [기계가알고리즘만든다] -> [기계에적용] 순서로 이루어진다. 머신러닝으로 우리가 해야할 일은 [데이터를얻는다] -> [학습된데이터를기계에넣는다] -> [결과를확인한다.] 순으로 데이터를 얻고 결과를 확인하고 결과가 틀리다면 좋은 데이터를 기계에 넣어주는 역할을 한다. 알고리즘을 기계가 찾는다. 이번 프로젝트에서는 데이터를 획득하여 학습시키고 결과를 얻는 과정을 진행해보자. 총 40개의 작품 중 이번프로젝트는 기계가 만든 알고리즘을 통해 결과를 얻기 때문에 흥미로운 작품이 될 것이다. [기계]는 전자장비, 아두이노 등 다양한 것을 지칭한다.

준비물

다음과 같은 부품을 준비한다.

부품명	수량
아두이노 우노	1개
브레드보드	1개
MPU6050 가속도자이로센서모듈	1개
수/수 점퍼케이블	4개

회로 구성

브레드보드에 다음과 같이 회로를 구성한다.

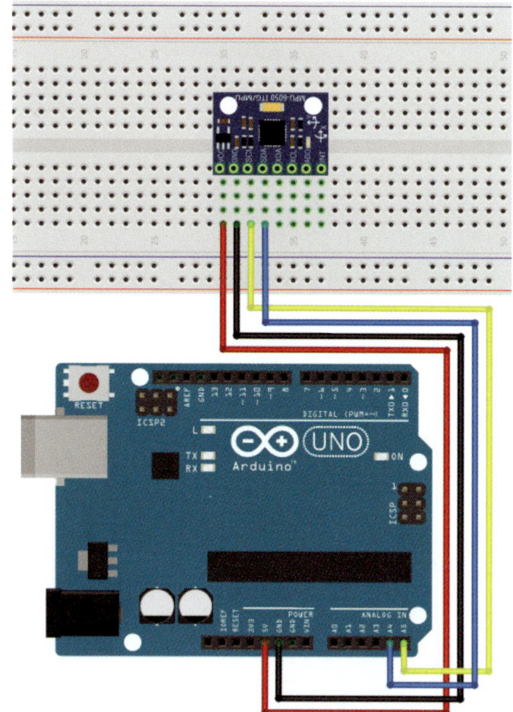

MPU6050 센서모듈의 SCL핀은 아두이노의 A5번 핀에 연결하고, SDA핀은 아두이노의 A4번 핀에 연결한다. VCC는 5V, GND는 GND와 연결한다.

라이브러리 설치하기

MPU6050 센서의 라이브러리를 설치하고 센서의 값을 받아보자.

1 [스케치] -> [라이브러리포함하기] -> [라이브러리관리]를 클릭하여 [라이브러리매니저] 창을 열어 "mpu6050"을 검색 후 MPU6050_light 라이브러리를 설치한다.

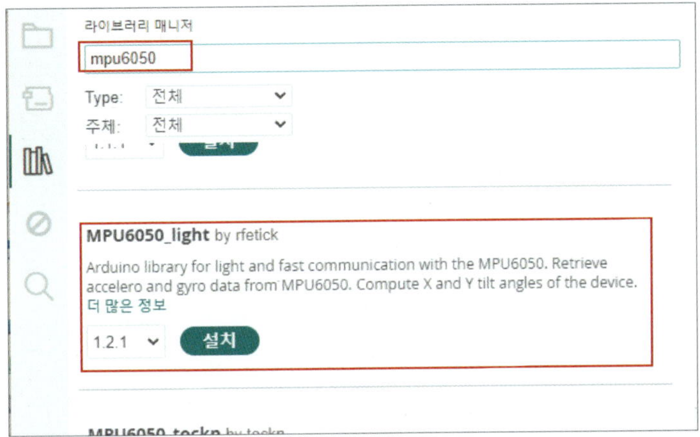

MPU6050 센서에서 값을 받아 값을 전송하는 프로그램을 만들어보자.

아두이노 코드 작성

다음과 같은 아두이노 코드를 작성한다.

40_1.ino

```
#include "Wire.h"
#include <MPU6050_light.h>

MPU6050 mpu(Wire);

#define NUM_AXES 3
float caldata[NUM_AXES];

#define CUTDATA 20

void setup() {
 Serial.begin(115200);
 Wire.begin();
 mpu.begin();
 mpu.calcOffsets(true, true);
```

```
16      calibrate();
17    }
18
19    void loop() {
20      mpu.update();
21      float ax, ay, az;
22      ax = mpu.getAccX();
23      ay = mpu.getAccY();
24      az = mpu.getAccZ();
25      ax =constrain(ax - caldata[0], -CUTDATA, CUTDATA);
26      ay =constrain(ay - caldata[1], -CUTDATA, CUTDATA);
27      az =constrain(az - caldata[2], -CUTDATA, CUTDATA);
28      Serial.print(ax);
29      Serial.print( “ \t ” );
30      Serial.print(ay);
31      Serial.print( “ \t ” );
32      Serial.println(az);
33    }
34
35    void calibrate() {
36      float ax, ay, az;
37
38      for (int i =0; i <10; i++) {
39              ax = mpu.getAccX();
40              ay = mpu.getAccY();
41              az = mpu.getAccZ();
42              delay(100);
43      }
44
45      caldata[0] = ax;
46      caldata[1] = ay;
47      caldata[2] = az;
48    }
```

01 : I2C 통신을 위한 wire.h 헤더파일 추가

02 : MPU6050_light 헤더파일 추가

06 : NUM_AXES 이름에 3을 정의한다. 3축을 의미한다.

07 : 보정된 데이터값을 가지고 있는 배열변수 선언이다.

09 : 센서데이터의 MAX값을 자를 때 사용하는 값 정의

16 : 가속도센서의 3축값을 0으로 보정한다. 35~48의 함수

20 : mpu센서를 업데이트한다. 값을 받아온다.

22~24 : X, Y, Z축의 값을 읽어온다.

25~27 : constrain(값,최소,최대)는 값이 최소, 최대값이 넘어가면 값을 최소,최대값으로 제한한다. X, Y, Z의 값을 보정하고 최소,최대값으로 제한한다.

28~32 : 시리얼통신으로 가속도 X, Y, Z 값을 출력한다.

38~43 : 센서에서 값을 읽는다

45~47 : X, Y, Z값을 caldata 배열변수에 대입한다. offset값이 저장되어 있다.

MPU6050 센서에서 X, Y, Z축 값을 읽어 보정하고 시리얼통신으로 X, Y, Z축 값을 전송하는 프로그램이다.

동작 결과

아두이노 프로그램을 업로드 후 시리얼 플로터를 열어 값을 확인한다. 시리얼 플로터의 통신속도를 115200으로 맞춘다.

센서를 움직여 보면서 값 나오는지 확인한다.

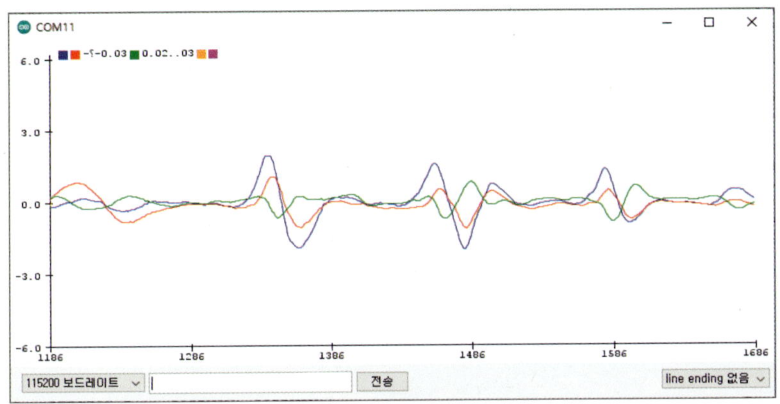

데이터를 학습하기 위해서는 특정 동작이 발생할 때 일정구간의 데이터를 학습해야 한다.

움직임을 감지하고 움직임이 있을 때만 일정구간의 데이터를 학습하는 코드를 만들어보자.

아두이노 코드 작성

다음과 같은 아두이노 코드를 작성한다.

40_2.ino

```
#include "Wire.h"
#include <MPU6050_light.h>

MPU6050 mpu(Wire);

#define NUM_AXES 3
float caldata[NUM_AXES];

#define CUTDATA 20

#define NUM_SAMPLES 30
float features[NUM_SAMPLES * NUM_AXES];
#define ACCEL_THRESHOLD 2
#define INTERVAL 30

```

```
void setup() {
 Serial.begin(115200);
 Wire.begin();
 mpu.begin();
 mpu.calcOffsets(true, true);
 calibrate();
}

void loop() {
 mpu.update();
 float ax, ay, az;
 ax = mpu.getAccX();
 ay = mpu.getAccY();
 az = mpu.getAccZ();
 ax =constrain(ax - caldata[0], -CUTDATA, CUTDATA);
 ay =constrain(ay - caldata[1], -CUTDATA, CUTDATA);
 az =constrain(az - caldata[2], -CUTDATA, CUTDATA);

 if (motionDetected(ax, ay, az))
 {
        recordIMU();
        for (int i =0; i < NUM_SAMPLES; i++)
        {
         Serial.print(features[i * NUM_AXES +0]);
         Serial.print( “ \t ” );
         Serial.print(features[i * NUM_AXES +1]);
         Serial.print( “ \t ” );
         Serial.println(features[i * NUM_AXES +2]);
        }
 }
 else
 {
        delay(10);
 }
}

void calibrate() {
 float ax, ay, az;

 for (int i =0; i <10; i++) {
        ax = mpu.getAccX();
        ay = mpu.getAccY();
        az = mpu.getAccZ();
        delay(100);
 }

```

```
62     caldata[0] = ax;
63     caldata[1] = ay;
64     caldata[2] = az;
65    }
66
67    bool motionDetected(float ax, float ay, float az) {
68     return (abs(ax) +abs(ay) +abs(az)) > ACCEL_THRESHOLD;
69    }
70
71    void recordIMU() {
72     float ax, ay, az;
73
74     for (int i =0; i < NUM_SAMPLES; i++)
75     {
76             mpu.update();
77             ax = mpu.getAccX();
78             ay = mpu.getAccY();
79             az = mpu.getAccZ();
80
81             ax =constrain(ax - caldata[0], -CUTDATA, CUTDATA);
82             ay =constrain(ay - caldata[1], -CUTDATA, CUTDATA);
83             az =constrain(az - caldata[2], -CUTDATA, CUTDATA);
84
85             features[i * NUM_AXES +0] = ax;
86             features[i * NUM_AXES +1] = ay;
87             features[i * NUM_AXES +2] = az;
88
89             delay(INTERVAL);
90     }
91    }
```

11 : 몇 개의 데이터를 샘플링할지 정의한다. NUM_SAMPLES에 30으로 정의한다. 30개의 데이터를 샘플링 할 것이다.

12 : freatures 배열 변수에 샘플링된 데이터를 저장한다. 30개씩 3개의 2차원 배열로 선언하였다. X, Y, Z축 각각 30개씩 저장한다.

13 : 충격량이 2 이상일 때 데이터를 획득하도록 ACCEL_THRESHOLD를 2로 정의하였다. THRESHOLD의 뜻은 임계점을 의미한다.

14 : 데이터를 저장하는 주기를 뜻하는 INTERVAL 값을 30으로 정의하였다. 샘플주기는 30mS마다 저장한다.

34 : 모션을 감지하였을 조건에 만족한다.

67~69 : 함수이다.

***67~69**: X, Y, Z축의 절대값이 ACCEL_THRESHOLD인 2를 넘으면 1을 리턴한다.

36 : 센서에서 값을 읽는다.

71~91 :함수이다.

***71~91**: 30mS마다 30번 X, Y, Z축 값을 읽어 freatures 배열에 저장한다.

***74~90**: NUM_SAMPLES의 값인 30번 for문을 동작시킨다.

***85~87**: freatures 배열에 X, Y, Z축 값을 저장한다.

***89** : INTERVAL 시간만큼 기다린다.

37~43 : 시리얼통신으로 X, Y, Z축 값이 저장된 freatures 값을 전송한다.

모션(충격)이 감지되었을 때 30mS간격으로 30번 저장된 값이 시리얼통신으로 전송하여 어떤 데이터를 획득하였는지 확인이 가능하다.

동작 결과

아두이노 프로그램을 업로드 후 시리얼 플로터를 열어 값을 확인한다.

충격이 있거나 특정 동작을 할 때 만 데이터를 취득하고 취득한 데이터를 전송한다.

펀치, 왼쪽, 오른쪽, 위, 아래 동작을 해보면서 데이터를 확인한다.

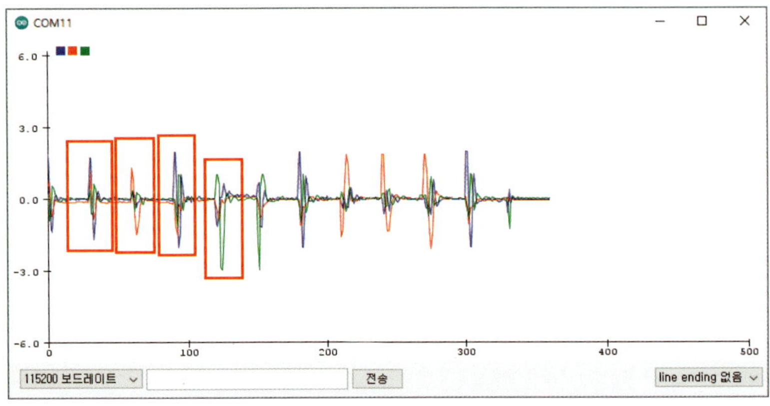

펀치, 왼쪽, 위 동작이 센서의 데이터가 확연하게 틀려서 학습이 잘되고 결과를 보기가 쉽다. 다음의 3개의 동작으로 데이터를 학습하도록 한다.

데이터를 학습하기 위해서는 데이터를 콤마(,) 형태로 구분해야 한다. 콤마 형태로 시리얼통신으로 데이터를 보내는 코드를 추가한다.

아두이노 코드 작성

다음과 같은 아두이노 코드를 작성한다.

40_3.ino

```
#include "Wire.h"
#include <MPU6050_light.h>

MPU6050 mpu(Wire);

#define NUM_AXES 3
float caldata[NUM_AXES];

#define CUTDATA 20

#define NUM_SAMPLES 30
```

```
float features[NUM_SAMPLES * NUM_AXES];
#define ACCEL_THRESHOLD 2
#define INTERVAL 30

void setup() {
 Serial.begin(115200);
 Wire.begin();
 mpu.begin();
 mpu.calcOffsets(true, true);
 calibrate();
}

void loop() {
 mpu.update();
 float ax, ay, az;
 ax = mpu.getAccX();
 ay = mpu.getAccY();
 az = mpu.getAccZ();
 ax =constrain(ax - caldata[0], -CUTDATA, CUTDATA);
 ay =constrain(ay - caldata[1], -CUTDATA, CUTDATA);
 az =constrain(az - caldata[2], -CUTDATA, CUTDATA);

 if (motionDetected(ax, ay, az))
 {
        recordIMU();
        printFeatures();
 }
 else
 {
        delay(10);
 }
}

void calibrate() {
 float ax, ay, az;

 for (int i =0; i <10; i++) {
        ax = mpu.getAccX();
        ay = mpu.getAccY();
        az = mpu.getAccZ();
        delay(100);
 }

 caldata[0] = ax;
 caldata[1] = ay;
 caldata[2] = az;
```

```
58      }
59
60      bool motionDetected(float ax, float ay, float az) {
61       return (abs(ax) +abs(ay) +abs(az)) > ACCEL_THRESHOLD;
62      }
63
64      void recordIMU() {
65       float ax, ay, az;
66
67       for (int i =0; i < NUM_SAMPLES; i++)
68       {
69               mpu.update();
70               ax = mpu.getAccX();
71               ay = mpu.getAccY();
72               az = mpu.getAccZ();
73
74               ax =constrain(ax - caldata[0], -CUTDATA, CUTDATA);
75               ay =constrain(ay - caldata[1], -CUTDATA, CUTDATA);
76               az =constrain(az - caldata[2], -CUTDATA, CUTDATA);
77
78               features[i * NUM_AXES +0] = ax;
79               features[i * NUM_AXES +1] = ay;
80               features[i * NUM_AXES +2] = az;
81
82               delay(INTERVAL);
83       }
84      }
85
86      void printFeatures() {
87       const uint16_t numFeatures = sizeof(features) / sizeof(float);
88
89       for (int i =0; i < numFeatures; i++) {
90               Serial.print(features[i]);
91               Serial.print(i == numFeatures -1 ? ‘\n’ : ‘,’);
92       }
93      }
```

37: 모션감지에 의해 획득한 features 데이터를 ,콤마형태로 시리얼통신으로 전송한다. 86~93의 함수

87: features 배열의 크기를 numFreatures 변수에 저장한다.

89: numFreatures크기만큼 for문을 동작시킨다.

90: features 값을 전송한다.

91: 값이 마지막 값이면 ₩n 줄바꿈을 전송하고 그렇지 않다면 콤마(,)를 전송한다.

동작 결과 [머신러닝_데이터 모으기]

1 아두이노 프로그램을 업로드 후 시리얼모니터를 열어 값을 확인한다. 충격이 있을 때 값이 나오는 것을 확인할 수 있다. [출력 지우기]를 클릭하여 데이터를 학습하는 방법에 대해 알아보도록 한다.

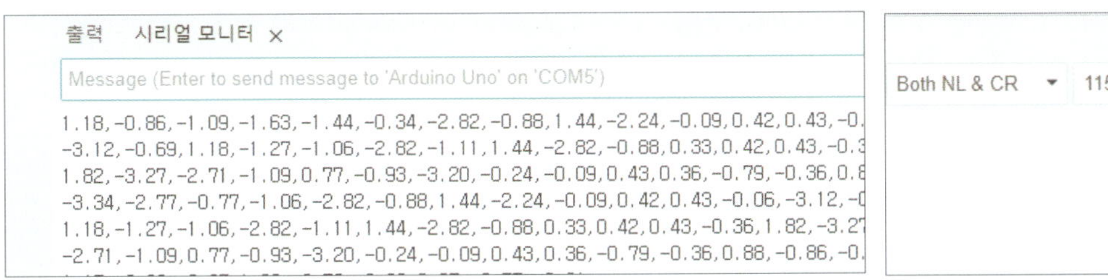

2 [출력 지우기]를 클릭하여 시리얼모니터 창에 아무것도 나타나지 않은 상태이다. 우리는 펀치, 왼쪽, 위로 세 가지 데이터를 얻어야 한다.

3 첫 번째로 펀치 데이터를 획득하자. 센서를 펀치를 하는 듯이 앞쪽으로 강하게 이동시킨다.

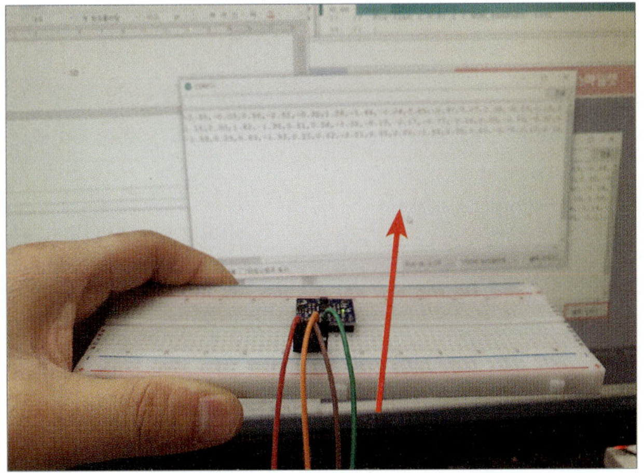

4 시리얼모니터 창을 보면서 10개 이상 데이터를 획득한다. 중간에 다른 데이터가 섞였다면 [출력 지우기] 버튼을 누르고 다시 처음부터 데이터를 획득한다. 잘못된 데이터가 섞이면 출력결과에 안 좋은 영향이 있다. 10개 이상의 데이터를 모은 후 시리얼모니터 창에서 Ctrl + A 를 눌러 전체 선택을 한 후 Ctrl + C 를 눌러 복사한다. Ctrl + C 를 여러 번 눌러 확실히 복사하도록 한다.

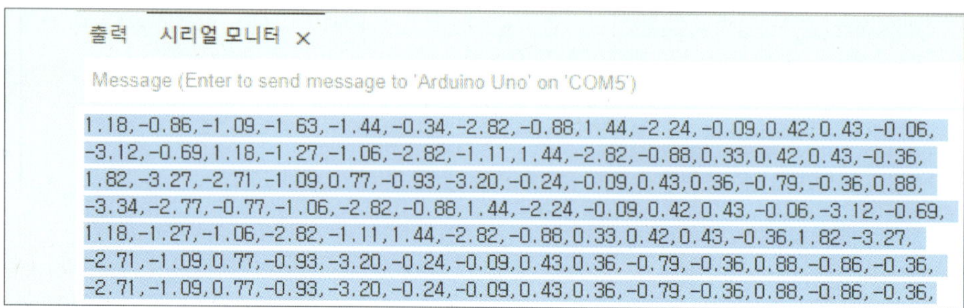

5 윈도우에서 메모장을 연다.

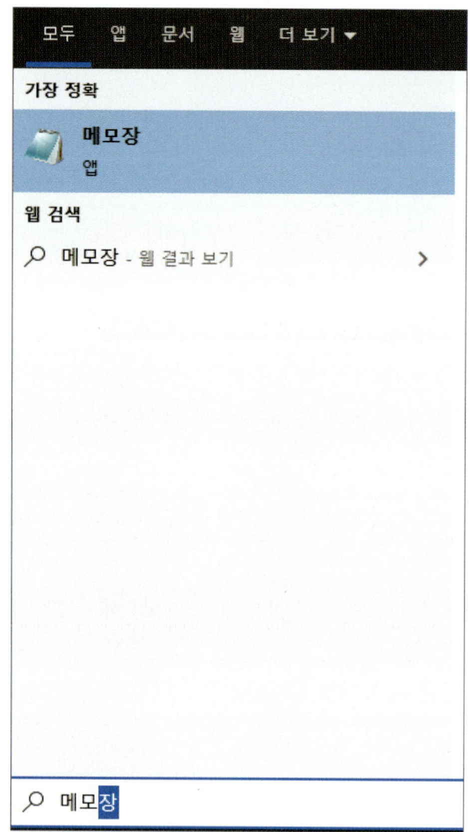

6 복사한 데이터를 Ctrl + V 를 눌러 붙여 넣는다.

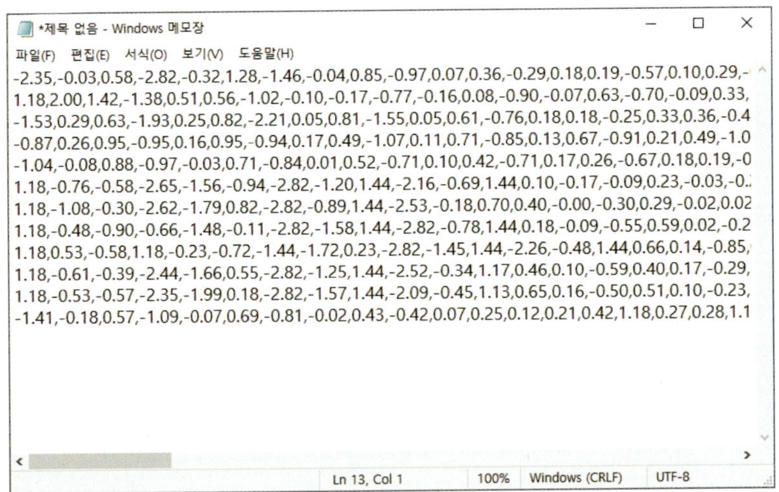

7 [바탕화면] –> [머신러닝학습데이터] 폴더를 만들어 punch.txt 파일로 저장한다.
폴더의 위치는 변경하여도 무방하다. 학습된 데이터의 파일이름은 바꿔도 무방하나 영어로 한다. punch의 이름으로 결과값이 출력되기 때문이다.

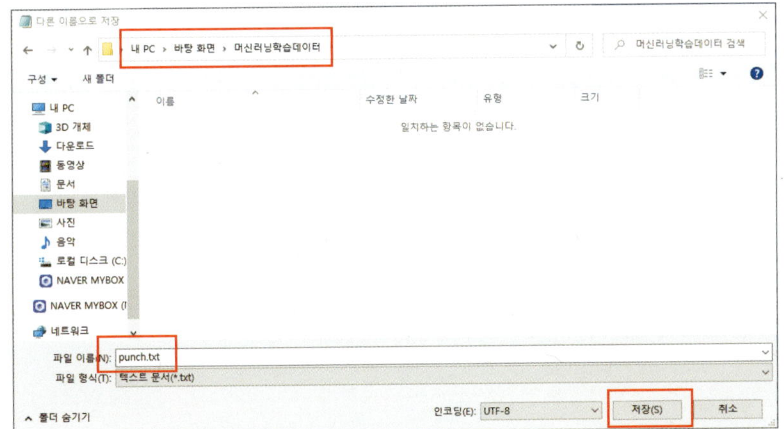

8 [출력 지우기]를 누른 후 같은 방법으로 왼쪽, 위의 데이터도 획득하여 파일을 만든다. 왼쪽은 left.txt 위는 up.txt 파일로 만들다.
왼쪽을 만들 때는 왼쪽으로 센서를 강하게 이동시키고, 위를 만들 때는 위쪽으로 센서를 강하게 이동시킨다. [바탕화면]의 [머신러닝학습데이터]에 left.txt, punch.txt, up.txt의 3개의 데이터를 모았다.

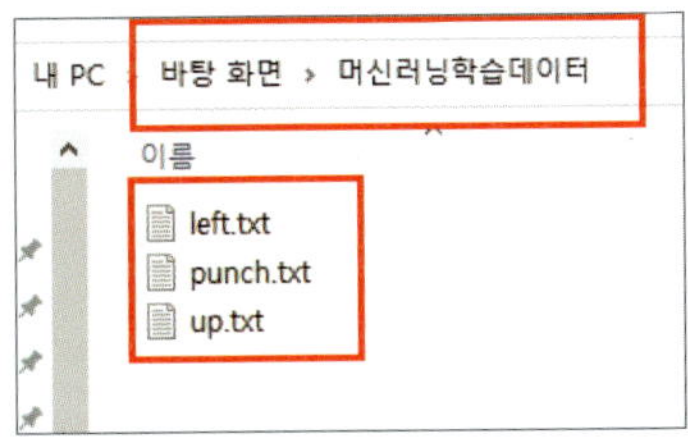

동작 결과 [머신러닝_데이터 학습하기]

모은 데이터를 학습하도록 한다.

1 학습한 데이터를 분류할 때는 [파이썬]을 이용한다. 파이썬을 이용하는 방법은 여러 가지 방법이 있다. PC에 프로그램을 설치한 후 진행해도 되나 요번 작품에서는 설치 없이 구글에서 제공하는 COLAB(코랩)이라는 웹에서 파이썬 코드를 동작시킬수 있는 서비스를 이용하도록한다.
구글에서 "구글 코랩"을 검색 후 아래의 사이트에 접속한다.

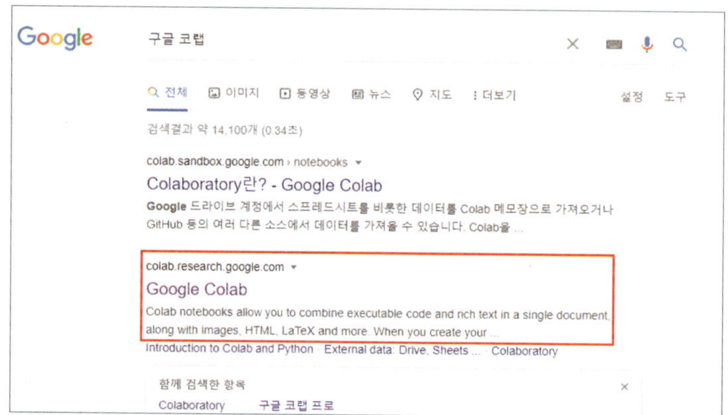

2 구글 코랩 사이트에 접속하였다. 구글 계정으로 진행한다. 구글 계정이 없다면 계정 생성 후 진행한다.

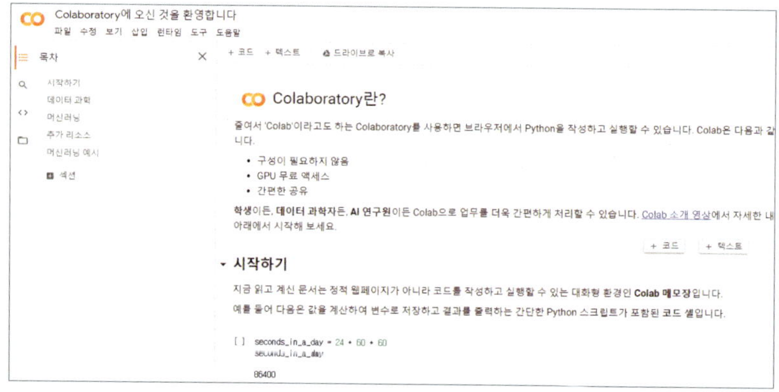

3 [파일] -> [새 노트]를 클릭한다.

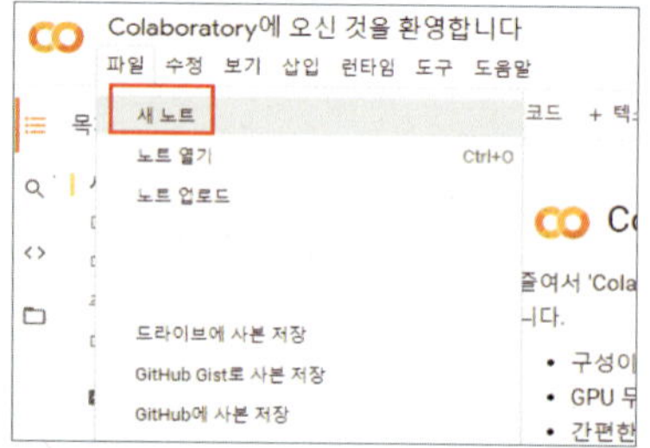

4 파이썬 코드를 작성할 수 있는 노트가 생성되었다. 파이썬 코드를 웹에서 실행시킬 수 있다. 다음 부분에 파이썬 코드를 작성한다.

5 다음의 파이썬 코드를 작성한다. 파이썬으로 데이터를 학습 후 C언어로 내보내주는 코드이다. 파이썬 코드는 배우지 않아 작성하기 어렵다면 제공해주는 [python_40.py] 파일을 열어 전체 선택 후 코랩에 붙여넣기 하여 사용한다.

python_40.py

```
import numpy as np
from glob import glob
from os.path import basename
from google.colab import files
uploaded = files.upload()
from sklearn.ensemble import RandomForestClassifier
!pip install micromlgen
from micromlgen import port

def load_features(folder):
    dataset =None
    classmap = {}
    for class_idx, filename in enumerate(glob(‘%s/*.txt’ % folder)):
        class_name = basename(filename)[:-4]
        classmap[class_idx] = class_name
        samples = np.loadtxt(filename, dtype=float, delimiter=',')
        labels = np.ones((len(samples), 1)) * class_idx
        samples = np.hstack((samples, labels))
        dataset = samples if dataset is None else np.vstack((dataset, samples))

    return dataset, classmap


def get_classifier(features):
    X, y = features[:, :-1], features[:, -1]

    return RandomForestClassifier(20, max_depth=10).fit(X, y)


```

```
30	if __name__ == '__main__':
31		features, classmap = load_features('./')
32		classifier = get_classifier(features)
33		c_code = port(classifier, classmap=classmap)
34		print("//namespace Eloquent { 줄부터 복사하세요")
35		print(c_code)
36		print("//위에까지복사하세요")
```

10~19: 폴더에서 .txt 파일을 모두 읽어 데이터화 하는 함수이다.
24~27: 데이터를 분류하는 함수이다.
30~36: 메인부분으로 데이터를 읽어서 분류하고 분류된 데이터를 C언어 코드로 변환해준다.

6 파이썬 프로그램을 모두 작성 후 [● 버튼]을 클릭하여 프로그램을 실행한다.

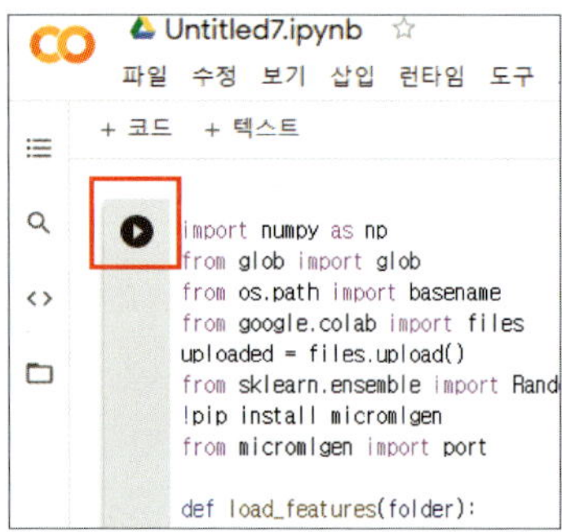

7 코드가 실행되면서 아래 부분에 파일을 선택할 수 있는 버튼이 생성된다. [파일 선택]을 클릭한다.

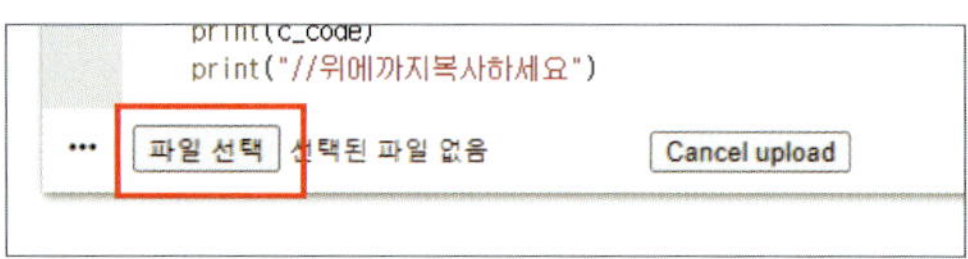

8 만들어둔 [바탕화면]에서 [머신러닝학습데이터] 폴더의 left.txt, punch.txt, up.txt의 세 개의 파일을 모두 선택 후 [열기] 버튼을 클릭한다.

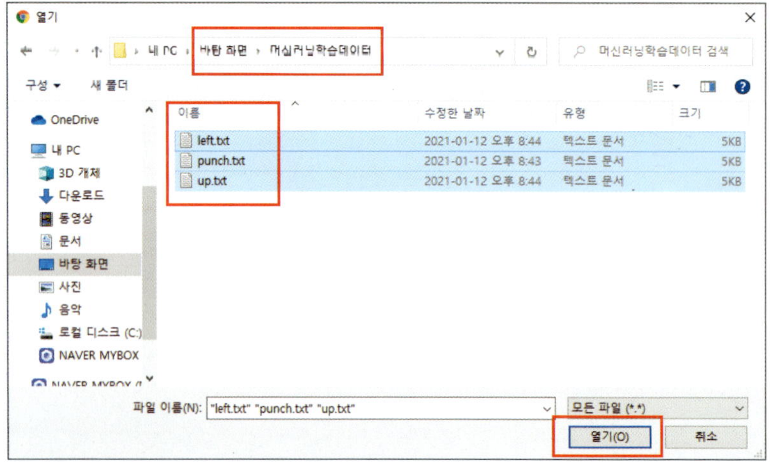

9 시간이 조금 지난 후 다음과 같은 결과가 생성되었다.

```
                            else {
                                votes[2] += 1;
                            }

                            // tree #20
                            if (x[42] <= 0.2499999925494194) {
                                if (x[3] <= 1.4049999713897705) {
                                    votes[1] += 1;
                                }

                                else {
                                    votes[0] += 1;
                                }
                            }

                            else {
                                votes[2] += 1;
                            }

                            // return argmax of votes
                            uint8_t classIdx = 0;
                            float maxVotes = votes[0];
```

10 스크롤을 위로 올려 namespace Eloquent { 줄부터 선택하여 마우스 휠을 아래로 내려 줍니다

```
Installing collected packages: micromlgen
Successfully installed micromlgen-1.1.21
//namespace Eloquent { 줄부터 복사하세요
#pragma once
#include <cstdarg>
namespace Eloquent {
    namespace ML {
        namespace Port {
            class RandomForest {
                public:
                    /**
                    * Predict class for features vector
                    */
                    int predict(float *x) {
                        uint8_t votes[3] = { 0 };
                        // tree #1
                        if (x[57] <= 0.2750000059604645) {
                            if (x[5] <= -0.8650000095367432) {
                                votes[0] += 1;
                            }

                            else {
                                if (x[85] <= -0.125) {
                                    votes[0] += 1;
                                }

                                else {
                                    votes[1] += 1;
                                }
                            }
```

11 아래까지 선택 후 Ctrl + C 를 눌러 복사한다.

```
                    const char* predictLabel(float *x) {
                        switch (predict(x)) {
                            case 0:
                            return "punch";
                            case 1:
                            return "left";
                            case 2:
                            return "up";
                            default:
                            return "Houston we have a problem";
                        }
                    }

                protected:
                };
            }
        }
    }
//위에까지복사하세요
```

C 파일을 아두이노에 적용하기

이제 복사된 C 파일을 아두이노에서 적용하는 방법을 알아보자.

1 [40_4] 이름으로 새로운 아두이노 파일을 만든다.

2 아두이노의 오른쪽에 [ ] 버튼을 클릭 후 [새 탭]을 클릭한다.

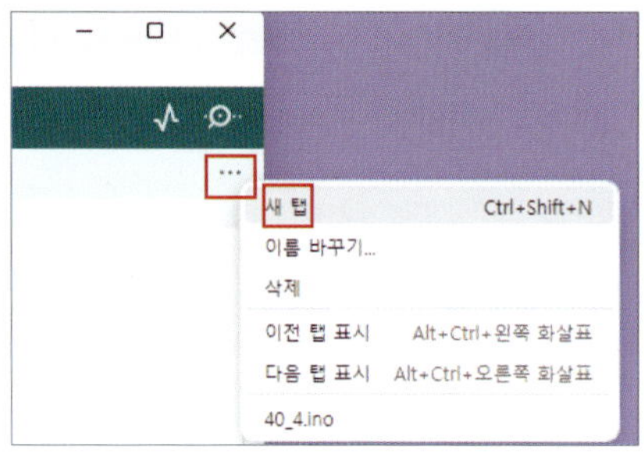

3 model.h 이름을 적고 [확인] 버튼을 클릭한다.

4 model.h 파일이 생성되었다.

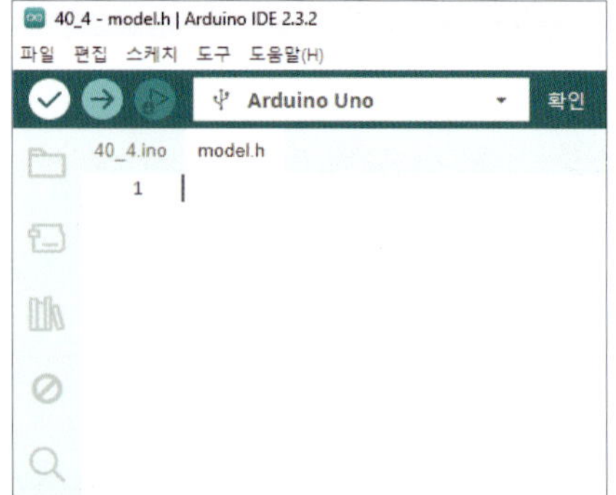

5 파이썬에서 생성된 C 코드를 붙여 넣는다.

```
40_4    model.h §
                }
            }

            return classIdx;
        }

        /**
        * Convert class idx to readable name
        */
        const char* predictLabel(float *x) {
            switch (predict(x)) {
                case 0:
                return "punch";
                case 1:
                return "left";
                case 2:
                return "up";
                default:
                return "Houston we have a problem";
            }
        }

    protected:
    };
  }
}
```

6 다시 원래의 탭으로 돌아와 아두이노 코드를 완성한다.

아두이노 코드 작성

다음과 같은 아두이노 코드를 작성한다.

40_4.ino

```
#include “Wire.h”
#include <MPU6050_light.h>
#include “model.h”

MPU6050 mpu(Wire);

#define NUM_AXES 3
float caldata[NUM_AXES];

#define CUTDATA 20

#define NUM_SAMPLES 30
float features[NUM_SAMPLES * NUM_AXES];
#define ACCEL_THRESHOLD 2
#define INTERVAL 30

```

```
Eloquent::ML::Port::RandomForest classifier;

void setup() {
 Serial.begin(115200);
 Wire.begin();
 mpu.begin();
 mpu.calcOffsets(true, true);
 calibrate();
}

void loop() {
 mpu.update();
 float ax, ay, az;
 ax = mpu.getAccX();
 ay = mpu.getAccY();
 az = mpu.getAccZ();
 ax =constrain(ax - caldata[0], -CUTDATA, CUTDATA);
 ay =constrain(ay - caldata[1], -CUTDATA, CUTDATA);
 az =constrain(az - caldata[2], -CUTDATA, CUTDATA);

 if (motionDetected(ax, ay, az))
 {
        recordIMU();
        //printFeatures();
        classify();
 }
 else
 {
        delay(10);
 }
}

void calibrate() {
 float ax, ay, az;

 for (int i =0; i <10; i++) {
        ax = mpu.getAccX();
        ay = mpu.getAccY();
        az = mpu.getAccZ();
        delay(100);
 }

 caldata[0] = ax;
 caldata[1] = ay;
 caldata[2] = az;
}
```

```
063
064 bool motionDetected(float ax, float ay, float az) {
065   return (abs(ax) +abs(ay) +abs(az)) > ACCEL_THRESHOLD;
066 }
067
068 void recordIMU() {
069   float ax, ay, az;
070
071   for (int i =0; i < NUM_SAMPLES; i++)
072   {
073           mpu.update();
074           ax = mpu.getAccX();
075           ay = mpu.getAccY();
076           az = mpu.getAccZ();
077
078           ax =constrain(ax - caldata[0], -CUTDATA, CUTDATA);
079           ay =constrain(ay - caldata[1], -CUTDATA, CUTDATA);
080           az =constrain(az - caldata[2], -CUTDATA, CUTDATA);
081
082           features[i * NUM_AXES +0] = ax;
083           features[i * NUM_AXES +1] = ay;
084           features[i * NUM_AXES +2] = az;
085
086           delay(INTERVAL);
087   }
088 }
089
090 void printFeatures() {
091   const uint16_t numFeatures = sizeof(features) / sizeof(float);
092
093   for (int i =0; i < numFeatures; i++) {
094           Serial.print(features[i]);
095           Serial.print(i == numFeatures -1 ? ‘\n’ : ‘,’);
096   }
097 }
098
099 void classify() {
100           Serial.print(“Predicted class: ”);
101           Serial.println(classifier.predictLabel(features));
102 }
```

003: model.h 헤더파일을 추가한다.

017: classifier를 사용한다.

040: 데이터를 모을 때 사용하였던 printFeatures 함수는 //으로 주석 처리하였다.

041: classify 함수를 실행하여 분류된 데이터를 보여준다.

101: 입력된 features데이터로 예측된 데이터를 출력한다.

동작 결과

아두이노 프로그램을 업로드 후 시리얼모니터 창을 연다.

센서를 펀치, 왼쪽, 위로 동작하여 분류를 잘하는지 확인하여 보자. 데이터를 다시 모으기 위해서는 아두이노에서 40줄의 주석을 해제하고, 41줄을 주석한다. 그 후 시리얼모니터를 열어 데이터를 학습한다.

```
출력    시리얼 모니터 ×
Message (Enter to send mes

Predicted class: up
Predicted class: punch
Predicted class: left
```

```
37  if (motionDetected(ax, ay, az))
38  {
39    recordIMU();
40    printFeatures();
41    //classify();
```

코랩에서는 업로드된 파일들을 지워야 한다. 지우지 않고 업로드가 되면 동일한 이름 때문에 punch(1).txt, up(1).txt 등 이런 식으로 업로드가 된다. 이름으로 최종 결과를 알 수 있기 때문에 기존에 파일을 지워보자. 다음 그림과 같은 폴더 버튼을 누른 후 다음의 버튼을 누른다.

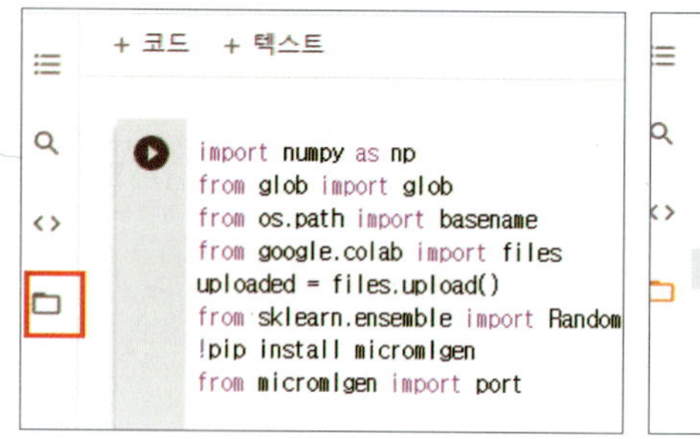

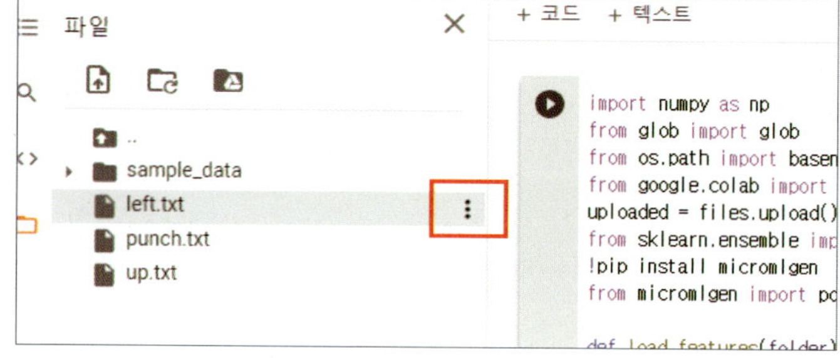

[파일 삭제]를 눌러 파일을 지워준다. left.txt, punch.txt, up.txt 세 개의 파일 모두 지운 후 학습된 데이터를 업로드 후 C언어의 결과 데이터를 얻고 model.h에 다시 붙여넣기하여 사용하면 된다. 아두이노에서 다시 분류기로 사용하고 싶다면 classify 부분의 주석을 제거하여 사용한다.

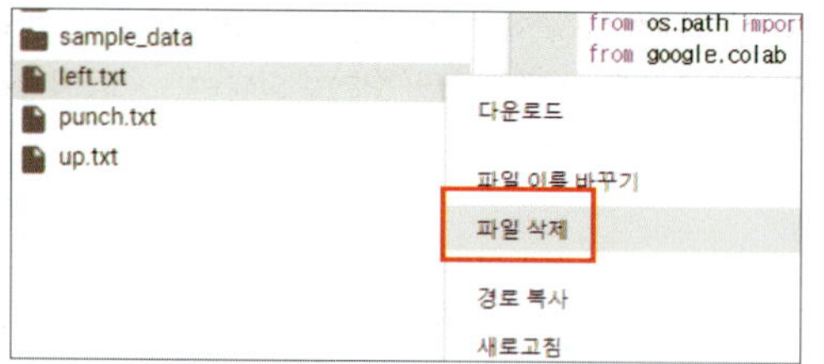


```
37  if (motionDetected(ax, ay, az))
38  {
39    recordIMU();
40    //printFeatures();
41    classify();
42  }
```

동작 동영상 링크

https://youtu.be/BPHhNAWCjMM